职业教育校企合作双元教材
高等职业技术教育城市轨道交通类专业“十四五”系列教材

城市轨道交通客运组织

（活页式）

主　编　黄　虹　季　芳
副主编　陈燕琴　江衍煊
主　审　郭靖凡

西南交通大学出版社
·成　都·

图书在版编目（CIP）数据

城市轨道交通客运组织：活页式 / 黄虹，季芳主编
. —成都：西南交通大学出版社，2023.2
职业教育校企合作双元教材 高等职业技术教育城市轨道交通类专业“十四五”系列教材
ISBN 978-7-5643-9058-7

Ⅰ. ①城… Ⅱ. ①黄… ②季… Ⅲ. ①城市铁路－轨道交通－客运组织－高等职业教育－教材 Ⅳ. ①U239.5

中国版本图书馆 CIP 数据核字（2022）第 239267 号

职业教育校企合作双元教材
高等职业技术教育城市轨道交通类专业“十四五”系列教材

Chengshi Guidao Jiaotong Keyun Zuzhi (Huoyeshi)
城市轨道交通客运组织（活页式）

主编 黄 虹 季 芳

责任编辑 余崇波
封面设计 何东琳设计工作室

出版发行 西南交通大学出版社
（四川省成都市金牛区二环路北一段 111 号
西南交通大学创新大厦 21 楼）
邮政编码 610031
发行部电话 028-87600564 028-87600533
网址 http://www.xnjdcbs.com
印刷 四川玖艺呈现印刷有限公司

成品尺寸 185 mm × 260 mm
印张 17.75
字数 442 千
版次 2023 年 2 月第 1 版
印次 2023 年 2 月第 1 次
书号 ISBN 978-7-5643-9058-7
定价 58.00 元

课件咨询电话：028-81435775
图书如有印装质量问题 本社负责退换

前　言

PREFACE

随着经济不断发展，人们活动区域的扩大，城市轨道交通成了重要的公共运输方式之一。目前，我国已有 40 多个城市开通地铁线路。城轨行业的井喷式发展，需要大量的城市轨道交通专业人才，这对教育、培训工作提出了新的课题。

本书对城市轨道交通客运组织工作进行了深入、细致的研究，力求以企业需求为导向，以职业能力培养为核心，并紧密结合 1+X 城市轨道交通站务职业技能等级证书考核内容以及当前各大轨道交通运营的实际工作的选取、确定教材内容。书中案例和作业流程均来源于现场实际工作，从提高学生对城轨专业学习的兴趣出发，切实提升学生的职业能力。全文共设 7 大项目，具体内容包括：城市轨道交通运营概述、城市轨道交通车站认知、城市轨道交通车站设备、城市轨道交通票务管理、城市轨道交通客流组织、城市轨道交通客运服务、城市轨道交通突发事件应急处理等。本书可作为大中专职业院校城市轨道交通运营管理专业教材或教学参考书，也可供城市轨道交通企业管理人员阅读、参考。

本书由福建船政交通职业学院的黄虹老师负责全书统稿工作，广州地铁集团运营事业总部郭靖凡副总经理对全书进行了审核。各章节的编写分工如下：项目一、项目四由陈燕琴老师编写，项目二、附录由季芳老师编写，项目三由江衍煊老师编写，项目五、项目六、项目七、实训部分由黄虹老师编写。由于编者水平有限，编写时间紧迫，书中难免存在不足之处，敬请读者批评指正。

编　者

2022 年 8 月

目 录

CONTENTS

项目一　城市轨道交通运营概述

【项目描述】

客流是城市轨道交通运营管理的必要条件，客流的量和质是客流的两个不同的方面。研究分析客流的量和质，一方面是为了保证提供相应的服务来满足乘客的有关需求，另一方面是通过制定科学合理的客运管理政策，从而调节客流的数量，使之与运输生产能力相匹配。同时，轨道线路是城市轨道交通列车运行的基础条件，车站是城市轨道交通必不可少的综合基础设施，是为乘客服务的重要窗口，也是城市轨道交通运输的生产基地。为了保障城市轨道交通的正常运营、安全生产，向乘客提供更优质的服务，加强城市轨道交通车站和线路的规划、设计、管理、维护，具有非常重要的意义。另外，城市轨道交通运营作业不可避免要涉及参与生产活动的各类人员，因此，城市轨道交通车站需要设置的岗位体系，明确各岗位的工作职责、工作流程及业务技能。

【学习目标】

（1）了解城市轨道交通客流和客流量的含义、特征及类别。
（2）理解城市轨道交通客流量影响因素。
（3）了解城市轨道交通客流调查种类及统计指标。
（4）理解客流调查数据的选择及调查内容。
（5）了解城市轨道交通线路设计原则，掌握城市轨道交通线路类型及线路限界。
（6）掌握城市轨道交通轨道各组成结构的特征、功能及维护。
（7）了解城市轨道交通车站按照不同标准分类的类型及适用场合。
（8）掌握城市轨道交通车站的结构布局。
（9）系统掌握车站岗位体系结构设置，熟知各岗位的岗位角色、职责以及工作流程。

【能力目标】

（1）能够确定城市轨道交通客流调查指标及调查方案。
（2）能够熟练运用客流预测方法完成某地铁线路客流量的预测。
（3）能够结合客流特征对客流预测结果进行分析。
（4）能够辨别道岔的各部分结构，熟练识别道岔的类别及开通方向。
（5）能够识别车站站台的类型。
（6）能够确认车站客运各岗位的核心业务技能和主要工作任务。
（7）能够模拟实施车站各岗位工作流程中关键点。

任务1　城市轨道交通客流调查与预测

城市轨道交通客流调查与预测是城市轨道交通项目可行性研究和立项申请的基础性工作和主要依据。城市轨道的建设规模与居民出行需求相匹配，才能充分发挥城市轨道交通系统的民生保障作用。对城市轨道交通现有客流的调查和统计分析，掌握客流时空变化规律，为城市后续建设线路及城市轨道交通规划提供参考，还可以为线网规模控制、基础设施设备建设、客运组织形式等方面提供依据。同时，对远期客流的预测和分析，为城市规划、交通规划及交通改进等工作提供参考，提升城市规划工作的计划性、科学性。

一、客流基础知识

（一）客流概述

客流是指在单位时间内，城市轨道交通在某个运行方向上通过线路断面的乘客人数。它既表明了乘客在空间上的移动及其数量，又强调了这种位移带有方向性和起讫位置。

客流可以是预测客流，也可以是实际客流。

客流是一种动态流，会随着天、时、地的变化而改变，这种变化反映了城市社会经济活动、生活方式在轨道交通系统的影响。客流变化主要体现在空间、时间及方向三个方面。

（二）客流的分类

客流根据不同的特征，可以做出不同的分类。

1. 根据客流的时间分布特征分类

① 全日客流。全日客流是指全日的总客流。

② 全日分时客流。全日分时客流是指全日各小时的客流。

③ 高峰小时客流。高峰小时客流是指以小时为时间单位计算的高峰小时的客流。

2. 根据客流的空间分布特征分类

① 断面客流。断面客流是指通过轨道交通线路各区间的客流。

② 车站客流。车站客流是指在轨道交通车站上下车和换乘的客流。

3. 根据客流的来源分类

① 基本客流。基本客流是指轨道交通线路既有客流加上按正常增长率增加的客流。

② 转移客流。转移客流是指由于轨道交通具有快速、准时、舒适等优点，使原来经由常规公交和自行车出行转移到经由轨道交通出行的这部分客流。

③ 诱增客流。诱增客流是指轨道交通线路投入运营后，促进沿线土地开发、住宅区形成规模、商业活动繁荣所诱发的新增客流。

（三）客流量的概念

客流量是从总的方面反映城市居民需要乘坐公共交通车辆的数量程度。客流量反映时间、方向、地点、距离、数量等因素水平。根据不同客流特征，有着不同的客流量概念。

1. 断面客流量

在单位时间内，通过轨道交通线路某一地点的客流量称为断面客流量。单位时间通常是1小时或全日。显然，通过某一断面的客流量就是通过该断面所在区间的客流量。

断面客流量分为上行断面客流量和下行断面客流量，计算公式为

$$P_{i+1} = P_i - P_{下} + P_{上}$$

式中，P_{i+1}为第 $i+1$ 个断面的客流量；P_i为第 i 个断面的客流量；$P_{下}$为在车站下车的人数；$P_{上}$为在车站上车的人数。

2. 最大断面客流量

在单位时间内，通过轨道交通线路各个断面的客流量一般是不相等的，其中的峰值称为最大断面客流量。轨道交通线路上行、下行方向的最大断面客流量不一定在同一个断面上。

3. 高峰小时最大断面客流量

断面客流量一般采用小时为时间单位，全日分时最大断面客流量一般是不相等的，其中的峰值称为高峰小时最大断面客流量。轨道交通的高峰小时一般出现在早晨和傍晚，分别称为早高峰小时和晚高峰小时。

高峰小时最大断面客流量是需要修建轨道交通、修建何种类型轨道交通、确定车辆型式、列车编组、行车密度、车辆配置数和站台长度等的基本依据。

4. 车站客流量

车站客流量包括全日、高峰小时和超高峰期在轨道交通车站上下车和换乘的客流量，以及经由不同出入口、收费区的进出站的客流量和不同方向的换乘客流量。超高峰期是指在高峰小时内存在一个15～20 min的上下车客流特别集中的时间段。

车站高峰小时和超高峰期客流量决定了车站设计规模，是确定站台、售检票设备、自动扶梯、楼梯、通道、出入口等车站设备容量或能力的基本依据，如站台宽度、售检票机数量、楼梯与通道宽度等。

（四）影响客流的因素

1. 轨道交通沿线土地利用情况

轨道交通沿线土地利用情况主要包括沿线土地的功能定位、用地上建造的建筑类型及用地上社会经济活动类型等方面。沿线土地利用情况会对轨道交通客流产生直接影响。如果轨道交通线路能够辐射到城市主要住宅区和商务区，那么轨道交通线路就能形成较为稳定的客流。强有力的客流是轨道交通可持续运营的保障。

2. 城市人口规模与出行率

城市居民出行量受城市人口规模、居民出行率的直接影响，城市居民包括常住人口、暂住人口和流动人口，同时，居民的出行行为会因其年龄、职业、出行目的、居住区域等特征

的不同而不同。根据出行调查资料，不同人群的出行率存在差异，一般规律是：常住人口中，中青年人群的出行率高于幼年与老年人群的出行率，上班、上学人群的出行率高于退休人群的出行率，市区人口的出行率高于郊区人口的出行率；暂住人口、流动人口中，旅游人群的出行率高于民工人群的出行率，流动人口的出行率高于常住人口的出行率等。

3. 票价水平

客流情况受票价的直接影响，但票价对客流的影响与收入水平对客流的影响是综合产生作用的。收入水平直接影响着市民的消费能力，轨道交通的客源主要来自中、低收入人群，而中、低收入人群对票价的变动比较敏感，其中低收入、高票价对客流的吸引力最低。当轨道交通票价支出占收入水平的比例较大时，选择轨道交通方式出行的客流就会下降。1996 年，北京地铁票价从 0.5 元调整到 2 元，当年客运量减少 1.18 亿人次，与上年相比下降 20.4%。

4. 轨道交通服务水平

随着市民收入水平的提高，市民在选择出行方式的时候会从安全性、便捷性、舒适性及经济性等多方面的服务需求去选择。评价轨道交通服务水平的指标主要有列车频率、运送速度、列车正点率、舒适便利和乘客安全等。在收入水平逐渐提高、可选择出行方式增多的情况下，服务水平已成为市民选择出行方式时主要考虑的因素。因此，服务水平是影响客流及潜在客运需求的关键因素。

5. 政府的交通运输政策

当下，各大城市都确立以公共交通为主、个体交通为辅的交通运输政策，优先发展公共交通、大力发展轨道交通、控制私人汽车的发展，将促进越来越多的城市居民选择公共交通特别是轨道交通出行的方式。而优先发展城市公共交通的运输政策，首先要以完善的公共交通设施条件为基础，如积极促进轨道交通线网、大型换乘枢纽等基础设施的建设；其次要推动现有交通资源的优化利用，如完善轨道交通与常规公交、自行车、私人汽车的衔接换乘，减少与轨道交通线路走向重复的常规公交线路等。

6. 交通网的规模与布局

多层次的轨道交通线网、合理的线路布局及走向和功能完善的换乘枢纽对实现城市中心区 45 min 交通圈、增大轨道交通对出行者的吸引力、提高轨道交通在公共交通中的运量分担比例具有重要的作用。由于轨道交通具有运能大、速度快、能源消耗小和空气污染低的优势，交通导向开发（TOD）规划模式适用于轨道交通建设领域。国外的研究发现，根据车站附近地区的土地利用情况不同，TOD 规划模式可使小汽车车流量降低 5%～20%，而轨道交通的客流则相应增加。

7. 私人交通工具的拥有量

在客运需求一定的情况下，利用私人交通工具出行的人数越多，通过公共交通出行的人数就越少。随着私人交通工具的拥有量增加，会产生交通拥堵、噪声污染、环境破坏等问题，最终影响市民的出行与生活。因此，市民的出行需要依靠公共交通和轨道交通来解决，从优化出行方式结构、提高公共交通的客运比例出发，有序控制私家车的发展。对私家车的使用应通过经济杠杆进行适度控制，鼓励并创造条件让私家车使用者以停车+换乘方式进入城市中心。

（五）城市轨道交通客流特征

城市轨道交通客流由车站周边的各种出行方式集合形成，包括步行、自行车、公交车、小汽车、出租车等多种交通方式接驳而产生的客流。不同的地铁车站空间位置功能和周边土地利用特点影响着各种出行方式的客流比例。因此，各地铁车站应充分满足乘客接驳方便、快捷和安全的需求。

城市轨道交通客流的特点是客流整体表现出来的特性，而乘客行为的特点更多体现的是乘客的出行心理和出行习惯。其特点如下：

1. 客流高度集中

城市轨道交通换乘车站除了具有普通车站的进出站客流外，还汇集有相交线路甚至全网多座车站之间的交换客流，由此造成换乘站客流集中，往往是普通车站客流量的数倍。

2. 多方向和多路径性

由于城市轨道交通线网汇集了多条线路和多个车站，因此城轨客流具有不同的出行目的、出行方向，通过合理的换乘设施设备布局可吸引和疏散客流，同时设置明确有序的引导信息可促使客流有序流动。

3. 主导客流的主导性

在换乘站的客流构成中，通常换乘客流占据大部分的本站客流；而在某一时段的多种换乘方向中，也存在某个主要的换乘方向。因此，主导客流的有效疏散在车站设计和管理中应该得到更多的关注。

4. 客流不均衡性明显

客流不均衡性在时间、空间及方向都有体现。

（1）时间不均衡性体现为高峰小时客流需求是影响换乘站的系统规模、设施设备能力等参数指标选择的关键依据。

（2）空间不均衡性体现为不同区域、不同功能类型的站点的客流量差异较大。

（3）方向不均衡性体现为同时间上下行方向的客流量会呈现较明显的差异。例如，连接市区与城郊线路的站点，早高峰进城方向的客流量是出城方向的客流量的几倍，晚高峰则相反。方向的不均衡性会影响车站设备设施的利用率。

二、客流调查

城市轨道交通系统的客流在时间、空间上呈现出动态变化规律，了解客流量，分析其动态变化规律，配备满足客流需求的运输能力，才能给乘客提供良好的公共交通出行服务。客流调查是通过对国家或区域社会政治、经济、文化发展情况的全面了解，掌握一定时期内的客流数量、客流结构及其变化的规律。

在轨道交通系统的客流调查中，多种形式的客流调查能够更有效地掌握客流在时间、空间上的动态变化规律及客流数据。

（一）客流调查种类

客流调查需要确定调查内容、地点和时间等信息，确定调查方式，进行客流调查表格的设计和设备的选用，完成调查资料汇总整理、指标计算和结果分析等项目。根据不同的情况和不同的需要，轨道交通系统的客流调查种类主要有全面客流调查、乘客情况抽样调查、断面客流目测调查、节假日客流调查和典型调查等。

1. 全面客流调查

全面客流调查是通过对全线客流进行综合调查的一种方法，通常也包含乘客情况抽样调查。这种类型的客流调查时间跨度长，需要较多的调查人员，工作量较大。但在完成调查资料的整理、统计和分析工作后，能对整个交通系统的客流现状及客流规律有个全面清晰的了解。

全面客流调查进一步分为随车调查和站点调查两种方式。随车调查是在全天运营时间内，调查人员在车门处对所有运行列车的上下车乘客进行调查；站点调查是通过车站检票口对全天运营时间内所有在车站上下车乘客进行调查。轨道交通系统全面客流调查基本采用站点调查法。全面客流调查在调查内容上通常包括全线客流调查和乘客抽样调查两部分。

全线客流调查一般应连续进行 2 ~ 3 天，在全天运营时间内，调查全线所有车站的所有乘客的下车地点和票种情况，并将调查资料以 5 min 或 15 min 作为间隔分组记录下来。

2. 乘客情况抽样调查

乘客情况抽样调查是用样本数来近似地代替总体数，通过问卷方式进行，调查内容包括乘客构成情况调查和分类乘客乘车情况调查两项。抽样调查可以有利于减少调查人力、物流和时间的投入。乘客构成情况调查通常在车站进行，而分类乘客乘车情况调查可在特定的地点进行。

（1）乘客构成情况调查在车站进行，被调查人数取全天在车站乘车人数的一定比例，调查内容包括年龄（老、中、青）、性别（男、女）、居住地（本地、外地）、出行目的（工作、学习、购物、游览、访友、就医、其他）以及职业等。调查时间可选择在客流比较正常的运营时间段。

（2）分类乘客乘车情况调查可以根据实际调查对象及调查内容的不同而安排具体的调查地点。常见的有对持月票乘客进行的调查，被调查人数取某类乘客总数的一定比例，调查内容包括年龄、性别、职业、家庭住址、到达车站的方式（步行、骑自行车、乘其他交通工具）和时间、上下车站、下车后到达目的地的方式（步行、骑自行车、乘其他交通工具）和时间、乘坐轨道交通比乘其他交通工具节省的时间。

进行抽样调查，首先要确定合理的抽样方法与抽样数，以确保抽样调查的结果具有意义。抽样方法主要有简单随机抽样、分层抽样、整群抽样和多阶段抽样等。抽样数据根据总体的大小、总体的异质性程度以及调查的精度要求确定。

3. 断面客流调查

这是一种经常性的客流抽样调查，根据实际需要，可选择 1 ~ 2 个断面进行调查。一般安排对最大客流断面进行调查，调查人员采用目测观察法对各车辆内的乘客人数进行调查。

4. 节假日客流调查

这是属于一种专题性客流调查，主要针对春节、元旦、国庆节双休日和其他节假日期间的客流进行调查。

节假日客流调查内容包括机关、学校、企业等单位的休假安排，城市旅游业、娱乐产业的发展程度，城市居民生活方式的变化等。该项调查一般采用问卷方式进行。

5. 典型调查

典型调查是在对总体情况进行初步分析的基础上，有意识、有针对性地选择少数有代表性的组织或个人作为典型，进行深入细致的研究，以掌握调查对象的资料和特性。表 1-1 罗列出几种针对重点客流成分采取的主要调查方法和效果。

表 1-1　几种重点客流成分采取的主要调查方法和手段

了解目标	调查方法	效　果
学生流	信件调查	能够准确掌握学生流的详细资料
返乡流	电话调查网上调查	信息反馈速度快，能够准确掌握返乡流的出行时间及乘车需求
旅游流	会议调查、网上调查	采取召开各大旅行社、工会系统座谈会的方式对团体旅游进行调查；采取网上调查，对零散旅游流进行调查信息反馈速度快，信息量大
民工流	实地走访	走访掌握外来人口统计资料的部门（如劳动局城乡建设委员会、重点省市职业介绍中心、劳务市场等），走访较大的民工集散地，可获得权威统计部门关于外来人口的统计资料、获得重点方向民工流的情况

（二）客流调查统计指标

客流调查结束后，要对客流调查收集回来的数据、资料进行汇总整理，通过表格或图表的方式表示，然后采用适当的统计方法汇总计算各项指标，进行正确的分析。轨道交通方面的全面客流调查涉及以下几种指标。

1. 乘客人数

乘客人数主要包括分时与全日各站上下车人数、分时与全日各站换乘人数、各站与全线高峰小时乘客人数、各站与全线全日乘客人数、高峰小时乘客人数占全日乘客人数的比例。

2. 断面客流量

断面客流量包括分时与全日各断面客流量、分时与全日最大断面客流量、高峰小时最大断面客流量。

3. 乘坐站数与平均乘距

乘坐站数与平均乘距，包括本线乘客乘坐不同站数的人数及所占百分比、跨线乘客乘坐不同站数的人数及所占百分比以及乘客的平均乘车距离。

4. 乘客构成

乘客构成包括：持不同票种全线乘客人数及所占百分比，车站按年龄、家庭住址和出行目的等指标统计的乘客人数所占百分比，车站三次吸引乘客人数及所占百分比，从不同距离以三种方式（步行、骑自行车、乘其他交通工具）到达车站的人数及所占百分比，需不同时间以三种方式到达车站的乘客人数及所占百分比。

5. 乘客乘车情况

乘客乘车情况包括乘客年龄、性别、职业、家庭住址、到达车站的方式（步行、骑车或搭乘其他交通工具等）和时间、上下车站点及换乘站、乘坐轨道交通比其他常规公共交通方式所节省的时间等。

6. 车辆运输

车辆运输包括客车公里、客位公里、客车满载率和断面满载率。

（1）客车公里。客车公里的计算公式为

$$客车公里 = 客运列车数 \times 列车编组数 \times 列车运行距离$$

（2）客位公里。客位公里的计算公式为

$$客位公里 = 客车公里 \times 车辆定员$$

（3）客车满载率。客车满载率的计算公式为

$$客车满载率 = 客运量 \times 平均运距/客位公里 = 乘客密度/车辆定员 \times 100\%$$

其中，乘客密度的计算公式为

$$乘客密度 = 客运量 \times 平均运距/客车公里$$

（4）断面满载率。断面满载率的计算公式为

$$断面满载率 = 单向最大断面客流量/客运列车数 \times 列车编组数 \times 车辆定员 \times 100\%$$

7. 服务指标

服务指标包括列车运行图兑现率、列车运行正点率、乘客投诉率、车站、列车清洁合格率和乘客满意率。

8. 其他指标

如全线各票种（普票、月票、证件）分时乘客数、本线与跨线乘客乘车站数、乘客分时平均运距、车站普票乘客构成情况、车站月票乘客乘车百分比、月票乘客居住区域百分比、月票乘客以不同方式到站时间、月票乘客平均节省时间、轨道交通系统三次吸引乘客百分比等。

三、客流预测

客流预测是指对未来客运交通需求量的预测。充分考虑客流各影响因素，采用某种预测方法对城市轨道交通未来客流量的预测，包括流量、流向以及在时间、空间方式上的分布，可以为城市轨道交通规划与建设提供科学的依据。

（一）客流数据

1. 线网客流量

单位时间内，城市轨道交通线网中各线路客流量总和。

2. 线路客流量

单位时间内某条城市轨道交通线路的乘客数量，包括该线路进站量与换乘量总和，一般常用全日客流量（万人/天）和各小时段的客流量（万人/小时）表示。

3. 客流强度

客流量与长度的比值，可分为线网客流强和线路客流强度。

4. 全线客流高峰小时系数

全线高峰小时内的客流量占全日客流量的比例。

5. 车站乘降量

单位时间内，在轨道交通车站上车和下车的乘客数量之和，一般包括全日、早晚、高峰小时的上下车客流量。

6. 车站客流超高峰系数

为描述车站高峰小时内客流量的不均衡性，以其中 10 ~ 15 min 中的最大乘降客流量与高峰小时的相等时间的平均乘降量的比来衡量，其值一般不超过 1.4。

7. 车站进站量

单位时间内进入城市轨道交通系统，并乘坐轨道交通的乘客人数。

8. 车站出站量

单位时间内，在车站下车离开城市轨道交通系统的乘客人数。

9. 站间断面客流量

单位时间内，两车站区间一个方向的客流量，可按上下行方向分时段计算，一般分为全日断面客流量、早高峰小时断面客流量、晚高峰小时断面客流量等。

10. 客运周转量

设计线在单位时间内所完成的客运工作量，是一项综合指标，用客流量与其相应运距的乘积表示。

11. 换乘客流量

单位时间内，在换乘车站由一条轨道交通线路换入另一条轨道交通线路并上车的乘客数量，分换乘站换乘量、线路换乘量、线网换乘量，一般包括全日、早晚高峰小时的分方向换乘客流量。

（二）客流预测的内容

根据实际运用经验在轨道交通系统中，从系统功能要求出发，在城市总体规划和轨道交通线网规划的前提下，按设计年限，对客流预测的结果可以归纳为如下五类基本内容。

1. 全线客流

全线客流包括全日客流量和各小时段的客流量及比率。全日客流量是表现和评价运营效益的直观指标，也是进一步评价线路负荷强度的重要指标。各小时段的客流量及比率，是为全日行车组织计划提供依据，在保证运营能力和服务水平的前提下，合理安排行车间隔，提高列车的满载率及运营效益。

2. 车站客流

车站客流包括全日、早晚高峰小时的上下车客流，站间断面流量以及相应的超高峰系数。高峰小时时段的站间最大单向断面流量，是确定系统运量规模的基本依据，由此选定交通制式、车型、车辆编组长度、行车密度及车站站台长度。全线早晚高峰小时的站间断面流量，是全线运行设计的基本依据，由此确定区域折返交路、折返列车数量、折返车站位置及配线形式，并计算车辆配置数量。各车站早晚高峰小时的上客流量及相应的超高峰系数，是各车站规模设计的基本依据，由此计算站台宽度、楼（扶）梯宽度、售检票机数量、车站出入口的总宽度等。其中晚高峰小时客流量对地下车站的空调、通风量计算具有控制性作用。此外，必要时应对车站客流进一步分析，预测到达本站的客流所采用的各种交通方式的分类和比例，为考虑车站附近停车场用地的规模提供依据。

3. 分流客流

分流客流包括站间 OD 表、平均运距及各级运距的乘客量。通过此项数据进行分段客流统计制订票制和票价，最终对建设投资、运营成本做财务分析、社会经济效益分析提出项目效益评价意见。

4. 换乘客流

换乘客流是指各换乘站分向换乘客流量，此项数据对线路主客流方向的评价很重要，并为换乘形式设计和换乘车站间的换乘通道或楼梯的宽度的计算提供依据。

5. 出入口分向客流

根据每座车站确定的出入口分布位置，对每个出入口做分向客流预测，并做波动性分析，为计算每个出入口宽度提供依据。

（三）客流预测方法

选择科学合理的预测方法，有利于提升预测结果的精准性。合理选择预测方法的前提是对每种预测方法的特点、使用范围等有一个全面的了解。

预测方法主要有定性预测方法和定量预测方法两大类，其优缺点见表 1-2。

表 1-2　定性预测方法和定量预测方法优缺点

预测方法	优　点	缺　点
定性预测	灵活性强； 方法简单，易被理解； 对事物突变数据鉴别力强； 适应数据资料不足的情况； 利于发挥专家智慧和洞察力	缺乏严格论证； 数量概念差； 观点守旧，难以创新； 预测者主观意识影响较大

续表

预测方法	优　点	缺　点
定量预测	包含定性结合和定量描述； 从客观的角度进行预测； 预测较为精确，可分析误差； 可借助计算工具辅助预测	缺乏较强的对事物突变点的判断能力； 数据资料要求比较完备； 对中长期预测效果较差； 对预测者要求较高

1. 定性预测方法

定性预测方法依赖于预测者丰富的经验和知识以及综合分析能力，对预测对象未来发展前景做出性质和程度上的估计和判断。

定性预测方法主要有以下特点。

（1）灵活性强。在定性预测中，人们总是能随着外界条件的变化而不断进行调整，并加以综合分析，推理判断。因此，定性预测不仅能预测对象变化的一般规律，而且还能反映外界发生突变所引起的预测对象的一系列变化，具有较强的灵活性。

（2）具有一定的科学性。虽然定性预测主要依赖于人们的主观分析判断，然而人们的经验和智慧来源于社会生产实践，并通过不断地总结和反复的实践检验而逐步形成。因此定性分析并非完全是主观臆测，而是具有一定的科学性。

（3）简便易行。一般来说，定性预测方法主要依赖于人们的经验知识进行分析判断，不需要很深厚的数学基础，对数据的要求也不是很高，因此在实际工作中容易掌握和推广，便于迅速有效地开展工作。

定性预测方法也存在预测结果不够精确和受预测者主观因素影响较大等不足之处。定性预测偏重于事务发展性质上的预测，有时也做出简单的定量主观估计。它常用于历史数据资料缺乏，影响因素复杂，难以分清主次，以及对主要影响因素难以定量分析等场合的分析预测。

2. 定量预测方法

定量预测方法主要根据比较完备的历史统计资料，运用一定的数学方法进行加工处理，以一定的数学模型揭示变量之间的规律，从而对预测对象的未来发展做出推测估计。

定量预测方法主要有以下特点。

（1）预测结果较为客观。由于定量分析运用大量的历史数据资料建立预测模型，受主观因素的影响较小，结果较为客观。

（2）预测结果较为准确。运用数学统计方法所得的预测值较定性分析准确，而且可以在一定程度上指出预测方法可能发生的误差。

定量预测也存在一定的不足，如定量预测模型机械不灵活，不易处理有较大变动的非规律性变化资料。大多数定量预测的理论基础是假定将来与过去和现在的变化规律是一致的。定量预测方法主要侧重于事物发展在数量程度上的分析预测，如速度、幅度、影响程度等，并要求有比较完备的历史数据资料。

由上述分析可见，定性预测方法与定量预测方法各有所长，并有取长补短之势，预测者可发挥各自的优势，弥补不足，从而获得较好的预测效果。

四、客流分析

（一）城市轨道交通客流成长规律

对于一条城市轨道交通线路，决策者最希望了解的信息就是其客运量的发展趋势。影响全日客运量发展趋势的主要因素有：城市轨道交通线网的发展，与其衔接的其他交通方式的变化，沿线用地开发等。

（二）城市轨道交通客流时间特征

1. 全年各月客流变化特征

全年各月存在天气情况、重大节假日分布等特征的差异性，使得各个月份的客流分布特征有所差异。通过对典型城市的客流特征的总结可以得到城市轨道交通客流按月份分布的差异性特征。在我国，同一年内上半年的客流量一般比下半年低，1 月、2 月、6 月的客流量与其他月份相比较低，但在 7 月之后，客流量开始明显持续走高，直到年底。

2. 一周内各日客流特征

一周内各日客流的变化以周为循环周期进行。城市轨道交通线路主要是以通勤、通学客流为主，双休日客流有所减少，而连接商业网点、旅游景点的轨道交通线路双休日客流增加。另外，星期一与节假日后的早高峰小时客流、星期五与节假日的晚高峰小时客流，都会比其他工作日早、晚高峰小时客流量大。

3. 一日内小时客流特征

一日内城市轨道交通小时客流，随人们的生活节奏和出行特点而变化。其通常是夜间少，早晨渐增，上班和上学时达到高峰，午间稍减，傍晚下班和放学又是高峰，此后又逐渐减少，午夜最少。因此，轨道交通一日内小时客流通常是双峰型，这种规律在国内外的轨道交通线路上几乎一样，只是程度不同。

4. 车站高峰小时客流分布特性

（1）本站客流的进、出站高峰小时出现时间与断面客流的高峰小时出现时间通常不相同。

（2）各个车站客流的进出站高峰小时出现时间通常不相同。

（3）同一车站客流的进出站高峰小时出现时间通常不相同。

（4）同一车站工作日客流与双休日客流的进出站高峰小时出现时间通常不相同。

（5）工作日高峰小时进出站客流通常大于双休日高峰小时进、出站客流。

5. 本站超高峰时期客流分布特征

为了避免因超高峰期内特别集中的客流导致乘客不能顺畅地进出车站，甚至影响列车的正常运行秩序，在确定车站设备容量或能力时有必要考虑车站客流在高峰小时内分布的不均衡性。车站超高峰期的客流强度可用超高峰系数来反映，它是单位时间内的超高峰期平均客流量与高峰小时平均客流量的比值。超高峰系数一般取值为 1.1 ~ 1.4。对终点站换乘站和客流较大的中间站通常取高限值，而其余车站则可取低限值。

（三）城市轨道交通客流空间特征

1. 方向上的客流分布特征

一般线路都有上下行两个方向。两个方向的客流量在同一时间内是不相等的，有双向型和单向型。双向型的上下行运量大致相等，市区线路多属于双向型；单向型的上下行的运量数值差别很大，通向郊区或工业区的线路多属于单向型。

2. 断面上的客流分布特征

一般线路上各车站的上下车人数是不等的，因此车辆途经各断面时的通过量也不相等。如将一条线路各断面的通过量按上行或下行的前后次序组成数列，这个数列就近似动态地显示出断面上的客流，从而看出客流在不同时间内在断面上的分布特点和演变规律。

线路各断面上的客流分布是有一定特点的，但对整条线路归纳起来，主要有以下几种类型。

（1）均等型。环线布置或是位于用地已高度开发的线路，各站的上下客流大致相等，沿线客流比较稳定，不存在客流明显突增的路段。

（2）中间突增型。当城市轨道交通线路途经高密度开发区、大型的对外交通枢纽或是车站利用常规公交线路扩大辐射范围时，线路客流存在突增的路段。

（3）两端萎缩型。当城市轨道交通线路的两端位于尚未完全开发的城市边缘郊区时，线路两端的车站客流会小于中间路段的客流。

（4）逐渐缩小型。当城市轨道交通线路两端的车站位于城市中心地区或大型对外交通枢纽时，随着线路向外延伸，客流会逐渐减少。

3. 各个车站乘降人数分布特征

地铁线路各个车站的乘降人数不均衡，甚至相差悬殊的情况并不少见。在不少线路上，全线各站总的乘降量主要集中在几个车站。此外，新的居民住宅区形成规模和新的地铁线路投入运营，也会使车站乘降量发生较大的变化，并带来不均衡的加剧或新的不均衡。

4. 车站内客流分布特征

通过分析地铁车站内乘客流向及行程轨迹发现，车站内客流在空间上分布是不均衡的，包括经由不同入口的客流不均衡、通过不同收费区的客流不均衡、通过同一收费区不同检票机的客流不均衡以及上下行方向客流不均衡等。站内客流的空间分布特征，对自动售检票机等设备的合理配置和优化布局有重要的指导意义。

任务2　城市轨道交通线路设置

城市轨道线路设置应符合城市快速轨道交通线网规划与城市轨道交通建设规划的要求，因此，城市轨道交通线路修建一般都是城市路网规划的重要项目。城市轨道交通线路建设对整个城市的交通、经济、文化等发展会有较大的影响，所以要从整个城市的长远发展规划出发，城轨交通线路规划建设要留有一定的后续发展余地，以满足城市快速发展的需要。

城轨线路一般主要沿城市的交通主干道修建，同时在城市轨道交通线路规划中，不能强调单一轨道交通线路系统的建设，而忽略轨道交通线路系统与其他交通线路系统的衔接，或重视单一轨道交通线路建设和工程设计层面上的研究，忽视轨道交通系统内各条线路之间的整合。这些将导致轨道交通系统内的客流衔接不顺畅、不便捷。

一、城市轨道交通线路类型

（一）城市轨道交通线路设计原则

（1）城市轨道线路设计应结合城市规划的实际工程地质条件、施工方法和各条线路的修建顺序，选择易于实施、经济可行的方案。

（2）城市轨道交通线路设计应结合城市规划和城市环境，选择对城市干扰小的方案。

（3）城市轨道交通线路设计应考虑到城市轨道交通和其他交通方式运营管理体制上的差异，选择多方均能接受的方案。

（4）城市轨道交通线路设计应满足远期路网客流量的要求，满足远期发展规划的要求。

（二）城市轨道交通线路类型

城市轨道交通的线路按照其在运营中的作用和地位可以分为正线、辅助线、车场线。

1. 正　线

正线是指供载客列车运行的线路，包括区间正线、支线、车站正线及站线。城市轨道交通正线是独立运行的线路，一般按双线设计，采用与我国城市街面一致的右侧行车制。大多数线路为全封闭，与其他交通线路相交处，一般采用立体交叉。《地铁设计规范》（GB 50157—2013）规定："地铁在正线上应采用双线、右侧行车制。南北向线路应以由南至北为上行方向，由北至南为下行方向；东西向线路应以由西向东为上行方向，由东向西为下行方向；环形线路应以列车在外侧轨道线的运行方向为上行方向，内侧轨道线的运行方向为下行方向。"

2. 辅助线

辅助线是为了保证正线运营、合理调度列车，为空载列车提供折返、停放、检查、转线及出入作业而配置的线路。辅助线包括折返线、联络线、渡线、停车线、出入库线、安全线等。

（1）折返线。

折返线是为列车正常运行中折返调头时使用的，基本要求是要满足列车折返运行能力的需要。城市轨道交通线路一般都比较长，全线的客流分布可能会不太均匀，这时可组织区段运行。折返线除了供运营列车往返运行时的掉头转线使用外，有些也可以作为夜间存车使用。折返线一般应结合车站线路形式统一布置，常见的布置形式一般有以下几种。

① 环形折返线。

环形折返线如图 1-1 所示，是将端点折返作业转换为一个环形单线区段运行的作业，实质上取消了折返过程，变为区间运行，有利于列车运行速度的发挥，消除了因折返作业形成的线路通过能力限制条件，是一种对提高运营效率有利的折返方法。环形折返线一般只适用于线路较短、线路延伸可能性较小且该端点站又往往在地面的情况。

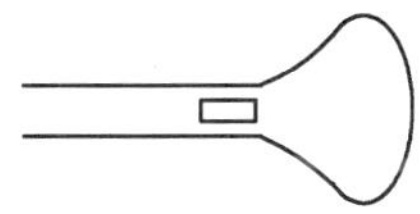

图 1-1 环形折返线

环形折返呈现的优点是：转变和直行车辆，都不需要停车等候，可同时连续不断地通行，节约时间；车辆在环道上行驶的车流方向一致，有利于优化交通，且交叉行驶的车流以较小的交织角向同一方向交织行驶，避免了交叉冲突点，减少交通事故，交通组织方便，更为有效。其缺点是：占地面积大，车辆绕行距离长，增加了修建和运营费用；线路延伸的可能性不高，无法用于车辆临时停车、检修、维护作用的机动线路。

② 尽端折返线。

尽端折返线可分为单线折返、双线折返、多线折返等不同布置方式，如图 1-2、1-3、1-4 所示。

尽端折返的办法，弥补了环线折返的不足，使端点站既可有效组织折返（如双折返线可明显降低折返时间），又可备有停车线供故障停车、检修、夜间停车等作业使用。尽端折返对于线路延伸也十分方便，比较适合于地下结构的端点站以及线路较长或有延伸可能、土地不宜多占用的情况。

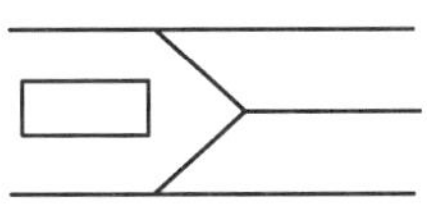

图 1-2 单线折返

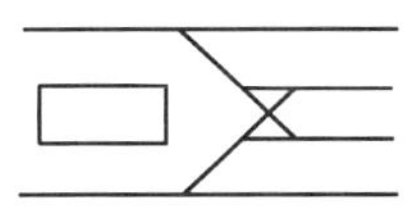

图 1-3 双线折返

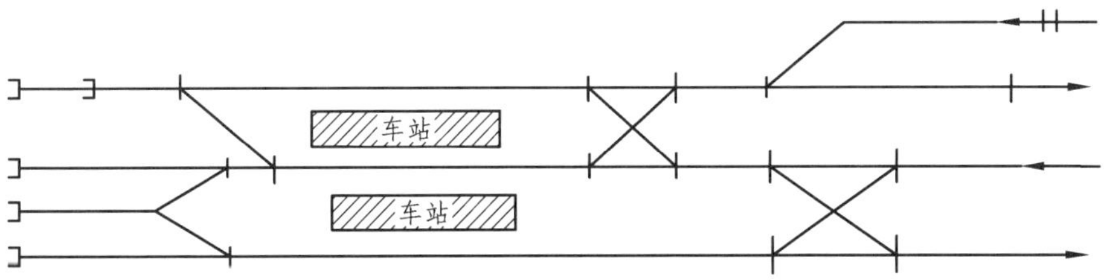

图 1-4 多线折返

（2）渡线。

渡线是指在上下行正线（或其他平行线路）之间设置连接线，通过一组联动道岔达到转线的目的，如图 1-5 所示。渡线有单渡线和交叉渡线之分。渡线单独设置时，用来临时折返列车，增加运营列车调度的灵活性；在与其他辅助线合用时，能完成或增强其他辅助线的功能。

（3）停车线。

停车线一般设置在端点站，如图 1-6 所示，专门用于停车，也可进行少量检修作业。在城市轨道交通车辆基地，要设有足够的停车线以供夜间停止运营后的列车停放。

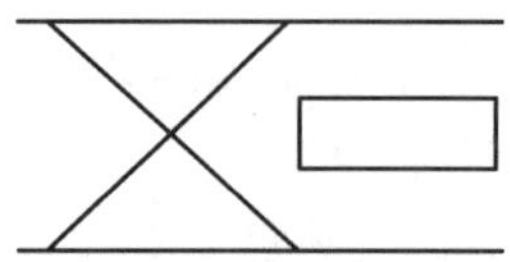

图 1-5　渡线

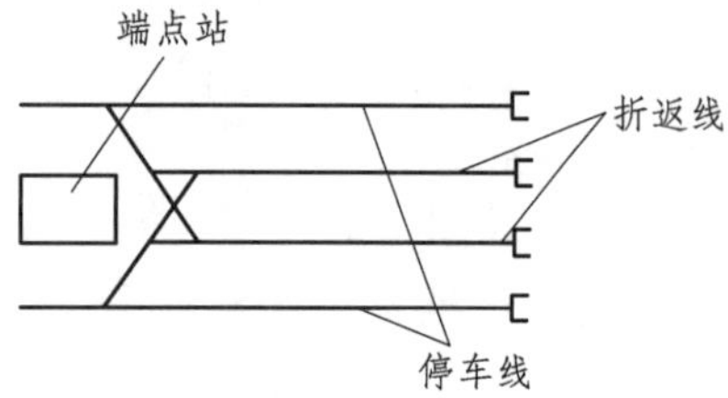

图 1-6　停车线

（4）车辆段出入线。

为保证运行列车的停放和检修，在轨道交通沿线适当的位置设置车辆段，车辆段与正线连接的线路为车辆段出入线。出入线可以设计成双线或单线，与城市道路或其他交通方式的交叉处可采用平交或立交，具体方案要根据远期线路通过能力的需要量来确定。

（5）联络线。

在整个城市轨道交通线路网中，要满足同种制式线路可以实现列车过轨运行，这种过轨一般需要通过线与线之间的联络线来实现，如图 1-7 所示。合理确定联络线，能够在线网建成后机动灵活地调用线网中各线的车辆，使线网形成有机的整体。

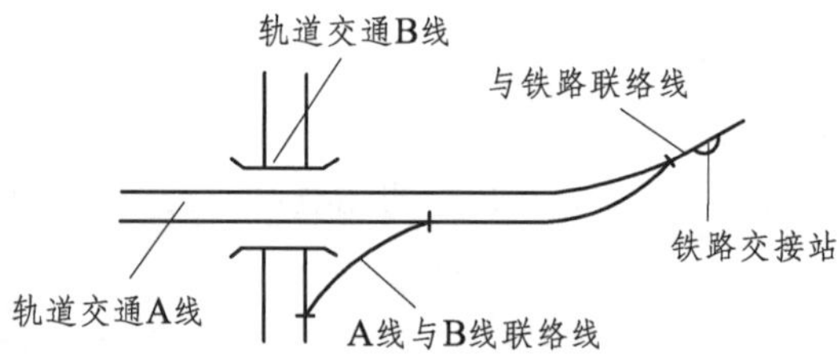

图 1-7　联络线

（6）安全线。

为了防止在出入段/场线、折返线、停车线和岔线（支线）上，行驶的列车未经允许进入正线与正线列车发生冲突，保证列车安全、运行正常，宜设安全线。安全线的长度一般不小于 40 m。

3. 车场线

车场线是指车辆基地/停车场的各种作业线，用于停车、调车、修车、试车等，主要包括：停车线、检修线、试验线、洗车线、出入库线。车场线行车速度低，线路标准只要满足场区作业即可。

（1）检修线。

检修线设置在车辆基地检修库内，是专门用于检修车辆的作业线，设置有地沟和架车设备。

（2）试验线。

试验线设置在车辆基地，用于对检修完毕的车辆进行运行状态检测以及对车载信号设备进行动态调试。

（3）停车线。

车辆段/停车场会设置较多的停车线，用于提供夜间停止运营后列车的停放。同时可以进行检修作业的停车线也配有地沟。

（4）洗车线。

洗车线是专门用于清洗车辆的作业线。

（5）出入库线。

出入库线是车辆基地与正线联系的线路，专供列车进出车辆基地。一般分入库线和出库线。

二、城市轨道交通线路敷设方式

城市轨道交通线路要根据城市环境、地势环境条件和总体规划要求，因地制宜地选择不同的线路敷设方式。城市中心区域宜采用地下线，城市外围区域且街道宽阔宜采用地面线和高架线。地面线和高架线敷设应充分考虑环境保护和景观效果，并维护地面道路的交通功能。

1. 地下线路

交通繁忙路段和市区繁华地段主要采用地下线路的敷设方式，线路敷设于地下隧道内。线路设计的原则是线位尽可能沿城市道路敷设，尽量不侵入两侧的规划红线。在偏离道路或穿越街坊时，要考虑避开沿线的建筑物桩基础和地下各种市政管线，以确保城市安全和减少拆迁。地下线路的优点是独立于地面交通，不占城市地面与空间，基本上不受气候影响；不足的是需要较大的投资，较高的施工技术，较先进的管理，完善的环控、防灾措施与设备。建设过程会影响地面交通，运营成本较高，改造、调整和线路维护困难较大。

2. 高架线路

高架线路一般用在市区建筑稀少及空间开阔的地段。其线位一般设置在道路的一侧或道路中间，具体要根据路线规划和站点选址情况来确定。高架线路与地面交通分层，相互无干扰，造价介于地下与地面线路之间，施工、维护、管理、环控、防灾等方面都较地下线路方便。高架线路会占用城市用地，并会影响城市采光、景观及带来噪声，受气候变化影响大。

3. 地面线路

地面线路适用于空旷的地带，道路和建筑物稀少的城市外围区域。轨道与普通铁路的轨道类似，因此，地面线路的优点是土建工程造价低，施工简便，运营成本低，线路调整与维护较方便。其缺点是道路线路占用比较大，隔断线路两侧的交通，不利于两侧土地的商业开发利用，列车运行振动带来的噪声影响比较大。同时，由于地面线路多采用碎石道床，虽弹性好，但几何尺寸容易变形，所以运营养护维修工作量较大。

三、城市轨道交通线路限界

限界指列车沿固定的轨道安全运行时所需要的空间尺寸。为保证列车运行安全，各种建筑物及设备均不得侵入限界范围。限界主要根据车辆的轮廓尺寸和技术参数、轨道特征、受电方式、施工方法、设备安装等因素综合进行分析确定。根据轨道交通系统的构成和设备运营要求，限界可以分为车辆限界、设备限界和建筑限界。

1. 车辆限界

车辆限界是车辆在直线地段正常运行状态下形成的最大动态包络线。车辆限界规定了车辆制造、安装及工程列车上所装载的施工料具不得超出建筑物方向的安全警戒线，应根据车辆的轮廓尺寸和技术参数，并考虑其静态和动态情况下所能达到的横向和竖向偏移量，按可能产生的最不利情况进行组合计算确定。

2. 设备限界

设备限界是车辆在运行途中一系悬挂或二系悬挂故障状态时的动态包络线，用以保证轨道交通系统的列车等移动设备在运营过程中的安全所需要的限界。

设备限界要在车辆限界的基础上，考虑轨道出现状态不良而引起的车辆偏移和倾斜，还要考虑适当的安全预留量。地面固定设备的任一部分均不得向内侵入此限界。

3. 建筑限界

建筑限界是指在行车隧道和高架桥等结构物的最小横断面所形成的有效内轮廓线基础上，再考虑其施工误差、测量误差、结构变形等因素，为满足固定设备和管线安装的需要而必需的限界，是用以限制沿线一切建筑物的外轮廓严禁向车辆运行空间方向侵入的安全警戒线。

四、城市轨道交通轨道结构

城市轨道交通一般采用轮轨系统，线路由轨道构成。轨道是城市轨道交通的主要设备，除引导列车运行方向外，还直接承受列车的竖向、横向及纵向力，因此轨道结构应具有足够的强度、稳定性、耐久性和适量弹性，确保列车安全、平稳、快速运行和乘客的舒适。目前普遍采用的是由两根钢轨支撑列车运行的轮轨交通系统。

轨道结构是城市轨道交通系统的重要组成部分，其作为一个整体结构，铺设在路基之上，直接承受列车车辆及其载荷的巨大压力，对列车运行起着导向作用。轨道一般由钢轨、轨枕、扣件、道床、道岔及其他附属设备等组成。

（一）钢　轨

钢轨是指两条直线形呈平行分布，安装在轨枕或路基之上的由钢铁材料制成的金属构筑物。钢轨需要承受车轮的压力，并传递到轨下结构，因此，要求钢轨需要具备一定的刚度和韧度。刚度可以抵抗动荷载引起的挠曲变形，以抵抗磨损，延长钢轨使用寿命；韧度可以防止动荷载引起的钢轨损伤。钢轨表面光滑，可以减少列车运行阻力，同时轨面粗糙，可以增加轮轨黏着力，有利于机车的制动实现。以上相互矛盾的要求，是由钢轨受到复杂的多种力引起的。

钢轨断面形状为“工”字形，由轨头、轨腰、轨底三大部分组成，形成受力好、省材料，具有最佳抗弯性能的优势。

1. 钢轨种类

（1）从钢轨的强度来看，按照每米长度的大致质量数分类，现行的城市轨道交通钢轨标准有 43 kg/m、50 kg/m、60 kg/m、75 kg/m 四种，每米质量数越大，代表钢轨越重，所能承受的重量亦越大，使用寿命也越长。

目前城市轨道交通线路一般采用 50 kg/m 或 60 kg/m 钢轨。正线及辅助线钢轨列车通行较多，承受各种冲击力，应根据近、远期客流情况，并结合技术经济综合比较，宜采用 60 kg/m

钢轨，也可采用 50 kg/m 钢轨。车场线宜采用 50 kg/m 钢轨。

（2）从钢轨的断面形状上分，城市轨道交通所使用的钢轨有如下三种。

① 平底钢轨：平底钢轨就是我们通常所指的“工”字形钢轨，这种钢轨目前在世界范围内使用广泛。

② 槽形钢轨：槽形钢轨轨头形成凹槽，多用于街道有轨电车和轻轨铁路。

③ 双头钢轨：双头钢轨轨头和轨底大小一样，目前很少应用，可在英国见到。

2. 钢轨的连接安装

轨道是由钢轨一根根连接而成，每一根钢轨的长度越长，线路接头数量就越少，列车运行就越平稳，轨道接头零件成本和线路的维修费用也会降低。由于钢轨的加工条件和运输条件有限，钢轨的轧制长度是有限的。目前我国钢轨有 25 m 和 12.5 m 两种标准长度，其中 75 kg/m 钢轨只有 25 m 长。

轨道上钢轨与钢轨的连接安装方法有两种。

（1）传统的连接安装法。

传统的连接安装法是把每截钢轨固定在轨枕之上，各截钢轨之间的接头（称为钢轨接头，亦称接缝），通常使用鱼尾板和螺栓接合。由于接头处轨轮动力作用大，养护维修工作量大，因此，钢轨接头是轨道结构的薄弱环节之一。

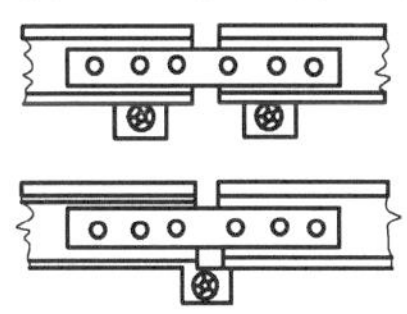

图 1-8　悬空式和承垫式

接头的接合形式按其相对于轨枕位置，可分为悬空式和承垫式两种，如图 1-8 所示。悬空式是在钢轨接头在两条轨枕之间，悬空对接；承垫式是指钢轨接头在轨枕的正上方，由轨枕起到承垫作用。根据两股钢轨接头相对位置又可分为相对式和相错式两种。相对式是指两股钢轨接头左右平行对齐；相错式是指两股钢轨接头左右错开，不在一个平行线上。我国一般采用相对悬空式接头接合方式。

钢轨接合之间会留有间隙，成为轨缝。预留轨缝要求在高温时钢轨膨胀不会导致轨道挤压变形，低温时钢轨收缩不会导致接头拉压变形，适应钢轨热胀冷缩的需要。但轨缝会使列车运行时产生很大的噪声，降低列车行车的平稳性，因此不适宜高速列车。

（2）较新的连接安装法。

较新的连接安装法是持续焊接钢轨，也称为无缝钢轨或长钢轨，通过焊接将原本一节一节的钢轨连接成为长钢轨。由于减少了轨缝，增加了轨道强度，减少了列车与钢轨之间的摩擦力，有利于车辆更顺畅、平稳、高速行驶，同时能够降低轨道维修养护成本，并且减少了列车行驶时产生的噪声。目前城市轨道交通系统已经大量采用此种方法。

无缝线路技术极大程度地减少了钢轨接头，不仅可以提高行车平稳性，降低牵引阻力，减少养护维修工作量而且大大减少了钢轨接头破损，是合理使用钢轨的有效措施之一。

3. 钢轨的功能

钢轨是轨道的组成部分，其功用是直接承受车轮传递的列车及其载荷的重量，并引导列车运行方向。此外，城市轨道交通系统中，钢轨还要兼作供电之用。

除上述功用外，钢轨有时还起保护作用，这时的钢轨称为护轨。常用的护轨有防脱护轨、桥上护轨和道岔护轨等。

（1）防脱护轨。

列车在运行转弯的时候，外轮的轮缘受到极大的压力，为防止轮缘负荷过重，在内弯的轨条处会装设一段钢轨，使另一边的轮缘分担列车转向时所产生的离心力，而通常这种附加的轨条会比正常的轨条高些，以加强保护作用，如图 1-9 所示。

（2）桥上护轨。

桥上护轨是在钢轨两侧分别装设两段钢轨，以防止列车在桥上或高地出轨时继续向外冲，如图 1-10 所示。

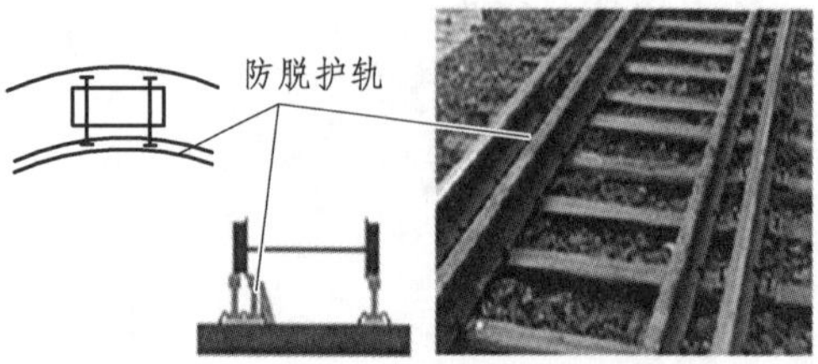

图 1-9 防脱护轨

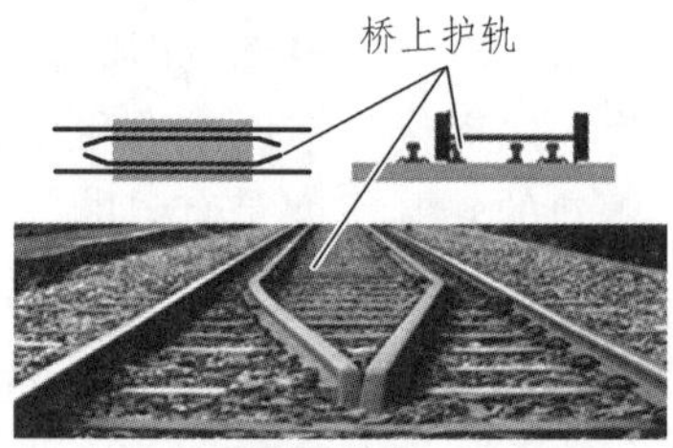

图 1-10 桥上护轨

（3）道岔护轨。

道岔护轨是在道岔区防止车轮在岔心处进错路线而安装的护轨，如图 1-11 所示。

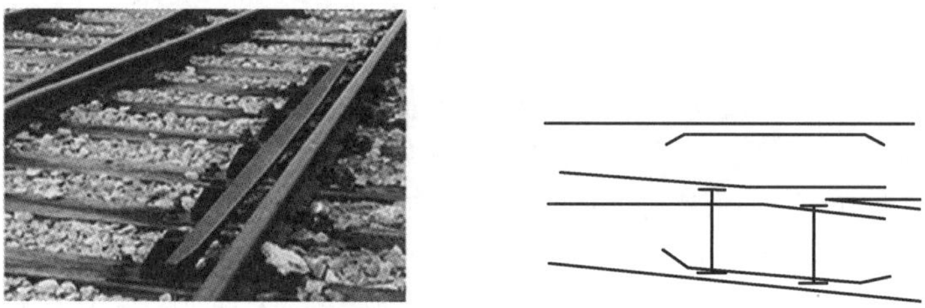

图 1-11 道岔护轨

4. 钢轨的损伤与维修养护

钢轨损失是指钢轨在使用过程中，发生折断、裂纹及其他影响和限制钢轨使用性能的损伤。具体分为以下几种。

（1）钢轨折断是指钢轨全截面至少断成两部分，或裂缝已经贯通整个轨头截面或轨底截面，或钢轨顶面上有较大的掉块。钢轨折断会直接威胁列车行车安全，需要及时更换。

（2）钢轨裂纹是指除钢轨折断之外，钢轨部分材料发生分离，形成裂纹。

（3）钢轨磨耗是指小半径曲线上钢轨的侧面磨耗和波浪磨耗。

（4）其他损伤，如钢轨接触疲劳损伤、钢轨纵向疲劳裂纹而导致的剥离及轨头因内部存在微小裂纹或缺陷而导致的内部损伤、轨腰螺栓孔裂纹等。

目前钢轨的质量、耐久性和可靠性都具有较高的水平，但钢轨日常养护仍然十分重要。不仅要及时更换、调换部分或全部钢轨外，还要对钢轨进行整修，包括磨修和焊修，修补轨端的不均匀磨耗、掉块、擦伤；此外还要进行钢轨定期打磨，可以消除和延缓波磨的发展、消除钢轨表面的接触疲劳层，防止剥离掉块，对断面打磨还可改善轮轨接触条件，降低接触应力，改善钢轨的平面及纵面。

（二）轨　枕

轨枕是轨道的基础部件，铺设于钢轨之下，将钢轨所承受的压力和应力分散传递到道床上，同时又能有效地保持钢轨轨距和方向几何形位。

轨枕需要具备一定的坚固性、弹性和耐久性，有利于固定钢轨，能够抵抗纵向和横向位移的能力，防止钢轨因列车行驶压力而被拖动，保持两根钢轨间的一定距离和方位，通过适当变形以缓冲列车经过产生的压力，又能在列车通行后尽可能恢复原状。目前在轨枕选择上，越来越多地使用钢筋混凝土轨枕。

1. 木　枕

木枕是经过特别加工和防腐处理而成的木材，分为普通木枕、木岔枕（道岔用木枕）、桥枕（桥梁用木枕）和短木枕。其中桥枕在城市轨道交通中基本不使用。

木枕的弹性和绝缘性好，质量相对比较小，加工、运输及铺设方便，受周围介质的温度变化影响小，并且有足够的位移阻力，比其他轨枕更能吸收列车行驶所产生的重力而不易断裂。但木枕使用寿命较短，一般为 15 年左右，受外界影响容易腐朽，其强度始终不足以承受长轨带来的巨大应力，所以也只会应用在临时轨道或需承受较大震荡的道岔枕木上。

2. 钢筋混凝土枕

钢筋混凝土枕是由钢筋和混凝土浇筑而成。目前在城市轨道交通线上已经得到广泛应用。钢筋混凝土枕的主要特点是：稳定性好，使用寿命长，养护工作量小，能提供较高的阻力，稳定性较高。在无缝线路上，钢筋混凝土轨枕比木枕的稳定性平均提高 15%～20%，因此，尤其适用于高速客运线。但其造价高，质量比较大，不利于铺设，且弹性较差。

钢筋混凝土枕主要分为混凝土长枕、混凝土短枕和混凝土支撑块。

3. 钢　枕

钢枕由钢材铸造而成，兼备木枕和混凝土枕的优点。它能承受大轴重的重载货物列车和高速旅客列车的强烈而频繁的振动和冲击，并能从根本上满足现代铁路运输对信号和轨道电路技术的要求。钢枕的使用寿命远超过混凝土轨枕，且维修工作量小。但由于钢枕的金属消耗量过大，造价不菲，体积也笨重，因此，没有得到推广，只有德国等少数国家使用。

4. 塑料轨枕

塑料轨枕是用回收混合塑料制备而成。其原料中没有纤维结构增强材料，而是利用挤出加工混合塑料时在型材内部形成的自增强作用，提高制品性能。目前还处于试用阶段。

（三）扣　件

联结钢轨与轨枕的零件称为扣件。扣件是轨道结构中的重要部件，将钢轨与轨枕牢固连接，保持钢轨固定在轨枕等轨下基础上的正确位置，防止钢轨超出必要范围的横向及纵向移动。由于混凝土轨枕的弹性较差，因此，扣件要具有足够的强度、耐久性和一定弹性，才能长期有效地保持钢轨与轨枕的可靠联结，阻止钢轨相对于轨枕发生移动；还要结构简单，便于安装和拆卸。

1. 扣件组成

扣件一般由钢轨扣压件和轨下垫层两部分组成。主要包括：弹性扣件、承托物和弹性垫板。

（1）弹性扣件：用来把钢轨紧扣在枕轨上，限制钢轨前后、左右、上下的移动，保持轨道的几何尺寸。

（2）承托物：作用是把扣件固定于枕轨上。

（3）弹性垫板：使钢轨与枕轨之间互相绝缘，避免钢轨漏电，并且能够增加轨道弹性。

2. 扣件的分类

由于线路的环境条件要求不同，所以扣件的种类也有所不同。我国城市轨道交通线路所用扣件多为 DT 系列。常用扣件种类有如下几种。

（1）弹条式扣件。

弹条式扣件主要由螺纹道钉、螺母、平垫圈、弹条、轨距挡板、挡板座及弹性垫板等零件组成，其结构如图 1-12 所示。该扣件采用弹条作为钢轨扣压件，利用弹条的弯曲变形及扭转变形，不存在断面的削弱问题，结构形式较合理，扣件压力大、弹性好，加压力损失较小，能较好地保持轨道几何形位。弹条式扣件已成为我国城市轨道交通使用的主型扣件。

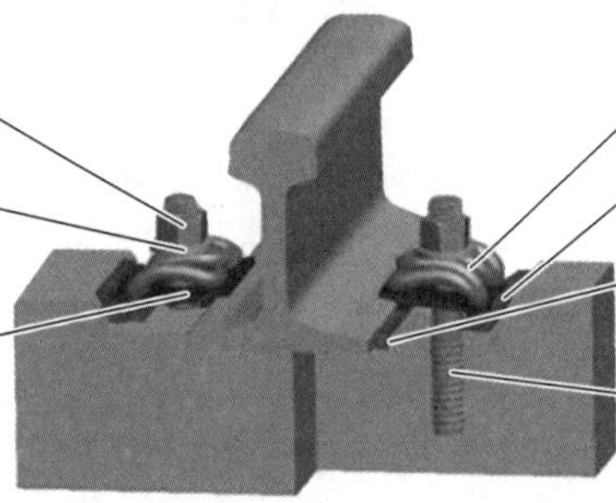

图 1-12　扣件结构

（2）扣板式扣件。

扣板式扣件主要由扣板、螺纹道钉、弹簧垫圈、铁座及绝缘缓冲垫片等组成，为刚性扣件。其优点是零件少，构造简单，调整轨距比较方便。其缺点是用弹簧圈作弹性元件，弹性不足，扣压力较低，在使用过程中容易松动。

（3）弹片式扣件。

弹片式扣件主要由螺纹道钉、螺母、平垫圈、弹片、轨距挡板及弹垫板等零件组成，为弹性扣件。该扣件采用拱形弹片扣压钢轨，并用轨距挡板代替铁座，以调整轨距和传递横向推力于轨枕挡肩。拱形弹片用弹簧钢制成，弹片的一端扣压轨底顶面，另一端则支承在轨距挡板上。由于此种扣件弹片强度不足，容易引起残余变形，甚至折断，现已不多见。

（四）道　床

道床是指路基、桥梁或隧道等下部结构之上，钢轨、轨枕之下的碎石、卵石层或混凝土层，其结构如图 1-13。它是钢轨或轨道框架的基础。

道床的主要作用是支撑轨枕，把来自轨枕上部的巨大荷载，均匀地分布到路基面上，大大减少了路基的变形。道床依靠本身和轨枕间的摩擦力，起到固定轨枕的位置，阻止轨枕纵向或横向移动。

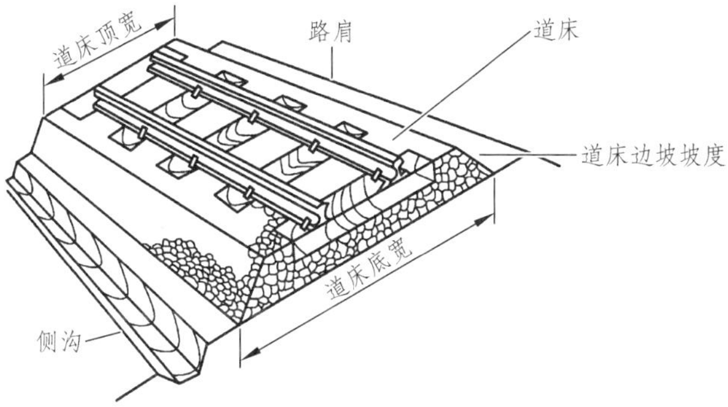

图 1-13　道床结构

道床主要分为碎石道床、整体道床、沥青道床、其他道床等几类。碎石道床用于地面正线、出入段/场线、试车线和库外线。整体道床用于地下线路、高架线路、车场库内线。

1. 碎石道床

碎石道床又称有砟道床，是一种比较常见的道床形式。碎石道床是指轨枕下面、路基面上铺设的石砟垫层，由具有一定粒径、级配和强度的硬质碎石堆集而成，在次要线路上，也可以使用级配卵石或粗砂。城市轨道交通的地面线路通常用碎石道床。

碎石道床将列车荷载均布于路基面上，起保护路基的作用；防止轨道用行车压力关系移位，保持轨道的几何形位。碎石块与块之间存在空隙和摩擦力，使得轨道具有一定的弹性，能吸收列车车辆的冲击和震动，使列车运行平稳，很好地改善了列车和轨道、轨枕等部件的工作条件。碎石还具有易排水和方便调校轨道位置等优点。但是碎石道床容易因行车压力发生移位，容易滋生杂草，所以碎石道床养护工作频繁，更换轨枕困难。道床作业时，粉尘飞扬，危害工作人员健康，因此只在地面线采用。

2. 整体道床

整体道床又称混凝土整体道床，也称无砟道床，是现代城市轨道交通中常用的道床形式。整体道床是指在坚实的基底上直接浇筑混凝土以取代传统道砟层的轨下基础，主要用于城市轨道的地下线路、高架线路及车场库内线。

整体道床又可分无枕式整体道床和轨枕整体道床两种。即道床内可预埋木枕、混凝土枕或混凝土短枕，也可在混凝土整体道床上直接安装扣件、弹性垫层和钢轨。

整体道床优点是：整体性强，纵向、横向稳定性好，具有较高的可靠性；其高平顺性和均匀的轨道弹性使旅客乘坐更舒适；整体道床坚固稳定、耐久、使用寿命长；较少的维护工作量和较低的维护成本；表面整洁，建筑物高度较小，减少隧道净空，节省投资，综合经济效益好。其缺点是造价高昂，弹性差，几何尺寸的调整没有碎石道床方便，且要求较高的施工精度和特殊的施工方法，存在沉降开裂或变形等病害，整治非常困难。

3. 沥青道床

沥青道床是指为了改善普通碎石道床的散体特性而加入乳化沥青或沥青砂浆使其稳定的一种道床轨道结构形式。沥青道床主要包括：沥青灌注式道床、沥青混凝土面层式道床、沥青垫层式混凝土道床。

4. 新型道床

随着城市轨道交通的发展和城市环境要求的不断提升，出现了可以满足新发展、新需求的新型道床。新型道床指的是减振浮动道床，由弹性支承块、橡胶垫板、道床板和混凝土底座及配套扣件构成。其原理主要是以线圈弹簧或弹性支承块托起整个轨框结构，以阻绝震动的传递，使路轨的震动减少，从而达到隔震、减震、降低噪声的功效。

由于列车载荷的反复作用，轨道道床特别是碎石道床很容易产生以下病害：道床变形、道床脏污、道砟粉化、道砟坍塌、道床翻浆、道床板结等。道床病害对轨道工作性能有较大的影响，如：影响道床承载能力、降低道床弹性、降低道床的排水性能和抗冻性能。道床病害发展到一定程度时，就必须进行整治，如进行道床清筛等。

（五）道　岔

道岔是轨道的重要组成部分。道岔是一种使列车车辆从一股道转入另一股道的线路连接设备，通常在车站、车辆段和停车场大量使用。

由于道岔具有数量多、构造复杂、使用寿命短、限制列车速度、行车安全性低和养护维修投入大等缺点，与曲线、接头并称为轨道的三大薄弱环节。

1. 道岔的构造

最常见道岔的是普通单开道岔，具有其他道岔所共有的特点和要求，具有代表性。普通单开道岔主要由转辙器、连接导轨、辙叉及护轨三大部分组成，如图 1-14 所示。

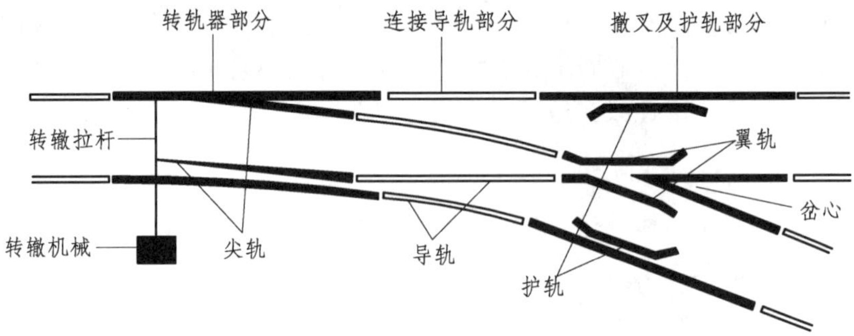

图 1-14　道岔组成

（1）转辙部分。

转辙部分即转辙器，是引导车轮运行方向的设备。当尖轨置于不同的位置时，列车将沿着直向或侧向运行。转辙器包括两根基本轨、两根尖轨、联结零件（如滑床板、顶铁、轨撑、拉杆、连接杆、辙前垫板、辙后垫板等）及跟端结构（包括跟端大垫板、间隔铁、跟端夹板、防爬卡铁、异径螺栓跟部螺栓）等。

① 基本轨。

基本轨用 12.5 m 或 25.0 m 的标准钢轨制成，一侧为直基本轨，一侧为曲基本轨。基本轨的作用除承受车轮的垂直压力外，还与尖轨共同承受车轮的横向水平力并保持尖轨位置的稳定。为了防止基本轨因受横向水平推力而引起的横移，在基本轨轨腰处钻有水平螺栓孔，与其在外侧设置的轨撑用螺栓联结，共同抵抗水平推力。

当尖轨与基本轨密贴时，有一个转辙角，因此在转辙部分必须将轨距加宽，以满足列车固定轴距和车轮与轨道接触的需要，使转辙器轨距、方向正确，以及使尖轨和基本轨密贴。

② 尖轨。

尖轨是两条可以水平移动的钢轨，在平面上可分为直线型尖轨（直尖轨）和曲线型尖轨（曲尖轨）。尖轨用来引导车轮进入导轨，依靠尖轨的扳动，将列车引入正线或侧线方向。

直尖轨分左股和右股，可以用于左开或右开的单开道岔，制造简单，便于修换。尖轨尖端刨削部分短，横向刚度大，尖轨摆度和跟端轮缘槽小。缺点是道岔长，尖轨的转折角大，列车易产生摇晃，尖轨尖端易磨耗。

曲尖轨由于与基本轨、导曲线的衔接较为圆顺，与同号直尖轨相比，其冲击角（转辙始角）小。导曲线半径可增大，列车进入道岔侧线运行时可提高速度，而且较平稳，可延长尖轨使用的寿命。但曲尖轨制造复杂，且其尖轨不能左右开道岔兼用，只能用于与转辙器开向相同的道岔。

③ 转辙机械。

转辙机械是用来控制轨道变线连接的设备，分为电动和手动两种，若按操纵方式分类，则有集中式和非集中式两类。

④ 连接杆。

连接杆的作用是将两尖轨联结成为一个框架式整体而一起移动，同时保持两尖轨在平面上的相对位置。连接杆多用扁钢与方钢制成，通过接头铁（耳铁）与尖轨相连接。连接杆的数量与尖轨长度有关，普通道岔一般装 2 ~ 3 根。

a. 轨距拉杆：轨距拉杆是一根位于两条尖轨间的连接拉杆，用来维持两条尖轨距离。

b. 转辙拉杆：转辙拉杆是一根用来控制尖轨位置转换的拉杆，安装在尖轨最前面，且与转辙机械相连，以实现尖轨的摆动。

⑤ 顶铁。

由于尖轨与轨枕没有道钉固定，为了保持尖轨在列车通行时不被车轮横向压力所挤弯，须在尖轨轨腰上安装顶铁（也叫轨距卡）。当尖轨与基本轨密贴时，每个顶铁顶住基本轨的腰部，这样作用在尖轨的横向力便会通过顶铁传递至基本轨，尖轨与基本轨共同抵抗列车的横向压力，故要求尖轨贴靠基本轨时顶铁也恰好与基本轨轨腰贴紧。

⑥ 轨撑。

为了增强转辙器的横向稳定性，在基本轨外侧安装轨撑。它的作用是承受横向压力和防止基本轨产生横向移动。

⑦ 滑床板。

滑床板是承垫基本轨并供尖轨滑动或承垫翼轨并供可动心心轨滑动的垫板。滑床板用厚 20 mm 的钢板制成，板面上有凸出高 6 mm、宽 90 mm 的滑床台。滑床板的作用是承托由尖轨、基本轨或翼轨、心轨传来的压力，并传递到岔枕上去。

⑧ 垫板。

辙前垫板（轨撑垫板）铺设在尖轨尖端前面的一段基本轨下面，与轨撑共同配合，防止基本轨向外横向移动。另外在道岔导曲线中部，也铺设这种垫板。为了使尖轨高出基本轨的轨面高差逐渐顺坡降下来，并保持导曲线支距位置的正确，在尖轨跟后面一定长度内铺设辙后垫板。

平垫板是铺设在转辙器最前面的两块垫板，其平面形状与普通垫板相同，但没有轨底坡，故称平垫板。这是由于道岔内所有垫板均不设坡度的缘故。此外，在道岔的连接部分，以及直线或侧线的钢轨末端也铺设这种垫板。

（2）连接部分。

连接部分是把转辙器和辙叉及护轨连接起来的设备，由两股直线钢轨和两股曲线钢轨组成。

① 导曲线。

两股曲线钢轨在道岔中称为导曲线。导轨由两端短直线及相连接的圆曲线组成。圆导曲线能与直尖轨和各种曲尖轨配合设置，设计简单，可以获得最短的道岔长度，铺设养护方便，在各类型道岔中普遍采用。导曲线半径的大小是由道岔号码的大小及侧向通过道岔的速度来决定，道岔号码越大，相应的导曲线半径越大，通过道岔侧向速度也越高。

② 导曲线构造。

道岔大部分采用普通钢轨制造的直尖轨。在构造上，尖轨的后大半部分高于基本轨，一般高出 6 mm。在导曲线上无超高时，尖轨跟部高出部分必须向导曲线上顺坡，此外，因导曲线上无超高，在离心力的作用下，不可避免地出现里股高于外股的情况，因此，宜在导曲线上设置适量超高。考虑到尖轨跟部高于基本轨 6 mm 的条件，故规定对导曲线可根据需要设置 6 mm 的超高，即将高度为 6 mm 的顺坡，由导曲线前部转移至导曲线后部。

目前，我国使用的钢筋混凝土岔枕，铺设的道岔导曲线上，设置了 6 mm 的超高，两端用减薄胶垫进行顺坡。

③ 导曲线轨底坡。

钢轨组合式辙叉的道岔，为简化构造，导曲线不设轨底坡，轨底垫板为平垫板，在导曲线的前面部分，为了顺坡分别有的顺坡垫板。

④ 导曲线的附属设备。

为防止导曲线在荷载作用下的外股钢轨倾倒及轨距扩大，在导曲线部分安装若干轨距杆，或在两股钢轨外侧成对地安装一定数量的轨撑。

⑤ 导曲线配轨。

导曲线配轨时，要考虑轨道电路上的绝缘接头的位置及满足对接接头的要求。尽量采用 12.5 m 或 25 m 长的标准钢轨。使用短轨时，一般不短于 6.5 m，在不得已的情况下，不短于 4.5 m。

（3）辙叉及护轨。

辙叉是轨道平面交叉的设备，它的作用是使列车按确定的方向，通过平面交叉处。辙叉是用来引导车轮准确地进入岔心的一组钢轨，由岔心、翼轨、护轨和联结零件组成。辙叉的前端称为趾端，后端称为跟端。

① 翼轨：翼轨是在内侧轮轨紧邻岔心处设置的钢轨。翼轨与岔心间形成必要的轮缘槽，引导车轮行驶。

② 心轨：心轨是辙叉内部相交的两根钢轨，心轨两作用边之间的夹角称为辙叉角。心轨与翼轨之间保持一定宽度的轮缘槽，使车轮轮缘能够顺利通过。

③ 护轨：护轨是防止车轮在岔心处因轮缘有可能走错辙叉槽，而引起脱轨或进错路线而在固定辙叉两侧设置的钢轨。

④ 辙叉咽喉：两翼轨工作边相距最近处称为辙叉咽喉（我国定型道岔咽喉宽度为 68 mm）。

⑤ 有害空间：从辙叉咽喉至辙叉心轨尖端之间的钢轨工作边中断地带。9 号道岔的有害空间长度为 702 mm。

⑥ 岔心：岔心又称辙叉心，用来连接两边轨道的钢轨。

目前我国单开道岔上常用的辙叉有钢轨组合式辙叉、高锰钢整铸辙叉。

2. 道岔的组合形式

道岔组合的基本形式有三种，即线路的连接、交叉、连接与交叉的组合。常用的线路连接有各种类型的单式道岔和复式道岔；交叉有直角交叉和菱形交叉；连接与交叉的组合有交分道岔和交叉渡线等。

3. 道岔的种类

（1）连接设备。

① 单式道岔。

使一条线路通向两条线路的道岔叫单式道岔。主要包括：普通单开道岔、单式对称道岔等，运用最多的是普通单开道岔，如图 1-15 所示。

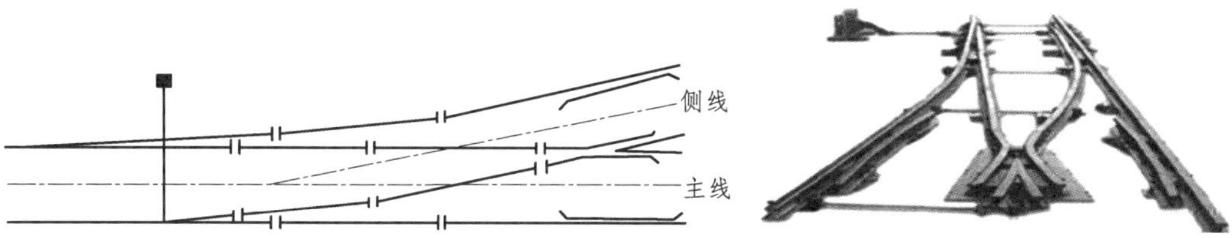

图 1-15　普通单开道岔

普通单开道岔保持主线是直线，侧线在主线的左侧或右侧岔出（面对道岔尖端而言）。侧线向右侧岔出的，称为右向单开道岔，简称右开道岔。侧线向左侧岔出的，称为左向单开道岔，简称左开道岔。

单式对称道岔（又称双开道岔），是自主线向左右两侧对称岔出两条线路的道岔。

② 复式道岔。

为了节省用地，缩短线路总长，或由于受地形限制，道岔铺设位置不能按照一前一后逐组错开铺设，必须把一组道岔纳入另一组道岔内，便形成了复式道岔。复式道岔主要是复式对称道岔。复式对称道岔又称为三开道岔，其主线为直线，用同一部位的两组转辙器，将线路分为三条。这种道岔有两队尖轨和三副辙叉。两对尖轨中有一对尖轨比外面的短，三副辙叉中后两副辙叉的辙叉角相等，而前面的（即中间的）一副辙叉角较大，并位于主线的中线上。

（2）交叉设备。

两条轨道在同一平面上相互交叉的设备称为交叉设备。交叉分直角交叉和菱形交叉。

两条直线轨道成直角相交的交叉称为直角交叉，这种情况很少见。两股轨道相交成菱形的交叉，当其交叉角小于直角时被称为菱形交叉，如图 1-16 所示。

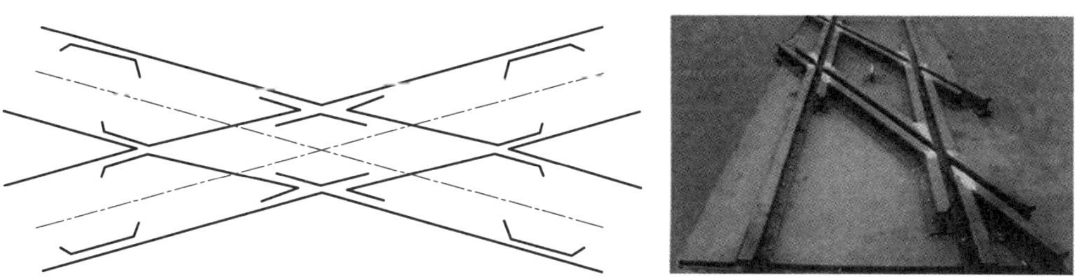

图 1-16　菱形交叉

（3）连接与交叉的组合。

两条线路相互交叉，列车不仅能够沿着直线方向运行，而且能够由一直线转入另一直线，这种道岔叫作交分道岔。

① 复式交分道岔。

复式交分道岔是两条线路相交，中间增添四副转辙器和两副连接曲线，列车能沿任何一侧由一条线路转入另一条线路的道岔，如图 1-17 所示，这种道岔既能达到线路交叉的目的，又能起到线路连接的作用。一组复式交分道岔能起到四组单式道岔的作用，且与普通道岔比较，不仅能节省用地面积，同时能节省调车作业时间。

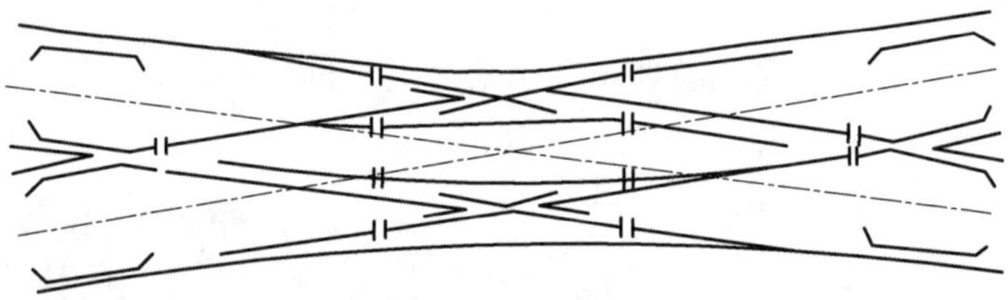

图 1-17　复式交分道岔

② 渡线。

利用道岔或利用固定交叉连接两条相邻线路的设备，称为渡线。渡线可分为单渡线和交叉渡线。单渡线由两组单开道岔及一条连接轨道组成。交叉渡线在相邻两线路间由两条相交的渡线和一组菱形交叉组成。如图 1-18 所示。

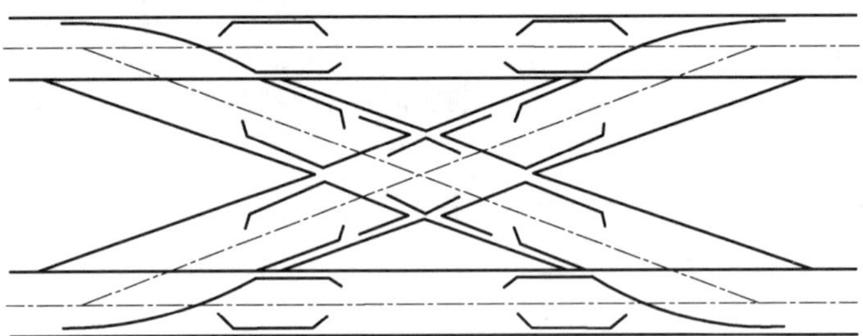

图 1-18　具有相交渡线的道岔

4. 道岔号码

道岔号码是以辙叉号数 N 来表示的。辙叉号数是以辙叉角的大小来衡量的，如图 1-19 所示。

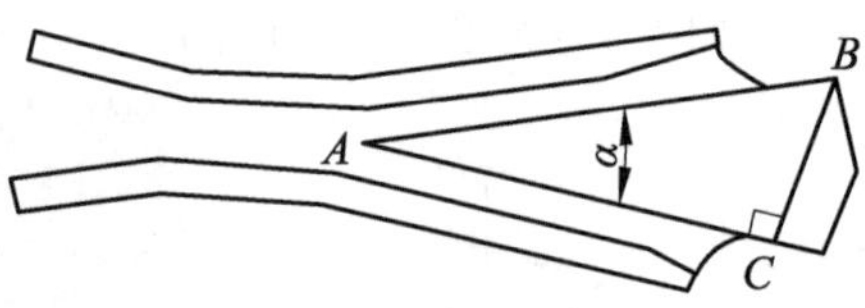

图 1-19　道岔号

（1）辙叉号数的计算方法。

辙叉号数为

$$N = AB/CB = \cot\alpha$$

式中　N ——辙叉号数；

α ——辙叉角；

CB ——叉心工作边上任一点至另一工作边的垂直距离；

AB ——由辙叉尖端沿工作边至垂足点的长度

（2）辙叉角的计算方法。

辙叉角为

$$\alpha = \mathrm{arccot} N$$

我国的道岔号码从 6 号到 62 号都有，辙叉角与道岔号码成反比，道岔号码越大，辙叉角就越小，连接部分导曲线半径也就越大，容许列车侧向通过道岔的速度也就越高，列车通过道岔时就越平稳、安全。

在城市轨道交通中规定：正线和辅助线上采用的道岔不得小于 9 号，车场线的道岔一般采用 7 号道岔。目前，国内城市轨道交通运营线路列车运行速度一般都不超过 80 km/h，所以正线均采用 9 号道岔。随着国民经济的快速发展，城市范围不断扩大，城市轨道交通往郊区延伸，列车运行的速度将提高，会超过 80 km/h，所以规定正线宜采用不小于 9 号的各类道岔。车场线采用不大于 7 号的道岔，能减少车场占地面积，并能满足使用要求。

（3）现场确定道岔号数的方法。

① 用脚测量。

在心轨顶面一脚宽处，用脚量到心轨尖端，是几脚就是几号道岔。

② 用尺测量法。

先在心轨顶面量出 100 mm 宽度和 200 mm 宽度两处，并在此两处划上线，然后再量出两条线之间的垂直距离，有几个 100 mm 就是几号道岔。

（六）轨道安全设备

1. 防脱护轨

当列车通过小半径曲线的缓和曲线范围，以及竖曲线缓和曲线重叠地段时，因超高顺坡造成轨顶平面的扭曲，势必会加剧列车某些车轮的减载或悬浮，同时还将使轮轨间产生附加的横向水平力。为确保列车运行安全，在高架桥轨道的特殊地段设置防脱护轨。

防脱护轨设在基本轨内侧，用支架固定在基本轨轨底，安装拆卸方便。可根据实际需要增加安装防脱护轨的地段。

2. 车挡

为保证行车安全，防止在遇到特殊情况时列车冲出线路，在正线、辅助线、试车线、库内线的末端都必须设置车挡，车挡也称为挡车器。车挡有缓冲式和固定式两类，正线、辅助线和试车线的末端宜采用缓冲式车挡，库内线末端宜采用固定式车挡。

任务 3　城市轨道交通车站站点设置

轨道交通线路修建方案确定后，需要确定的是线路车站的选址。车站是乘客办理各种乘车手续并完成乘降的主要场所。车站选址要充分考虑城市现有的路网规划，充分满足城市居民方便快捷的出行需求，一般都设置在市区居民集中的地点、城市主要交通干道沿线的路口、商业繁华地段以及主要工业区等人流集中的地点。

城市轨道交通车站的选址需要经过经济、技术、安全等多方面的综合比选，应尽量靠近地面客流集散点，保证轨道交通使用方便快捷，同时，还需要充分考虑施工过程中引起的地面建筑物拆迁、邻近建筑物的保护、地下市政管线的迁改、地面交通的疏解等多方面的影响。同时车站要充分满足客流高峰时所需要的各种面积、容积及楼梯通道等宽度要求，以及设备用房和管理用房的设置要求。

一、城市轨道交通车站站点特点

1. 车站站点客流量大和交通复杂

通常情况下，城市轨道交通车站站点及周边区域的客流量非常大，而且交通需求也非常大，地铁站点设置在有效满足旅客换乘车需求的同时，还应当注意协调与其他轨道线路、交通方式换乘的安全性及高效性。一般情况下，居民去地铁站点的方式为自行车、步行或者其他交通方式。城市地铁站点需满足不同交通方式乘客的换乘需要，较之于其他公路交通方式而言，无论如何进行换乘，乘客均可以以步行方式到达地铁站点。

2. 开发建设强度非常大

车站一旦建成就难以更改。如果轨道交通建设前期对站点的规划、布局、设计方案不合理或者不够成熟，就会对建设和运营甚至城市发展带来巨额损失。为减少投资，避免浪费，保证选址的客观性，科学合理地选择轨道交通站点对轨道交通建设和城市发展尤为重要。

3. 车站站点的经济效益强

城市地铁站点建设完成后，可以增强交通的实际可到达能力，有效缩短民众出行时间和距离。城市地铁站点建设，可使各种生活、工作以及娱乐活动设施，逐渐向地铁站点四周集聚，这在很大程度上拉动了地铁站点周围的土地开发，同时也刺激了该片区的经济、文化快速发展。站点周边区域的基础设施不断健全和完善，将会带动周边房地产行业的快速发展和增值，社会化程度不断增强。

4. 地铁站点建设过程中的时序性非常的强

城市地铁交通系统建设过程，是由整体到局部的过程，即面、线和点逐步细化的过程。其中，面主要包含对研究区域范围内整体性的分析和研究，同时还包括对研究范围内产生的影响。线主要包括区域性的交通分布、划分预测以及线路构架整合。点主要是指个别特殊问题的分析与研究，同时还包括地铁局部规划和设计，具体工程建设方案、工程难点以及客流发生和客流换乘发生点的研究设计。城市地铁线路规划建设过程中，应当注意站点选址，这是一个由线到点的细化过程；地铁线路规划过程中，线的规划是站点数量及其分布规划，站点选址需结合实际情况。

5. 有效缓解城市交通压力

由于列车大的载客量，可以有效缓解城市日益拥堵的交通压力，所以轨道交通车站特别是城市中心区域的站点一般会选择客流量比较集中的位置，集中和突发交通流比较大。站点规划和车站布局要充分考虑客流的集中性和突发性，有效发挥缓解城市交通压力的作用，分担路面交通流量，构建高效率的城市公共交通体系。

二、城市轨道交通车站选址影响因素

城市轨道交通车站的选址设置受很多因素的影响。城市轨道交通车站的合理规划与布局，能够为城市居民提供方便快捷的出行方式，也能为城市社会经济的发展提供保障。城市轨道车站选址主要受以下几方面的相关因素的影响。

1. 城市规模、形态和土地使用布局

城市规模包括城市人口规模、城市用地规模、城市经济发展水平三个方面的内容。人口规模决定了城市交通出行的总量，城市用地规模（面积）影响了居民出行时间和距离，即城市规模决定了城市的交通需求，也就影响到轨道交通的规模与车站分布。城市形态和土地利用也是影响轨道车站分布的因素。不同的城市形态和用地布局决定了居民出行的空间分布，也决定了轨道线路的几何空间形态。

2. 城市道路网络结构和其他交通方式的站点布局

城市轨道交通是城市公共交通骨干，但需要与城市其他公共交通方式紧密衔接、密切配合，才能真正体现方便乘客、以人为本的原则。城市轨道交通线路一般沿城市道路进行布设，城市道路网的格局将影响轨道线路的走向，而其他城市公共交通方式的站点作为轨道交通车站集散客流的场所，其布局也影响着轨道车站分布的规划。同时，轨道交通和常规公交之间又具有竞争性，要使各种交通方式协调发展，这要求轨道交通车站的站间距要大于常规公交的站间距。

3. 客流特性和列车特性

轨道交通的客流是动态流。它在空间上表现为各条线路客流不均衡、上下行方向客流不均衡、线路断面客流分布不均衡、各车站乘降人数不均衡；在时间上表现为一日内、一周内客流不均衡，进出车站高峰小时时间与断面客流高峰小时时间通常不相同。客流空间分布不均衡主要影响着轨道车站分布，时间的不均衡主要影响着轨道交通的运力安排，高峰小时客流则是确定车站设备容量的基本依据。

列车特性主要包括车辆的长度、载客能力、列车的正常运行速度及加减速能力。车辆的长度、载客能力决定车站长度和规模。从列车特件发挥角度来说，站间距应使列车可以在车站间运行时发挥出速度优势，并尽可能减少刹车。

4. 城市人文地理

轨道车站的分布必须与国家的名胜古迹、自然保护区等协调，避免与其发生冲突。城市水文地质等自然条件限制轨道线路的走向、车站的选址和车站的建筑布局。由于轨道交通采用的是全封闭设计，它对城市社会经济活动的分隔作用非常强。在确定轨道车站布局时，要充分结合城市的自然地理条件，利用天然分隔物（河流、山脉等），将轨道的走向、车站的选址与这些天然障碍物结合起来，最大程度地减少轨道交通对城市经济活动的分隔，这样才能使轨道交通建设的社会效益实现最大化。

三、城市轨道交通车站选址原则

1. 符合城市轨道交通总体规划及线网规划

城市轨道交通车站的选址要遵从城市总体规划及线网规划的总体要求。轨道交通车站站点可以实现人流聚集效应，有效带动周边住宅、商业发展，从而促进轨道交通线路沿线各区域的土地利用和区域布局的变化，增强城市各区域间的可达性。城市轨道交通线网的规划服从于城市的总体发展规划，而城市轨道交通车站站点的设置，也服从于轨道线网及线路的规划。城市轨道交通车站站点的规划与建设应充分考虑城市近期土地利用以及道路网络的建设和发展规划，不仅要满足现有的条件和发展需求，还需要预留发展空间，以满足城市交通和城市规划布局以及城市环境长远、可持续、健康发展的需求。

2. 实现乘客方便出行

城市中的通勤客流是城市轨道交通的主要客流，所以城市轨道交通客流具有明显的早晚高峰特征。早晚高峰时段，通勤客流会快速聚集到车站和列车里，车站及运输系统要具有短时间内疏散大量乘客的能力。首先，车站位置可以尽量接近商业区域和人口密集的生活区，尽量减少乘客步行或者与其他交通形式衔接到达车站的距离，节省乘客出行时间；其次，站点应充分与现有或规划的常规公交站、火车站、停车场、其他轨道交通线路以及航站楼等交通形式紧密联系，便于乘客在短时间、少步行的情况下换乘；最后，车站的规模要与城市近、远期出行客流的需求匹配，构建车站舒适良好的乘车环境。

3. 充分考虑车站站点环境现状

车站的布局和外观风格应与周围环境相协调，应充分考虑既有或规划的水文地质条件、工程地质、地面（下）建（构）筑物拆迁及改造、地下管线（尤其是地下站点）的布置等情况。由于城市中心征地拆迁难度大、成本高，所以在站点选址中，尽量避免大规模的地下管线迁改和大型建（构）筑物的拆迁，从而保证车站施工的顺利开展。

4. 节约建设投资成本

车站的造价在轨道交通建设中所占比例很大，远远大于区间隧道的造价，所以，除了保证车站建设工期外，减少建（构）筑物的拆迁量、选择在地理条件相对较好的地方修建，也是减少城市轨道交通建设投资成本的重要举措。另外，在满足近、远期运营功能的条件下，尽量减小建筑规模，缩小其空间，也可以有效节约建设投资。

5. 其他原则

车站应尽量减少出站乘客与进站乘客之间的路径冲突，合理组织各种客流，确保乘客进站方便、出站迅速，其站台、站厅、通道、出入口、自动扶梯、楼梯、电梯、售检票机和安检系统等的承载能力应互相匹配，也能与客流量匹配。车站通道和出入口应与周围商业开发相结合来考虑设计，并同时考虑其共用设施的消防安全措施，应符合相关规范所要求的标准。中心区站间距较小，能使轨道交通站点上下客负荷较为均匀，避免有些站点负荷过大而导致列车因滞站时间加大带来的运行的延误。

轨道交通工程地下车站属于兼顾性人防工程，以平时功能为主，战时功能为紧急人员掩蔽部或物资储备场所，选址时应考虑其防空功能。

任务 4　城市轨道交通岗位工作职责

车站提供列车停靠、乘客集散服务，是城市轨道交通主要的运营场所和服务窗口。车站作业主要包括行车组织，乘客服务以及车站人员、设备与设施的管理及运作。车站工作组织的水平很大程度上影响着整个城市轨道交通运行安全、服务高效、节能环保等运营目标。

城市轨道交通车站作业按车站的组织结构设置，实行统一指挥、逐级负责的管理原则，不同层级的人员各司其职、分工协作。在车站工作的人员包括站务工作人员及非站务工作人员，站务工作人员对非站务工作人员按照属地管理要求进行管理。

站务工作人员主要包括车站管理人员（站区长或站长）、值班站长、值班员及站务员等，其中值班员可根据企业需求设置为行车值班员、客运值班员，站务员设置为客服中心岗及巡视岗。

非站务工作人员是指在车站工作的其他人员，主要包括驻站公安、辅警、安检人员、保洁人员、维修人员及商铺工作人员等。

不同的城市轨道交通运营公司的车站组织结构设置有所不同，如福州地铁 1 号线共有 25 座车站，将全线划分为 7 个站区，每个站区设置一名站区长。各车站设置 1 名车站站长，若干值班站长、值班员和站务员，每班 1 名值班站长、2 名值班员（客运值班员和行车值班员）和 2 名站务员（站台和客服中心）。而沈阳地铁 1 号线为自然站设置，每站配备一名站长，负责所在车站的全面管理工作。

一、站（区）长

站（区）长代表城市轨道交通运营单位在辖区车站行使属地管理权，全面负责车站的现场管理，负责本站的消防、安全、治安、行车、施工、票务、服务和人员管理等工作；根据上级的要求计划、组织、指挥、控制、协调车站日常工作，开展车站其他各岗位工作评奖。具体工作职责为：

（1）全面负责车站行政管理工作，对车站的安全管理、票务管理、服务管理、培训组织、人员管理及班组建设等工作负责，组织本站人员完成车站行车、票务和客运服务工作及特殊情况下的应急组织。

（2）需要有效地开展班组管理，为车站员工提供良好的工作环境，解决车站相关问题，保持员工队伍的稳定和可持续发展，向乘客提供安全、优质的运输服务。

（3）按照安全生产法律、法规要求，建立健全车站安全管理体系，组织落实安全生产、消防管理、治安管理等工作要求。

（4）需要与周边部门经常沟通与协调，创造良好的运作环境。

（5）具有对辖区内员工的岗位调整权、监督考核权、晋升推荐权。

二、值班站长

值班站长直接对站长负责，服从行车调度员、客运调度员的生产指挥，负责组织本班员工开展工作，对本班车站运营全面负责，包括车站的行车、票务、客运、施工等方面所有的工作。具体工作职责为：

（1）在日常工作中负责监控当班整体服务工作，巡视并检查当班员工在语言、形体、着装等方面是否符合服务标准，指正员工服务工作不足，确保本班服务质量，同时负责对保洁、安保、商铺人员、施工人员、安检人员等驻站人员进行属地管理。

（2）负责本班客运服务工作。组织车站员工为乘客提供优质服务，处理乘客投诉事件，组织车站的客流控制。同时还负责监督和牵头本班的票务相关工作，严格执行公司的票务规章制度，确保本班票务收益安全、运作顺畅。

（3）对车站进行全面巡视，发现问题立即汇报并组织整改。

（4）负责本班的安全生产工作。当车站发生突发事件、事故时，值班站长负责牵头处置。在车站发生异常情况或突发事件时，及时启动预案，控制局面，减少和避免人员伤亡及财产损失，尽快恢复运营。

（5）要掌握车站的近期工作计划、生产计划及当天的生产工作重点，制订工作措施，合理组织和开展工作，对持续性工作做好交接班并跟踪完成情况。

同时，值班站长还需要处理特殊事务，如乘客事务、列车误点事务、乘客受伤的处理等。

三、值班员

车站值班员包括行车值班员与客运值班员。在发生设备故障或紧急情况时，值班员负责协助值班站长进行事务处理。

1. 行车值班员

行车值班员主要负责车站的行车工作，包括监控列车运行情况，管理行车备品，监控车站各类设备运行状态，进行施工管理，接收、传达和执行调度命令，做好生产信息的收集，将各类信息向相关部门汇报，负责本站客流情况、乘客动态，做好广播服务。

上岗前，行车值班员要先做好仪容仪表检查，确保穿齐工装，戴齐佩饰，保持良好的精神面貌；穿戴整齐后在轨道交通车站控制室与上一班员工交接，了解上一班的安全生产信息、客运服务情况，检查车站控制室摆放的客运服务备品是否齐全且状态良好，了解当班员工情况及位置。

当班期间，行车值班员应通过监视器监视车站的客流情况。当车站出现大客流，乘客排长队购票、进站等情况时，行车值班员应积极采取措施，播放广播疏导客流，并通知值班站长采取增加引导人员、增加预制票售卖点等措施，让乘客顺利购票和进、出站。当乘客通过车站控制室“对讲处”询问时，要礼貌、热情地向乘客解答；同时监控当班员工服务工作，发现问题应及时提醒；在尾班车开出前 5 min 时要播放停止服务广播；尾班车到站后播放关站广播。

下班前，行车值班员需与下一班员工交接本班的安全生产信息、客运服务情况，配合相关备品交接，接受当班车站值班站长的服务点评。

2. 客运值班员

客运值班员主要负责本班的客运服务和票务工作，包括车站的车票、票款管理，组织站务员完成售检票任务以及车站票务营收数据的统计、报表填写和保管，解决并处理乘客票务、服务问题等。

在票务工作上，主要进行车票交接管理和现金管理。

车票交接管理：车站与配送部门之间的车票交接管理，主要包括配送部门给车站配送车票和回收车票两个方面，车站需严格按照车票交接规定接收和上交车票，确保账面一致。

现金管理：作为当班值班员，除按现金安全管理相关规定做好对票务处、点钞室现金的监控和管理工作外，还负责对自动售票机补币和清点钱箱，负责为售票员配票、结账，计算车站每日运营票款收益，并将票款存入银行专用账户及与银行沟通兑换零钱以及票款收益结算管理、车站与银行之间的票款交接等工作。

四、站务员

站务员主要安排在客服中心岗、巡视岗（站厅巡视岗、站台巡视岗）。

1. 客服中心岗

客服中心岗主要负责当班客服中心的售票、咨询工作；处理与乘客相关的票务事务；对填写的票务报表和当日票款收益负责；负责本班客服中心内的设备、备品的管理；售票、咨询间隙，兼任站厅巡视岗，负责站厅巡视（不含出入口、通道）。具体工作职责为：

（1）领票。

领票是指站务员在到票务处售票前，先到值班员处领取各种车票、备用金的过程。值班员需在站务员到岗售票前配置一定数量的车票、备用金，填写站务员结算单，并由值班员签名确认，放置到专用售票盒内。站务员到票务室领票时，需与值班员共同清点所配的各类车票、备用金，确认数量是否与售票员结算单上记录的开窗张数、备用金数量一致，核对无误后，站务员在站务员结算单上签收确认。

（2）售票。

领取完各类车票、备用金后，站务员到客服中心开始售票工作。站务员到岗后，需检查客服中心处设备、备品的数量和状态，并在相应的台账上记录检查情况。确认半自动售票机正常后，站务员需使用本人账号和密码，登录半自动售票机，进行车票的发售、充值、更新等操作。

（3）结账。

站务员结束本班售票工作后，需立即在半自动售票机上签退，确认退出半自动售票机。携带本班所有现金、车票及各类报表回票务室，按照结账程序的要求与值班员结账。

（4）其他职责。

站务员在售检票过程中需要严格执行相关的票务规章制度及设备操作规范，根据实际情况如实收取乘客票款，真实反映当班期间的票款收益，不得蓄意侵占公司票款收益或蓄意导致公司票务收益流失。

2. 站厅巡视岗

站厅巡视岗具体工作职责如下。

（1）帮助有需要的乘客，主动提供优质服务。

（2）巡查乘客携带的物品行李，严防易燃、易爆、有毒危险品进站。

（3）注意乘客动态，提醒特殊乘客注意安全。

（4）出入口、站厅发生治安、客伤等突发事件时，及时处置，保护现场，报告车控室。

（5）积极疏导乘客，维持客流秩序。

（6）接受乘客问讯及处理乘客事务，指引乘客到客服中心进行车票处理。

（7）巡视站厅各种设备设施、告示、贴纸、安全警示标志等的状态，发现异常及时报车控室。

（8）负责站厅边门管理，按规定给符合人员开边门。

（9）制止违反城市轨道交通相关法律、法规、管理条例的行为。

3. 站台巡视岗

站台巡视岗负责按站台接发列车标准接发列车，监视列车运行状态、维护候车秩序、关注乘客动态和乘客乘降过程，处理在接发列车过程中发生的突发事件；负责巡视站台区域消防设备设施状态，站台门状态，扶梯运行状态，站台监控亭（备品间）内的所有设备设施的状态，扶梯、站台门等各类安全警示标志的设置情况；注意站台乘客动态，发现可疑人员和可疑物品及时处置，并报车控室；制止违反城市轨道交通相关法律、法规、管理条例的行为。

站台巡视岗具体工作职责如下。

（1）按行车值班员指挥，安全、有序地接发列车和组织乘客乘降。

（2）按行车值班员指挥，正确、及时显示行车信号。

（3）车门出现故障时负责协助司机处理。

（4）安全、快速处理屏蔽门故障。

（5）信号设备出现故障时配合值班站长人工排列进路。

复习思考题

一、单选题

1. 车站高峰小时客流是确定车站设备（　　）的基本依据。

   A. 运行状况　　B. 使用时间　　C. 服务质量　　D. 容量或能力

2. 车站中对车站客流的通过量起着决定性的影响的是（　　）。

   A. 服务人员　　B. 主要设施设备　　C. 列车　　D. 车站的容量

3. 下列不属于城市轨道交通与常规公交换乘站点的客流特征的是（　　）。

   A. 各小时段客流变化不大　　B. 发量大而集中

   C. 多向集散和换乘　　D. 各小时段客流不均衡性

4. 按线路敷设及构筑物的空间位置分类不正确的是（　　）。

   A. 地面城市轨道交通系统　　B. 高架城市轨道交通系统

   C. 地铁和市郊铁路　　D. 地下城市轨道交通系统

5. 车站的站台设计不采用（　　）。

   A. 低站台　　B. 侧式　　C. 岛式　　D. 混合式

6. 填写台账，阅读近期生产信息及上级要求工作由车站（　　）完成。

   A. 厅巡岗　　B. 值班站长　　C. 客运值班员　　D. 行车值班员

7. 应用最广泛的道岔类型为（　　）。

A. 普通单开道岔　B. 单开对称道岔　C. 三开道岔　D. 交叉渡线

8.（　　）方式折返时间较短，站线和折返线相结合，能节省投资费用。

A. 单路折返　B. 环形折返　C. 站后折返　D. 站前折返

9. 正线和辅助线上采用的道岔不得小于（　　）号。

A. 18　B. 12　C. 9　D. 7

二、多选题

1. 客流是指在单位时间内，轨道交通线路上乘客（　　）的总和。

A. 流动人数　B. 流动方向　C. 流动速度　D. 流动频率

2. 轨道交通车站客流的基本特征主要包括（　　）。

A. 客流沿时间分布的不均匀性　B. 站台客流分布特征

C. 换乘客流特征　D. 车流分布特征

3. 客流预测的方法有许多种，但归纳起来是（　　）。

A. 因果关系分析法　B. 定量预测方法

C. 德尔菲法　D. 定性预测方法

4. 车站一般由哪些部分组成？（　　）

A. 出入口及通道　B. 站厅层　C. 站台层　D. 设备用房

E. 管理用房　F、生活用房

5. 车场线包括（　　）。

A. 折返线　B. 检修线　C. 停车线

D. 试验线　E. 出入库线

6. 以下（　　）属于城市轨道交通运营的轨道 3 大薄弱环节。

A. 正线　B. 曲线　C. 轨道接头

D. 道岔　E. 钢轨

7. 钢轨起到安全保护作用的，称为护轨，护轨有哪些种类（　　）。

A. 正线护轨　B. 道岔护轨　C. 防脱护轨　D. 桥上护轨

8. 节点换乘的布置形式包括（　　）。

A. 岛式与侧式换乘　B. 岛式与岛式换乘

C. 通道换乘　D. 侧式与侧式换乘

三、判断题

1. 大客流是指客流集中到达，使车站候车、滞留的乘客人数接近或达到车站设施设计容量。（　　）

2. 大城市根据城市条件，应逐步建立以为公交主体，城市轨道交通为骨干，各种交通方式相结合的多层次、多功能、多类型的城市综合交通体系。（　　）

3. 折返线是指在线路两端终点站或中间站设置的专供列车改变运行方向的线路，有单折返线、双折返线和多折返线。（　　）

4. 站台层的主要作用是集疏客流，为乘客提供售、检票等服务。（　　）

5. 轨道交通合理化的影响范围不取决于线网密度，而取决于车站（枢纽）密度，这一点

和公共汽车线路明显不同。（ ）

四、简答题

1. 简述影响城市轨道交通客流的因素有哪些？
2. 简述城市轨道交通线路设计原则？
3. 简述钢轨损失的含义及具体表现？
4. 简述车站按照站台形式分类的类型？
5. 简述车站站（区）长的工作职责？

五、论述题

请给出站台火灾紧急疏散程序及各岗位职员的工作职责内容，请在表 1-3 中正确的位置打“√”。

表 1-3　站台火灾紧急疏散程序

职责	值班站长	行车值班员	客运值班员	站台服务员	站厅服务员	售票员	其他人员
1. 发现火灾，向值班站长报告，并试图灭火							
2. 报告控制中心，要求停止本站列车服务，并请求支援							
3. 宣布执行火灾紧急疏散计划							
4. 指示环控操作人员执行火灾排烟模式							
5. 关掉广告灯箱电源							
6. 担任事故处理主任，指挥疏散和灭火							
7. 向控制中心报告火灾情况							
8. 关停扶梯，设置闸机为自由释放状态							
9. 指引乘客疏散出站							
10. 拦截乘客进展							
11. 引导消防员到火灾现场							

项目一在线答题

项目二 城市轨道交通车站认知

【项目描述】

城市轨道交通车站是轨道交通客流的集散地，是轨道交通与乘客联系的最关键节点，是供列车到、发、折返及乘客集散的重要地，是为乘客服务的重要窗口，所以车站在路网中占有极其重要的地位。本项目从车站的线路、站点、规模设置出发，分析了车站的分类与组成，阐述了不同站场布置下的布局安排，最后从车站的总体、流线、平面布局等设计方面进行介绍，并对站务运作进行了初步介绍。希望大家对车站有基本认识。

【学习目标】

（1）了解城市轨道交通车站概念及规模的确定。
（2）熟悉城市轨道交通车站线路、站点设置。
（3）掌握城市轨道交通车站分类。
（4）熟悉中间站、中间折返站、换乘站的站场布置。
（5）熟悉地下站、高架站、地面站的站场布置。
（6）了解城市轨道交通车站的总体设计原则。
（7）熟悉城市轨道交通车站平面布局及设计。
（8）了解火灾自动报警系统、车站信息服务系统及车站的其他设计。

【能力目标】

（1）学会辨认城市轨道交通车站的组成设施。
（2）能够对车站乘客流线进行组织设计。
（3）熟练掌握城市轨道交通车站站务运作流程。

任务 1　城市轨道交通车站概述

城市轨道交通车站作为轨道交通线路中乘客集散的重要节点，不仅要满足运营，为乘客提供优质服务的要求，而且在工程造价合理的前提下还要与城市建设与规划相协调。因此，了解和掌握车站的布局及设施设备的布置状况，对提高轨道交通组织的效率和服务质量，具有十分重要的意义。

一、城市轨道交通车站概念

轨道交通车站是乘客办理各种乘车手续并完成乘降的主要场所，是乘客出行的节点。乘客上下车、换乘所涉及的相关作业活动都是在车站进行的。轨道交通车站也是列车到发、通过、折返、临时停车的地点。

二、城市轨道交通车站线路设置

车站的选址至关重要，首先要对线路的具体走向进行设置，一般轨道交通线路应符合城市快速轨道交通线网规划与城市轨道交通建设规划的要求，具体要遵循以下原则。

从横向看，线路尽可能与城市主干道平行，并在道路规划范围内布置；充分考虑城市地貌及建筑物布局，与地面建筑物的拆迁及改造、新区土地开发结合；保护沿线文物古迹，保护环境，注重景观；避开地质不良地段，尽可能减少对周围环境的干扰。

从纵向看，地下线路纵断面设计应充分考虑其他相交地铁线路、建筑物地下结构（桩基础、地下管线、河流等）的影响，设计时尽可能避让；结合沿线工程地质条件、水文地质条件、地下线路现状与规划，合理确定地铁的埋线深浅。

同时，城市轨道交通车站线路的规划还应考虑与其他交通方式的结合。

1. 城市轨道交通线网与公交线网的衔接与换乘

在城市公共交通系统中，城市轨道交通运量大，运输快捷、准时、舒适，解决了城市主要干道的中远距离出行。公共汽车运能小，但方便灵活，可将乘客送往四面八方，是解决中、短途交通的主力。在交通规划时应注意相互衔接与换乘，以发挥更大的作用。具体实施时需要做到以下几点：

（1）为客流量大的综合枢纽站提供衔接公交站场用地，设置公交换乘枢纽，并通过立体换乘通道实现立体化衔接，调整公交停靠站与轨道交通出入口距离等方式，方便乘客换乘。

（2）调整地面常规公共交通线路，尽量做到与轨道交通车站交汇，形成相互支援、优势互补的公共交通网络，以方便换乘。

（3）以轨道交通车站为核心，组织短途接驳公共汽车，加强周边客流的收集与疏散，延伸网络的辐射。

2. 城市轨道交通线路与铁路的衔接与换乘

（1）与市郊铁路线的衔接与换乘。

城市轨道交通线路与市郊铁路线的衔接与换乘一般有两种做法：一是市郊铁路深入市区，

在市区内形成贯通线向外辐射，并在市区内设置若干站点与城市轨道交通衔接；二是利用原有铁路开行市郊列车，市郊列车一般不深入市区，起点站在市边沿，在起点车站与城市轨道交通及地面常规公共交通工具进行换乘衔接。

（2）与地面铁路车站的衔接与换乘。

在既有火车站站前广场或站内站台地下单独建设城市轨道交通车站，利用出入口通道或站台立体通道与铁路车站衔接，在地面或高架修建城市轨道交通车站，进行客流的统一组织规划。在新建和改建的火车站中，应将城市轨道交通车站一同考虑，形成综合性交通建筑，方便乘客换乘。

3. 城市轨道交通线路与私人交通工具的衔接与换乘

（1）与机动车的衔接与换乘。

在市区边缘轨道交通换乘车站，一般均设计或预留了较大面积的机动车停车场，鼓励小汽车用户停车换乘城市轨道交通，促使个体交通向公共交通转化。

（2）与自行车的衔接与换乘。

自行车是重要的交通工具之一，其自主灵活，准时可靠，连续便捷，可达性好，用户费用低廉，节能特性显著，环境效益好。可以在距城轨车站 500 ~ 2 000 m 的辐射范围内，设置一定规模的自行车停车场地，为自行车换乘轨道交通提供方便。

我国目前各大城市还没有形成完整的城市轨道交通网络，很多城市地铁的换乘仍然存在不足。充分发挥城市轨道交通的能力，加强轨道交通与其他交通方式衔接体系的研究，将是今后城市轨道交通线路设计的重点。

三、城市轨道交通车站站点设置

车站站点的设置应与城市规划协调一致，同时从经济性、民众出行的方便性等方面考虑，设置站点位置。

1. 站点选址

轨道交通车站一般安排在客流量大的集散点，例如市区居民集中的地点、沿城市主要交通干道的路口、商业繁华地段以及主要工业区等人流集中的地点，有时也会设置在与其他轨道交通线路或者其他交通方式交汇的交通枢纽点上，方便乘客快捷换乘。另外，车站选址要综合考虑城市地下管网、地理地质条件、地面建筑物障碍等因素，合理选择其具体位置。

2. 车站间距

轨道交通线路上各车站间的距离原则上是均衡的，但也要根据站点的实际情况设定。国家有关技术规范规定：城轨交通车站间距在城市中心区和居民稠密地区宜为 1 km 左右，在城市外围应根据情况适当加大车站间的距离，一般宜为 2 km 左右。中心区站间距较小，能使轨道交通站点上下客负荷较为均匀，避免有些站点负荷过大而导致列车因滞站时间加大而引起的运行延误；当车站间距较大时，也可以通过设置接驳公交来吸引客流。

四、城市轨道交通车站的规模确定

城市轨道交通车站的规模直接决定着车站的外形尺寸及整个车站的建筑面积、集散量和设备配备量等，因此其规模的设计对城市交通的发展影响较大，应该科学合理地结合城市交通发展规划确定其具体规模。

城市轨道交通车站的规模主要是根据车站设计客流量确定的，一般可以参照日均乘降客流量和高峰小时客流乘降量来综合确定。

1. A 级（大型或甲级）站

高峰每小时客流量达 3 万人次以上，适用于客流量大、地处大型客流集散点以及地理位置十分重要的车站。

2. B 级（中型或乙级）站

高峰每小时客流量在 2-3 万人次，适用于客流量较大、地处市中心或较大居住区的车站。

3. C 级（小型或丙级）站

高峰每小时客流量在 2 万人次以下，适用于客流量较小、地处郊区的车站。

五、车站分类

1. 按敷设位置分类

（1）地下站。

由于地面建筑已固定，同时地面空间有限，所以轨道交通车站大多埋藏于地下。城市轨道交通地下站是车站主体建筑和设备设施设置在地下的车站，车站通过出入口及通道吸引客流。地下站对城市环境影响最小，但建设成本最高，一般在城市中心繁华地区会选用地下站。在敷设过程中，可以采用缩短线路长度、减少拆迁等方式降低工程造价。

地下车站一般由地面出入口、中间站厅、地下站台三部分组成。其中地面出入口是车站的门户，是客流集疏的第一通道；中间站厅一般设在地下一层，主要承担着集散客流、售检票、服务等功能，设置管理与设备用房；地下站台设在地下二层，供列车停靠、乘客乘降，由站台与线路（股道）、乘降设备等组成。

根据地下车站的深度又可分为浅埋式车站和深埋式车站。

浅埋式车站顶轨至地表距离在 20 m 以内，其土方量较小，技术难度小，客流上下高度行程短，节省投资，多设于地面地况较简单的地段。

深埋式车站轨顶至地表距离在 20 m 以上，其基坑的技术难度较大，投资较大，客流上下高度行程长，多设于城市轨道线路上方建筑地况比较复杂的地段。

（2）地面站。

城市轨道交通地面站是车站主体建筑和设备设施设置在地面的车站，其造价最低，但会造成轨道交通线路所经过的地面区域分割，所以一般在城市郊区采用此类型的车站。为了保证城市轨道车辆的快速运行，一般设置为专用道，在连接中心城与卫星城之间或城市边缘地带，应尽可能创造条件，设置地面站。

（3）高架站。

高架线是车站主体建筑和设备设施设置在立体高架建筑上的车站，一般位于中心城外的道路两侧人行道上空或沿街建筑物内，建筑风格应与周围的环境相协调。线路一般建于城市道路的中心线，也可设置在绿化隔离带。从人行道进入高架车站的楼梯、天桥，兼作过街人行天桥之用。按照高架结构设置条件、投资和施工条件，高架车站可以设置成地面出入口—高架站厅—高架站台和地面出入口—地面站厅—高架站台两种形式。

高架站的成本介于地面站和地下站之间，既保持了专用道的形式，占地也较少，对城市交通干扰较小，多设置在郊区。高架区段中的高架桥是永久性的城市建筑，大部分城市轻轨车站设为高架站。

2. 按其运营功能不同分类

（1）中间站。

中间站是轨道线路中最常见的车站，其功能单一，主要作用是供乘客乘降，配线形式简单。有些中间站设有折返渡线、存车线等，以便在列车故障时能快捷有效地进行列车调整尽快恢复正常的列车运行秩序。

（2）端点站。

端点站是设置在线路两端终点的车站，包括始发站和终点站。端点站设置可供列车折返的折返线和设备，还有列车停放检修的配线。因此，端点站除了满足乘客乘降外，还可供列车折返、停车、检修。有些线路在远期规划中有延伸线，端点站就会转变为中间站。

（3）换乘站。

换乘站是设置在两条或两条以上城市轨道交通线路交叉点的车站。换乘站必须配置合理有序的换乘设施，最大限度节省乘客换乘时间、提高换乘便捷性。在站内换乘的情况下，乘客可从一条线路换乘到另一条线路，最大程度地节省了乘客中转时出站、进站及排队购票的时间。有时换乘流线的设计要求乘客站外换乘，则需要乘客重新进站，其换乘的方便程度不如站内换乘。

（4）折返站。

折返站是设在线路中间供列车折返、开行区间列车的车站，可以改变列车行进方向。由于列车行驶方向是由道岔位置确定的，因此折返站必然有多副道岔，也称为有岔站。折返站一般设置在两种不同行车密度交界处。折返站根据使用情况，又分为运转折返站和功能折返站。运转折返站的功能除乘降和服务外，还可以按照客流量开行部分折返列车。功能折返站平时作为一般的中间站，在特殊情况下应急折返、存车。

（5）大型换乘中心站（枢纽站）。

大型换乘中心站一般设在两种及以上交通方式换乘的枢纽点，是衔接地面公交、出租车、铁路运输、航空等多种交通方式的综合性站点，也叫作枢纽站。枢纽车站的客流具有流量大、流向多和流程不一、流时不同等特点。为方便乘客换乘，一般考虑采用高架或地下立体方式与其他交通工具乘客乘降点加以连通，其所承担的运输任务与所在地区的政治与经济特征、在地理上和路网中的位置、城市建设和产业结构等有着密切的关系。

3. 按站台与线路的关系分类

站台供列车停靠和乘客候车、上下车使用，按形式不同分为：岛式站台、侧式站台和混合式站台。

（1）岛式站台车站。

站台位于上、下行线路之间，可供上下行线路同时使用的车站称为岛式站台车站，岛式车站是常用的车站形式，站台两端有供旅客上下的楼梯通至站厅。岛式车站适用于客流规模较大的车站，需设中间站厅进入站台。如图 2-1 所示。

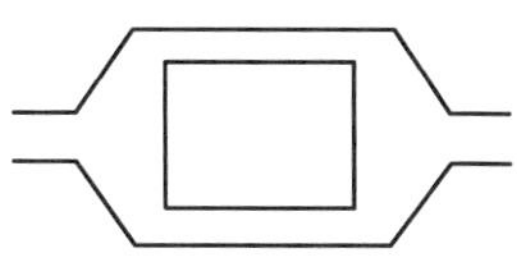

图 2-1　岛式站台

由于岛式站台设置在上、下行线路之间，站台面积得以充分利用，空间利用率较高，可以有效利用站台面积调剂客流，方便乘客折返，也可灵活安排站厅及出入口。车站结构紧凑，但在站台上存在两个方向客流的交叉干扰的现象。两个方向的列车同时到站时，站台聚集的客流较大，秩序较差，且其车站规模一般较大，工程投资较大。地下车站采用较多的是岛式站台。

（2）侧式站台车站。

站台位于上、下行行车线路两侧，线路用最小间距通过两站台之间的车站称之为侧式站台车站。侧式站台车站也是常见的一种车站形式，适用于规模较小的车站，人流不交叉且折返需经过联系通道，可不设中间站厅，如图 2-2 所示。

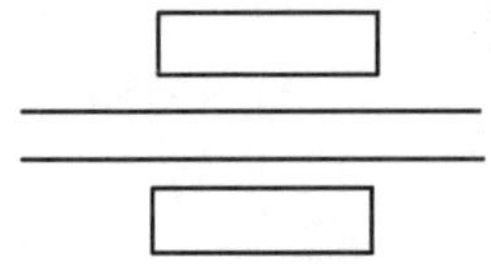

图 2-2　侧式站台

侧式站台车站的站台上、下行乘客可避免互相干扰，集中布置轨道，有利于区间采用大的隧道或双隧道双线穿行，具有一定的经济性。由于其设置在线路两侧，售检票区可以灵活地设置。车站两侧也可结合空间开发统一利用，可以较大程度节省工程造价。但是侧式站台面积利用率低，不可调剂客流。乘客中途改变乘车方向经地道或天桥，换乘路径较长。同时，车站管理分散，站台空间不及岛式宽阔，不适用于客流量较大的车站。城市轨道交通地面车站和高架车站一般采用侧式车站。

（3）岛侧式混合站台车站。

有些城市轨道交通车站根据其功能需要，可以综合上述两种形式，将岛式站台及侧式站台设在同一个车站内，形成混合式站台的车站，如可将站台设置为一岛一侧或一岛两侧等形式。岛侧混合式车站主要用于两侧车站换乘或列车折返。从运营方面看，乘客可同时在两侧上下车，能缩短停靠时间，常用于大型车站，如图 2-3 所示。

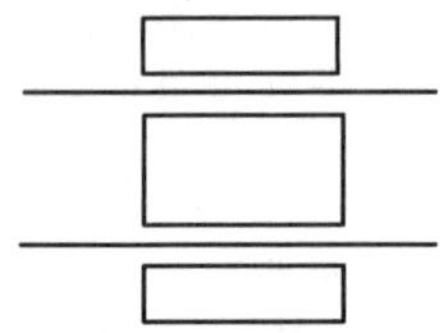

图 2-3　岛侧式混合站台

六、城市轨道交通车站的组成

按照车站建筑的空间位置，车站由出入口及通道、车站主体、通风道及风亭和其他附属建筑物组成，如图 2-4 所示。

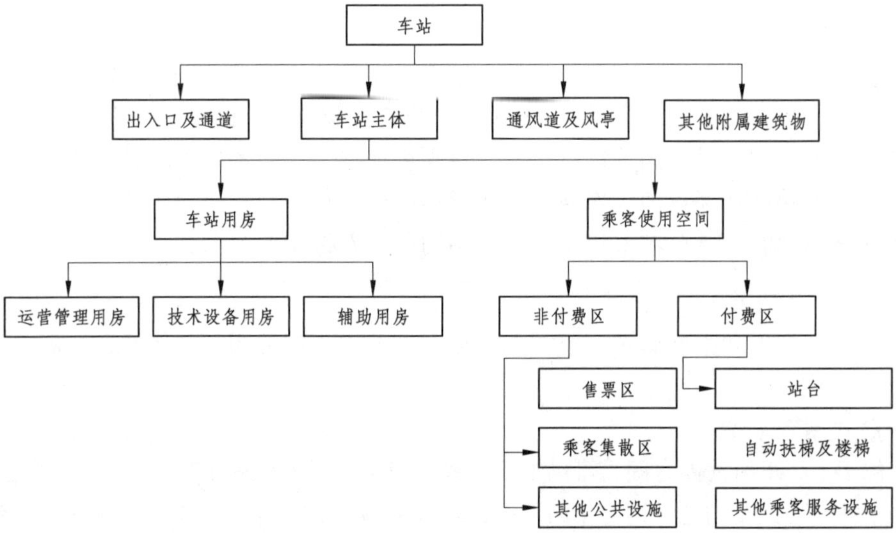

图 2-4　车站建筑空间组成

车站主体作为列车的停车点，不仅要供乘客上下车、集散、候车，还要办理运营业务和设置运营设施设备，车站主体根据功能可分为乘客使用空间和车站用房。

乘客使用空间，包含了非付费区和付费区，是为乘客提供候车服务的设施。站厅非付费区设置售票、咨询、商业、服务设施，可以为乘客提供售票、咨询、商业等服务；付费区是乘客通过闸机或免费通道进入站台候车前经过的区域，也是乘客检票、聚集、疏散的区域，包括站台、楼梯和自动扶梯、导向牌等。

车站用房区域包括运营管理用房、设备用房和辅助用房。运营管理用房包括站长室、车站控制室、票务室、会议室和公安保卫室等；设备用房包括环控机械室、配电室、信号机械室等；辅助用房包括卫生间、茶水间、更衣室等。车站用房应根据运营管理需要设置，在不同车站配置必要房间，尽可能减少用房面积，以降低车站投资。

任务 2　城市轨道交通车站站场布置

一、按照车站不同功能进行站场布置

1. 中间站的站场布置

中间站（即一般站）是地铁线网中数量最多的车站，仅供乘客上、下车之用，功能单一，一般只有两条正线，没有道岔设备。因站台方案的不同，线路布置有所不同，主要有岛式站台布置和侧式站台布置两种方式。

2. 中间折返站的站场布置

中间折返站比中间站多了折返设备，设有道岔和渡线，其折返方式有站前折返和站后折返、单渡线折返和双渡线折返之分。

3. 换乘站的站场布置

换乘站在城市轨道交通线网中起着重要作用，位于城市轨道交通线路的交叉点或汇合点，其功能是把线网中各独立运营的线路搭接起来，为乘客换乘创造方便条件。

（1）换乘设计原则。

轨道交通之间的换乘方式应根据规划路网走向，结合车站的具体环境和建设条件、换乘客流量等因素因地制宜地合理确定。主要换乘设计原则如下。

① 车站换乘设施（楼、扶梯及通道）的通过能力应满足最大换乘客流量的需要，适当留有发展余地。

② 乘客换乘距离要尽量短，换乘方便、快捷，并设置明显的换乘导向标志。换乘原则上考虑在两个（多个）车站的付费区之间进行，避免换乘客流与进、出站客流交叉。

③ 对环境的负面影响小。换乘站的规模一般比较大，所以设计应充分考虑城市规划、城市交通、地面建筑、地下管线、地下构筑物等条件影响，使其对城市景观环境影响最小。

④ 换乘车站设计应经济合理、技术可行。

⑤ 能够体现设计“以人为本”。

（2）换乘布置方式。

换乘方式首先决定于两条线路的走向和相互交叉形式。常见的交通线路交叉有平行交叉、垂直交叉、斜交等多种形式。换乘站的站场布置要考虑两个轨道系统的正线布置。

① 同站台换乘。

同站台换乘是将两个轨道系统的四条线路，分别两两共用一个岛式站台，使得两条轨道系统的部分乘客实现在岛式站台的一侧下车，横过站台到另一侧上车，从而方便乘客。这种换乘方式对乘客非常方便，颇受乘客欢迎，但车站的工程量较大，线路交叉较复杂，需要两条轨道线路同步设计、同期施工。

② 节点换乘。

节点换乘是在两线交叉处，将两线隧道重叠部分的结构做成整体的节点，并采用楼梯将两座车站站台直接连通的换乘形式，一般有“十”字形、“T”字形、“L”字形等几种形式。该种换乘方式乘客通过楼梯进行换乘，较为方便，但存在客流交叉的问题，若换乘设施设置不当，会造成换乘客流交叉拥堵。该种换乘方式客流组织的关键是注意上下楼的客流组织，避免进出站客流和换乘客流的交织冲突。

楼梯换乘方式的关键问题在于楼梯和站台宽度往往受岛式站台总宽度所限，使换乘客流量受到限制，尤其是上下楼梯相交处的小平台，对于换乘客流将有很大干扰。一般适用于岛式站台与侧式站台间换乘或与其他换乘方式组合应用，可以达到较佳效果。

a. 岛式站台与岛式站台的换乘。

岛式站台与岛式站台的换乘为岛式站台与岛式站台之间的直接换乘，换乘量偏小。如果布置得当，能够满足一定数量的换乘量，如果布置不当会造成换乘客流拥挤堵塞的现象。

b. 岛式站台与侧式站台之间的换乘。

岛式站台与侧式站台之间的换乘为两点换乘，适合换乘客流较大的车站。

c. 侧式站台与侧式站台之间的换乘。

侧式站台与侧式站台之间的换乘为四点换乘，换乘直接，换乘量大。

③ 站厅换乘。

站厅换乘是两条或多条线路在交汇处共同使用一个换乘大厅来实现乘客换乘的方式。站厅换乘各条线路布置相对独立，因此各条线路的车场布置也较灵活。由于下车客流只朝着一个方向流动，客流组织简单，减少了站台上人流的交织。乘客行进速度快，在站台上滞留时间短，可避免站台拥挤，同时又可减少楼梯等升降设备的总数量，从而增加了站台的有效使用面积。

另外，由于出站客流和换乘客流一起经过站厅，因此站厅内客流导向和指示标志以及各种信息显示屏等换乘诱导系统设施的设置显得尤为重要，它是保证乘客有序流动必备的硬件条件。另外城市轨道交通运营单位应在换乘线路上设置一定的导流、隔离装置，并当换乘客流较大时，在一些重要位置增加人工引导。

④ 通道换乘。

通道换乘是指两个车站靠得很近，但无法建造同一车站，因此换乘需要设置一条或多条专用通道。通道可以连接两个车站的付费区，也可以连接两个车站的非付费区。这种换乘方式乘客换乘步行距离长，换乘能力有限，但两条交汇线路的车站结构完全独立，靠连接通道来实现换乘，主要用于新线建设与既有线的汇合。

通道换乘方式布置较为灵活，对两线交角及车站布置有较大适应性，预留工程少，甚至可以不预留，容许预留线位置将来可以少许移动。通道宽度可以根据换乘客流量的需要设计。

对于不相邻的两座车站，通道换乘为最佳选择，但换乘通道长度一般不宜超过 100 m。这种换乘方式最有利于两条线工程分期实施，预留工程最少，后期线路位置调节的灵活性大。但通道换乘需要大量的换乘设施，很长的换乘时间，占用较大的城市用地，适用于两座或多座地下车站之间的换乘、地下车站与高架车站的换乘。

⑤ 站外换乘。

站外换乘是乘客在车站付费区以外进行换乘，实际上是没有专用换乘设施的换乘方式。采用站外换乘方式，往往是无线网规划而造成的后遗症，不予推荐。站外换乘的乘客将增加一次进、出站手续，并在站外与其他人流交织和步行距离长而显得极为不便。对轨道交通自身而言，这是一种系统性缺陷的反映，因此，在线网规划中应注意尽量避免使用站外换乘方式。

⑥ 组合式换乘。

在换乘方式的实际应用中，往往采用两种或几种换乘方式组合，以达到完善换乘条件、方便乘客使用、降低工程造价的目的。例如：同站台换乘方式辅以站厅或通道换乘方式，使所有的换乘方向都能换乘；在岛式站台中两条线换乘方式，必须辅以站厅或通道换乘方式，可以减少预留工程量等。上述组合的目的，都是从功能上考虑，不但要有足够的换乘通过能力，还要有较大的灵活性，以方便乘客，降低工程实施难度。

（3）换乘方式的选择。

《地铁设计规范》（GB 50157—2013）第 9.2.3 条规定：换乘车站应根据地铁线网规划、线路敷设方式、地上周边环境、换乘量的大小等因素，选取同车站平行换乘、同站台换乘、站台上下平行换乘、站台间的“十”字形、“T”形、“L”形、“H”形等换乘及通道换乘形式，且应形成在付费区内换乘。

目前，根据地铁现状和建设规划，换乘车站的设计、实施和预留应遵循如下原则。

① 应充分利用先期实施的换乘车站现有预留换乘节点。对于先期实施车站未考虑换乘的，应在尽量减少对现有车站改造的前提条件下，考虑最便捷的换乘组织形式、对既有线路运营影响最小的施工方案。

② 建设规划中，初期建设车站及同站台换乘的车站，宜按照同步设计、同期实施的原则进行设计与施工，且应考虑资源共享和工程总体规模的控制。

③ 建设规划中，近期车站宜按照同步（方案）设计、分期实施、节点预留的原则进行设计与施工，不考虑资源共享，以减少近期投资为原则。

④ 建设规划中，远期建设车站宜按照通道换乘预留条件，并根据可能实现的其他换乘形式，在车站结构处理上留有穿越的可能性。设置有联络线的车站，应预留设置联络线条件。

⑤ 换乘节点预留应征得规划部门的认可，同时地下车站预留换乘节点的宽度每侧应留不小于 500 mm 宽的放大量和排除积水的措施。

⑥ 换乘车站设计中，应在线网规划、建设规划、工程实施条件等综合分析的基础上，根据客流规模对换乘通路以及集散区域的要求，进行分析并选择适宜的换乘形式。在此基础上，确定相应的车站形式，如“十”字形、“T”形、“L”形等。

非平行换乘车站设计可按以下原则选择适宜的换乘布局。

① 中小规模换乘站。

最大单向换乘客流（高峰小时）小于 3 000 人/h 的车站，应尽量采用台—台换乘，换乘楼梯总宽不小于 3.6 m。站厅层付费区可分别设置，有利于控制站厅公共区及车站总体规模。

② 中大规模换乘站。

最大单向换乘客流（高峰小时）为 3 000 ~ 8 000 人/h 的车站，应采用台—台或同站厅单向换乘，换乘楼梯单向宽度可计算确定，且不小于 2.4 m。站厅层付费区应贯通或主要部分贯通。

③ 特大规模换乘站。

最大单向换乘客流（高峰小时）为 8 000 人/h 以上的车站，应考虑采用同站厅换乘或通道换乘。换乘规模达到一定程度，会对换乘目的站造成较大的集中客流冲击隐患，设计中对这一因素应予以充分重视。

二、按照车站不同敷设位置进行站场布置

1. 地下站布置

根据车站埋深与行车组织，地下站分为地下一层、地下二层和地下多层等形式。

（1）地下一层车站。

客流量不大的郊区线，可以采用地下单层侧式站台方式，乘客集散的站厅可以设置在地面，这一类型的车站造价较低。

无条件设置地面厅时可以采用地下站厅单层侧式车站方式，车站站台、站厅及所有面设备管理用房设于地下一层，站厅与站台在一个层面，通过 2 条地下通道连接地下站厅和地面出入口，并设置跨线通道以解决侧式站台联络问题。

（2）地下二层车站。

客流量较大的车站及城市繁华地区可以采用双层岛式车站方式，车站地下一层为站厅层、地下二层为站台层。站厅层中段为公共区，由进出站闸机划分为付费区和非付费区。站台层中部为乘车区，两端布置值班室、变电所、屏蔽门设备室等设备管理用房。

（3）地下三层车站。

埋深较深的换乘站或是地块地下开发相结合的车站可以采用三层岛式站台的车站形式。三层岛式站台车站的常规布局为：地下一层为站厅层、地下二层为设备和管理用房区、地下三层为站台层，乘客从地面通过出入口通道进入站厅层，再从站厅层通过自动扶梯直接下到地下三层。

（4）地下四层车站。

大型换乘节点车站可以采用地下四层车站的方式。目前国内已建、在建的轨道交通车站中此种形式较少，如，广州地铁 2 号线珠海广场站采用地下四层车站。

2. 高架站的布置

高架车站一般用于城市郊区。由于高架车站处理不当会对城市交通和景观有较大的影响，所以车站设计必须结合周边条件、结构类型进行综合考虑。

高架车站一般由出入口、高架人行天桥、站厅公共区、站台公共区、设备及管理用房区组成。站厅层、站台层平面功能格局基本与地下站相似，但主要设备用房，如环控用房、变电所，相对地下车站明显减少。出入口与城市过街天桥结合为架空过街走廊形式。降压变电所一般单独设置在地面。

高架车站设计原则为：站台、站厅必须全封闭，可用新型轻质材料构筑，以减轻结构重量，提高车站外观形象；尽量采用自动扶梯组织乘客乘降；保证足够的站厅面积，便于控制站台候车人数。

（1）路侧高架二层侧式站。

道路一侧规划预留宽阔的轨道交通建设空间时可以采用路侧高架二层侧式站台方式。地面层为站厅层，分为公共区和设备管理用房区。站厅中部为公共区，由进出站闸机划分为付费区和非付费区。付费区内设楼梯、扶梯和垂直电梯通往二层站台。站厅层一端为管理用房区，主要有车站控制室、站长室、会议接待室等管理用房及弱电设备用房，另一端为变电所。车站两端局部架空，布置自行车停放场地和小型车停车场等。

地面二层站台层主要为乘车区，仅布置少量设备管理用房，如站台值班室、清扫工具室、配电间、电缆竖井等。

地面层建筑用房考虑集中布置，结合出入口布置绿化、停车、公交始末站、长途客运站、小商业等，有条件还可以结合地块进行一体化开发，提升地块商业价值。车站造型应简洁、通透，反映时代特点。

（2）路中高架二层侧式车站。

线路沿路中敷设绿化带时可以采用路中高架二层侧式车站方式。结合站体周边具体情况，车站设备用房与车站主体可以布置在道路一侧，或一起设置在绿化带中。结合出入口布置站前广场、停车场、港湾停靠站，方便轨道夹层设站厅公共区，并通过天桥与道路两侧相连接，二层为站台层。

（3）路侧高架二层岛式车站。

路侧高架二层岛式车站适用性、功能布局、造型景观设计雷同于路侧高架二层侧式站，但站台为岛式。

（4）路中高架二层岛式车站。

路中高架二层岛式车站适用性、功能布局、造型景观设计雷同于路中高架二层侧式站，但站台为岛式。

3. 地面站的布置

线路采用地面线敷设方式时可以采用地面二层侧式车站方式，车站设置于路侧地块内。车站地面层为侧式站台层，主要为乘车区、车行线。站台层两端可设设备管理用房，地面二层为站厅层，实行人车分离。进站乘客通过楼、扶梯，或是通过天桥跨越机动车道进入车站站厅层，并可与道路周边物业连通，有效组织客流的互动。

任务3　城市轨道交通车站设计

城市轨道交通车站的建筑选型必须结合城市的发展规划、地理条件及经济状况，因地制宜地进行设计，并与车站的各种建筑施工特点结合起来进行。城市轨道交通车站的规模直接决定着车站的外形尺寸及整个车站的建筑面积、集散量和设备配备量等，因此车站设计对城市交通的发展影响较大，应该科学合理地结合城市交通发展规划确定其具体规模大小。一般情况下，车站的规模主要根据车站设计客流量确定，可以参照日均乘降客流量和高峰小时客流乘降量来综合确定。

《城市轨道交通技术规范》规定：车站应满足预测客流的需求，应保证乘降安全、疏导迅速、布置紧凑、便于管理，并应具有良好的通风、照明、卫生、防灾等设施，为乘客提供安全的候车、乘车环境。

一、城市轨道交通车站的总体设计原则

设计车站总体方案时需要重点考虑其功能需要。

（1）对以换乘为主要功能的车站，主要根据乘客的换乘条件等因素进行设计，并留有足够的换乘空间。

（2）对接驳大型客流集散点的车站，要考虑突发性客流特点，创造快捷的进出站条件，以尽可能减少换乘距离为主，并留有足够的乘客集散空间。

（3）对有列车折返运行需要的车站，设计时以列车在车站的运营能力为主，考虑车站配线设置以及由此带来的车站站位及平面布局的变化。

（4）对于有与建筑物开发相结合要求的车站，应尽可能地与物业开发相结合，使土地的使用效益最大化，但也要分清各种客流的流向，使进出站客流有独立的通道，并尽量减少与其他客流的交叉干扰。

（5）对于有其他特殊功能需要的车站，包括远期需进一步延伸的起点站、与其他交通系统的联运站等，应考虑留有后续延伸的余地。

另外，车站总体设计要注意与周围环境的协调，如与城市景观、地面建筑规划相协调；设计应能满足远期客流集散量和运营管理的需要，应具有良好的外部环境条件，最大限度地吸引乘客；同时要满足客流高峰时所需要的各种面积、容积及楼梯通道等宽度要求，以及设备用房和管理用房的设置要求。

二、城市轨道交通车站乘客流线组织设计

设计快捷、简明、方便、流畅的乘客流线是城市轨道车站建设的目标之一。车站站房内各类设施的设置应以合理组织各种流线，力求减少乘客的走行距离，方便乘客办理各种旅行手续以及经济合理、节约用地为原则。

所谓流线，是指车站内乘客的流动过程和流动路线。这些流线具体反映着乘客对于车站站房各类设施的设置及布局的基本要求。对其组织得是否合理，不但影响车站的作业安全、效率及能力，同时也直接关系到对乘客服务质量的高低。

1. 流线分类

在城市轨道车站，乘客流线主要有三种：进站乘客流线、出站乘客流线和中转乘客流线。

（1）进站乘客流线。

进站乘客流线按照其流动过程来看，可以分为两种主要类型：

① 通过站房直接上车的乘客流线。这种乘客流线主要包括绝大多数持城市一卡通或储值票等直接通过闸机结算费用的乘客。这类乘客大部分属当地居民上班族，车站在上下班时间出现出行高峰。

② 进入车站购票上车的乘客流线。这类乘客主要是不经常乘坐城轨出行的当地居民或从其他交通工具换乘过来的外地乘客，一般这类客流在节假日或周末比较集中。

进站乘客流线除上述两种乘客流线外，还有流量较少的需要办理其他票务等业务的乘客流线以及以上各种类型之间的小股流线。

（2）出站乘客流线。

出站乘客流线比进站乘客流线简单，乘客办理手续少，使用站房时间短。其中，有少部分乘客在出站后需要办理其他票务等业务。

（3）中转乘客流线。

在一些综合型枢纽站或城市轨道线路间换乘车站，存在大量的中转换乘乘客，他们的流动过程形成了中转乘客流线。

2. 流线组织原则

通过以上分析可以看出，车站内各种乘客流线均有其特定的内在需求，这些需求均需要通过合理设置与布局乘客站房的各类设备设施来予以满足。为了尽可能满足其需求，在考虑乘客站房各类设备设施的设置与布局时，一般应遵循以下 2 个原则。

（1）避免各种流线相互交叉干扰。

在对站房流线设计组织中，应该力求将各种乘客流线分开，尤其是将进站乘客流线与出站乘客流线分开，进出站乘客流线与中转乘客流线分开设计组织。

（2）最大限度地缩短乘客走行距离，避免流线迂回。

一般来讲，对于进、出站乘客流线中流量最大的普通乘客流线，应该首先保证其流动路线最简捷、通畅，流程距离最短。对于流量不大的其他乘客流线，也应根据其特点、需要，尽量缩短其流线距离，避免迂回。

通常，上述各种流线特点的满足及流线组织原则的实现都依赖于乘客站房内各种服务用房及设施的合理设置与布局，如站房出口、楼扶梯、售检票设备的布置等。地铁车站的平面组成基本上分为 2 大部分，一部分是与客流直接有关的公共区域，如站厅层、站台层及出入口通道，另一部分是涉及车站运行的技术设备用房及管理用房，一般分设于站厅和站台的两端部。

三、城市轨道交通车站平面布局及设计

车站是客流集散地，也是列车停靠点，需要设置客运服务和列车运行的相关设备，因此，车站的建筑主体结构主要由站台、站厅等组成。车站的附属结构包括出入口、通道、风亭（或风井）等。

1. 站厅层的设计

站厅层是为乘客提供售检票服务和车站人员工作、各系统设备集中设置的场所，分为公共区和车站用房区，其主要作用是集疏客流、售检票服务、设备放置、可以将从车站出入口进入的乘客迅速、安全、方便地引导至站台乘车，或将下车的乘客同样引导至车站出入口离开车站。对乘客来说，站厅是上、下车的过渡空间。站厅层布置应分区明确，依据出入口的位置和数量、楼梯与扶梯的位置和数量、售检票系统的位置和数量以及换乘要求对客流进行合理组织，尽量避免进出站及换乘人流路线之间的相互干扰，合理布置管理、设备用房，满足各系统的工艺要求。

一般站厅有两种布置方式：一种为分别在站台两端上层设置站厅，另一种为在站台上层集中布置。有些地铁的站厅还与地下商业建筑连在一起布置。

（1）公共区。

乘客使用空间公共区是乘客集散的区域，可以划分为付费区和非付费区。

非付费区是乘客购票并正式进入车站前的活动区域。进站乘客在非付费区完成购票后通过检票设备进入付费区，到站台乘车；出站乘客通过检票设备后，进入到非付费区出站。非付费区内除了设置必要的售检票系统设备外，还可根据站厅面积大小设置商铺、自助银行、公共洗手间、自动售货机、公用电话等便民设备设施，布置原则以不影响乘客出入为首要条件。

站厅付费区是乘客通过闸机或免费通道进入站台候车前经过的区域，也是乘客检票、聚集、疏散的区域。付费区包括站厅、站台、楼梯、自动扶梯、导向标志等乘客服务设施。乘客使用空间在车站建筑组成中占有很重要的位置，是车站的主体部分。乘客使用空间的布置对决定车站类型、总平面布局、车站平面、结构横断面形式、功能是否合理、面积利用率、客流路线组织等都有较大的影响，而客流流线的合理性，能保证乘客方便、快捷地出入车站。

（2）车站用房区。

车站用房区一般包括设备用房、运营管理用房、辅助用房及其他用房。其中设备、管理用房基本分设于车站两端，一端大、一端小，中间作为站厅公共区。

① 设备用房。

设备用房是安置各类设备、进行日常维护及保养设备的场所，主要分为票务维修室、通信机械室、信号机械室、环控配电室、照明配电室、低压配电室、蓄电池室、环控机房、气瓶间、污水泵房、混合风室、风机房、电缆井、屏蔽门控制室、电梯机房、变电所控制室、动力变压器室、变电所储藏室、变电所检修室、变电所整流变压室、高压开关柜室等。车站强弱电设备应分开控制，有噪声源的设备用房应远离乘客活动区。

② 运营管理用房。

运营管理用房是车站运营管理人员的办公用房，包括车站控制室、站长室、站务室、会议室、票务室、行车（或信号）值班室、警务室（或公安保卫室）、客服中心、临时票亭等。

车站控制室一般设在站厅公共区的尽端、中部，且高出站厅公共区 600 mm，视野开阔，能观察站厅中运行管理情况。站长室紧连站控室，用于快速应变情况。

车站票务室是车站票务工作的心脏，是现金、车票、票务物资的集散地。票务室主要备品有：存放现金和有值车票的保险柜以及票箱、票款箱、票务钥匙、点钞机、验钞机、点币机、便携式查询机、票务台账等票务工器具。该用房也可作为车站人员进行票务结账、清点钱箱、结算报表等票务工作的场所。

客服中心设置在站厅层付费区与非付费区之间，为乘客提供咨询、售票、兑零、充值及乘客事务处理。

对于临时票亭，车站一般会根据突发客流的大小和方向来进行设置。主要是向乘客提供人工售票服务，弥补车站售票能力不足，如为乘客办理储值票、学生票以及老年人票、儿童票等优惠票业务。

③ 辅助用房。

辅助用房的主要功能是为乘客办理各种有关乘车的业务，或提供与乘车相关的咨询业务，主要有公共卫生间、公用电话、银行、医务室等。辅助用房的数量应结合车站客流规模和业务量来具体设置。为了方便乘客办理，在业务量比较大的车站，可考虑将办理特殊票务业务的服务用房和办理咨询业务用房分开设置。

④ 其他用房。

其他用房包括洗手间、更衣室、休息室、备品库、垃圾间、清扫工具间等。车站站厅层一般设有公共洗手间，有条件的车站还专门设置残疾人专用洗手间。

另外，站厅应有足够的面积，除考虑正常所需购票、检票及通行面积外，尚需考虑乘客短暂停留及特殊情况下紧急疏散的情况。如果条件允许，在不影响客流集散的同时可以设置商业用房。

2. 站台层的设计

站台是最直接体现车站功能的层面，主要是供列车停靠、乘客候车及乘降车的区域。站台设备设施可分为公共区和设备区，一般两端为设备区，中间为公共区。公共区是供乘客上下车和候车之用，设置座椅供乘客休息，还设有站台监控亭、乘客座椅、公用电话、紧急停车按钮、立柱等设备设施。由于站台直接与轨道相接，一般在站台边缘设置屏蔽门或安全护栏来保障乘客乘车的安全性。

（1）立柱。

站台立柱是站房建筑的一部分，需要科学设计。根据车站规模的大小，其设置数量不尽相同。一般根据站台宽度不同，有的车站设置双排立柱，有些车站设置单排立柱。立柱位置设置应考虑不能占用乘客通道，尽量避免遮挡乘客或工作人员视线，同时车站可以很好地利用立柱的表面积来完成其他功能，如宣传、导向标志、广告等。

（2）安全护栏、屏蔽门、安全门。

屏蔽门系统是安装于车站站台边缘，将轨道与候车区域隔离，设有与列车门相对应、可多级控制开启与关闭滑动门的连续屏障，用以提高运行安全系数、改善乘客候车环境、节约运营成本的一套机电一体化的机电设备系统。屏蔽门将站台和列车运行区域隔开，其控制方式一般有系统级、站台级和就地级三种。系统级控制和站台级控制都属于自动控制模式（ATC 模式），就地级控制属于就地控制模式（PSL 模式）；也就是需要人工操作开、关屏蔽门。

安全护栏或屏蔽门都是为了保证乘客在站台上乘降安全而设置。针对轨道运输车站站台高的特点，为有效防止乘客乘降前后在站台边沿掉入股道的事故发生，车站应设置护栏或屏蔽门。屏蔽门相对护栏造价更高，但安全程度也高，适合在地铁车站大量设置。同时屏蔽门还能节约车站空调能源，降低列车噪声，为乘客提供良好的候车环境。安全护栏虽然造价低，视线也较开阔，但还是存在安全隐患，适合在轻轨或地铁地面部分车站以及高架站设置。不管是屏蔽门还是安全护栏，其位置设置应与列车停靠时车厢门相对应，做到列车停稳时门对门位置准确无误，否则会对乘客的上下车造成极大的不便。

另外，需以车站上下行远期超高峰小时设计客流量来计算站台各参数数据。

（1）站台长度。

站台长度由列车长度决定，列车长度则是单个车厢长度与编组辆数的乘积。站台计算长度应采用远期列车编组的有效长度加停车误差。有效长度在无站台门的站台应为列车首末两节车辆司机室门外侧之间的长度，有站台门的站台应为列车首末两节车辆尽端客室门外侧之间的长度。

停车误差的确定与人工驾驶时司机操作的熟练程度或采用自动停车设备的先进程度有关。无站台门时，停车误差为 1 ~ 2 m，有站台门时为 0.3 m。列车编组在 6 ~ 8 辆的轨道交通系统，站台长度一般在 130 ~ 180 m。地下站台的长度一旦确定（建成），基本无延长改建的可能。

（2）站台宽度。

站台宽度是以远期规划高峰小时客流量大小为依据，并充分考虑安全、通畅、有效等需求确定的。岛式站台最小宽度为 8 m，横向并列的立柱越多，站台宽度越大。侧式站台的最小宽度根据有无立柱而定，长向范围内设梯的侧式站台最小宽度为 2.5 m。

（3）站台高度。

站台高度指站台到轨顶面的高度，与车型有关。站台平面一般与车辆车厢内地板同样高度，称为高站台。由于车辆弹簧的挠度，在最大乘车效率时，车厢地板下沉的范围在 100 mm 以内，故站台高度宜低于车厢内地板面 50 ~ 100 mm 为宜。

（4）轨道中心与站台边缘距离。

由车辆类型确定建筑限界后，确定出轨道中心与站台边缘距离，实际设计还要考虑 10 mm 左右的施工误差。站台边缘与车辆外边之间的空隙，在直线段宜为 80 ~ 100 mm，在曲线段应不大于 180 mm。

3. 车站出入口、通道的设计

（1）出入口。

车站出入口是车站的门户，除了功能设计需要科学先进外，还需要充分考虑乘客方便性，具备美观大方等特点。出入口是地面客流与城轨车站的衔接口，也是城市轨道管理辖区的分界点。车站位置确定以后，不管是地下还是地上轨道，车站出入口及通道的设计都很重要。

一般出入口应设置于道路两边红线以外或城市广场周边，需具有标志性或可识别性，以利于吸引客流，方便乘客。《地铁设计规范》规定：“车站出入口的数量，应根据客流需要与疏散要求设置，浅埋式车站不宜少于 4 个出入口。当分期修建时，初期不得少于 2 个。小站的出入口数量可减，但不得少于 2 个。”

地铁车站出入口的位置选择应注意以下几点：

① 单独设置的车站出入口，位置一般选择在城市道路两侧、交叉口及有大量人流的广场附近，出入口宜分散均匀布置，以最大限度地吸引客流。

② 单独设置的车站出入口，其位置应符合当地城市规划的要求，应注意不要妨碍行人通行。

③ 要注意考虑城市人流方向，出入口不宜设在城市人流的主要集散处，以免发生堵塞。

④ 出入口应远离有易燃、易爆、易污染的建筑物，避免伤害乘客。

⑤ 应尽可能创造条件使车站出入口与周围建筑结合，以减少用地和拆迁。

⑥ 应尽可能与城市过街地道、过街天桥、下沉式广场结合，以方便乘客、节约投资。

如果车站设在地面交通道路的大型交叉口，应按照地面道路的数量来设置出入口数量，例如十字入口应分别设在十字路口的四个角；如果是两条以上道路交叉口下方，为了避免乘客和行人横穿马路，一般应在各个角都设置出入口；如果车站位置在社区附近，则出入口位置尽量设在靠近社区出入口，最大程度方便居民乘车；如果车站设在大型购物休闲地带，则车站出入口应设在与购物休闲出入口最近的地点，或者有些出入口可直接设在购物中心的一楼或地下一层，这样极大地方便乘客，减少地面露天走行距离。

总之，车站出入口的设计需要科学定位，充分考虑方便乘客，同时需要考虑城市建筑的美观，应融入城市或地区的人文特色风貌，具有鲜明的标志，也能缓解一些乘客的紧张情绪。

（2）通道。

乘客从车站出入口到站厅层或从站厅层到站台层需要通过一定的通道，通道是联系城市轨道交通车站出入口和站厅层的纽带。地下或高架车站一般由地下两、三层或地上两、三层组成，大型换乘枢纽站分层更多，因此各层之间都设有楼梯、自动扶梯或垂直电梯，以方便不同乘客进、出车站和乘车，这些通道设计也将直接影响到站内乘客流线的组织。所以，通道的设计应以乘客流动的路线为主要考虑依据，遵循两个原则，即减少进出站乘客流线的交叉和最大限度缩短乘客从出入口到站台的行走距离。

通道主要由楼梯、电梯和步行道构成，也有一些特殊功能的通道，例如无障碍通道、换乘通道。

① 楼梯。

楼梯是最简单易建的乘降设备，费用低、施工简单、管理方便。有些车站从出入口到立体一层的通道为步行楼梯，进站客流和出站客流混用，没有严格划分区域，这样当客流较大时就容易产生进出站客流交叉、对流的情形，对客流组织不利。人流量大的车站，一般在步行楼梯中央设置栏杆，有效地将进出站客流引导分开。

通道坡度的设计也很重要。坡度大很容易造成乘客的疲劳感和不安全感；坡度太小会增加车站占地面积和施工的工程量。因此应科学地设计坡度，当通道台阶数量多时，在不同段设置缓解平台，同时应尽量减少工程量和占地面积。楼梯一般采取 26° ~ 34°倾角，其宽度单向通行不小于 1.8 m，双向通行不小于 2.4 m。当宽度大于 3.6 m 时，应设置中间扶手，且每个梯段不宜超过 18 步。

楼梯在车站发生紧急情况时，主要用于车站向外疏散乘客，所以车站楼梯平时应保持畅通，不得堆放任何物品在楼梯处，任何人员不得滞留在楼梯处。

② 电梯。

电梯是垂直电梯、倾斜方向运行的自动扶梯、倾斜或水平方向运行的自动人行道的总称，是城市轨道交通系统的一个重要的组成部分，每天担负着运送大量客流的任务，对客流的及时疏散起到了至关重要的作用。车站根据初期预测客流量配备了足够数量的自动扶梯，以保证车站的正常运作。为保证残疾人乘客的正常出行，车站内还设置了残疾人电梯、楼梯升降机以满足特殊人群的需要。

车站垂直电梯设置在出入口、站厅层和站台层，一般是给有需要的人士使用，如伤残人士和携带大件行李的乘客或其他特殊情况人员。为方便轮椅使用者，当平台离路面 150 ~ 450 cm，应设置斜坡；采用玻璃外墙增加站内透明度，安排各层电梯门在相反方向。

自动扶梯是带有循环运动梯路向上或向下倾斜输送乘客的固定电力驱动设备，按驱动装置位置可分为端部驱动自动扶梯与中间驱动自动扶梯。每座车站至少有一个出入通道设置自动扶梯；当车站出入口的提升高度超过 6 m 时，必须设上行自动扶梯，超过 12 m 时应考虑上、下行均设自动扶梯。站厅与站台间应设上行自动扶梯，高差超过 6 m 时，上、下行均应设自动扶梯；客流量不大的车站（高差小于 5 m 时），可用楼梯代替下行扶梯；自动扶梯需沿整个车站平均分布。

车站人员应引导乘客正确搭乘自动扶梯，对乘客不正确使用自动扶梯的行为应及时制止，以免发生危险。若自动扶梯运行时突然加减速，或有异常声音、振动时，应阻止乘客继续搭乘，待无人后停止运行，并通知专业人员检修。自动扶梯一般在扶梯的右下侧设有“紧急停止按钮”（高差较大的自动扶梯在扶梯的中部也设有“紧急停止按钮”），一旦在自动扶梯运行中发生乘客失足摔倒或其他紧急情况时，应立即按下“紧急停止按钮”，使自动扶梯停止运行，并采取相应的救护措施。

根据《地铁与轻轨系统运营管理规范》要求，车站自动扶梯与电梯在运营期间内，应处于正常运转状态，日常开启与关闭由车站值班员（值班人员）统一操作管理。自动扶梯与电梯的开启和运转方向可根据不同时段客流的流向需求，由车站值班人员负责控制和管理。发生火灾时，电梯应立即停止使用，自动扶梯应停止或向疏散客流方向开启运行。

城市轨道交通系统配置电梯、自动扶梯及楼梯升降机的基本原则为：

a. 站台至站厅间根据车站远期客流预测设置上、下行自动扶梯；

b. 出入口及过街隧道根据人流设置上、下行自动扶梯；

c. 当提升高度达到 6 m 以上时，设上、下行自动扶梯以保证人流的疏散和服务质量；

d. 站内设置电梯、楼梯升降机主要为坐轮椅者和盲人以及行动不便乘客提供一条出入地铁的无障碍通道。

③ 斜坡道。

有些坡度高度差较小，施工条件良好的车站，可用坡道替代楼梯来连接站台、站厅、出入口。坡道长度应以乘客走行时间能够承受为限，设在地下的坡道，应取较小的值（一般最大值为 200 m）。坡道地面须有防滑措施，坡道照明要保证，可在坡道两侧墙体上布置广告灯箱或装饰画，创造一个安全、可靠、温馨的环境。

④ 无障碍通道。

城市轨道交通乘客中存在乘轮椅者、拄盲杖者及使用助行器者等行动不方便的乘客。运营单位应当针对这些乘客的特点，制定相应的服务规范，为这些乘客提供便捷的服务。有条件的车站出入口一般都应设置无障碍通道，以方便残疾人或年老体弱和幼儿等特殊人群使用。

无障碍通道设计突出“以人为本”，针对地铁车站设置的位置不同，可采取三种设计方法。第一种设计方法为车站位于道路地面以下，出入口位于道路的两侧，残疾人乘坐的轮椅挂（通过）在楼梯旁设置的轮椅升降台下到站厅层，然后再经设置于站厅的垂直升降梯下达到站台。第二种设计方法为车站建于街坊内的地下，车站的垂直升降梯可直接升至地面，因此，在地面直接设有残疾人出入口，以方便残疾人的使用。第三种设计方法是为盲人设置盲道，从电梯门口铺设盲道通至车厢门口，要求盲道的铺设必须连贯，在站台层，上行和下行两个方向都需要铺设，但一般只需自站台中心处的车厢门设至垂直升降梯门口。

⑤ 换乘通道。

车站换乘通道主要是指乘客在轨道交通枢纽换乘站内各条线路间换乘或与其他交通方式（交通工具）之间换乘时在站内需要经过的通道。

在设置换乘通道时要注意：车站换乘设施（楼、扶梯及通道）的通过能力应满足最大换乘客流量的需要，适当留有发展的余地；乘客换乘距离要尽量短，换乘方便、快捷，并设置明显的换乘导向标志；换乘设施摆放位置和方向应与流线一致，应注意上下行客流的组织，尽量避免双向客流的交叉；设计换乘通道时应充分考虑城市规划、城市交通、地面建筑、地下管线、地下构筑物等条件影响，使其对城市景观环境影响最小；换乘车站设计应经济合理、技术可行、以人为本。

一般乘客对换乘时耗有一定的心理接受度，换乘时间过长会产生焦虑心理。参照相关地铁调查研究，如能将换乘通道长度控制在 60 m 以内，换乘时间适宜，大部分乘客均可以接受。如果换乘通道太长，可配备自动扶梯或自动步道来提升换乘站的舒适度。

4. 风亭、风道、冷却塔的设计

风亭、风道及冷却塔是基于城市轨道交通地下车站通风等特殊要求而设置的不可或缺的建筑，其他高架及地面车站则基本不需要该类建筑。

（1）风亭。

风亭是地铁车站和区间的附属建筑。地铁车站和区间通过通风空调环控系统来控制和保持适宜的温度、湿度，为乘客、列车提供舒适的候车环境和适宜的运行环境，保证火灾状况下烟气的排除、新鲜空气的输送。

《城市轨道交通技术规范》（GB 50490—2009）规定：地下车站的风亭（井）应防止气流短路，并应符合环境保护要求。地面风亭的设置应尽量与地面建筑相结合，对于独建的风亭，可采用敞口低风井，风井底部应设置排水设施，风口最低高度应满足防淹要求，开口处应设有安全装置。

（2）通风道。

通风道是供地铁车站、区间送入新鲜空气、排出污浊空气用的建筑物，从地下通往地面，由隧道、机房等组成。为了保证地铁车站内拥有良好的通风和适宜的温度、湿度，普遍采用环控系统，设置两个通风道：在车站吊顶内设置通风管道，使得地面与风亭相通；在站台板下设置通风道，使得地下与站台隧道相通。

（3）冷却塔。

冷却塔是利用水与空气流动接触后进行冷热交换产生蒸汽，蒸汽挥发带走热量达到蒸发散热，其主要功能是为车站的环境控制系统散热。冷却塔原则上按车站“一端布置，每站一组”进行设置。对于采用集中式空调系统的地下车站设在地面的冷却塔，其造型、色彩、位置应尽量符合城市规划、景观及环保要求。对于有特殊要求的地段，冷却塔可采用下沉式或全地下式，但必须满足工艺要求。

四、火灾自动报警系统

地下车站内各种电气设备密集，乘客络绎不绝，一旦发生火灾，站内温度会快速升高，

浓烟滚滚，乘客难以疏散，消防队员不易进入扑救，对人民生命财产会造成严重损失，因此地铁车站均设有火灾自动报警系统（Fire Alarm System，FAS）。它由火灾监控系统、报警系统和灭火系统组成，可以监测火灾发生情况，及时报警，并能在火灾发生时，实现消防联动，启动相应的灭火系统。

1. 工作原理

车站设计的消防设施划分为 2 大防火分区，即中间公共区（售检票区或站台）防火分区与设备用房防火分区。有物业开发区的车站，物业开发区为独立的防火分区。车站公共区及设备区均分布有由灵敏的光感、温感、烟感、红外线传感器和自动巡检及显示元件组成的监测系统，能在第一时间，将探测到的火灾情况及时传输给报警系统和自动灭火系统。自动报警系统以灯光信号和报警铃声及时反映到控制面板上，提示值班人员。自动灭火系统在得到信号后，会切断所有可能有助于燃烧的工作设备，如空调、通风机的电气线路等，同时接通消防专用设备的工作电路，启动有关消防设备，如排烟风机、挡烟垂壁、管道排烟阀、消防广播等，并关闭电动防火门、防火卷帘门，接通火灾事故照明、疏散标志灯等。

2. 组　成

（1）监控系统。

① 火灾传感器用于对站内设备用房、站厅、站台旅客公共区等进行火灾自动探测。

② 手动报警器。在站内旅客公共区、设备用房区域及列车上安置手动报警器，以便及时通报火灾情况。

③ 感温电缆用于对站台层变电所下的电缆夹层实施火灾自动探测报警。

④ 紧急电话插孔。在站内旅客的公共区以及设备用房区域设置的消火栓箱上，配置紧急电话插孔，对于区间隧道以及站内轨道外侧所设的消火栓箱，也应设紧急电话插孔。

（2）报警系统。

在城市轨道交通车站火灾报警系统中设置火灾自动报警、控制系统的目的，是将火灾消火在萌芽状态，最大限度地减少火灾损失，满足轨道交通防火安全的需要。一旦轨道交通发生火灾，火灾报警系统应能及时探测、鉴别、判定其信号，并能自动启动消防设施，自动关闭不必要的电力系统，启动防排烟系统，并与车站自动控制系统配合，实现火灾工况联动，同时，应将火警信息联网通信。

（3）灭火系统。

① 消火栓灭火系统。

消火栓以水作为灭火介质，是一种及时有效的灭火工具。消火栓灭火系统由消防给水设备（即消火栓部分，包括给水管网、加压泵、水枪、水带等）和电控部分（包括启泵按钮、防灾报警器启泵装置及消防控制柜等）组成。为保证喷水枪在灭火时具有足够的水压，需要采用加压设备，一般有消防水泵和稳压给水装置。消火栓灭火系统中消防泵的启动和控制方式的选择，与建筑物的规模和水系统设计有关，为确保安全，控制电路设计应简单合理。

② 自动喷水灭火系统。

自动喷水灭火系统是目前世界上应用最广泛的一种固定消防设备，已有 100 多年历史，其最大的特点是价格低廉、灭火效率高。据美国、澳大利亚等国家统计，其灭火成功率在 96%

以上。自动喷水灭火系统的可靠工作，关键在于系统的自动控制要符合国家规范的要求，做到安全可靠。自动喷水灭火系统适用于温度不低于 4 °C（低于 4 °C 受冻）和不高于 70 °C（高于 70 °C 失控）的场所。

③ 气体自动灭火系统。

气体自动灭火系统是一种固定灭火形式，一般安装在车站的重要设备用房，如车站的通信机械室、信号机械室、降压站、牵引变电所、电气设备室等场所。轨道交通常用的气体灭火系统有：卤代烷 1301 气体灭火系统、烟络尽 442R 气体灭火系统、FM200 气体灭火系统和 1211 灭火系统，这些气体具有灭火快、用量省、久储不变质、洁净、低毒或无毒、不导电、无水迹、易气化、空间分布与淹没性能良好等化学特性。

④ 干粉灭火系统。

干粉灭火系统具有灭火历时短、效率高、绝缘好、灭火后损失小、不怕冻、不用水、可长期储存等特点。灭火器轻便灵活，使用广泛，对扑灭初期火灾具有显著效果。

⑤ 防火、防烟、排烟系统。

根据《建筑设计防火规范》（GB 50016—2014）的要求，对于智能建筑设计都要具有防火、防烟、排烟系统。在消防联动控制系统中，报警主机应集中控制所有层面的防火门、防火阀、防火卷帘、排烟机、送风、排风机及空调、通风设施。火灾时产生的烟气主要成分是 CO，人在这种气体的窒息作用下，死亡率很高，约达 50% ~ 70%。另外烟气遮挡人的视线，使人们在疏散时难以辨别方向。

因此，当发生火灾时，应立即进行防、排烟工作，将烟气迅速排出，防止烟气窜入其他区域。防、排烟设施的设置必须满足便于安全疏散、便于灭火、可控制火势蔓延扩大的设计目标。

五、车站信息服务系统

1. 站、车信息揭示

城市轨道交通系统车站、列车信息揭示主要是指为了更好地与乘客进行信息沟通，地铁运营公司应尽可能多地把乘客应了解的信息用文字、图形、图表或视频等形式进行及时揭示。大致可以分为以下 2 种。

（1）乘车相关业务须知。

这类信息揭示主要内容包括地铁线路图中涉及本站所在的线路图示、站台上列车运行方向、自本站至办理直达运输的各站间的票价表、乘客安全须知、购票须知等。

（2）安全信息揭示。

安全信息揭示包括禁止乘客携带危险品的文字提示、常见危险品的形状图示、站车内容易发生人身安全事故的地方粘贴有关提示信息标志、车站安全疏散标志、突发紧急情况下的疏散流程揭示等。

2. 导向信息标识系统

导向信息标识系统是指引导乘客安全便捷地进站、购票、乘车、出站和换乘等行为而连贯设置于城轨站外、站内和列车上的一系列由图形、文字构成的标识的总称。地铁的标识系统设计是完善地铁建设的重要组成部分，是现代交通疏导的灵魂，能够引导乘客安全顺利及迅速地完成整个乘车的旅程，避免乘客滞留在车站内引起拥堵。

（1）导向信息标识内容。

在地铁站，大部分的标识为导向信息标志，一般有站外导向、进出站口导向、售票导向、闸机导向、楼梯口导向、列车开行方向导向等；还有市区图、街区图、换乘图、站区图、站层图、三维透视图、票价表等辅助图信息标识。

除此以外，还有专用导向信息标识，如残疾人电梯、盲道等无障碍设计。墙壁式特殊导向信息标识间距在 10 m 以内，地面式特殊导向标识间距在 5 m 以内。标识要能发光，因此所有紧急标识均为夜光标识，如紧急出口标识、临时导向标识等。

同时，常见的站内标识还有公共信息标识和警示信息标识：公共信息标识包括列车运营、标准时间、公用电话、警务站、卫生间、车站广播、宣传标志、系统适用法律等标识；警示信息标识包括警告信息标识、禁止信息标识，如乘客禁止停留标志、乘客不能进入的区域、禁止吸烟等标识。

（2）地铁导向标志设置注意事项。

① 出入口标志要醒目。

地铁车站主要通过出入口与外面联系，出入口的设置对乘客正常进出站和事故情况下的紧急疏散起着重要的作用，因此车站出入口的标志要醒目，要能引导乘客快速出站。

② 注意导向牌颜色的合理应用。

城市地铁导向系统在色彩的设计上应采用对比强烈、易见度高、易于记忆的色彩搭配，并且导向牌颜色的设置应具有系统连续性与区别性。特别是换乘站的不同线路应该使用不同颜色，便于乘客快速辨别。

③ 地铁站内与站外的导向系统要合理衔接。

地铁站内站外的引导标志要合理衔接起来，站内要设置与周边公交线路等相关信息，合理引导客流。站外至少 500 m 范围内要设置引导至地铁出入口的标志。

3. 乘客信息系统

乘客信息系统，即 PIS 系统，是依托多媒体网络技术，以计算机系统为核心，以车站和车载显示终端为媒介向乘客提供信息的系统。乘客信息系统在正常情况下，提供乘车须知、服务时间、列车到发时间、列车时刻表、管理者公告、政府公告、出行参考、媒体新闻、赛事直播、广告等实时动态的多媒体信息。在火灾、阻塞及恐怖袭击等非正常情况下，提供动态紧急疏散提示。具体来看，乘客信息系统有如下功能。

（1）应急功能。

预先设定紧急信息：PIS 系统可以预先设定多种紧急灾难告警模式，方便自动或人工触发进入告警模式。

及时编辑发布紧急信息：当车站发生非预期的灾难且需要 PIS 系统即时发布灾难警告信息时，系统软件可以及时编辑发布紧急信息。

（2）宣传及广告发布功能。

PIS 系统可为轨道交通引入一个多媒体形象的展示平台，通过形象视频、图片、文字的播出，可为轨道交通进行更多的形象宣传。

（3）显示列车服务信息及列车图像监视功能。

车站子系统的信息播放控制器通过综合监控系统实时接收 ATS 列车服务信息，再控制指定的终端显示器显示相应的列车服务信息，如下一列车的到站时间等。

（4）车载信息播放功能。

PIS 系统能显示车辆运行方向、到站显示、换乘站、前方站屏蔽门的故障情况；显示内容与列车广播同步并能实时接收、存储和播放中心下发的新闻、公告、商业广告等。

（5）时钟显示的功能。

PIS 系统可以接收时钟系统的时钟信号，确保终端显示屏幕显示时钟的准确性。时钟的显示可以为数字显示方式，也可以为模拟时钟显示方式。

（6）定时自动播出的功能。

PIS 系统可以提供定时播出的功能，根据事先编辑、设定好的播出列表自动进行资讯的播出。

六、城市轨道交通车站的其他设计

1. 车站环境控制系统（BAS）

地铁环境会影响乘客和操作人员的舒适性，这些影响因素包括：湿度、温度、空气流动、噪声、灰尘、气味等。因此，车站需要为满足人体舒适度而对地铁环境进行控制。车站环境控制系统简称 BAS，是一套可以对车站站厅、站台、隧道、设备及管理用房等处所的环境进行空气处理的系统，主要针对区域内的空气湿度、温度，以及二氧化碳、粉尘等有害物质浓度进行环境控制，在正常运行期间为乘客提供一个舒适良好的乘车环境，并为工作人员提供必要的安全、卫生、舒适的环境条件，同时对车站各种设备和管理用房按工艺和功能要求提供适宜的环境条件，为列车及设备的运行提供良好的工作条件。

BAS 主要由制冷系统、车站空调通风系统、设备及管理用房空调通风防排烟系统、车站隧道通风系统和水系统组成。车站环控设备分别设于车站两端的设备区，并设有相应的环控电控室。环控电控室除对所在端的环控设备提供动力外，还应显示设备的状况及对设备和阀门进行直接控制。

要获得一个良好的乘车环境，保证设备能持续、正常运行，环控系统必须满足以下基本要求。

（1）当列车正常运行时，环控系统保证城市轨道交通内部空气环境的温度、湿度、气流速度和空气质量应满足人体生理需求和设备正常运转需要。

（2）列车阻塞在区间隧道内时，环控系统能确保隧道内空气流通。

（3）列车在区间隧道发生火灾事故时，环控系统具备防灾、排烟、通风功能。

（4）车站公共区域和设备及管理用房内发生火灾事故时，环控系统具备防灾、排烟、通风功能。

2. 防灾设计

（1）人防设计。

地下车站，平时以交通运营为主，战时或特殊情况下是人员和物资交通运输的安全通道，紧急时作为人员的临时掩蔽场所，保障人民生命和财产安全。地铁人防工程能够抵御外部灾害威胁，提高整座城市的防空抗毁综合防护能力。

在车站的人防设计中，应结合六级抗力等级设防“平、战结合”；将一个车站加一个区间隧道作为一个防护单元，相邻防护单元设置一道防护隔断门；在出入口密闭通道两端设活置式门槛防护密闭门、密闭门各一道；每个车站还要设置不少于两个人防连通道，连通口净宽不小于 1.5 m；附近没有人防工程或暂不知设施情况下，人防连通口做完，通道预留出接口；风口在进排风口及活塞风口采用一道防护密闭门的设置；内部装修应考虑防震抗震要求。

（2）防洪涝设计。

防洪涝设施是基于城市轨道交通地下车站防洪等特殊要求而设置的不可或缺的设施，其他高架及地面车站则对该类设施要求标准相对低一些。地铁水灾主要是暴雨、排水系统不畅、地震、战争等原因导致地面大量积水涌入地铁隧道内造成事故，危及乘客生命财产安全。因此，车站防洪涝设计按有关设防要求执行，防洪涝设施主要在地铁与地面连接相通处进行设计。

（3）紧急疏散设计。

在车站紧急疏散设计中，车站内所有步行楼梯、自动扶梯和出入口宽度总和应分别能满足远期高峰小时设计客流量。在紧急情况下，应在 6 min 内将一列车满载乘客和站台上候车乘客（上车设计客流）及工作人员疏散到安全地区，此时车站内所有自动扶梯、楼梯均作上行，其通过能力按正常情况下的 90%计算。车站设备用房区内的步行楼梯在紧急情况下也应作为乘客紧急疏散通道，并纳入紧急疏散能力内。垂直电梯不计入疏散能力内。车站通道、出入口处及附近区域，不得设置和堆放任何有碍客流疏散的设备及物品，以保证疏散的通畅性。

在紧急疏散设计中，要注意加入疏散标志，应在自站台设备区和公共区至车站出入口、在天花板或站房房顶下方或沿地面和墙壁连续设置（包括在隧道墙壁上连续设置引导往车站方向的疏散标识），引导乘客在紧急情况下迅速疏散，一般采用蓄能或蓄电发光导向标识。

3. 广播系统

广播系统控制台一般设在车站控制室，可对通道、站厅层和站台层同时进行广播，也可进行分区单独广播。有些车站站台监控另设有站台广播控制台，车站站台监控亭值班人员可通过广播控制台对本站的站台广播区进行广播。

广播的方式有：人工语音广播、语音合成广播、音乐广播和多路平行广播等。面向乘客的广播系统主要由正线广播及列车广播组成。

（1）正线广播。

正线车站广播系统的功能主要是控制中心调度员、各车站值班员向乘客进行公众语音广播，通告地铁列车运行、安全、向导等服务信息，向工作人员发布作业通知等。在发生紧急情况时，对列车内和车站内的乘客进行疏散向导广播。车站值班员只对本站广播，控制中心调度员可对全线进行广播。

（2）列车广播。

列车广播设备具有全自动、半自动、人工播放三种播音方式，广播的输出控制可以设置起点站、终点站、消音、暂停、越站广播监听等；列车广播从控制中心（OCC）对列车进行广播，客室广播音量可根据噪声级别进行自动调整。

4. 照明低压配电系统

照明与低压配电系统称为低压动力照明配电系统，包含照明系统和低压配电系统两个子系统。

（1）照明系统。

地下地铁车站的地域特征及地铁运营性质决定了地铁内照明种类的多样化，有应急照明、节电照明、标志照明、出入口照明、一般照明、广告照明、事故照明等若干种，可以实现分区控制。照明配电箱、照明控制盘安装于各车站照明配电室、车站控制室和部分设备用房，可以实现照明配电室集中控制和车站控制室集中控制操作。

照明设施设置原则：避免使出入地铁的人员感受过大的亮度差别；保障停留在地铁内人员的安全感和舒适感；光源的光色和灯具的安装位置都不能导致和信号图像相混淆。

（2）低压配电系统。

地铁的独特性决定了低压配电的复杂性。低压用电设备数量大、类型多、负责范围广，系统设计考虑因素较复杂，如电线电缆的选择、配电结构的考虑等。低压配电系统直接向城市轨道交通中的低压用电设备提供电能，并且监控通风空调、给排水设备和照明设备运行状态。

【拓展案例】

福州地铁 5 号线一期是“十字与环结合”的骨干线路，起于闽侯荆溪厚屿站，终于福州火车南站，线路长约 27.7 km，设站 20 座，如图 2-5 所示。2022 年 4 月投入试运营的首通段起于闽侯荆溪厚屿站，终于仓山螺洲古镇站，共设站 17 座，线路全长约 22.4 km，均为地下线，开行时间约 40 min。

图 2-5　福州地铁 5 号线

1.“典雅紫”为装饰色

全线车站公共区，装修风格以简约为主，均以典雅紫为装饰色，传达了沉稳大方的视觉印象。车站通过出入口通道的门套、闸机、墙柱面立面的紫色装饰提升了线路辨识度，如图 2-6 所示。

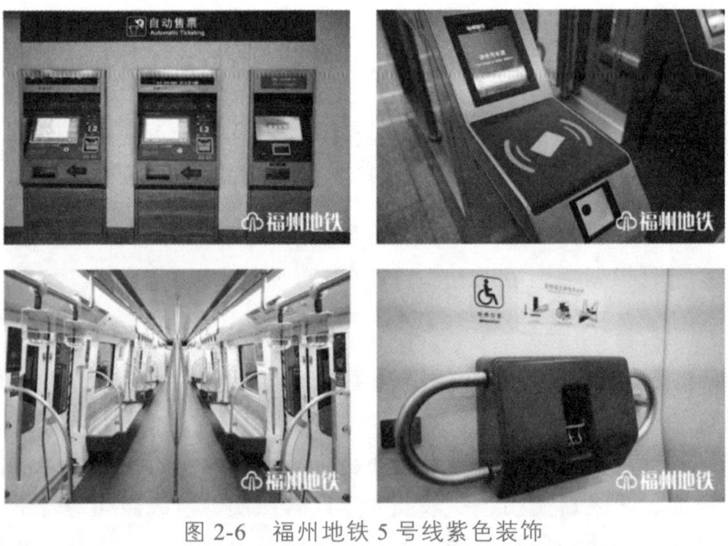

图 2-6　福州地铁 5 号线紫色装饰

2. 多线换乘更便捷

福州地铁 5 号线首通段有 3 座换乘车站，全部实现无缝换乘，分别是金山站、洪塘站、帝封江站。

金山站是 5 号线和 2 号线的换乘站，如图 2-7 所示，该站采用“十字形”换乘，两条线路的轨道上下行呈十字交叉，两个站台通过短梯相连，乘客仅需两分钟即可无缝换乘。该站点还有一块巨幅 LED 电子屏，是福州地铁现有线路中尺寸最大的电子屏。

图 2-7　金山站

帝封江站是福州首个三线换乘站，也是 5 号线面积最大的车站，未来可与 4 号线、滨海快线实现换乘，如图 2-8 所示。

图 2-8　帝封江站

3. 乘车细节更优化

福州地铁 5 号线除了车内外装饰不同线路色车辆，还吸取乘客意见在很多细节上予以优化。车门上方 43 in（1 in = 2.54 cm）的 LCD 动态显示屏能展现每座车站的出入口、卫生间等详细信息如图 2-9 所示。

图 2-9　LCD 动态显示屏

座椅改用更易清洁、维护的不锈钢；乘客站立时手握立杆也优化为三叉设计，更便于多人把持，如图 2-10 所示。

图 2-10　座椅与手握立杆

4. 服务细节再提升

福州地铁 5 号线还有一些服务细节上的提升。全线设置了 4 个母婴室（金山、凤岗里、东岭、帝封江站），便于新手妈妈出行。客服中心、洗手间都设置了高低台面，所有楼梯扶手都设置高低杆，这些设施为使用轮椅人士以及儿童的出行带来了便利。老弱病残孕群体还可以随时联系站内工作人员获得帮助。另外，5 号线还是福建省内首条实现民用通信 5G 千兆全覆盖的线路，满足乘客的无线网络生活。

（图文信息来源于福州地铁微信公众号）

任务 4　城市轨道交通车站站务运作

一、正常情况下的车站运作

1. 早上的开站

城轨车站早上的开站工作是把车站准备妥当，迎接乘客的到来，包括：站内设备（如空调、照明、收费系统、电梯、扶梯、广播等）进入工作状态；站内人员到位；站内环境清洁卫生；站门开启。

考虑到一旦开启站门，乘客就有可能进站，所以需要在乘客进站前确保站内各方面到位。站门开启时间的确定要考虑首班车的出发时间和乘客在票务、站内走行等方面所需的时间，一般可以在首班车在本站出发前的 10 min 左右把门打开。

开门及站内设备（除电扶梯外）状态调整可以定时自动进行，同时备有人工操作模式。该模式一般在两种情况下使用：一是自动控制失灵，需要人工介入；二是需要提前行动的情况。出于安全考虑，即为了防止扶梯在有乘客时突然改变状态而导致意外，电扶梯不以定时自动方式开启。

开站准备工作较多，特别是规模较大的站，设备较多，所以把各项准备工作列成清单可以帮助开站准备工作有条不紊地进行，避免遗漏。准备工作就绪后，要向控制中心报告。

具体来看，开站程序中，不同岗位工作人员操作如表 2-1 所示。

表 2-1　不同岗位工作人员开站操作

序号	责任人	内　容
1	行车值班员	首班车到站前*min，按规定试验道岔，安排人员试开关屏蔽门，检查站台和线路出清情况，并汇报行调；首班车到站前*min 安排人员到站台接发首班车
2	行车值班员	首班载客列车到达前*min，通过 EMCS、BAS 开启环控系统并检查运行情况
3	行车值班员（或值班站长）	首班载客列车到站前*min 打开照明开关，并开启 AFC 设备，首班载客列车到站前*min 开启闸机
4	客运值班员	首班列车到站前*min 配好票，并检查售票员到岗情况
5	票务岗站务员	首班载客列车到站前*min 到站领票，首班载客列车到站前*min 到岗
6	值班站长（或厅巡、保安）	首班载客列车到站前*min 巡视全站，首班载客列车到站前*min 完成开启出入口大门、扶梯的工作，并巡视全站，开始服务
7	行车值班员	向乘客广播候车的注意事项

注：*号值根据各地区地铁车站实际运作决定。

2. 营业时间内的运作

车站的中心任务是安全组织乘客上下车并收取车资，围绕这两个中心，需要开展一系列的工作。

（1）票务。

大多数乘客持有有效的储值票，可以自行进出站，没有储值票的乘客可以利用自动售票机自行购买单程票或使用手机扫码方式通过闸机。为储值票充值可以由乘客使用 AFC 设备自助完成。票务窗口提供购票、退票、补票等人工票务服务。

（2）问询。

在现代化的城轨系统内，通常设有供乘客自行查询城轨网络列车服务时间、行程时间等信息的设备或设施，以及作为辅助的传统形式的告示牌、信息栏等。但由于并非所有乘客都会使用查询设备，也不是所有乘客都能看懂告示，所以站务人员提供问询服务还是必不可少的。

（3）例行广播。

例行广播主要是包括安全注意事项的宣传。

（4）站台秩序的维持。

特别是繁忙车站，或一般车站的繁忙时段，需要站务员人工组织客流，维持秩序。

（5）组织乘客安全上下车。

站台上乘客乘降时有事故发生，一般由站台岗巡视员进行安全引导与宣传。

（6）车站的巡视。

车站巡视是指查看是否有不安全、不正常的情况。

（7）根据实时客流流向，对闸机和自动扶梯的运行方向进行调整。

（8）对自动售票机的钱箱、票箱进行必要的更换。

3. 晚上的关站

绝大多数的城轨线路并不是每天 24 h 运营的。这主要有两方面的原因：一是夜间的乘客数量非常小，不需要由城轨这种大运量的交通系统来解决；二是城轨自身的维护保养需要一个“停运”时段。晚上关站工作包括清站和站门关闭。

（1）清站。

清站是指在车站关闭前一定要保证站内不再有乘客。为此，在末班车到达前 10 min 左右就开始通过广播和信息显示来告诉乘客末班车即将到达，车站将要关闭；在末班车到达前 3 min 左右把收费闸机全部设置为“出站”状态，不再接纳进站乘客；在末班车发出后，检查站内所有公共区域特别是卫生间，确保站内不再有乘客。

（2）站门关闭。

有些车站在晚上停运后并不关闭站门，而只关闭位于收费闸机非付费区一侧的安全门，以便允许路人把站门及部分非付费区作为过街通道。

关站程序中，不同岗位工作人员操作如表 2-2 所示。

表 2-2　不同岗位工作人员关站操作

序号	责任人	内　容
1	行车值班员	向乘客广播关站的注意事项
2	值班站长	末班车到达前*min 到站厅监督检查站厅、站台、行车值班员等各岗位情况。上、下行末班车开出前*min 关闭 TVM，通知停止售票和进站检票工作，并监控末班车的广播播放情况

续表

序号	责任人	内　容
3	值班站长	最后一趟载客列车到达前*min 确认所有 TVM、入闸已关闭，监控停止售票广播的播放情况
4	厅巡、保安	最后一趟载客列车到达前*min 在 TVM、每组进站闸机前摆放停止服务告示牌，列车开行后进行检查，确认站台乘客均已上车，无异常情况
5	票务岗站务员	收拾票、钱，整理票务处备品，注销 BOM，回点钞室结账
6	客运值班员	与票务岗站务员结账
7	行车值班员	运营结束后，执行车站节电照明模式
8	值班站长	清站、确认出入口关闭，扶梯、照明、AFC 设备全部关闭

注：*号值根据各地区地铁车站实际运作决定。

4. 夜间的车站运作

停运期间的车站工作主要有以下 2 个方面。

（1）整理内务，特别是关于票务的一些报表的填写和票、钱的清点。

（2）接待和管理进站开展维修工作的工程人员。有些城轨公司在职责界定上要求站务人员为轨区作业提供防护服务。当然，在这种情况下，夜班的站务人员配备数量要相应增加，必须保证至少一人留在站内值班以应对可能发生的紧急情况，如车站火灾。

二、非正常情况下的车站运作

除例行工作外，非正常情况的种类很多，这里只述及比较常见的非正常情况及相应的车站运作。

1. 站内客伤

调查数据表明，城轨大多数的客伤意外与自动扶梯有关，另外车门、电梯门、站台隔离门、收费闸机等也可能造成客伤。一旦事故发生，站务人员应及时行动对受伤的乘客施行救护，需要做到以下几点。

（1）站务人员事先接受一些基本简单的救护培训。

（2）在站内配备相应的救护设备，如急救箱、轮椅、担架等。

（3）熟记救护车的联系号码。

（4）车站附近有可以停放救护车的停车位。

为了对事故进行跟踪调查，还需要做到以下几点。

（1）记录伤者的个人资料，特别是联系方式。

（2）保存好有关的闭路电视录像资料。

（3）对事发现场拍照。闭路电视有时由于位置关系而没能记录到实际过程或虽有记录但画面不够清晰。

（4）争取事发现场目击证人的协助。

通常这类事故虽需要至少一个站务人员（通常是站长）来处理，但车站的运作一般不会受到很大影响。

2. 大客流

大客流是指车站内（有时甚至包括车站附近）挤满了乘客，实际在站乘客的数量大大超过了车站及其四周可利用的乘客空间所能容纳的乘客数量。大客流可能是预计得到的，也可能是突发的。预计得到的是那些有计划的活动，比如大型体育场馆举行体育活动、学校举行运动会、演出、竞选集会、盛大的节日聚会等；突发的是因天气突变导致公众转而搭乘地铁，或城轨系统本身故障，或一些平时客流很少的车站因被选作临时终点站而乘客量剧增。

不论是哪一种情况的大客流，成功应对的关键在于两个方面：资源和预案。资源一般指所需的人力、物力；预案是指协调人力、物力的行动方案。

（1）人力和物力。

人力资源包括已经在本站的员工（甚至本站的清洁工、保安人员以及刚好在本站进行维修工作的维修部的人员），前来增援的其他员工、公安等。

物力资源的范围很广，包括正在运作的广播系统、导向标志，以及临时增加的如便携式扩音器、临时导向牌等，也包括专门调派的列车和地面巴士等，用以尽快把乘客运离车站。

（2）预案。

应对大客流的预案应明确如下两个阶段及其相应的行动：第一阶段（预警），即车站出现拥挤的兆头；第二阶段（限流），即车站出现拥挤情况时，实施限流以控制局面。

应对大客流的中心任务是尽快让乘客离开车站，包括从站台搭列车和经出入口步行离开。凡是有利于让乘客尽快离开车站的措施，都应给予考虑，甚至包括在必要时打开收费闸机免费放行。

3. 站台紧急停车按钮启动

为了在发生紧急情况（如乘客从站台坠落到路轨上）时阻止列车进站或出站，通常在站台设有紧急停车按钮，且数量不止一个。当发生紧急停车按钮启动时，应按以下重要的步骤处理。

（1）带上无线对讲机前往受影响的站台，并带上专用钥匙以便对紧急按钮进行复位。在管理上，可以将全部可能用到的装备（对讲机、钥匙等），事先放在一个提包或工具箱内，每次需要处理紧急情况时一起带上。

（2）在现场调查了解情况，查明到底发生了什么事，以及紧急停车按钮被启动的原因。

（3）如果是乱操作或误操作，即并没有紧急情况，那么在报告给控制中心后，对紧急停车按钮进行复位。

（4）如果真的有紧急情况，那么待处理完毕后，对按钮进行复位。

4. 站台隔离门故障

站台隔离门因数量多、动作频繁，发生故障的概率较大。隔离门故障种类很多，会影响到列车运行。

（1）在站内没有列车的情况下，个别隔离门被监测到未锁好。在这种情况下，如果能查出具体的故障隔离门，并确认它处于关闭状态，那么只需要对它进行隔离，列车即能进站；如果查不出到底是哪个门出现故障，那就需要使用位于站台端墙上的“旁路开关”，把同侧的所有隔离门旁路掉，以便让列车进站。

（2）站内有列车停靠，因隔离门锁闭不到位，列车不能出发。应采取的措施和前面一种情况类似，即如果能查出到底是哪个门有问题，就把有问题的门隔离；如果不能查出到底是哪个门有问题，就对同侧的所有门进行了隔离。

（3）自动控制系统发生故障，隔离门无法和车门同步自动开关，这时需要站务人员利用位于站台端头的旋钮进行操作。

5. 车站紧急疏散

车站紧急疏散虽然不时常发生，但由于涉及的乘客数可能很多，后果可能很严重，所以必须给予最高的重视。具体体现是对每个站制定相应的紧急疏散预案，并保证每位站务人员，甚至在站工作的清洁工、保安员、站内商铺的工作人员，都了解预案的相应要求，都参加相应的演练。

除了以上特殊事件外，还有以下非正常运作情况，站务工作人员要熟练按照相关程序进行处理，例如：失物招领、乘客报告遗失物品、或前来认领遗失物品；乘客意见反馈或前来投诉；维修人员进站开展设备维修，特别是对那些会影响行车或站内乘客的应尽量安排在夜间列车停运之后进行。

三、车站边门管理办法

为方便一些特殊乘客（如免费乘车人员、坐轮椅的乘客）大件行李进出及应急情况下快速进出付费区，地铁车站在付费区与非付费区之间设置一道管理通道门，是隔离围栏的一部分，称为边门。一般车站应至少设置 2 个边门，可以单独打开和关闭上锁，平时处于锁闭状态，只是在车站特殊情况时才开启边门。

1. 边门日常管理要求

（1）在运营时间内，车站边门应全部关闭。

（2）一般情况下车站人员不得开边门放行。

2. 边门使用规定和手续

因各种情况需使用车站边门进出付费区，应服从车站工作人员指引，按规定办理登记手续：

（1）乘客服务需要。

① 办理了团体票乘车的团体，符合边门使用条件的乘客，应在车站《车站边门进出登记本》上进行登记。

② 残疾军人、残疾警察、其他残疾人（含盲人）乘车，凭其证件办理登记后使用边门。

③ 乘坐轮椅或推婴儿车等不方便通过闸机的乘客，由车站工作人员登记后可使用车站边门，并监督乘客将车票投入闸机。

④ 携带大件行李乘客，且行李符合规定尺寸，若其行李未能通过闸机，进行登记后可使用边门，并监督乘客将车票检票或投入闸机。

（2）内部工作需要。

① 使用手推车或票箱运送车票、票款等大件物品，运送大的备品备件、生产工器具、生产物资和办公用品等进出付费区时，符合边门使用条件的人员需要出示有效证件，并由车站

工作人员确认签名。

② 参观接待，需凭相关证明、接待方案办理登记后，方可使用车站边门进站；出站时，凭相关证明、接待方案重新办理登记出站。如团体参观人数较多由团体负责人在《车站边门进出登记本》登记情况，在备注栏注明进/出站总人数即可，车站工作人员负责监督并及时签名确认。

③ 新闻媒体采访，需凭相关部门开具的证明办理登记后，方可使用边门进站；出站时，凭相关证明重新办理登记出站。

④ 临时施工时，施工单位人员凭有效出入证件、有效施工作业令办理登记后，方可使用车站边门，且只能本站施工或本站作业人员及物品进出，不能作为乘车的凭证。

⑤ 员工工作证件损坏时，需填写《车站边门进出登记本》，同时出示工作证件（黑名单的工作证件不予使用边门），厅巡人员予以确认，方可使用车站边门。

⑥ 引导员凭有效证件进行登记后，方可使用车站边门。

⑦ 车站付费区内商铺工作人员凭本人有效工作证件登记后，方可使用车站边门，且只能本站进出，不能作为乘车的凭证。

（3）特殊情况需要。

① 警务人员执行紧急任务，凭警察证，可使用车站边门。

② 国家安全局工作人员执行紧急任务，凭国家安全局工作证，可使用车站边门。

③ 突发性工程抢修、抢险，按行车调度员或是维修调度员授权发布的调度命令，方可使用车站边门。

④ 发生紧急情况，如票务设备故障、列车晚点清客、越站等，按照各级应急处理预案要求，使用车站边门进行客流疏导。

⑤ 执行重大接待任务时，按接待方案使用车站边门。

⑥ 突发性采访时，需按相关部门的通知，使用车站边门进站。

复习思考题

一、选择题

1. 城轨交通车站间距在城市中心区和居民稠密地区宜为（　　）米左右。

A. 1 000　　B. 800　　C. 600　　D. 400

2. 高峰每小时客流量达 3 万人次以上，适用于客流量大、地处大型客流集散点以及地理位置十分重要的车站，属于（　　）站。

A. A 级　　B. B 级　　C. C 级　　D. D 级

3. 按敷设位置分类，（　　）的造价最低。

A. 地下站　　B. 地面站　　C. 高架站　　D. 以上均不对

4. 从站台换乘布置方式来看，最省时的是（　　）。

A. 同站台换乘　　B. 结点换乘　　C. 站厅换乘　　D. 通道换乘

5.（　　）是依托多媒体网络技术，以计算机系统为核心，以车站和车载显示终端为媒介向乘客提供信息的系统。

A. 车站环境控制系统　　B. 广播系统

C. 照明低压配电系统　　D. 乘客信息系统

二、判断题

1. 侧式站台设置在上、下行线路之间，站台面积可以得到充分利用。（　　）
2. 在城市轨道车站，乘客流线主要有 2 种：进站乘客流线、出站乘客流线。（　　）
3. 乘客使用空间公共区是乘客集散的区域，可以划分为付费区和非付费区。（　　）
4. 车站出入口的数量，应根据客流需要与疏散要求设置，浅埋式车站不宜少于 3 个出入口。（　　）
5. 高差较大的自动扶梯在扶梯的中部也设有“紧急停止按钮”。（　　）
6. 导向信息标识中图形元素一般由图形、文字构成，经常用箭头符号作为辅助图形，强化方向感。（　　）

三、简答题

1. 简述轨道交通车站按敷设位置分类，并阐述其特点。
2. 按照车站建筑的空间位置简述城市轨道交通车站的组成。
3. 简述换乘车站的设计、实施原则。
4. 简述城市轨道车站的乘客流线分类及流线组织原则。
5. 简述正常情况下的车站运作。

项目二在线答题

项目三 城市轨道交通车站设备

【项目描述】

城市轨道交通车站是客流的节点，是乘客出行的基地，也是列车到发、通过、折返、临时停车的地点。城市轨道交通车站是城市轨道交通路网中重要的建筑物，是供旅客乘降、换乘和候车的场所。车站应保证旅客方便、安全、迅速地进出，并有良好的通风、照明、卫生、防火设备等，给旅客提供舒适、清洁的乘车环境。

城市轨道交通车站主要机电设备包括电梯与自动扶梯、自动售检票系统、屏蔽门系统、车站暖通空调系统及应急设备等，种类多，设备繁杂。

【学习目标】

（1）了解城市轨道交通车站设备的具体内容。

（2）掌握城市轨道交通车站的电梯与自动扶梯的原理及维护保养操作方法。

（3）掌握城市轨道交通车站的自动售检票系统 AFC 原理及操作保养方法。

（4）掌握城市轨道交通车站的站台屏蔽门的原理以及应急操作方法。

（5）了解城市轨道交通车站的暖通空调系统原理。

（6）了解车站常用的应急设备。

【能力目标】

（1）能够掌握城市轨道交通车站的电梯与自动扶梯、自动售检票系统、站台屏蔽门的原理及操作方法。

（2）能了解城市轨道交通车站的暖通空调系统的组成。

（3）学会车站 AFC 设备（包括 TVM、AG、BOM）、电梯、屏蔽门故障应急处理程序

任务 1　电梯与自动扶梯

电梯系统是城市轨道交通系统的重要组成部分。它担负着运载客流的任务，将地面上需要乘坐城市轨道交通列车的乘客迅速、安全、舒适地送入地下站台或高架站台，以及将地下站台或高架站台上下车的乘客送到地面，对客流及时疏散起到了至关重要的作用。电梯也兼作在设备更换维修时运输设备零部件之用。

在城市轨道交通车站中，楼梯是最常用的一种竖向升降设施。在客流量不大的车站，当升降高差在 8 m 以内时，一般采用楼梯；大于 8 m 时，考虑乘客因高差较大、行走费力，上升宜增设自动扶梯。在城市轨道交通车站中，自动扶梯的用途主要是解决乘客的快速疏散，即列车到达后，大量的乘客从候车站台向地面站厅疏散。

一、楼　梯

由于车站的站厅层一般离开地面 5 ~ 7 m（浅埋式），甚至 7 ~ 10 m（深埋式），乘客的上下主要依赖于楼梯。乘客使用的楼梯踏步高度宜采用 13.5 ~ 15 cm，宽度宜采用 30 ~ 34 cm；每个梯段的踏步不应超过 18 步，不得少于 3 步；休息平台宽度一般为 120 ~ 180 cm；楼梯净宽度不应小于 2 m，当大于 3 m 时，中间应设栏杆扶手；踏步至吊顶的净高不应小于 2.4 m，楼梯栏杆的高度不宜小于 1.1 m。车站用房区内，上、下层之间至少一处应设楼梯。除设在出入口的楼梯外，站厅层至站台层供乘客使用的楼梯，应设在付费区内。地铁车站中的楼梯应坚固、安全和耐久，并采用阻燃材料制成，踏步应采取防滑措施。

楼梯布置的规定为：楼梯与检票口在同一方向布置时，楼梯进口距检票口的净距不宜小于 6 m；楼梯与自动扶梯并列布置时，其相互之间的位置无明确规定，一般采取将楼梯下踏步最后一级与自动扶梯下工作点取平。

二、自动扶梯

自动扶梯提供了一种自动输送乘客的能力，满足了乘客对乘降舒适度的要求。自动扶梯是带有循环运动梯路向上或向下倾斜运输乘客的固定电力驱动设备。当车站出入口的提升高度超过 6 m 时，宜设上行自动扶梯；超过 12 m 时，除设上行自动扶梯外，并须设下行自动扶梯。站厅与站台层的高差在 6 m 以内时，宜设上行自动扶梯；高差超过 6 m 时，应该设置上行与下行并存的自动扶梯。

客流量大的地铁车站中，自动扶梯是最便利、最迅速的升降设备。自动扶梯运送效率高，可以减轻乘客疲劳，出故障停运时，仍可作为楼梯使用；缺点是造价较高。站厅层至站台层供乘客使用的自动扶梯，应设在付费区内。

1. 自动扶梯的设计规定

自动扶梯应参考下列规定。

（1）自动扶梯相对布置时，两自动扶梯工作点间距离不小于 20 m。

（2）自动扶梯工作点至墙的距离，在站台层处不小于 8.5 m，在出入口处不小于 6 m。

（3）自动扶梯与楼梯相对布置时，中间的距离不宜小于 15 m。

（4）自动扶梯工作点至检票口的距离不宜小于 10 m。

（5）分段布置自动扶梯时，两段之间距离不应小于 8.5 m。

2. 自动扶梯分类

自动扶梯按驱动装置位置，可分为端部驱动自动扶梯与中间驱动自动扶梯两种。自动扶梯的布置排列有平行排列、连续交叉排列、连贯排列和“X”交叉排列四种，自动扶梯按运行速度分为恒速扶梯和可调速扶梯；按提升高度分为小提升高度（最大 8 m）扶梯、中提升高度（最大 25 m）扶梯和大提升高度（最大 65 m）扶梯，如图 3-1 所示。

图 3-1　自动扶梯

3. 自动扶梯的原理

自动扶梯是电梯产品的一个分支，与地面呈 30°～35°倾斜角，由一系列的梯级与两根牵引链条连接在一起，在沿一定线路布置的导轨上运行即形成自动扶梯的梯路。自动扶梯上分支中的各个梯级（也就是梯路）应严格保持水平，以供乘客站立。扶梯两旁装有与梯路同步运行的扶手装置，以供乘客扶手之用。扶手装置与梯路用同样的电动机进行驱动，才能保证自动扶梯乘客的绝对安全，并要求装设多种相关的安全装置。

由于自动扶梯是连续工作的，在较短时间内输送大量人员的地方，采用自动扶梯与电梯相比，具有以下优点。

（1）生产率即输送能力大。

（2）人流均匀，能连续运送人员。

（3）自动扶梯可以逆转，即能向上和向下运转。

（4）当停电或重要零件损坏需要停用时，可作普通扶梯使用。

自动扶梯与电梯相比，有以下缺点。

（1）自动扶梯结构有水平区段，有附加的能量损失。

（2）大提升高度自动扶梯，人员在其上停留时间长。

4. 自动扶梯的操作

（1）准备工作。

① 检查扶梯踏板、扶手带、梳齿板和裙板，裙板与梯级间的间隙，清除夹在里面的碎纸、小石子、口香糖等物。

② 确认自动扶梯周围的安全设施（三角区的护板，防止进入的栅栏、隔板及防护网）有无破损等异状。

③ 确认紧急按钮是否处于正常状态。如果处于被按压状态，必须将其恢复到正常状态。

（2）开启扶梯的程序。

① 将钥匙插入操作盘上，报警停止开关鸣响警笛，发出信号将开始运转，放手后钥匙将回到中央位置，将其拔出。

② 确认自动扶梯的踏板和梯级上没有乘客时，将钥匙插入运行开关后，向需运行方向（上或下）旋转，自动扶梯开始运作，待稳定运行后放手，钥匙自动回到中央位置，即可将其拔出（启动时一只手旋转钥匙同时另一只手按在急停开关上，当出现异常及时按急停开关）。

③ 确认扶手带是否正常转动，如有异常声响或振动时，要立即按动紧急停止按钮，停住自动扶梯，同时通知维修人员。

④ 确认正常运转后，再试运转 5 ~ 10 min 左右。

⑤ 如果试运转中按动紧急停止按钮，在问题处理完毕后，必须将红色罩复原。

（3）关闭扶梯的程序。

① 确认有无发生异常声响或振动，如有问题则关闭自动扶梯。

② 停止之前，不允许乘客进入自动扶梯的梯口。

③ 将钥匙插入报警停止开关，鸣响警笛。

④ 确认自动扶梯附近或扶梯梯级上无人后，再用钥匙开启停止开关，自动扶梯则停止运行。

⑤ 一天的正常运行结束后须认真检查并清扫扶梯踏板、扶手带、梳齿板、裙板以及扶梯下部专用房。

⑥ 正常停止扶梯后，应设置停止使用牌，防止乘客将其当作楼梯使用。

（4）紧急停止的程序。

在出现异常状况下，必须使用紧急停止按钮时，应大声通知乘客“紧急停止，请抓住扶手”，然后再进行操作。

① 现场操作。

正常状态：平时红色罩呈向外膨胀凸出状。

操作时：用手指按压，凸起状态变塌陷状态。

恢复操作的状态：用手指按压红色罩的周围，使其中部恢复正常状态。

② 车站控制室操作。

敲破玻片；按压按钮；复位：拔起按钮。

（5）扶梯转换运行方向的操作程序。

① 将钥匙插入报警停止开关，鸣响警笛。

② 确认扶梯梯级上无人后再用钥匙开启停止开关，自动扶梯停止运行并将钥匙拔出。

③ 待完全停止后，将钥匙插入运行开关，开启需运行方向的开关（上或下）。

5. 自动扶梯突发事件的应急处理

（1）扶梯发生故障时，车站人员处理程序。

① 停止扶梯的运行，使用隔离栏杆做好现场防护，禁止乘客使用。

② 记录好故障现象，确认扶梯的位置（站内或出入口）及编号（几号扶梯）。

③ 将故障上报维调，如果故障代码显示器显示正常，同时将扶梯故障代码上报给维调。

④ 待扶梯专业维修人员到达现场后，积极配合扶梯维修人员的维修工作。

⑤ 经专业人员确认扶梯可以使用后开启，撤除防护。

（2）扶梯发生客伤时，车站人员处理要求。

① 首先要尽快停止运行的扶梯（按下急停按钮），抢救伤员，安抚乘客。

② 如果伤员比较严重，同时拨打 120 急救电话将现场进行隔离，疏散围观乘客。

③ 做好现场保护和取证工作，协助专业人员调查故障和客伤原因。

（3）自然灾害发生时，车站人员处理要求。

① 机房、出入口进水或者因暴雨被严重淋湿时，应停用自动扶梯并切断电源。

② 车站发生火灾时应立即拨打 119 火警电话，并根据情况马上疏散乘客，视情况停止自动扶梯运行（如扶梯上有乘客，并且火灾未蔓延至扶梯附近时，暂时不关闭扶梯，确认扶梯上无人时立即关闭扶梯），切断自动扶梯总电源原则上应当就地按下急停开关，停止扶梯的运行。紧急情况下，确保扶梯上面无人乘坐时，按下车控室 IBP 盘上的紧急停止按钮，停止扶梯的运行。

③ 发生地震时，应立即疏导乘客离开自动扶梯，然后将自动扶梯停止运行并切断电源。

④ 各种灾害（火灾、地震、暴雨等）警报解除后应由专业维修人员对自动扶梯进行全面检修，确认没有问题后方可使用。

三、电　梯

在城市轨道交通车站中，根据无障碍设计要求，在车站站房区内，站厅层至站台层之间除了设置自动扶梯之外还得设置垂直电梯，方便残疾人及携带重行李的旅客通行。电梯为乘客，特别是携带重物的乘客提供了相当大的便利，缺点是运送效率比较低，发生故障时容易引起恐慌，而且营救工作开展时间稍长，所以电梯设封闭室前应符合防火规范规定，如图 3-2 所示。

图 3-2　电梯轿厢与电梯门

1. 电梯构造

电梯的结构组成部分可分为机械装置与电气控制系统两大部分。其中机械装置包括曳引系统、导向系统、轿厢系统、重力平衡系统、厅轿门和开关门系统、机械安全保护系统等；电气控制系统主要包括控制柜、操纵箱等十多个部件和几十个分别装在各电梯部件上的电气元件。

2. 电梯曳引原理

电梯的曳引传动是根据安装在机房的电动机通过减速器、制动器等组成的曳引机，使曳引钢丝绳通过曳引轮，一端连接轿厢，另一端连接对重装置，轿厢与对重装置的重力使曳引钢丝绳压紧在曳引轮绳槽内产生摩擦力，这样电动机一转动就带动曳引轮转动，驱动钢丝绳，轿厢就在井道中沿导轨上、下往复运行，电梯就能执行垂直升降的任务。曳引力是靠曳引绳与曳引轮绳槽的摩擦力产生的，因此必须保证曳引绳不在曳引轮绳槽中打滑。

3. 电梯常规操作

轿厢内的按钮一般分报警按钮、楼层选择按钮、开门按钮和关门按钮等几种。开启电梯的操作：只需要插入钥匙并将钥匙转到“0”位置，然后将钥匙拔出来，再按一般电梯的操作即可使用。关闭电梯的操作：只需要插入钥匙并将钥匙转到“1”位置，出现“暂停”字样后，电梯重新开关门一次，当电梯再次关好门后电梯关闭。

4. 电梯意外情况的操作

电梯发生故障时的救援必须做到一人操作一人监控。电梯发生故障大体上可分成以下 3 种情况。

（1）电梯停在平层区域，但不能自动开门时的处理步骤。

① 接到求救信息后要与乘客沟通，确认电梯停止位置和人员数量，告诉乘客在接到指示之前不得自行扒开梯门。

② 救援人员带上电梯开梯钥匙、控制柜钥匙和三角钥匙尽快到达故障现场。

③ 到达电梯停止位置后确认电梯是否停在平层区内，否则按其他情况处理。

④ 救援人员与乘客沟通，要求乘客保持镇静，请勿惊慌。

⑤ 到控制柜处，用钥匙打开控制柜。

⑥ 断开主断路器（JH）开关，切断电梯电源后关闭控制柜门。

⑦ 到电梯停止位置用三角钥匙打开层门后，注意层门地坎与轿厢地坎之间的高度差和间隙，应防止人员跌落井道，然后直接将乘客从轿厢救出。

⑧ 乘客被救出后必须关闭所开启的层门并保证在外力的作用下也无法打开。立即停用电梯，放置暂停服务牌，报修机电轮值人员。

注意：当工作人员使用三角钥匙打开电梯层门之前，须事先双脚站稳并确认轿厢的位置，同时确认同伴及其他人员均处于安全的位置。开启层门时切勿用力过大，失去平衡，致使发生意外。

（2）电梯停在非平层区域且电梯有电，故障处理步骤如下。

接到求救信息后要与乘客沟通，并确认电梯停止位置和人员数量，告诉乘客在接到指示之前不得自行扒开梯门。

① 救援人员带上电梯的开梯钥匙、控制柜钥匙和三角钥匙应尽快到达故障现场实施救援工作。

② 到达电梯停止位置现场后确认电梯是停在非平层区内，否则按其他情况处理；对于非观光电梯应用三角钥匙将层门展开一条细缝来检查轿厢在何位置。

③ 救援人员与乘客沟通，告诉其在救援期间电梯将可能启动和停止几次，要求乘客保持镇静，请勿惊慌。

④ 到控制柜处，用钥匙打开控制柜将复位控制 JRH 开关由 NORM（正常）位置旋到 JRH（召唤）位置。

⑤ 按 ESE 盒上的 DRH-U（向上）按钮或 DRH-D（向下）按钮控制轿厢上下移动。如发生紧急情况则按压 STOP 按钮。同时 LR-U（向上）或 LR-D（向下）指示灯亮，若不能实现轿厢移动应转为情况（3）的处理方式。

⑥ 当轿厢运行到平层位置时控制屏上的平层指示灯 LUET 会亮，表示轿厢已到达平层区域，此时应马上松开操作按钮。

⑦ 断开主断路器（JH）开关，并按情况进行处理。

（3）电梯停在非平层区域，且电梯没电时，故障处理步骤。

① 接到求救信息后要与乘客沟通，并确认电梯停止位置和人员数量，告诉乘客在没有接到指示之前不得自行扒开梯门。

② 救援人员带上机房电梯的开梯钥匙、控制柜钥匙和三角钥匙应尽快到达故障现场实施救援工作。

③ 到达电梯停止位置现场后确认电梯是否停在非平层区内，否则按其他情况处理；对于非观光电梯应用三角钥匙将层门展开一条细缝来检查轿厢在何位置。

④ 救援人员与乘客沟通，告诉其在救援期间电梯将可能启动和停止几次，要求乘客保持镇静，请勿惊慌。

⑤ 到控制柜处，用钥匙打开控制柜断开主断路器 JH 开关，切断电梯电源。同时按住“▲、▼”按钮观察 LR-U、LUET、LR-D 指示灯的状态，若处于熄灭状态表示电梯已超速应立即停止操作，关闭控制柜门通知维修人员进行抢修。

⑥ 将救援工具装在松闸盘上后扳动操作手柄使轿厢移动。如果 LR-U 或 LR-D 指示灯亮并伴有蜂鸣声，表示轿厢移动速度过快应立即把松闸手柄复位至开始位置。

⑦ 不断地观察 LR-U、LUET、LR-D 指示灯的状态，小心地向下释放松闸手柄使轿厢逐步地缓慢移动，当轿厢接近门区时每次只能移动轿厢 10 ~ 15 cm 以防止冲顶或蹲底，直到看见平层指示灯 LUET 亮时应立即松开松闸手柄，此时表示轿厢已到达平层区域。

⑧ 拆除松闸手柄，关闭控制柜门，根据情况进行处理。

任务2　自动售检票系统

自动售检票系统（Automatic Fare Collection System，AFC 系统）是自动售检票设备（包括自动售票机（TVM）、半自动售票机（BOM）和闸机（AG），建立在计算机局域网的基础上实时控制处理系统，集计算机、网络通信、自动控制、非接触智能卡、大型数据库、机电一体化、模式识别传感器、精密机械等多项高新技术于一体，技术含量高、设备复杂、功能繁多、加工制造工艺复杂。轨道交通日常运营的重要工作是票务管理，其对售票、检票过程的计算机管理可以大大提高数据的可靠性，提高员工工作效率，为科学的财务管理和决策管理提供准确的依据。随着 IC 卡的出现及 IC 技术的发展，上海地铁在 20 世纪 80 年代末率先开始对 AFC 系统的研究。目前，国内新建轨道交通线路的 AFC 系统均选用非接触式 IC 卡。非接触式 IC 卡 AFC 系统的应用使城市公共交通行业的票务联营成为发展趋势，如北京、上海和广州的票卡收费系统目前已拓展到多个城市公共交通领域。

一、总体要求

1. AFC 系统的性能要求

（1）开放性。系统应易与城市公共交通“一卡通”联网，满足“一卡通”要求；易与其他相交接的轨道交通线 AFC 系统进行信息交换，实现单程票在付费区内直接换乘。

（2）可扩充性。系统应满足将来客流增长时设备扩充的需求。

（3）灵活性。系统可根据实际运营的需求灵活配置。

（4）成熟性。系统选用成熟产品，保证系统的高可靠性和高安全性。

（5）先进性。选用先进技术，提高 AFC 系统自动化管理程度及运营服务水平。

（6）数据处理能力。足够满足初、近、远期最大客流的处理需求。

2. AFC 系统的功能

AFC 系统的功能是指 AFC 系统为城轨交通实际运营提供的各种功能，如售检票功能，业务统计和分析功能、各种特殊处理功能等。AFC 系统与人工售检票相比，具有以下优点：速度快；能处理大量的票务信息，使地铁可推出各种方便乘客选用的票种和实行维护乘客利益的计程、计时票价，以利吸引客流；每天可记存百万以上客流信息，能准确地统计各站及全线的客流量，可获得各站及全线按时分布的客流报表；严谨了票务管理制度，在整个系统运行中，任何不正常的操作都能在中央计算机上记录、显示，既杜绝了员工作弊的可能性，也有效地防止了乘客无票、超站乘车的行为；能有效排除人为因素的影响，维护企业的利益。

二、组　成

AFC 系统是一个以票、卡或非接触式 IC 卡等为车票载体的、高度安全可靠和保密性能良好的自动售检票网络系统，完成车票的检票、计费、收费和统计等全过程自动化管理。该系统集计算机技术、机电一体化技术和模式识别技术等多种高新技术于一体，实现售检票全过程的自动化，是一个大型的综合自动化系统。

在多线路组成的城市轨道交通网络中，根据投资主体、运营管理、换乘方式、轨道交通线网的构成方式以及票务处理、票务分析和票务结算系统的需求，实现自动售检票系统的基本结构。如图 3-3 所示，城市轨道交通的 AFC 系统通常采用分级集中式架构，即以一条线路作为控制对象进行系统设置，针对每一条线路设置一套 AFC 控制系统，整个线网设置一个路网中心。路网中心负责获取全路网交易数据，确定各线路的换乘结算方式和数据公共接口，除对各线路的运营票款进行结算外，还对跨线交易数据进行实时清分，同时可以实现对全路网票款和客流的全面管理。

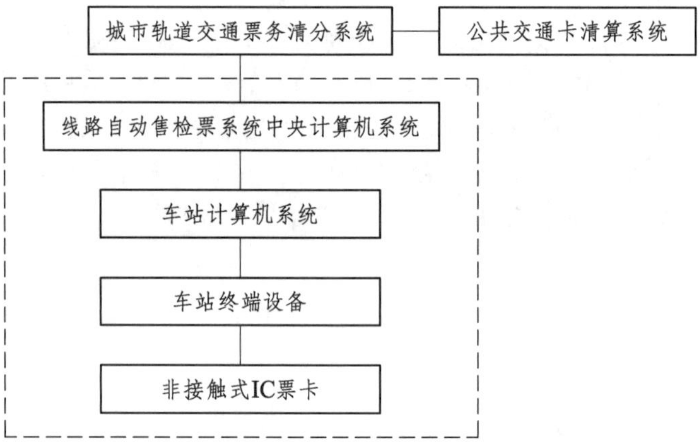

图 3-3　AFC 自动售检票系统构架

分级集中式 AFC 系统结构分为 5 个层次，第一层为清分中心计算机系统（ACC），第二层为线路中央计算机系统（LCC），第三层为车站计算机系统（SC），第四层为车站终端设备，第五层为车票。其层次结构如图 3-4 所示。

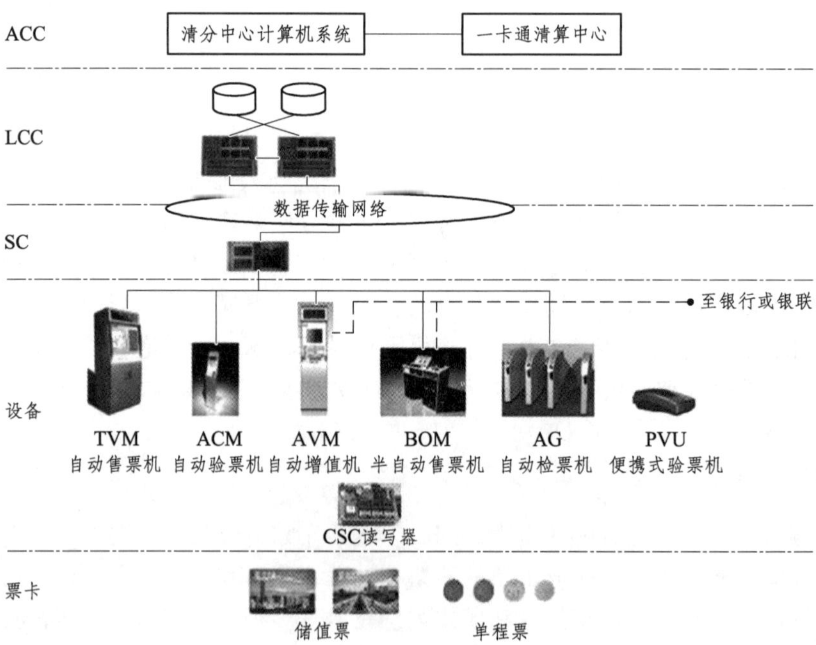

图 3-4　分级集中式 AFC 系统

1. 清分中心（AFC Clearing Center，ACC）

城市轨道交通清分计算机系统即 ACC 系统,承担着轨道交通网络票务系统运行的网络全局性的管理职能，是整个城市轨道交通线网 AFC 系统票务体系模式的管理中心，负责轨道交通票卡发行、票务收入的汇总、清分、资金划拨和线网 AFC 系统的运行监督。同时，它还负责全网络票价的制定及发布，路网级运营状况监视，路网级参数管理等，是轨道交通线网的核心系统。

2. 线路中央计算机系统（Line Center Computer，LCC）

车站的计算机系统置于车站控制室，由操作计算机（SOC）和网络控制器（SNC）组成。SOC 由相应授权的操作员进行操作，可监视和控制现场设备；SNC 则是通信服务器，是联系 CC 和现场设备的重要环节，有 8 个 RS422 串行接口，每个接口可接最多 16 台 AFC 设备。线路中央计算机系统作为轨道交通线路自动售检票系统的核心部分，收集和统计车站计算机以及各种票务设备的数据，实现系统运营、票务、财务以及维修的集中管理，制定和传送车站计算机和车站终端设备的各种参数，控制整体自动售检票系统的运营。其主要功能如下。

（1）将运营模式、票价表等系统控制与执行参数和黑名单信息等下达给车站计算机系统。

（2）接收来自车站计算机系统的票务、客流和维修信息，建立 AFC 数据库，分析 AFC 数据并生成各类运营报表。

（3）实时监控车站计算机设备，接受及处理外界侵犯或紧急报警事件。

（4）对新车票进行编码等初始化处理，以及自动分拣各类车票、剔除废票等。

（5）与其他票务清算系统连接，进行数据交换和数据共享。

3. 车站计算机系统（Satasion Computer，SC）

车站计算机系统将一个车站的自动售票机、半自动售票机、进/出口闸机等 AFC 车站终端设备联系在一起，用于收集存储本站各种终端设备产生的交易和审计数据，为车站运营提供即时数据查询及终端设备状态监控功能，准确生成各种运营报表，同时肩负着为线路中央计算机及时上传本站设备数据的仕务。

车站计算机系统包括车站计算机、监控工作站、数据传输设备等，其基本功能如下。

（1）将来自中央计算机系统的控制与执行参数、黑名单信息等下载给车站的各台 AFC 设备。

（2）定时收集 AFC 设备的状态信息和运营数据，并经处理后发送给中央计算机系统。

（3）实时监控车站 AFC 设备的运行状态。

（4）紧急情况下，车站计算机发出指令或通过紧急开启装置，使检票机处于自由通行状态，便于快速疏散乘客。

站务人员通过车站计算机系统可进行车站票务终端设备、车站客流的监控，完成对票卡和票款收益的电子记账与核算，实现数据查询和报表查询等。在票务管理中，车站计算机系统发挥着极其重要的作用，因此要求站务人员熟悉车站计算机系统功能，能够熟练操作车站计算机系统。

4. AFC 终端设备

AFC 系统车站终端设备包括自动售票机、自动充值机、自动检票机、半自动售票机、自动查询机、手持式验票机等。通过计算机局域网基础上的实时控制处理，集计算机网络技术、数据库管理技术、自动控制技术于一体，对售票、检票过程的计算机管理，可以大大提高数据的可靠性、提高员工工作效率，为科学的财务管理和决策管理提供准确的依据。

（1）自动售票机。

自动售票机（Ticket Vending Machine，TVM）设于车站非付费区，用于乘客自助式购买地铁单程票和对储值票进行充值，如图 3-5 所示。自动售票机以主控单元为核心，辅以现金处理装置、车票处理装置、乘客显示器、打印机、电源等模块组成，还可以根据需要配置触摸屏、运营状态显示器、银行卡读写器及密码键盘等部件。

（2）自动检票机。

自动检票机（Automatic Gate，AG），又称闸机，是实现乘客自助进出站检票交易（在非付费区和付费区间通行）的设备，能够对乘客的有效车票进行通道阻挡解除（门扇开启或释放转杆），允许乘客进出站。如图 3-6 所示。

图 3-5　自动售票机

图 3-6　自动检票机

自动检票机能够对乘客所持的车票进行检验，并完成进站或出站的交易处理，按计时计程的收费规则，在进入收费区及离开收费区时都需要进行车票检验。进入收费区时检查车票的合法性并记录进入时的地点和时间；离开收费区时检查车票的合法性、进站信息的合法性及收费区内的停留时间；并根据进入位置和离开位置计算本次旅程的费用，完成车票扣款操作。

① 根据功能分类。

自动检票机根据功能可以划分为进站检票机、出站检票机和双向检票机三种。其中进站检票机用于完成进站检票，检票端设在非收费区；出站检票机用于完成出站检票，检票端设在收费区；双向检票机既可完成进站检票也可完成出站检票，在非收费区和收费区可分别按照进站和出站的处理规则完成检票功能。

② 根据阻挡装置分类。

自动检票机根据阻挡装置的类型可以分为三杆式检票机、扇门式检票机和拍打门式检票机 3 大类型，如图 3-7、3-8、3-9 所示。

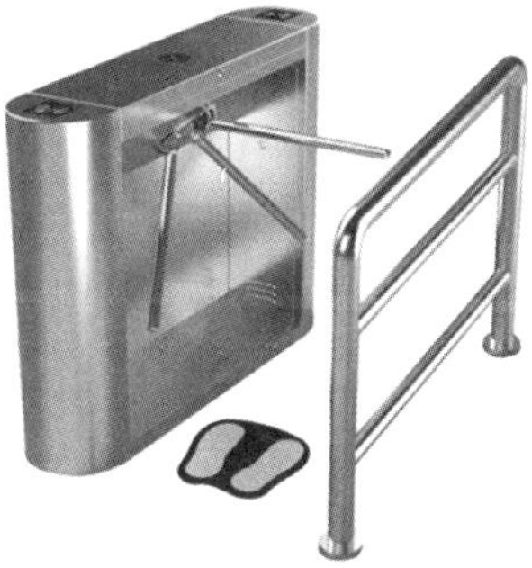

图 3-7　三杆式检票机

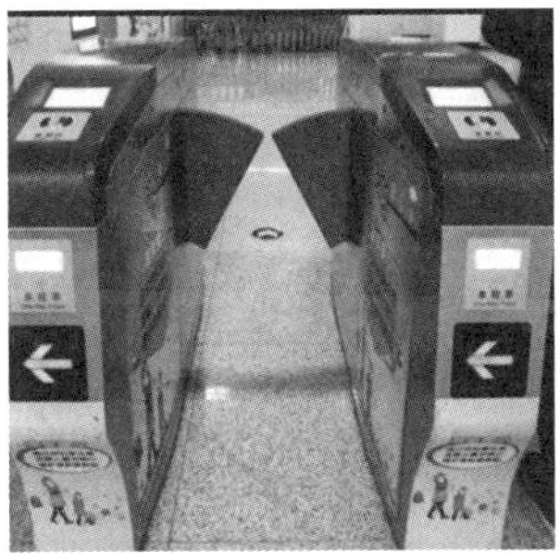

图 3-8　扇门式检票机

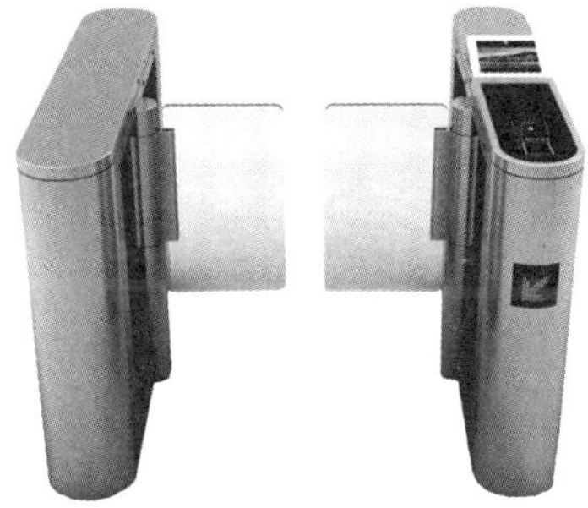

图 3-9　拍打门式检祟机

③ 根据通道宽度分类。

自动检票机根据通道宽度可以分为普通检票机和宽通道检票机 2 种类型。

与传统闸机相比，现有的闸机内部多了一个二维码扫描器，将二维码扫描模组的设备嵌入到闸机中，具备条码自动识别、采集和数据传输性能，具有完整独立的读码功能。如图 3-10 所示，把手机乘车二维码放在地铁闸机扫描口上方，并对准读卡摄像头，保持一定的距离（约 5 cm），瞬间闸机就能读码开闸。地铁闸机的“电子眼”是与二维码扫描检票系统、支付宝/微信支付等相关接口实时对接。二维码模块采集到支付条码数据，便立即将数据传输到二维码售检票系统和移动支付系统核对校验，校验通过后进行计算并扣除费用便打开闸门直接进出，整个过程快速完成。

二维码扫描模组的闸机不仅为地铁新增“刷二维码过闸”的服务，发挥条码扫描和数据传输性能，结合地铁二维码电子票务系统实现乘客“扫码进闸”和“扫码检票”的增值服务，免除了排队、购票和找零的困扰，同时保留了原用地铁卡进站服务，满足了地铁扫码过闸的高频次作业需求的同时带来“互联网+智慧地铁”的全新体验，从根本上缓解地铁人流拥堵现状。

（3）半自动售票机。

半自动售票机（Booking Office Machine，BOM），简称 BOM 机，如图 3-11 所示，通常安装在售、补票房或车站服务中心内，采用人工方式完成进行发售、分析、无效更新、充值、替换、退款、交易查询及收款记录等服务，因此 BOM 机又称为人工售、补票机或票房售、补票机。

图 3-10　二维码检票机

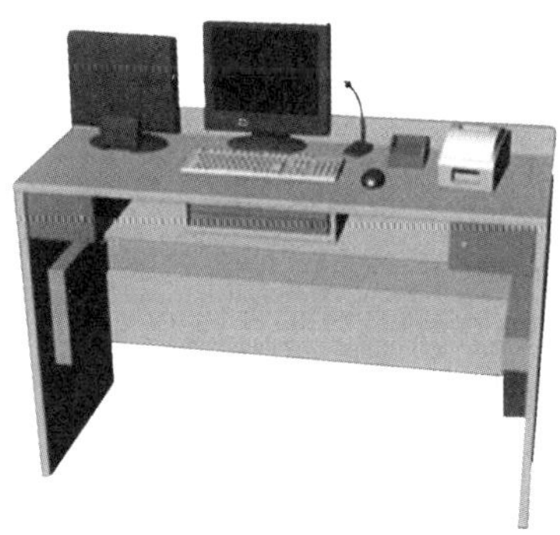

图 3-11　半自动售票机

BOM 机的运行模式由车站 AFC 控制系统进行设定和更改，并通过系统参数数据下载到 BOM 机上实现工作模式的自动切换。同时，BOM 机还具备离线、在线状态自动检测切换的能力。在线状态下，BOM 机能够实时从车站 AFC 控制系统下载各种参数、接受车站 AFC 控制系统的控制指令，能上传监控数据，根据预先设定的方式上传所处理的各种交易数据，与车站 AFC 控制系统进行对账处理。离线状态下，BOM 机除了提供需要的功能外，还要保存本地运行数据的备份，在检测到网络恢复以后，进行数据的上传和续传，并进行数据账目的核对。

（4）自动查询机。

自动查询机简称 TCM 机（Ticket Checking Machine，TCM），安装在非付费区，供乘客自助查询车票信息及有效性，如图 3-12 所示。自动查询机采用触摸屏的操作方式，所显示的乘客服务信息由线路 AFC 控制系统下载，乘客读取过程不修改车票上的任何数据。

图 3-12　自动查询机

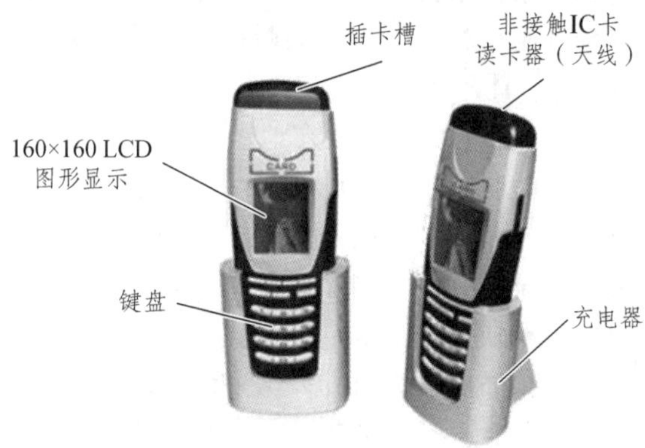

图 3-13　便携式检票机

（5）便携式检票机。

便携式检票机是一种移动设备，具有检票和验票的功能，由车站工作人员随身携带，用来对乘客所持车票进行核查，能方便地在收费区内对有关票卡的有效性进行检验并显示检验结果，为及时解决票务纠纷提供帮助，如图 3-13 所示。

5. 车　票

传统的人工售检票，付费媒介多为纸票。自动售检票系统采用的付费媒介有以下几种模式：偶尔乘坐地铁使用单程票（SJT）；经常乘坐地铁使用智能卡（CSC）；地铁公司员工使用员工卡（Employee CSC）。

单程票由聚酯塑料制成，在自动售票机或人工售票机处发售，由出站检票机回收，可重复使用 2 000 次左右。单程票内部包含如下信息：车票性质、车票发售日期、发售车站、面值、车票编号等。

智能卡尺寸与信用卡尺寸相同。智能卡可在中央人工售票机处购买和充值。其方便之处在于，只要卡内金额大于最小车票金额，即可直接检票进站，省去了购票环节，节省了乘客时间。

三、自动售票机的常用操作

自助购票的基本过程包括购票选择、接收购票资金、自动出票及找零等过程，在必要时还可以打印充值凭证等。自动售票机可接受硬币和纸币购买单程 IC 票卡，具有对“一卡通”卡片或地铁专用储值车票进行充值的功能。

自动售票机是自助型系统设备，城市轨道交通车站内会有部分乘客对该系统的操作不熟练。站务员应熟练掌握自动售票机的购票操作，指引乘客使用自动售票机购票、充值时，协助乘客操作界面实现点选操作。

（一）自动售票机的日常操作

（1）选择线路区域提供了按线路分类的按钮，当乘客点击选择要乘坐的线路时，该线路在地图区域放大，方便乘客快速、准确地点选目的地站。

（2）运营及票卡选择区域可以实现按票价直接购票，对熟悉轨道交通票价的乘客提供了便利。

（3）时间区域能实时显示当前的日期与时间。

（4）功能选择区域提供了供乘客选择或确认的按钮，如中、英文切换按钮和充值操作按钮等，实现相应的功能选择。

（5）信息提示区域主要用于向乘客显示相应情况下的信息。状态区域显示了 TVM 机当前运营状态的信息。

（二）自动售票机的常见故障操作

由于城市轨道交通车站客流量巨大，自动售票机的使用频率高，操作过程中时常会出现一些故障，站务人员应根据要求及时处理，尽快恢复使用。

TVM 发生故障后，TVM 上方设备状态显示屏将显示“暂停服务”“只收硬币”“无纸币找零”“常见故障（包括：纸币找零模块卡币、纸币接收模块卡币、硬币处理模块故障、单程票发售模块卡票）”等。当车站全部自动售票机产生故障时，车站需及时启动设备故障应急预案。

1. 一般处理流程

① 当车站发现或接到全部自动售票机（TVM）故障报告，经客运值班员或值班站长到现场确认后，立即安排给各售票窗口配备预制单程票出售或通过 BOM 出售单程票。

② 在自动售票机（TVM）前设置“暂停服务”标志牌，引导乘客到售票窗口购票，维持好乘客购票秩序。

③ 向票务设备维修部门报障，维修人员到达后派人配合其工作。

④ 当现有窗口售票能力不能满足需要时，及时启用临时售票亭。

⑤ 监控车站各售票窗口的售票速度，当设备仍未修复而预制单程票仅可维持售卖 2 h 时，及时向票务部门申请配发预制单程票。在预制单程票即将售空或售卖预制单程票仍未缓解客流的情况下，上报领导，经批准后开始售卖应急纸票，并上报控制中心行调。

⑥ 故障修复后，撤除“暂停服务”标志牌，引导乘客到自动售票机（TVM）前购票，各岗位恢复正常工作。

2. 有关岗位作业

（1）厅巡岗站务员。

① 发现车站全部自动售票机（TVM）出现故障，立即向车控室或值班站长报告。

② 在自动售票机（TVM）前放置“暂停服务”标志牌。

③ 引导乘客到售票问询处购票，维持好乘客购票秩序。

④ 必要时，根据值班站长的安排，进入售票问询处或临时售票亭售卖预制票。

⑤ 故障修复后，撤除自动售票机（TVM）前的“暂停服务”标志牌和故障告示，引导乘客到自动售票机（TVM）上购票。

（2）票务岗站务员。

① 按值班站长的安排，向乘客出售预制票。

② 向客运值班员报告预制票的售卖及结存情况。

四、自动检票机的常用操作

（一）自动检票机的日常操作

自动检票机的日常操作主要包括：开关机操作、重新启动操作和更换票箱操作。

1. 更换票箱操作

更换自动检票机票箱时，在打开自动检票机的维修门后，按维修面板显示要求输入正确的操作员号（ID）和密码，验证成功登录后，选择运营服务中的更换票箱操作。在更换票箱操作中选择取下票箱，当票箱托盘完全降下后，双手取出票箱。

拆卸票箱的主要操作流程如下：

① 接收来自上位机的票箱更换命令；

② 托盘向下移动；

③ 检测车票的最高位置，当检测到车票的最高位置低于指定的位置时，停止移动托盘；

④ 关上顶盖；

⑤ 打开工作锁（顶盖被锁上）；

⑥ 托盘被固定；

⑦ 拨动开关至“OFF”；

⑧ 托盘移动机构下降；

⑨ 拆卸票箱。

注意：拆卸票箱的工作过程要按顺序进行，在完成当前动作之前不能进入到下一个动作。

2. 安装票箱操作

（1）安装票箱的主要操作流程。

① 利用票箱前面的把手，以水平方向将票箱小心地安装在 ID Connector 上；

② 检测票箱是否安装到位（检查票箱 ID）；

③ 拨动开关到“ON”；

④ 托盘移动机构带动托盘向上移动；

⑤ 检测车票最高位置，当检测到车票最高位置到达指定的位置时，停止移动托盘；

⑥ 锁上工作锁（顶盖锁机构松开）；

⑦ 固定托盘的机构松开，打开顶盖；

⑧ 回收或出售模块初始化；

⑨ 票箱安装完毕后，在维修面板中选择安装票箱，退出维修面板并注销，推进并关好维修门；

⑩ 设备读到不同的票箱 ID 后计数器清零，完成票箱更换工作，随后站务员将换出的票箱运回票务室进行清点。

（2）安装票箱安全注意事项。

① 运营安全。

a. 更换 AG 票箱时，尽量考虑在非运营时间或客流较少的运营时间进行。

b. 更换时注意安放警示标志，隔离闸机，不要让乘客围观。

② 设备安全。

a. 按照规定的操作流程执行，禁止野蛮操作。

b. 卸下和安装票箱时尽量用双手，并避免刮碰到票箱和设备。

③ 人员安全。

a. 采用合适的人力抬举方式，避免伤到自己。

b. 更换票箱时是带电作业，注意不要触电。

3. 自动检票机维护保养

（1）自动检票机内部、外部清扫、检查和测试。

① 擦掉所有灰尘并清洁机架内部，移除任何闸机内部的外来物品。

② 擦洗机箱外部，对内部用吸尘器进行清扫。

③ 检查机架、结构框架以及底座上松动、丢失的螺钉、螺母以及配件。

（2）自动检票机传感器清扫、检查和测试。

① 卸下盖板及树脂盖，用清洁棉布和棉棒对人体检测传感器、高度检测传感器、传感器过滤器进行清洁。

② 打开维修门及中央通道盖，用清洁棉布和棉棒对人体检测传感器、传感器过滤器进行清洁。

③ 通过自动检票机本身测试软件，检查测试各传感器是否工作状态良好。

自动检票机维护保养注意事项：在做各项清扫前一定要将其所涉及的模块断电；清洁传感器时，动作要尽量轻微，不要扭转其所处位置，避免水滴入模块的电路板上，不能使用磨蚀性、酸性、碱性或氯化清洁剂；清洁后，应检查对射传感器是否发射接收正常。

（二）自动检票机的常见故障操作

1. 车站全部出站闸机故障

（1）一般处理流程。

① 当车站发现或接报全部出站闸机无法使用时，立即派客运值班员或值班站长到现场检查确认，并报告相关部门、车站站长。

② 确认后，开启员工通道门让出站乘客出闸，并回收出站乘客手中的单程票，指引持储

值票的乘客到售票问询处处理或告知其可在下次乘车时在任意站处理，做好相关解释工作。

③ 在全部故障出站闸机前设置“暂停服务”标志牌，派人引导乘客从边门出闸。

④ 待故障修复后，撤除“暂停服务”标志牌和隔离带，关闭员工通道门，引导乘客从出站闸机出闸。

（2）有关岗位作业。

① 厅巡岗站务员。

a. 发现车站全部出站闸机出现故障，立即向值班站长报告。

b. 在故障出站闸机前设置“暂停服务”标志牌及隔离带。

c. 协助客运值班员，引导乘客从边门出站，回收乘客的单程票，并做好乘客解释工作。

d. 故障修复后，撤离“暂停服务”标志牌及隔离带，引导乘客从出站闸机出站。

② 售票岗站务员。

a. 办理乘客相关事务。

b. 做好乘客解释工作。

2. 车站全部进站闸机故障

（1）一般处理流程。

① 当车站发现或接报全部进站闸机无法使用时，立即派客运值班员或值班站长到现场检查确认，并报告行调、相关部门、车站站长。

② 确认后，开启员工通道门让持票进站乘客进闸，进行人工检票，并告知乘客在出站时需到售票问询处处理，同时做好乘客相关解释工作。

③ 在全部故障进站闸机前设置“暂停服务”标志牌，派人引导乘客从员工通道门进闸。

④ 待故障修复后，撤除“暂停服务”标志牌和隔离带，关闭员工通道门，引导乘客从进站闸机进闸。

（2）有关岗位作业。

① 厅巡岗站务员。

a. 发现车站全部进站闸机出现故障，立即向值班站长报告。

b. 在故障进站闸机前设置“暂停服务”标志牌及隔离带。

c. 协助客运值班员，引导持票进站乘客从员工通道门进站，进行人工检票，并做好乘客解释工作。

d. 故障修复后，撤离“暂停服务”标志牌及隔离带，引导乘客从进站闸机进闸。

② 票务岗站务员。

a. 办理乘客相关事务。

b. 做好乘客解释工作。

五、半自动售票机的常用操作

（一）半自动售票机的日常操作

为了保证半自动售票机能够长期安全有效地运行，应定期对机器进行维护，在日常维护中应注意以下方面。

（1）触摸显示器保持洁净，没有灰尘或其他异物附着。

（2）出票口不可能有异物遮挡。

（3）不锈钢机壳表面应定期进行清洁，可使用不锈钢保养油。

（5）机器表面防止硬物划伤，保持表面光洁，擦拭时应使用柔软清洁材料。

（6）电源插头应防止氧化、沾污、损毁漏电伤人。

（7）勿折网线，避免接头损伤。

（8）避免硬物撞击售票机。

（二）半自动售票机的常见故障操作

BOM 常见故障为出入输出设备故障、乘客显示屏故障、打印机故障、单程票发卡模块故障等。

1. 一般处理流程

（1）车站 BOM 部分故障时，可引导乘客到车站其他票务中心办理业务。

（2）车站发现和确认全部票务处理机（BOM）故障后，立即在售票窗口设置“暂停服务”标志牌，引导需对储值卡充值的乘客到自动充值机（AVM）上办理充值业务。

（3）派人在各进、出站闸机处看护，当乘客在非付费区时，对无法正常进闸的乘客，引导乘客从边门进站。

（4）当乘客在付费区，无法正常出闸时，填写《乘客事务处理表》，引导乘客从边门出站，并人工回收单程票并汇入当日站存车票。若乘客手持计次票或一卡通余额不足的情况，告知乘客下次乘车时需到任意地铁车站票务中心扣除本次车费。

（5）将故障情况报告票务设备维修部门、轮值监控员和行车调度员、车站站长。

（6）故障修复后，撤除售票窗口“暂停服务”标志牌，关闭车站边门，恢复售票窗口正常工作。

2. 有关岗位作业

（1）票务岗站务员。

① 发现全部票务处理机（BOM）出现故障，无法使用，立即报告值班站长，并设置“暂停服务”标志牌和张贴故障告示。

② 待值班站长或客运值班员确认故障后，根据值班站长的安排，在售票问询处前引导需充值的乘客到自动充值机（AVM）上办理充值业务。

③ 看护售票问询处旁的进、出站闸机，对不能正常进出闸的乘客，开启员工通道门（边门），指引其从员工通道门（边门）进出，同时回收出站乘客的单程票。

④ 在售票问询处窗口张贴告示牌，向前来购票的乘客做好解释工作，告知乘客到 AVM 充值。

⑤ 做好钱票的保护工作。

（2）厅巡岗站务员。

① 引导乘客在 AVM 上进行充值。

② 经值班站长授权后打开边门，安排非付费区无法正常进闸的持票乘客从边门进站；安排付费区无法正常出闸的持票乘客从边门出站，并回收乘客手中的单程票。

任务3　车站屏蔽门系统

城市轨道交通站台屏蔽门作为城市轨道交通的新型设备系统，是一个集建筑、机械、电子、信号、控制、装饰等学科于一体的综合性门系统，安装于地铁、轻轨等交通车站的站台边缘，将轨道与站台候车区隔离，与列车门相对应，可多级控制开启与关闭滑动门的连续屏障，如图3-14所示。

图3-14　站台屏蔽门

一、屏蔽门概述

1. 屏蔽门的功能

（1）保护乘客的安全。

屏蔽门能防止乘客或物品因车站客流拥挤或其他原因落入轨道，从而杜绝因此引发的事故，让乘客安全、舒适地乘坐城市轨道交通出行，使列车也可在安全的环境下行驶，提高了候车乘客及车站工作人员的安全感。

（2）改善站台候车环境。

设置屏蔽门站台，使乘客及站务员可以与通过列车之间保持安全距离，降低列车进站或通过站台时所造成风压，减少列车运行噪声及“活塞风”对站台候车乘客的影响，提高隔音效果，同时也减少隧道中的灰尘等污物进入车站，为乘客提供更加安静、舒适、清洁的候车空间及环境。

（3）增加车站空调及广播利用率。

屏蔽门有效阻隔了站台候车侧与道旁侧，使站内的空调风无法经站台外流至轨道侧，减少站台区与轨道区之间气流的交换，大大降低了空调系统的能耗，增加整个站内空调系统的利用率。同时屏蔽门有较好的隔音效果，能有效增进站内广播系统功能。

（4）减缓火灾的影响。

站台侧或轨道侧发生火灾时，屏蔽门可隔绝火势及浓烟由轨道侵入站台或由站台延烧至道旁，且可延长其两侧相互影响时间，以增加乘客的疏散时间。

（5）其他功能。

屏蔽门可采用一体化的信息、广告显示屏，达到资源的最大利用化，同时对车站整体空间布置进行简化。

总体上说，站台屏蔽门系统在很大程度上提高了乘客的候车安全性，改善了车站的站台环境，并可节约地铁运营成本，提高运营效率。设置了屏蔽门之后，一般情况下只需司机一人操作就可保证安全，站台上无须安排站务人员接发列车、进行监视，从而减少了站台上的工作人员，降低了地铁的管理成本。

2. 屏蔽门的分类

城市轨道交通屏蔽门系统包括全高屏蔽门和半高屏蔽门两种类型。全高屏蔽门的顶箱上方一般装有照明灯带，半高屏蔽门没有装设。灯带照明由车站环境与设备监控系统（BAS）自动控制，不需要站务人员进行开关灯带的操作。门状态指示灯点亮表示屏蔽门处于打开状态，熄灭表示处于关闭状态，闪烁表示屏蔽门处于隔离状态或开、关门过程中。

（1）全高屏蔽门。

全高屏蔽门是一道自上而下的玻璃隔离墙和活动门，如图 3-15 所示，沿着车站站台边缘和两端头设置，能把站台候车区与列车进站停靠区完全隔离。全高屏蔽门又分为全封闭结构和不密封结构两种。

（2）半高屏蔽门。

半高屏蔽门是一道上不封顶的玻璃隔离墙和活动门或不锈钢篱笆门，如图 3-16 所示的屏蔽门主要是起一种隔离的作用，提高站台候车乘客的安全，同时还能起到一定的降噪作用。半高屏蔽门的高度要求不小于 1.2 m，通常高度为 1.2 ~ 1.4 m，安装在站台边缘，将站台区域与轨道区域分隔开来。

图 3-15　全高屏蔽门

图 3-16　半高屏蔽门

其主要的功能和特点如下：

① 可防止乘客拥挤或意外掉下站台或跳轨自杀，以保证乘客的安全；

② 安装简单快捷，与土木建筑工程接口较少；

③ 造价低；

④ 建设周期短。

3. 屏蔽门系统的设计原则

（1）站台屏蔽门要根据列车具体编组形式、停车精度要求、采用的车体类型（A 型车、B 型车）、列车运行速度及当地气候条件（温度、湿度、风压、地震条件）等资料进行综合设计。

（2）站台屏蔽门应设置在车站站台边的有效站台长度范围以内，以有效站台中心线为基准向两端对称布置。

（3）屏蔽门在站台边缘的设置和外形尺寸任何时候不得侵入列车行驶动态包络线，屏蔽门系统的任何构件在轨道侧应满足《地铁限界标准》（CJJ 96—2003）规定的设备限界要求。

（4）车站设置屏蔽门时，安装尺寸应考虑在门体弹性变形状态下，屏蔽门最外突出点至车辆限界间有不小于 25 mm 的安全间隙。

（5）站台屏蔽门的开、关频率满足列车最小行车间隔的要求，每年可连续运行 365 天，无故障使用次数≥100 万次，系统使用寿命不低于 30 年。

（6）满足列车行车要求，符合各种运营模式；方便乘客上下车；故障或灾害运营时能安全疏散乘客。

（7）门体具有足够的机械强度和刚度，能承受乘客对门体的挤压和冲击，及列车活塞风等作用。

（8）具有可靠性、可维护性、可用性和可扩展性，并遵循模块化和冗余设计的原则。

二、站台屏蔽门机械结构

站台屏蔽门系统一般由机械和电气两大部分构成：机械部分主要包括门体结构和门机驱动系统，电气部分包括电源系统、控制系统及监视系统。

门机驱动系统主要由驱动电机、传动装置和锁紧装置三部分组成，其中传动装置常见的有皮带传动和丝杆螺母传动两种形式，后者因其工作可靠性高和低噪声等优点逐渐被广泛使用。门体结构主要由顶箱、门状态指示灯、立柱、门本体、踢脚板、门槛等部分组成。顶箱上可装设一些导向标志，但其主要功能是对内部零件进行密封保护，并采用防电磁干扰措施。从材料选择和密封设计上看，顶箱既能减振，又能有效地屏蔽外界的电磁干扰。

图 3-17 为屏蔽门门体结构，其中站台屏蔽门立柱以及下面的底座是屏蔽门主要承重结构，底座通过绝缘件与站台板进行螺栓连接，既保证牢固可靠，又可以保证屏蔽门系统与站台板地面绝缘隔离。踢脚板采用的是不锈钢材料，主要是用来防止乘客有意或无意地踢脏或踢碎门体玻璃，踢脚板上边高度距地面 150 mm。门槛采用铝合金材料，表面上用一种凸凹结构作防滑处理，位于所有滑动门的下端。

门槛的作用是保护乘客经过时不发生摔倒，同时其与站台板进行绝缘固定，以防止乘客触电。门本体结构是站台屏蔽门机械结构最重要的组成部分，按照结构和功能可分为 4 类。

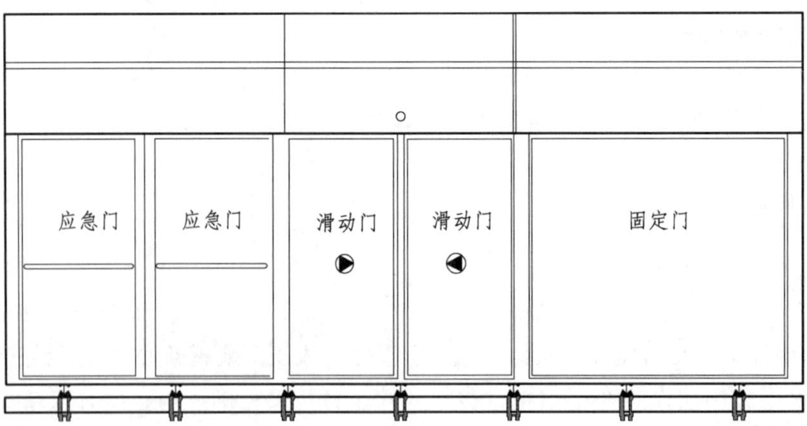

图 3-17　屏蔽门门体结构分类

1. 滑动门 ASD

滑动门的数量应与列车一侧客室门数量一致，位置对应。正常情况下，滑动门的开/关应由门机总承的驱动机构操作，由门控单元（Door Control Unit，DCU）控制，紧急情况下应能实现如下功能：在轨行区侧乘客可操作设置在门扇上的把手，手动进行开门；在车站站台侧车站乘务员可用专门钥匙手动开门。

滑动门一般设有障碍物探测功能，其能探测到的最小障碍物，一般为 5 mm（厚）× 40 mm（宽）的物体。当滑动门关门受阻时，门操作机构能通过探测器检测到有障碍物存在并立即释放关门力，停顿 2 s 后门全开，然后再次关门，若重复关门三次仍不能关闭，滑动门则全开并进行报警，等待工作人员处理。

2. 固定门 FIX

固定门设在双扇滑动门之间。根据滑动门的间距，在满足门本体结构强度、刚度的前提下，以及区边墙侧灯箱广告的可视性及视觉观感的要求，可将固定门进行分块或不分块处理。

3. 应急门 EED

应急疏散门的设置原则为：当列车不能够停在站台正常停车位置时，至少有一道列车客室门对着一道应急疏散门。应急疏散门在轨行区侧，设置乘客手动打开的推杆，可以将门扇推向站台方向旋转 90°平开。

4. 端门 MSD

端门在正常情况下由列车司机或车站站务员手动打开。手动端门上设有手动开门推杆，在站台的乘客区侧手动端门上设有门锁和隐蔽的开门机构。其门扇结构形式为向站台的乘客区侧方向旋转 90°平开。

三、站台屏蔽门控制系统

站台屏蔽门控制系统一般具有系统级控制、站台级控制（含 PSL 控制和紧急模式 IBP 盘的控制）、手动操作共三级控制方式。其中以手动级控制为最高优先级，IBP 盘的控制模式比 PSL 控制模式高，系统级控制为最低优先级。

1. 就地控制盘 PSL 控制

图 3-18 所示为 PSL 控制面板。当 PSL 控制在系统级控制出现故障时，例如信号系统故障或信号系统与中央控制盘开、关门指令界面故障时，由列车司机或站务人员在站台就地控制盘上对滑动门进行开、关门的控制。车站负责人员每天首班车到达前 30 min 要安排人员测试开关屏蔽门，并且在有关检查工作中要求每月定期检查屏蔽门就地控制盘 PSL 运行状态是否良好。

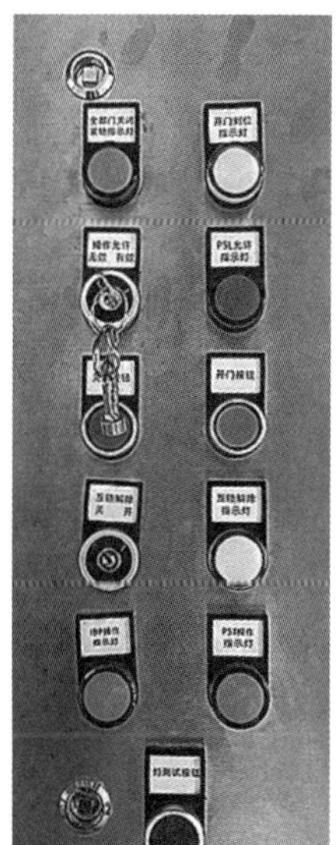

图 3-18　PSL 控制面板

（1）就地控制盘 PSL 盘面。

“全部门关闭紧锁”状态指示灯为绿色，表示所有门单元关闭并锁紧；当某一个 ASD/EED 没有关闭且锁紧，这个绿色的指示灯将不亮。

“开门到位”状态指示灯为红色，表示所有滑动门单元全开到位；当滑动门打开/关闭过程中，指示灯闪烁。

“互锁解除”状态指示灯为红色，当强制执行互锁解除钥匙开关时，这个红色的指示灯将被点亮。转动互锁解除钥匙开关可将“互锁解除”信号送到信号系统，当转动的力释放后，钥匙通过自复位功能自动回到正常位置。

“灯测试”按钮为绿色，使用指示灯测试按钮后，PSL 上所有的指示灯将被点亮，以检测是否有损坏的指示灯。

（2）站台控制盘 PSL 盘操作。

开门操作：列车司机或站务人员将 PSL 开/关门钥匙开关转到开门位发出开门指令，滑动门开始打开，中央控制盘面板、就地控制盘、IBP 盘、整合屏上的所有“关闭锁紧”状态指示熄灭。滑动门完全打开后，PSC 面板“开门指示”状态指示灯点亮。

关门操作：列车司机或站务人员将 PSL 开/关门钥匙开关转到关门位发出关门指令，滑动门开始关闭，当屏蔽门全部关闭且锁紧后，PSC 面板、PSL 盘、IBP 盘所有“关闭锁紧”状态指示灯点亮。

门关闭后无法发车：当滑动门全部关闭后，所有“关闭锁紧”信号丢失或信号系统无法确认屏蔽门是否锁闭而不能发车时，列车司机或站务人员在就地控制盘上对“互锁解除”开关进行互锁解除操作，“互锁解除”状态指示灯点亮。

2. IBP 盘的控制模式

IBP 盘的控制模式是以每侧站台屏蔽门为独立的控制对象，如图 3-19 所示。在车站紧急情况下（如火灾），由车站控制室操作 IBP 盘上的开门按钮，打开滑动门，滑动门完全打开后，PSC 面板、PSL 盘、IBP 盘上的开门指示灯亮。本命令属于紧急状态下的紧急开门命令，优先级高于 PSL 控制和系统级控制。

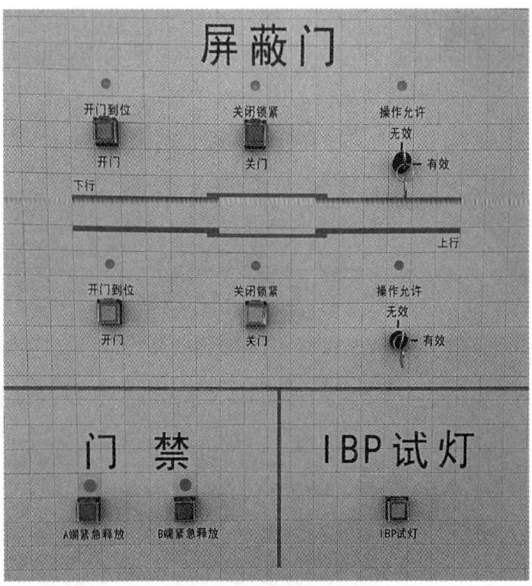

图 3-19　IBP 控制盘

IBP 盘控制盘面上设置有开门按钮、关门按钮、开门到位指示灯、关门锁紧指示灯。开门、关门状态指示灯能实时反映门状态，显示功能与 PSL 的状态指示灯一致。

3. 站台屏蔽门手动级控制

手动操作是指站台工作人员或乘客对屏蔽门进行的手动操作。当系统电源或个别屏蔽门操作机构发生故障时，站台工作人员可在站台侧用钥匙打开屏蔽门，或者乘客在轨道侧操作屏蔽门开门把手打开屏蔽门。此时，PSC 面板、PSL 盘、IBP 盘、整合屏上的所有“关闭锁紧”状态指示灯熄灭。

在维修测试情况下，单扇门就地操作是由维护维保人员使用就地控制盒 LCB 进行操作，其形状如图 3-20 所示，一般设在屏蔽门门框的右上角。每个门单元中无论发生网络通信故障、电源故障、DCU 故障、门机故障以及其他故障时，均可通过就地控制盒 LCB 使此单元隔离，切断电源，从而不影响整个系统的正常工作。

图 3-20　LCB 就地控制盒

就地控制盒 LCB 一般设“自动、就地关门、就地开门、隔离”四位钥匙，钥匙从“就地开门”“就地关门”“自动”“隔离”位均为顺时针旋转，且钥匙只有在自动位时才可取出。

当开关处于“自动”位时，允许门控单元接收中央控制盘的“开门命令”与“关门命令”。

当开关处于“隔离”位时，单个滑动门单元与系统隔离，隔断本单元的电力供应，不影响整个系统的正常工作，便于维修。

当开关处于“就地开门”或“就地关门”位置时，不执行来自中央控制盘的命令。屏蔽门可通过设置在就地控制盒上的“就地开门”或“就地关门”进行操作，此道门的安全回路被旁路。

四、屏蔽门故障应急处理

1. 屏蔽门常见故障

屏蔽门常见故障有以下几类。

（1）单对屏蔽门无法正常打开或关闭。

（2）多对屏蔽门无法正常打开或关闭。

（3）整侧屏蔽门无法正常打开或关闭。

（4）屏蔽门玻璃破裂/破碎。

2. 屏蔽门故障处理原则

（1）发生屏蔽门故障时，要按照“先通车后恢复”的原则进行处理，在保证安全的前提下，确保电客车止点运行。

（2）确保站台乘客人身安全和便于乘客上、下车。

（3）当运营中屏蔽门发生故障时，司机、车站要及时做好广播、现场防护安全措施、引导乘客上下车。

（4）故障屏蔽门修复后，需对相应侧的屏蔽门进行一次开关门试验。

3. 屏蔽门故障应急处理程序

以下分别对常见屏蔽门故障的应急处理操作方法进行介绍。

（1）单对屏蔽门不能正常关闭的车站操作处理程序。

① 车站报告行调、维调，用钥匙现场对故障屏蔽门进行旁路操作。

② 若不能对单对屏蔽门进行旁路操作，现场进行防护，立即派人去端墙门处打“互锁解除”发车。

③ 待乘客上下车完毕安全后，向司机打“好了”信号。

④ 播放站台屏蔽门故障广播，让乘客远离故障屏蔽门。

⑤ 列车离开车站后，在已关闭的故障屏蔽门上张贴“此门故障、暂停使用”告示，加强现场防护。

⑥ 维修人员到达现场后向行调请点，经行调同意后通知维修人员维修，做好现场防护。下趟列车到达前 1 min，通知维修人员停止维修。

⑦ 故障屏蔽门恢复正常后，撤除故障告示，向行调、维调报告。

（2）单对屏蔽门不能正常打开的车站操作处理程序。

① 报告行调、维调，用钥匙现场对故障屏蔽门进行旁路操作。

② 播放站台屏蔽门故障引导广播，站台工作人员引导乘客从开启的屏蔽门上下车。

③ 若不能对故障屏蔽门进行旁路操作影响发车，立即派人去端墙门处打“互锁解除”发车。

③ 待乘客上下车完毕安全后，向司机显示“好了”信号。

④ 列车离开车站后，在已关闭的故障屏蔽门上张贴“此门故障、暂停使用”告示，加强现场防护。

⑤ 维修人员到达现场后向行调请点，经行调同意后通知维修人员维修，做好现场防护，下趟列车到达前 1 min，通知维修人员停止维修。

⑥ 故障屏蔽门恢复正常后，撤除故障告示，向行调、维调报告。

（3）多对屏蔽门不能正常关闭的车站操作处理程序。

① 车站报告行调、维调，若未关闭的故障门较少，根据站台工作人员多少情况，可对所有故障屏蔽门进行就地旁路操作，若未关闭的故障门较多，站台工作人员较少时，派人去打“互锁解除”。

② 确认站台安全后，向司机显示“好了”信号。

③ 播放站台屏蔽门故障广播，让乘客远离故障屏蔽门。

④ 在列车发出后，将开启的故障屏蔽门用钥匙就地级关闭，根据站台工作人员情况及客流情况，可在部分故障屏蔽门旁安排人员手动开关，并将其他故障屏蔽门进行旁路，并张贴“此门故障、暂停使用”的告示，列车到站时必须确保每节车厢至少有一屏蔽门打开。

⑤ 维修人员到达现场后向行调请点，经行调同意后通知维修人员维修，做好现场防护。下趟列车到达前 1 min，通知维修人员停止维修。

⑥ 故障屏蔽门恢复正常后，撤除故障告示，向行调、维调报告。

（4）多对屏蔽门不能正常打开的车站操作处理程序。

① 车站报告行调、维调。

② 值班站长立即组织人员赶往站台协助支援。

③ 车站人员利用屏蔽门钥匙人工就地操作开启屏蔽门，根据列车上及站台客流大小，确保每节车厢对应的屏蔽门至少有一对滑动门开启。

④ 播放站台屏蔽门故障引导广播，站台工作人员引导乘客从开启的屏蔽门上下车。

⑤ 根据故障屏蔽门数量及站台工作人员多少情况，可对所有故障屏蔽门进行就地旁路操

作，若故障门较多，站台工作人员较少时，立即派人去打“互锁解除”发车。

⑥ 确认站台安全后，向司机显示“好了”信号。

⑦ 在列车发出后，根据站台工作人员情况及客流情况，可在部分故障屏蔽门旁安排人员手动开关并将其他故障屏蔽门打至旁路，张贴“此门故障、暂停使用”的告示。列车到站时必须确保每节车厢至少有一对滑动门打开。

⑧ 维修人员到达现场后向行调请点，经行调同意后通知维修人员维修，做好现场防护。下趟列车到达前 1 min，通知维修人员停止维修。

⑨ 故障屏蔽门恢复正常后，撤除故障告示，向行调维调报告。

（5）某侧站台所有屏蔽门不能关闭的车站操作处理程序。

① 车站报告行调、维调。

② 立即派人在端墙门 PSL 盘上打“互锁解除”发车，确认站台安全后，向司机显示“好了”信号，列车发出。

③ 播放站台屏蔽门故障广播，让乘客远离故障屏蔽门，现场工作人员做好宣传指引及防护。

③ 值班站长立即组织人员赶往站台协助支援。

④ 列车离站后，站务人员在 PSL 上再次尝试关门操作。

⑤ 车站根据站台工作人员数量及客流大小可在部分屏蔽门旁安排人员手动开/关，并将其他屏蔽门用钥匙进行旁路操作、张贴“此门故障、暂停使用”的告示。列车到站时必须确保每节车厢至少有一对滑动门打开。

⑥ 维修人员到达现场后向行调请点，经行调同意后通知维修人员维修，做好现场防护。下趟列车到达前 1 min，通知维修人员停止维修。

⑦ 故障屏蔽门恢复正常后，撤除故障告示，向行调、维调报告。

（6）某侧站台所有屏蔽门不能打开的车站操作处理程序。

① 车站报告行调、维调，经行调同意后车控室在 IBP 盘上操作尝试打开屏蔽门。

② 若车控室在 IBP 盘上不能开启屏蔽门后，班站长组织人员采用屏蔽门钥匙人工开启屏蔽门，根据列车及站台客流大小，确保每节车厢对应的屏蔽门至少有一对滑动门开启。

③ 播放站台屏蔽门故障引导广播，站台工作人员引导乘客从开启的屏蔽门上下车。

④ 车控室在 IBP 上将屏蔽门开关钥匙从“开门位”打至“禁止位”，并与司机及站台做好联控。

⑤ 若司机不能正常关闭屏蔽门，站务人员打“互锁解除”发车。

⑥ 确认站台安全后，向司机显示“好了”信号。

⑦ 待列车发出后，车站视客流情况可将已打开的滑动门就地级关闭，确保站台安全。若客流较小时，可不关闭打开的滑动门，现场派人防护确保安全。车站对关闭的故障屏蔽门张贴故障贴纸。列车到站时必须确保每节车厢至少有一对滑动门可以打开。

⑧ 维修人员到达现场后向行调请点，经行调同意后通知维修人员维修，做好现场防护。下趟列车到达前 1 min，通知维修人员停止维修。

⑨ 故障屏蔽门恢复正常后，撤除故障告示，向行调、维调报告。

（7）屏蔽门玻璃破裂/破碎掉落的故障处理。

① 车站立即上报行调、维调。

② 派人至现场做好防护，防止乘客划伤或掉落轨行区。

③ 若滑动门玻璃破裂，车站应将该门打至旁路并将相邻的滑动门打开降低隧道风压，防止隧道风压对破裂的滑动门造成影响；若固定门玻璃破裂将相邻的滑动门打开泄隧道风压，防止隧道风压对破裂的滑动门造成影响；若端墙门玻璃破裂，车站应将端墙门打开，安排专人防护。

④ 若屏蔽门玻璃破裂未掉落下来，用封箱胶纸将整张玻璃张贴，防止突然爆裂。

⑤ 若门玻璃已破碎应马上进行清理同时防止玻璃碎片掉入轨行区。

⑥ 乘客上下车做好现场人工引导。

⑦ 列车准备出站时站务人员应确认站台安全后显示“好了”信号指示司机动车。

⑧ 维修人员到达现场后向行调请点，经行调同意后通知维修人员维修，做好现场防护，下趟列车到达前 1 min，通知维修人员停止维修。

⑨ 故障屏蔽门恢复正常后，撤除故障告示，向行调、维调报告。

五、列车车门/屏蔽门夹人夹物

对设有站台屏蔽门的车站，当发生列车车门或屏蔽门夹人夹物事件，有关岗位的作业如下。

1. 站台岗站务员

（1）发现列车车门/屏蔽门夹人夹物，按动紧急停车按钮，向驾驶员显示“停车手”信号。

（2）立即报告车控室和值班站长，并赶赴现场查看有关情况。

（3）示意驾驶员重新打开车门/屏蔽门，通知不到时，报告车控室。

（4）将人或物撤出后，向车控室报告，并向驾驶员显示“好了”信号。

（5）值班站长到场后，协助调查处理。

2. 行车值班员

（1）接到报告后，向行调汇报。

（2）利用有关设备观察现场情况。

（3）需要时，通知地铁公安到场协助。

（4）将人或物撤出后，取消紧停，恢复正常运作。

3. 值班站长

（1）赶赴现场，调查事故原因。

（2）如发生客伤事故，按《客伤处理程序》办理。

（3）如是乘客抢上抢下所致，应寻找目击证人，并记录详细资料。

（4）事件处理完毕，将有关情况通报行调。

4. 列车司机

（1）接到报告或观察到夹人夹物后，应重新打开车门和屏蔽门。

（2）凭站台保安“好了”信号关门动车。

5. 行车调度员

（1）接到报告后，通知驾驶员重新将车门和屏蔽门打开。

（2）事件处理完毕后，了解有关情况向相关人员通报。

任务4　车站暖通空调系统

城市轨道交通暖通空调系统，是指对车站站厅、站台、隧道、设备及管理用房等场所的环境进行空气处理的系统，主要是调节指定区域内的空气温度、湿度、空气流速和空气品质等主要因素，以此来创造一个适用于地铁设备正常运转、人员安全舒适的人工环境。

地铁暖通空调系统的工作过程是：空气处理设备集中在环控机房内（部分设备房有风机盘管进行空气处理），冷源也集中在一起（冷冻站），处理后的空气用风道进行分送；同时车站通过不同形式的风机、不同功能的风阀和遍布各处的风道进行正常的送风、排风以及危险时刻的排烟等工作，完成整个系统的运转。

暖通空调系统（见图3-21）是负责暖气、通风机空气调节的系统或设备，主要包括供暖系统、通风系统（见图3-22）和空调系统。

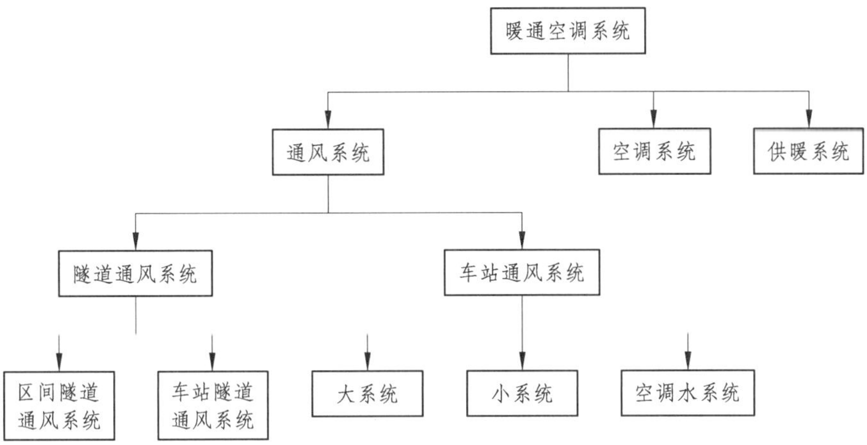

图3-21　暖通空调系统组成

图3-22　通风系统

一、暖通空调系统的特点与功能

1. 特　点

城市轨道交通地下环境具有以下特点。

（1）地铁的车站和区间隧道除出入口（地面线和高架线除外）等极少部位与外界相沟通外，基本上与外界隔绝，受外界气象条件的影响较小，长年不见阳光，通风条件差，粉尘多，人员密集，只有人工气候才能保证优质的环境。

（2）列车各种设备的运行和乘客都将释放大量的热量，如不及时排除，将使本站和区间温度上升。同时，随着客流量的不同，内热源强度也随之变化，环境调控难度较大。

（3）列车运行引起的活塞风，是隧道内通风换气的主要动力，但是，这种活塞风的局部与瞬间空气流速较大，会干扰车站气流组织，易导致乘客感觉不适。

（4）当发生事故时，尤其是发生火灾事故时，将导致环境恶化，不易救援。

2. 功　能

面对地下车站如此复杂的环境特点，暖通空调系统的功能如下。

（1）在列车正常运行时，排除余热余温，暖通空调系统提供人员所需的新风量，为乘客和工作人员提供一个适宜的人工环境，满足站内各种设备正常运转所需要的温度、湿度要求。

（2）列车阻塞在区间隧道时，向阻塞区间提供一定的通风量，保证列车空调等设备正常工作，维持车厢内乘客在短时间内能接受的环境条件。

（3）当发生火灾事故时，提供迅速有效的排烟手段，给乘客和消防人员提供足够的新鲜空气，并形成一定的迎面风速，引导乘客安全迅速地撤离。

车站通风空调系统的设计目标为：站厅温度比室外空气计算温度低 2 ~ 3 °C 且不高于 30 °C，相对湿度为 45% ~ 65%；站台温度比站厅低 1 ~ 2 °C，相对湿度为 45% ~ 65%；区间隧道夏季温度不高于 40 °C。

二、暖通空调系统分类

随着工程技术和科技手段的不断进步，地铁车站暖通空调系统也出现不同的类型，一般分为开式系统、闭式系统和屏蔽门式 3 种系统。

1. 开式系统

开式系统是应用机械或“活塞效应”的方法使轨道内部与外界交换空气，利用外界空气冷却车站和隧道，主要表现形式有活塞效应、机械通风。

活塞效应：当列车的正面和隧道的断面面积之比大于 0.4 时，由于列车在隧道中高速行驶，如同活塞作用，使列车正面的空气受压，形成正压，列车后面的空气稀薄，形成负压，由此产生空气流动。利用这种原理通风，称之为活塞效应通风。

活塞通风主要在隧道顶上设风口。此种设计效果较好，但由于设置许多活塞风井在大多数城市很难实现，因此完全“活塞通风系统”应用日益减少，多与机械通风协作形成联合系统。

机械通风：当活塞通风不能满足地铁释放余热与余温的要求时，要使用机械通风系统。一般情况下，可在车站两端与区间隧道分别设置通风装置，建立独立的通风系统。车站通风一般为横向的送排风系统：区间隧道一般为纵向的送排风系统。这些系统应同时具备排烟功能，区间隧道较长时，宜在区间隧道中部设中间风井。

如果把车站和隧道比喻成一个大厨房，全活塞效应通风系统只是在这个大厨房的顶端加了大量的“窗户”或“烟囱”完成“油烟”的排出，而机械通风则是在“烟囱”部分装有专业的“抽烟机”，以保证快速换气。显而易见，车站暖通空调系统，没有了“抽烟机”是无法完成快速换气的。

2. 闭式系统

闭式系统基本与外界隔绝，仅供给满足乘客所需的新鲜空气量，不额外引入外界空气。站内采用空调系统，借助“活塞效应”的活塞风进行区间隧道冷却。

3. 屏蔽门式系统

屏蔽门式系统指在车站的站台与行车隧道间安装屏蔽门，将车站分隔开，并分别独立安装空调系统和隧道用通风系统。

安装屏蔽门后，车站基本不受区间隧道行车活塞风的影响，车站的空调冷负荷只需计算车站本身设备，乘客、广告、照明等发热体的散热及区间隧道与车站间通过屏蔽门的传热和屏蔽门开启时的对流换热。此时安装屏蔽门式系统的车站空调冷负荷仅为闭式系统的 22% ~ 28%，且减少了行车噪声对车站的干扰，不仅使车站环境较安静、舒适，也使旅客更为安全。

三、通风空调系统的组成

通风空调系统即城市轨道交通的内部空气环境控制系统，简称环控系统，采用通风和空调系统进行控制。通风空调系统应保证其内部空气环境的空气质量、温度、湿度、气流组成、气流速度和噪声等均能满足人员的生理及心理条件要求和设备正常运转的需要。

1. 中央空调系统

中央空调系统由冷热源系统和空气调节系统组成，其中的制冷系统是中央空调系统至关重要的部分，其采用种类、运行方式、结构形式等直接影响了中央空调系统在运行中的经济性、高效性、合理性。

（1）制冷原理。

液体汽化制冷是利用液体汽化时吸热、冷凝时的放热效应来实现制冷。液体汽化形成蒸汽，当液体（制冷工质）处在密闭的容器中时，此容器中除了液体及液体本身所产生的蒸汽外，不存在其他任何气体，液体和蒸汽将在某一压力下达到平衡，此时的气体称为饱和蒸汽，压力称为饱和压力，温度称为饱和温度。平衡时液体不再汽化，这时如果将一部分蒸汽从容器中抽走，液体必然要继续汽化产生一部分蒸汽来维持这一平衡。液体汽化时要吸收热量，此热量称为汽化潜热。汽化潜热来自被冷却对象，使被冷却对象变冷。为了使这一过程连续进行，就必须从容器中不断地抽走蒸汽，并使其凝结成液体后再回到容器中去。制冷工质将在低温、低压下蒸发，产生冷效应；并在常温、高压下冷凝，向周围环境或冷却介质放出热量。蒸汽在常温、高压下冷凝后变为高压液体，还需要将其压力降低到蒸发压力后才能进入容器。液体汽化制冷循环是由工质汽化、蒸汽升压、高压蒸汽冷凝、高压液体降压四个过程组成。

（2）制热原理。

压缩机吸入低压气体经过压缩机压缩变成高温高压气体，高温气体通过换热器把水温提高，同时高温气体会冷凝变成液体。液体再进入蒸发器进行蒸发变成低压低温气体，低温气体再次被压缩机吸入进行压缩。就这样循环下去，空调侧循环水就变成 45 ~ 55 °C 左右的热水了。热水经过管道送到需要采暖的房间，房间安装有风机盘管把热水和空气进行热交换实现制热目的。

2. 通风系统

目前，我国城轨通风系统一般采用屏蔽门式系统或闭式系统。屏蔽门式将车站暖通空调分成两个独立区间，分别为：车站通风空调系统与隧道通风系统，主要由车站大系统、车站小系统、隧道通风系统、车站空调水系统 4 大部分组成。

（1）车站大系统。

车站大系统主要由分设于车站两端的站厅新风机、站台新风机、站厅空调新风机、站台空调新风机、站厅回风排烟风机、站厅组合式空调机组及相应的各种风阀、防火阀等设备组成。其作用是通过空调或机械通风来排出车站公共区的余热、余温，为乘客创造一个舒适的乘车环境，并在发生火灾时通过机械排风进行排烟，便于乘客撤离和消防人员灭火。

车站大系统的主要设备一般集中、对称地分布在车站站厅两端的环控机房内。机房内一般分别设置两台组合式空调机组，两台机组对应的回风、排烟风机和排烟机，以及多台新风机和各种风阀。这些设备通过风道与车站衔接，将风送进、送出。

车站大系统与外界接通的新风机提供的新风经过过滤、湿度调节、冷却、风力调节降风压后送到站台或者站厅，以满足对地铁环境的要求。不同车站的规模，各风机及空调机组的数量和安排方式虽略有不同，但车站大系统的设备的基本原理相同。混合风室可以根据环境的不同需要进行有效调节。

例如，当发生火灾时，只接收新风，不接收回风，并且全面排风排烟。当火灾发生时，最重要的是及时排烟，此时空调大系统要进入排烟模式，具体的操作及其原理如下。

站台层发生火灾时，停止车站冷水系统，控制风管相关风阀的开、闭，向站厅层送风，停止向站台层送风，站台层进入排烟状态（高速排烟），使得站台层对站厅层形成负气压，阻止烟雾向站厅层蔓延，并形成了楼梯或扶梯通道的逃生气流通道。

站厅层发生火灾时，停止车站冷水系统，控制风管的相关风阀开、闭，向站台层送风，停止向站厅层送风，站厅层进入排烟状态，使得站厅层对地面、站台层形成负气压，阻止烟雾向站台层蔓延，形成地面楼梯通道的逃生气流通道。

暖通空调设备安置于环控机房中的原因是：环控系统是一个庞大的综合性的地铁环境与设备监控系统，既包括对风、水等的环境控制，也包括整个车站机电设备的监视与控制。

（2）车站小系统。

车站小系统主要包括为车站的设备及管理用房服务的轴流风机、离心风机、柜式、吊挂式空调机组及各种风阀，其作用是通过对各用房的温度、湿度等环境条件的控制，为工作人员提供一个舒适的工作环境，为各种设备提供正常运行的环境。在火灾发生时，通过机械排风方式进行排烟。在气体灭火的用房内关闭送、排风管进行密闭灭火。

（3）隧道通风系统。

隧道通风系统分为区间隧道机械通风系统（兼排烟）和车站隧道通风系统 2 个部分：前者的主要设备有隧道风机（TVF 风机）、推力风机、射流风机及相关电动风阀；后者的主要设备有轨道排风机、电动风阀和防火阀。其作用是通过机械送、排风或列车活塞风作用排出区间隧道内余热、余温，保证列车和隧道内设备的正常运行。在不同的情况下，隧道通风系统需通过调节各设备实现不同的功能。

例如：在每天清晨运营前半小时打开隧道风机，进行冷却，既可以利用早晨外界清新的冷空气对地铁进行换气和冷却，又能检查设备并及时维修，确保能投入使用。又如：在列车由于各种原因停留在区间隧道内、乘客滞留在列车中时，顺列车运行方向进行送、排机械通风，冷却列车空调冷凝器等，使车内乘客仍有舒适的旅行环境。再如：当发生火灾的列车无法行驶到车站而被迫停在隧道内时，应立即启动风机进行排烟降温；隧道一端的隧道风机向火灾地点输送新鲜空气，另一端的隧道通风机从隧道排烟，以引导乘客向着气流方向撤离事故现场，引导消防人员顺着气流方向进行灭火和抢救工作。

（4）车站空调水系统。

空调制冷是通过制冷剂的状态变化（气态→液态：放热；液态→气态：吸热）将一个地方（蒸发器周围）的热量带到另一个地方（冷凝器周围）。其中4个必要组成部分分别为：压缩机、冷凝器、节流（膨胀）装置、蒸发器。

具体来说，气态的制冷剂先经过压缩机的高压压缩，再经过冷凝器的冷凝彻底转变为液态的制冷剂，在此过程中释放能量；再经由膨胀阀的降压和蒸发器的热量吸收转变为气态的制冷剂，在此过程中吸收外界的能量。

车站空调水系统的作用是为车站内空调系统制造冷源并将其供给车站大、小系统，同时将热量通过冷却水系统送出车站，主要由冷水机组、水泵、冷却塔、组合式空调机组、风机盘管、水阀与管路等设备组成。空调水系统主要包括冷冻水系统和冷却水系统两大系统。

① 空调冷冻水系统：由车站冷冻站为空调大系统和小系统提供循环冷冻水的系统。冷冻水系统的水量随负荷的变化而变化。为避免能源浪费或不足，多用变水量系统，可在需要时及时补充或减少冷冻水量。

② 空调冷却水系统：该系统主要设备为冷却塔和冷却水泵。其中冷却塔就近设在室外通风良好处，便于及时冷却已被加热的空调水。循环冷却水通过冷却塔进行降温处理，用于冷却冷水机组冷凝器和压缩机，水质不受污染。

气态的制冷剂经压缩机加压后到冷凝器进行放热冷凝，将热量释放给冷却水，从而变为液态的制冷剂；液态的制冷剂经膨胀阀减压后到蒸发器当中吸收冷冻水的热量，从而变为气态的制冷剂；以上两个步骤循环完成制冷循环。

在此过程中，冷却水吸收了制冷剂的热量，失去冷却的功能后，被抽到车站上方的冷却塔中进行冷却，冷却完成后循环工作；冷冻水的热量被制冷剂吸走变成有制冷效果的水，送到组合式空调机组以及风机盘管等设备内部，以冷却混合风，送到站台、站厅以及设备用房。

四、空调通风系统设备构成

地铁车站空调通风系统各个设备分别起着各自的作用，共同实现暖通空调系统的功能。其中风道与风机主要是通风类的设备，而其他设备主要是空调制冷的设备。

1. 风　道

风道是暖通空调系统中联通各个部分的重要构件，一端连接着风阀风机，一端连接风口，将合适的风送到或排除。风道一般采用金属、非金属薄板或其他材料制作而成。

2. 其他部件

风道部件指通风、空调风道系统中的各类风口、阀门、排气罩、风帽、检查门和测定孔等。

地铁采用的消声器一般设计安装在通风机的送风口和排风口。一般采用吸声式消声器，当声波通过消声器时，能被吸收，达到减弱噪声的作用。

通风机是用于输送气体的机械，在地铁车站当中，大部分房间采用机械进风排风，而机械排风就需要通过通风机来完成。

3. 风机盘管

城市轨道交通车站中的设备管理用房或综控室等场所均设置可室内调节的空调形式，此种形式需要在管理用房内设备风机盘管装置。经处理的新风通过新风送风道送到房间，室内的风通过回风口与送入的新风混合再经过风机盘管处理，达到要求后再送入房间，这样不断的循环，达到房间的使用要求。风机盘管空调系统由风机盘管、新风机组、送风管道以及控制阀门等组成，其中风机盘管、新风机组常称为末端设备。

五、车站空调通风控制

正常条件下，空调通风设备可通过就地级、车站级、中央级三级控制和自动控制系统进行监控，实现设备集中监控和科学管理，提高综合自动化精度。通过运行不同模式，满足不同场合对设备的运行要求，做到安全、合理。空调通风设备的三种控制方式中，就地级控制的优先级别最高。

1. 中央级控制

中央级控制装置设在控制中心 OCC，配置有中央级工作站和全线隧道通风系统及车站暖通空调系统中央模拟显示屏。OCC 工作站可对隧道通风系统进行监控，执行隧道通风系统预定的运行模式或向车站下达大、小系统和水系统各种模式指令，主要功能如下：

① 可实现对全线通风空调系统、冷水机系统、隧道通风系统的监视、控制；

② 能自动显示并记录全线通风空调设备的运行状况和设备累积运行时间；

③ 能实时反映车站温度、湿度等数据；

④ 通过自动控制系统与防灾报警系统在中央级的接口，能接收报警信息并触发暖通空调系统的灾害模式，命令暖通空调设备按灾害模式运行；

⑤ 通过自动控制系统与信号系统的接口，接收区间堵车信息，并对相应区间运行强制通风模式。

2. 车站级控制

车站级控制装置设在各车站车控室，配置车站级工作站和紧急控制盘，可以向中央控制传达本站设备信息，并执行中央级控制下达的各项运行指令。在中央级控制工作站的授权下，车站级工作站可以作为本车站的消防指挥中心。当车站工作站出现故障时，紧急控制盘可以执行中央级工作站下达的所有防灾模式指令。具体功能如下：

① 在正常情况下可监视和控制本站的隧道通风系统、空调大系统、小系统及空调水系统；

② 能使本站暖通空调设备按预定的模式运行，根据负荷变化，自动确定优化，运行节能模式；

③ 当火灾时，可接收报警信息，并通过自动控制系统实现车站进入灾害模式，控制暖通空调设备按灾害模式运行。

在某站的紧急控制盘 IBP，当发生特殊情况时，用钥匙从左下角钥匙孔由“自动”旋转至“手动”，可以对隧道进行紧急送风、排风操作。当列车阻塞时，按动黄色的“阻塞模式”按钮进入阻塞模式，对站台、站厅的设备房进行紧急排风与喷洒等作业。

站台、站厅的不同通道设有“紧急通风”按钮，待操作完毕，按动“系统恢复”按钮，并将钥匙调至“自动”状态即可。特别是装有气体灭火剂的设备房，当发生火灾时不能进行排烟等操作且需要完成气体灭火剂的喷洒才能灭火。

3. 就地级控制

就地级控制设置在各车站的环控电控室，具有对单台暖通空调设备就地控制的功能。单台暖通空调设备同时设有就地控制箱，便于各种设备调试、检查和维修。组合式空调机组就地控制盘各按钮分别具有各自的功能，如右门开、左侧电机关等，维护人员可以进行简单操作后实现设备的维护和检修操作。

任务 5　城市轨道交通应急设备认知

城市轨道交通的地铁列车是在封闭状态下运营的，作为大型载客交通工具，因设备故障、人为破坏、不可抗力等原因，均可能发生突发事件。为能保证紧急情况下乘客的人身安全，在列车和车站都设置有相应的安全设备，当出现紧急情况时，乘客可以通过安全设备进行报警和自救。

一、列车安全应急设备

1. 紧急报警器

安装位置：每节车厢安装有 2～3 个“紧急报警器”，如图 3-23 所示，其间隔分布在部分车门的旁边。

使用时机：当车厢内发生人员伤害、火警等紧急情况，需要通知列车司机时使用。

使用方法：打开红色保护盖，按下红色报警按钮，呼叫指示灯闪烁，待通话指示灯点亮，即可与列车司机通话报警。

部分城市地铁车厢还设置紧急求助按钮，如图 3-24，其只具备报警功能，不能与司机通话，在紧急情况下打开小窗，按下按钮，司机会通知前方车站工作人员到对应位置等候，列车停靠站台后上车处理或救助。

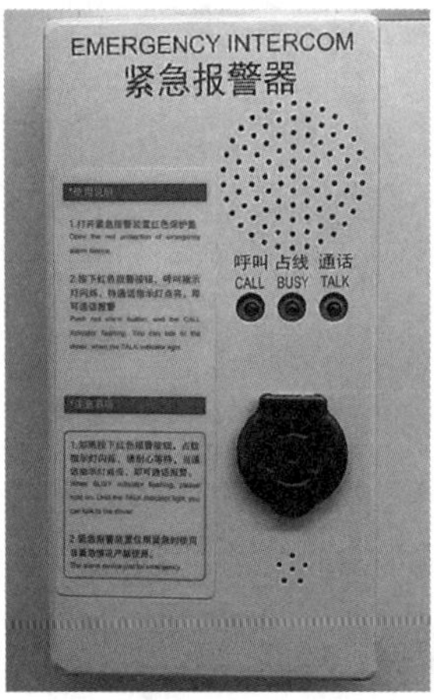

图 3-23　紧急报警器

图 3-24　紧急求助按钮

2. 紧急开门装置

安装位置：每个车门侧边均安装有一个“紧急开门装置”，如图 3-25 所示。

使用时机：当车厢内发生紧急情况，需要人工打开车门时使用。

使用方法：紧急时打碎面罩，旋转红色手柄至请求位，车停稳 10 秒后，继续旋转手柄至解锁位，用双手向两侧拉开车门。

3. 灭火器

（1）安装位置：每节车厢设有 2 个灭火器，放置于座椅下方，如图 3-26 所示。

（2）使用时机：当车厢内发生火警紧急情况，需使用灭火器灭火时使用。

（3）使用方法：解开两个皮带，拿出灭火器，拉开安全环按下压把，对准火焰根部灭火。

图 3-25 紧急开门装置

图 3-26 车厢灭火器

4. 司机室通道门紧急手柄

（1）安装位置：列车两端客室至司机室通道门上方均安装有一个“紧急疏散通道手柄”。

（2）使用时机：当车厢内发生紧急情况，必须从司机室疏散时使用。

（3）使用方法：紧急时拉下罩板，逆时针旋转红色手柄，同时用手推开通道门。

5. 逃生装置

（1）安装位置：列车两端司机室前窗中间。

（2）使用时机：当车厢内发生紧急情况，必须通过司机室疏散时使用。

（3）使用方法：旋转梯盖的两个手柄将梯盖解锁拉出移到旁边；旋转红色手柄将梯子松开，并取出梯子；旋转窗前的红色手柄于垂直位后，将梯子放下。如图 3-27 所示为列车紧急疏散梯，通过梯子疏散时不要拥挤，一个接一个从梯子疏散到地面。

图 3-27 列车紧急疏散梯

二、车站安全应急设备

车站安全应急设备分为：火灾紧急报警器、自动扶梯紧停装置、紧急停车按钮、屏蔽门紧急开关、屏蔽门应急门 5 类。其安装位置和数量均根据不同的城市轨道交通系统建设的要求而有所不同，但各类应急设备的启用时机相同，就是必须在发生危及行车安全或人身安全时的紧急情况时使用。

1. 火灾紧急报警器

每个车站的站台端墙上都安装有“火灾手动报警器”，如图 3-28 所示，当人工确认火灾发生后按下按钮上的有机玻璃片，可向火灾报警控制器发出信号。

2. 自动扶梯紧停装置

车站内所有自动扶梯两端都安装有“紧急停机”装置，如图 3-29 所示，发生紧急情况时，按压红色按钮即可使自动扶梯紧急停止运行。

图 3-28　火灾报警器

图 3-29　自动扶梯紧停装置

3. 车站站台紧急停车按钮

紧急情况下按压紧急停车按钮，列车将紧急停止。每侧站台墙上各设 2 个“紧急停车按钮”，如图 3-30 所示。发生紧急情况时，击碎塑料保护罩，按下按钮即可。

图 3-30　紧急停车按钮

三、车站应急备品

1. 呼吸器

车站定期组织员工演练，掌握呼吸器的使用方法，定期进行检查保证气瓶压力在规定允许使用的范围。压力不足时及时向安全管理部门报告，及时联系充气，确保突发情况时能够正常使用。

2. 逃生面具

车站所有职工必须掌握逃生面具使用方法。车站每岗一副随岗配发，随岗交接。各岗位人员负责定期检查逃生面具真空包装的完好情况，有不符合标准的及时报运营公司安全管理部门。

3. 应急灯

应急灯要指定专人保管，建立使用及充电登记台账。车站要定期检查应急灯的性能，确保做到随取随用。

4. 担　架

担架统一放置于车站备品间内，指定专人保管。

5. 存尸袋

存尸袋统一放置于车站备品间内，指定专人保管。

6. 便携式扶梯

便携式扶梯统一放置于站台备品房间内，指定专人保管。

四、灭火设备

1. 灭火器

灭火器是一种轻便的灭火器材是扑救初起火灾最常见的灭火设备。灭火器种类较多，在城市轨道交通范围内使用的主要有干粉灭火器、二氧化碳灭火器泡沫灭火器三种。

2. 消火栓给水系统

城市轨道交通消火栓给水系统主要由消防水泵、消防水管、室内消火栓箱（包括水带、水枪、消防软管卷盘）和室外消火栓、消防水泵、消防水泵控制器等组成。

3. 火灾自动报警系统

火灾自动报警系统是为了及早发现通报火灾，以便及时采取措施扑灭火灾而设置于建筑物内的一种自动消防设施。

通常，城市轨道交通每一条线的火灾自动报警系统以环网方式将各车站的报警控制器构成一个整体的网络，在控制中心能对全线报警系统实行监控管理，随时掌握全线动态情况。在其管辖范围内，对火灾状况进行监测报警和实施有关消防操作。

复习思考题

一、单选题

1. 相交接的轨道交通线 AFC 系统间可进行信息交换，实现单程票在付费区内直接换乘，这体现的是 AFC 系统的（　　）。

A. 开放性　　B. 可扩充性　　C. 成熟性　　D. 先进性

2. AFC 系统运行在各个车站的计算机网络管理系统称为（　　）。

A. ACC　　B. LCC　　C. SC　　D. CC

3. 以下属于屏蔽门的功能的是（　　）。

A. 保护乘客安全　　B. 改善站台候车环境

C. 减缓火灾的影响　　D. 以上都是

4. 在门本体结构中应设置（　　），不带动力，在特殊情况下使乘客能在轨行区侧手动打开逃生。

A. 滑动门　　B. 固定门　　C. 端门　　D. 应急门

5. 在站台屏蔽门控制等级中，最高级为（　　）。

A. 系统级　　B. 站台级　　C. 手动级　　D. 以上都不对

二、判断题

1. 自动扶梯与电梯相比，输送能力相对较小。（　　）

2. 在乘客使用自动扶梯出现异常状况时，站务员必须第一时间直接按压紧急停止按钮，保护乘客安全。（　　）

3. 城市轨道交通的 AFC 系统通常采用分级集中式架构。（　　）

4. 双向检票机既可完成进站检票也可完成出站检票，在非收费区和收费区可分别按照出站和进站的处理规则完成检票功能。（　　）

5. 闭式系统是应用机械或“活塞效应”的方法使轨道内部与外界交换空气，利用外界空气冷却车站和隧道。（　　）

三、简答题

1. 简述电梯停在平层区域，但不能自动开门时的故障处理流程。

2. 简述车站计算机系统（SC）的组成。

3. 简述屏蔽门的三级控制原理。

4. 简述城市轨道交通安全应急设备。

项目三在线答题

项目四　城市轨道交通票务管理

【项目描述】

城市轨道交通票务系统是轨道运营企业为乘客提供快捷、优惠的出行，有效进行票务收益管理，合理配置运营系统（运营设备、运营模式）资源而建立的一套满足城市轨道交通票务管理需求的系统。自动售检票系统是票务系统中的实现手段之一，能有效提高城市轨道交通票务系统的管理水平和效益。车站票务设备是城市轨道交通运营管理的重要设备，车站AFC系统的正常运作，必须对相关人员的使用行为进行规范。城轨交通票务系统的业务管理主要包括票卡管理、票款管理、设备备品管理、规则管理及信息管理等。

【学习目标】

（1）了解城市轨道交通票务系统的特点和结构。
（2）理解自动售检票系统与票务系统的关系。
（3）了解城市轨道交通车票的发展历程。
（4）掌握城市轨道交通车票的类别及使用场合。
（5）掌握城市轨道交通车票运作流程及车票政策。
（6）了解城市轨道交通车票的管理原则。
（7）掌握城市轨道交通车票的保管规定及交接规定。
（8）掌握城市轨道交通各种票务终端设备的功能及管理。
（9）掌握城市轨道交通现金管理、交接规定及收益管理。
（10）了解城市轨道交通票务事务案例。

【能力目标】

（1）能够识别城市轨道交通票务设备的功能，能够熟练票务设备的日常管理巡查。
（2）熟知城市轨道交通车票管理规则，能够熟练完成车站车票管理作业。
（3）熟知城市轨道交通现金管理规则，能够熟练完成车站现金管理作业及交接作业。
（4）能够熟练处理车站乘客票务事务。

任务 1　城市轨道交通票务概述

一、城市轨道交通票务系统

城市轨道交通是承载城市客运的主干交通体系，它能有效解决大客流、远距离、快速准点等城市交通难点，提供“畅达、安全、舒适、清洁”的交通服务，具有人性化、捷运化、信息化和生态化等基本特征。乘客乘坐城市轨道交通需要持车票进入车站乘车，围绕车票所开展的各项管理事务统称为票务。

城市轨道交通票务系统主要是制定票价等运营策略，对车票制作、车票出售、进站检票、出站检票和补票、罚款等营收信息进行有效管理。随着系统功能外延的不断扩展，城市轨道交通票务系统也承担起对运营状况进行监控管理的职责。合理的票务机制能有效地培育客流和提高运营效益。

在城市轨道交通网络中，城市轨道交通票务系统是城市轨道交通票务收入和结算的基础，只有通过安全、可靠和完备的自动售检票系统才能有效地实施票务的结算和清分。

城市轨道交通票务管理系统的业务具有以下优点：

（1）有利于提升城市轨道交通行业的社会形象和服务区域形象。

（2）有利于提高运营管理水平，保障票务收益。

（3）有利于落实管理责任，保证交易数据和票务信息的安全。

（4）有利于简化操作，方便出行，提高乘客的出行效率。

（5）有利于提供准确的客流及票务统计分析数据。

（6）有利于减少现金交易、人工记账及统计工作，提高准确率和效率。

二、自动售检票系统与票务系统的关系

城市轨道交通票务管理系统是自动售检票系统的必要环境和基础，自动售检票系统是票务系统的实现手段之一，能有效提高票务系统的管理水平和效益。AFC 系统和票务管理系统的对应关系具体表现在客流、票制、统计与结算、车票处理等方面。

（1）客流：AFC 系统可根据交易信息为决策或规则提供客流信息。

（2）票制：AFC 系统根据票务政策的计费原则和计费方法进行售票、检票和统计。

（3）统计与结算：票务系统中客流与营收数据是依据 AFC 系统中的交易数据形成的。

（4）车票处理：票务系统中车票的使用是通过 AFC 终端设备实现的。

任务 2　城市轨道交通车票

票卡是乘客乘坐城市轨道交通的车票，用于记载乘客出行和费用信息，是一种有价凭证，是整个城市轨道交通自动售检票系统的信息源头。票卡信息的正确有效能确保票务系统的正常运作，保障城市轨道交通运营的顺利开展，为乘客提供优质的出行服务。

一、车票的发展历程

从城市轨道交通的发展来看，车票的演变大致可分为 3 个阶段。

1. 人工售检票阶段

城市轨道交通发展初期，采用人工售检票方式，纸质车票，车票单一。常见的纸质车票有普通纸票和条形码纸票，如图 4-1 所示。普通纸票采用印刷技术，将车票的所有信息直接印在车票上，由人工进行检查确认。条形码纸票采用条形码编码形式存储车票的相关信息，可以使用条形码识读器识别信息，但不能改写信息。

图 4-1　普通纸票和条形码纸票

2. AFC 系统初期阶段

AFC 系统初期引进阶段，改变了原来票价单一的形式，采用计程、计时票价制。车票的媒介从纸质车票演变为磁卡，如图 4-2 所示。

磁卡车票包括塑质磁卡车票和纸质磁卡车票，两者都有磁记录区域，可用磁卡读写设备获取相关信息，并可进行修改。

图 4-2　塑质磁卡车票

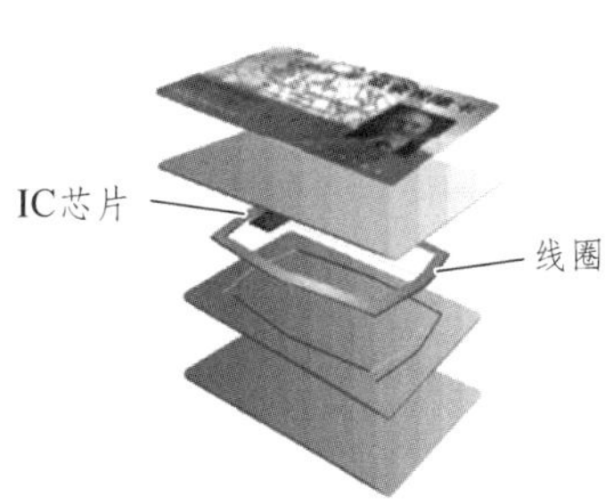

图 4-3　非接触式智能卡结构

3. AFC 系统网络化阶段

AFC 系统从单一线路运营进入多线路成网的运营模式，采用计程、计时票价制，可实行付费区内直接换乘和多元收益方的精细清分、车票媒介采用非接触式 IC 卡。系统能实现“一票通”换乘并兼容公共交通卡、手机钱包，与其他公交系统能实现“一卡通”结算。

非接触式智能卡（smart car 或 integrated circuit），如图 4-3 所示，是将车票的所有信息储存在车票的集成电路中，再将相关电路封装在智能卡内，采用射频技术，通过收发天线与读写设备进行信息交换的智能卡，与读写设备不需直接接触。

非接触式智能卡按需要可封装为薄卡型、筹码型（token）或其他形状（异型卡）。

（1）薄卡型：标准卡为国际统一尺寸是 85.5 mm × 54 mm × 0.76 mm，如图 4-4 所示。

（2）筹码型：筹码型车票是将集成电路及天线嵌装在直径为 30 mm、厚度为 2.0 mm 的非金属材料圆盘内，俗称 Token，如图 4-5 所示。薄卡型和筹码型车票的优缺点见表 4-1。

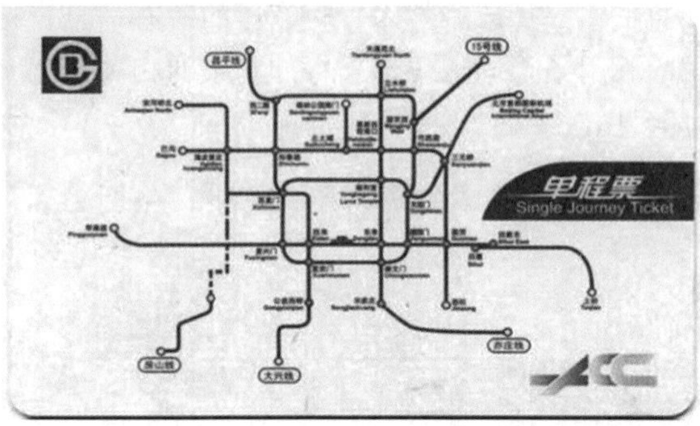

图 4-4　薄卡型非接触式智能卡

图 4-5　筹码型非接触式智能卡

表 4-1　薄卡型和筹码型车票的优缺点比较

	优　点	缺　点
薄卡型	票卡容易携带，比较符合一般乘客的使用习惯； 车票上的图案类型不限，还可以发行纪念票； 车票可刻印物理编号，方便识别	票卡需要依靠专门的传输装置，终端设备的结构及维护比较复杂； 车票重复使用时磨损严重，降低使用寿命
筹码型	车票的处理装置结构较为简单，维护工作量也小； 车票坚固，损耗率小	车票尺寸太小容易丢失； 卡面狭小，不易印刷广告和发行纪念卡

二、车票分类

城市轨道交通系统使用的车票类型主要有单程票、应急票、纪念票、储值票、员工票、测试票等。但按照票卡使用性质，AFC 系统中一般将车票分为单程票、储值票、许可票 3 大类。

（一）单程票

单程票指在出售时被赋予一次乘车金额，可以在地铁网络内使用一次，出站时被出站闸机回收的车票，为地铁专用车票。自动售票机和半自动售票机均可以出售单程票。单程票在发售当天进站有效，当实际里程票价小于购票金额时，不返还车票差额；当实际里程票价大于购票金额时，乘客需补票才能出站。通常单程票又分为普通单程票、应急单程票、优惠单程票和纪念单程票。

1. 普通单程票

普通单程票是乘客在地铁站厅内的自动售票机或半自动售票机购买，使用现金或移动支付工具支付，出票时被写入购票金额、购票时间等信息的车票。一般情况下单程票只在购票车站当日运营时间内有效，乘客持票在所购地铁车站进入，乘坐车票金额以内的车程，出站时由出站闸机回收。

2. 应急单程票

应急单程票有两类使用方式：一类是预先对一定数量车票进行预赋值，而后在特定情况下由工作人员人工发售，此类应急票的使用方法和普通单程票相同；另一类是在突发大客流进站时，售票能力不足的情况下将车票进行应急专业编码，进站时，将车票发放给乘客，当乘客到达目的车站出站时，根据乘坐情况进行补票。

3. 优惠单程票

优惠单程票是根据条件给予一定折扣和优惠的车票，如儿童票、老年票、批量购买等。

4. 纪念单程票

轨道交通企业在特殊节日或发生特殊事件时会发行供乘客一次乘车使用的具有纪念意义的单程票，即纪念单程票。乘客持纪念单程票乘车时只能乘坐车费以内的车程，出站时车票不回收，由乘客保留收藏，如图 4-6 所示。

图 4-6　纪念单程票

各类单程车票的使用方法、使用条件限制及回收方式均有所不同，详见表 4-2。

表 4-2　各类单程票的对比

类型	当天	限时	限距	出站回收
普通单程票	√	√	√	√
应急单程票	×	√	√	√
优惠单程票	√	√	√	√
纪念单程票	×	√	×	×

（二）储值票

储值票是指由城市轨道交通企业发行的储值票（包括储值纪念票）：乘客持该车票可以乘坐规定金额的车次。乘客乘坐地铁时，直接在进站闸机上刷卡进站，由出站闸机在储值票上扣值出站，出站不回收。储值单程票按使用功能的不同可分为以下几种：

（1）普通储值票：储值票中使用最多最广泛的一种车票，可反复充值使用，如福州的榕城一卡通。

（2）计次票（包括计次纪念票）：为轨道交通企业发行的地铁专用车票，乘客持该车票可以乘坐规定次数的车次。乘客乘坐地铁时，直接在进站闸机上刷卡进站，由出站闸机在计次票上扣次出站，每次乘车里程不限。

（3）优惠储值票：与优惠单程票一样，根据需要给予一定优惠的储值票、老年卡、学生卡等，可反复充值使用。

（三）许可票

许可票是一种不同于单程票和储值票的特殊票种，由运营公司针对某些群体的特殊要求，赋予特定的使用许可的一种车票。许可票一般包括员工票、测试票、出站票、车站工作票等。

（1）员工票：城轨运营公司内部员工记名使用的票卡，AFC 系统可根据员工工作需要，设置员工的使用权限。

（2）测试票：用于新票的测试或对设备的测试，由维护人员在维护模式下测试时使用。

（3）出站票：由半自动售/补票机发售，用于乘客在付费区补票出站。仅限发售出站票的车站当日出站时使用。

（4）车站工作票：由车站工作人员持有，仅限指定车站使用，不检查进出站次序。

三、车票的运作流程

票卡是自动售检票系统中不可缺少的信息载体和交互媒介。票卡管理是指对票卡采购、循环使用以及回收、报废等整个过程进行有效管理。一个完整的票务管理过程应包括票卡采购、票卡初始化、票卡发放、票卡销售、检票、票卡回收、结算、票卡报废及整个的运营分析等过程，同时包括售票、补票、充值、黑名单及其相关的特殊操作等。

（一）车票采购

轨道交通企业正常运营后，由票务车间根据车票使用情况，提前拟定车票采购计划，报物资部门实施采购。车票到货后操作员做入票库登记，并录入车票库存管理系统。

（二）票卡初始化

在所有车票投入使用前，必须由编码分拣机对车票进行初始化处理。只有经过初始化后的车票，才可以分发至各车站进行发售。在初始化时，操作员针对不同类型的车票设置系统参数及系统应用数据来进行初始化编码。

（三）车票配送

1. 配送管理方法

（1）票务中心、站务中心负责对车站各类车票库存数量的日常监控与管理工作。车站每日填写《车站车票库存日报》上报票务中心，票务中心汇总后将《车站车票库存日报》分别发送至客运部和站务中心。

（2）票务中心票卡组每日审核车站上交的《车站车票库存日报》中的车票数量，当车票低于《车站车票保有量一览表》最低保有量时，票务中心票卡配送组次日将车票配送到车站。

（3）遇节假日等大客流时，票务中心应按照《车站车票保有量一览表（节假日大客流用量）》中的车票数量按规定时间提前将车票配送到车站，保证车站车票数量不低于《车站车票保有量一览表（节假日大客流用量）》中用量要求。

（4）严禁车站私自进行站间车票调配。

（5）票务中心每旬根据《车站其他物品最低保有量一览表》中的物品数量于次旬 3 日（不含节假日）内进行配送补充。

2. 车票配送管理安全规定

（1）车票出库须经布袋封装，封条上须注明加封内容（车票类型与数量）、加封人、加封日期，严禁拆开封条。

（2）车票配送途中，一律放在封条完好的布袋内。

（3）车票配送过程中，应有相对固定的人员。

（4）配送途中，严禁办理私事或与票务无关的业务。

3. 配票作业过程

（1）车票的配送需经过车票库存管理系统，并做好台账登记。

（2）票卡组根据需要制定配票计划表，在中央车票库存管理系统中进行记录后，配送至车站。

（3）配送员与客运值班员办理车票交接，做好登记签字确认，客运值班员还需在车站车票库存管理系统进行输入。

（4）从车站设备中取出的票箱也需在车站票库管理系统中登记。

（5）在库存管理系统实施前，车票的配送需做到台账登记。

（6）票务中心根据《车票配送实施办法》相关内容，为全线各车站配送单程票。

（四）票卡的赋值发售

初始化后的票卡必须经过赋值处理才能够正常使用。对票卡的赋值可由编码/分拣机执行或由车站内的自动售票机、半自动售票机在票卡出售时进行。对车票进行赋值时，必须对车票进行有效性检查，再将赋值信息写入车票，但不能修改票卡的初始化数据。对不同类型车票的赋值数据由系统参数来确定。

（五）票卡车站循环使用

票卡通过发售/赋值后就可以投入使用。所有票卡的详细使用记录最终需要保存在中央计算机系统，以便对票卡使用情况进行统计和分析。票卡的每次详细使用记录至少包括票卡类别、票卡编号、交易类型、票卡交易序号、交易时间、交易设备编号、上次交易时间、上次使用设备、交易金额、票卡余值等信息。

（1）车票通过 TVM 或 BOM 出售，同时写入“出售记录”（包括发售时间、发售车站站点、车票赋值/余额等信息）。

（2）车票通过进站检票机检票，在进站检票机处写入“进站记录”（如进站时间、进站站点、进站标志等）信息。

（3）车票经过出站检票机检票，对不同类型车票做不同的出站处理，如对储值票将在出站检票机处写入“出站记录”，并扣除一次乘车费用；如对单程票等回收票卡，通过检票机回收时同时清除票卡中上一次的发售、进站、出站、车票赋值等运营信息。

（4）经出站检票机回收的车票，可直接送往 TVM 进行出售。

对普通票卡检验遵循一进一出的次序，即先有一次进站再发生一次出站，如果乘客在进站时未经检票（或标识不清），或在出站时未经检票，就会造成因进出站次序不匹配而导致票卡的暂时性无效，通常需要由半自动售票机来完成更新。

（六）票卡的更新

在半自动售票机对票卡进行分析后，若为进出站次序错误、超时、超程等无效原因，则可对票卡进行更新处理。中央计算机系统分别设定进/出站码更新的时间和车站限制、进/出站码更新的费用、超时更新的费用、超程更新的计费方式、收费方式、更新次数等。

（七）票卡的增值

储值票可通过票务处理机或自动增值机进行增值。中央计算机系统可设置增值的金额限制、允许增值的票卡类型、增值优惠等。

（八）票卡的退换

在乘客要求退票时，可通过半自动售票机办理退款业务。

（九）票卡的回收

出站检票机可根据预先的设置，对单程票进行自动回收。

1. 可使用单程票的回收

票务中心票卡组每日审核车站上交的《车站车票库存日报》中的车票数量，当车票高于《车站车票保有量一览表》最高保有量时，票务中心票卡组制定车票回收计划到车站回收车票。同时车站应将超出部分的单程票封装，等待票务中心票卡组回收。

车票的回收应做好台账登记，车票配送员与客运值班员办理车票交接，对车票种类、数量进行签字确认。

2. 废票回收

票务车间根据票务管理规定对车站废票进行回收。与乘客事务处理相关的废票（不包括

BOM 正常退款单程票）、BOM 产生的废票，由车站每天随票务报表一起上交票务车间，其他废票由票务车间定期回收。

（十）票卡注销

票务中心对回收的废票进行分析并在相关部门监督下进行注销，删除 AFC 数据库中票卡的编号，或将这些注销票卡信息置进已销票卡数据库中。对无法分析和使用到期的票卡进行销毁，其余经注销的票卡重新进行初始化后再循环使用。

四、车票的票务政策

票务系统涉及多部门、多环节，要确保这些部门和环节有效协作、高效联动，就必须依托一套科学、严密的规则和流程。票务政策（规则管理）就是为确保系统规范运作而制定出的一系列规则和流程并加以实施，包括票制、票价、乘车时限、乘车限制、超程处理、结算规则、权限管理和操作流程等。

（一）票价制式

1. 基本票价制式

目前，在城市轨道交通行业采用的基本票价制式主要有单一票价制和计程票价制，两种票制的优缺点如表 4-3 所示。

（1）单一票价制。

单一票价制是指不论乘客乘坐里程长短或站点数多少都实行一种价格的票价制度。早期的城市轨道交通主要采用单一票价制定价。

（2）计程票价制。

计程票价制又分按区间分段计价和按里程计价两种。

① 区间分段计价：是指按乘客乘坐的车站区间数量实行多级票价，根据设定的基本起步价、起价区间、每个计价段所包含的区间数、每一计价段价格等进行票价的计算。

天津地铁规定：起步票价为乘坐 5 站 4 区间内 2 元；10 站 9 区间 3 元；16 站 15 区间 4 元；16 站 15 区间以上 5 元。天津地铁 1、2、3 号线正式票价为“分段计程票价”，全程票价每人每张 5 元。

② 里程分段计价：是指按乘客乘坐的运营里程长短实行多级票价，根据设定的基本起步价、起价里程、每个计价段所包含的里程数、每一计价段价格等进行票价的计算。

福州地铁实行里程分段计价。起步价：5 km（含）2 元；里程价：超过 5 km 后，5 ~ 15 km（含），按每 5 km 加收 1 元计价（不足 5 km 按 5 km 计价）；15 ~ 29 km（含），按每 7 km 加收 1 元计价（不足 7 km 按 7 km 计价）；29 km 以上，按每 9 km 加收 1 元计价（不足 9 km 按 9 km 计价）。

成都地铁采用里程计价制。起价 2 元可乘坐 4 km，3 元可乘坐 8 km，4 元可乘坐 12 km，5 元可乘坐 18 km，6 元可乘坐 24 km，7 元可乘坐 32 km，8 元可乘坐 40 km，9 元可乘坐 50 km，10 元可乘坐 70 km，后续每增加 1 元可多乘坐 20 km，以此类推。线网最高单程票票价为 12 元。乘客单次乘车在地铁站付费区内可以停留的最长时间为 240 min。

表 4-3　单一票价制与计程票价制优缺点

	单一票价制	计程票价制	
		按区间分段计价	按里程分段计价
优点	票制单一，易于管理和操作，服务人员相对较少	考虑了长、短途客流的需求，票价相对合理	充分考虑长、短途客流的不同需求，适用于有较大差异的站间距的线网
缺点	长、短途客流费用支出不合理，无法充分体现企业的经济效益	不适用于有较大差异的站间距线网	管理难度较大，对自动售检票系统提出更高要求

2. 辅助票价制式

辅助票价制式主要有计时票价制和计次票价制。

（1）计时票价制。

计时票价制是按照乘客在轨道交通系统中停留的时间计费的票价制，可用来在不同的时间段实行不同的收费价格。其一般不单独使用，常与计程票价制结合起来使用，即计程计时票价制。

（2）计次票价制。

计次票价制是按照乘客通过轨道交通系统验票口的次数计费的票价制，一般不单独使用，常与计时票价制结合起来用。

（二）车票使用

（1）普通单程票在发售当站、当日使用有效。

（2）预制票在有效期内使用有效。

（3）乘客需持有效车票进、出车站付费区，实行一人一票制，同一名乘客需持同一张车票进、出闸机，保证进站记录与出站记录票卡信息一致（检查储值卡是否 2 人共用，或者 1 人持 2 张卡出站，可通过 BOM 分析使用哪张票卡进站）。

（4）本站进、出闸按相应票种最低票价收取费用。

（5）车票检验遵循一进一出的次序，即先有一次进站再发生一次出站，乘客在进站时未经检票，或在出站时未经检票，就会因进出站次序不匹配而造成车票的暂时性无效，这时需要用 BOM 处理。

（三）乘车限制

为保证车站乘车秩序、环境以及乘客的安全，轨道运营单位往往会对乘客携带的物品做出规定：允许乘客携带一定重量和体积的行李，超过规定重量和尺寸的物品不允许带上车；同时禁止乘客携带易燃易爆、有毒等危险物品入站。

（四）乘车时限

为避免乘客在列车上或车站付费区内长时间逗留，造成不必要的拥塞，城市轨道运营企业往往会对乘客购票入闸至检票出闸的时间进行限制，这就是乘车时限。超过乘车时限，简称滞留超时。时限长短可通过 AFC 系统进行设置。

（五）优惠乘车规定

各城市轨道交通对特殊乘客群体乘车都给予不同程度的优惠，如有些城市对年过七旬的老人实行免费乘车的优惠；对学生发售有折扣的学生票。还有些城市轨道交通实行月票、季票、团体票等票制。对儿童的优惠一般以身高为依据实行不同的票制，如某地铁公司对儿童的乘车规定为：一名成年乘客可以免费带一名身高不足 1.1 m 的儿童乘车，超过一名的按超过人数购成人全票。

（六）免费乘车规定

免费乘车主要针对一些特殊人群，如离休干部、残疾军人、伤残警察、盲人等。不同城市的轨道交通企业对符合免费乘车规定的乘客办理不同乘车方式。

（1）客服中心工作人员查验免费证件，在边门处办理相关乘车登记手续，免费乘车。

（2）客服中心工作人员查验免费证件，对免费乘车人员采用发放福利票的方式进出站。

（3）持本人免费乘车卡乘车。

（七）补票规定

当乘客无票或持过期票、超过票值行程（超程）、超过规定时限（超时）等情况时，需按规定到客服中心补票。无票或持过期票通常按线网最高单程票价补收票款；超程车票需补足超程部分票款后出站；超时通常按线网最高单程票价补票出站。

（八）退票规定

不同的城市轨道交通运营企业能否进行退票及退票时的限制条件各不相同。根据退票的责任不同，可分为乘客责任退票、运营企业责任退票。

1. 乘客责任退票

由于乘客自身原因造成购买单程票后不能及时乘车、储值票存在余额但不再继续使用以及乘客持无效票要求退票，都属于乘客责任退票。

（1）单程票退款：不同城市轨道交通运营企业对于已售的单程票退款有不同规定。例如：福州地铁普通单程票当日出售且无进、出站信息，乘客可在购票站按车票面值办理退票；未使用的有效预制单程票可在任意车站按车票面值办理退票。

成都地铁要求单程票一经售出若不属于城市轨道交通运营企业的责任一律不予退款。

（2）储值票退款：在使用过程中，如若卡内还存有余额，但乘客不再需要储值票，要求退款时，根据情况不同分别办理：储值票未损坏，卡内信息能查询到余额时，填写“退款票处理记录表”，由客值审查确认，把余额和押金退还给乘客。储值票由于持卡人保管不善被损坏时，不可循环使用的车票，押金不退，只退余额。

2. 城市轨道运营企业责任退票

由于城市轨道交通运营企业的原因造成已购买单程票不能及时乘车、储值票存在余额但不再继续使用以及乘客持无效票要求退票，都是属于城市轨道运营企业责任退票。如福州地铁因地铁运营原因导致的退票，乘客可在七日内到任意地铁车站免费办理。

任务 3　城市轨道交通票务业务

车站车票业务管理涉及车票的接收、保管、发售和回收等内容。以下分别从这四方面阐述车票管理的相关规定，车票管理流程如图 4-7 所示。

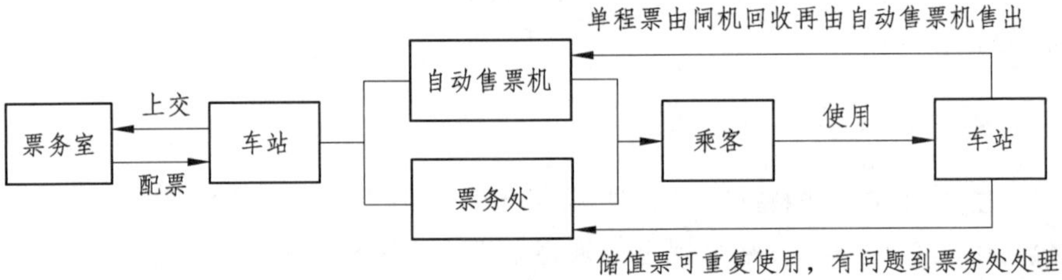

图 4-7　车票管理流程

一、车票管理原则

车票是自动售检票系统票务收益的载体，也是乘客与 AFC 系统的连接载体。因此车票需要进行妥善保管，以保证车票的安全。车票安全管理要点如下：

（1）任何时间，车票只能存放于 AFC 票务室售票问询处、自动售票机、出站闸机等处，除特殊原因外，任何人不可在其他地点放置车票。

（2）车票在运送途中，一律放在上锁的票箱或封闭手推车内。

（3）车票在任何地点存放都要有相应人员负责，一旦丢失、损坏，应依据相关规定追究责任。

（4）在有监控设备条件下，任何车票，在清点、交接时，均需在监控摄像头有效范围内进行。

二、车票的保管规定

1. 普通单程票保管

普通单程票需存放在安全的地方进行保管。车票通常只能存放在票务室、自动售票机和出站闸机设备内。为避免混淆不同性质的单程票，保管单程票应划分不同的区域，一般可分为“上交区”和“循环区”。

（1）循环区车票来源有：车票主管部门配发或调配的普通单程票；车站闸机回收的普通单程票；运营结束后自动售票机票箱结存的普通单程票；运营结束后单程票人工回收箱分拣出的可用单程票等。

（2）上交区车票来源有：自动售票机、票务处理机、单程票清分机等设备产生的废票；运营结束后单程票人工回收箱分拣出的废票、已售单程票、无效单程票；过期预制单程票等。

当保管的车票数量发生变化时，须在相关台账上进行登记或在台账系统录入数据。为确保车票安全，车票的保管区应设立在车站票务室且专用，平时须上锁，钥匙由客运值班员负责，每班要进行交接。

2. 预制单程票保管

预制单程票由车票主管部门制作并配发到各站，以应对大客流情况下的客运组织。与普通单程票不同，预制票已赋值，处在“已售”状态，应等同现金管理。为确保预制单程票的安全，车站应将预制单程票放置在保险柜内保管。存放时要注意以下要点：一是不同价格的预制票不能混放；二是不同有效期的预制单程票不能混放。对于已经过期的预制单程票，则要放在票柜的“上交区”保管。

3. 储值票保管

储值票由于本身的成本较高，其保管和预制单程票一样，需要放入保险柜内存放，由客运值班员负责，每班要进行交接。

4. 车票的安全管理

以某市地铁公司的规定为例。

（1）任何时间，车票只能存放于点钞室、票务处、TVM、BOM、出闸机，除非特殊原因，不得在其他地点放置车票。

（2）对有值车票，均应根据票种归类存放于上锁的专用文件柜或保险柜中；其他车票应按车票类型（闸机回收票、废票等）归类存放于固定的文件柜。

（3）有值车票在运送途中，一律放在上锁的售票盒、票箱或封闭手推车中，由一车站员工负责运送。

（4）保管车票时，注意防折曲、刻划、腐蚀、防水、重压和高温。

5. 车票的加封规定

以某市地铁公司的规定为例。

（1）车票可以根据其种类、性质等需要，使用特制票盒、钱袋或票务专用信封等予以加封，也可以使用封条直接对车票加封。

（2）对车票实施加封时，应两个人一起加封（其中一人须为客运值班员）。加封后，封条上必须注明加封内容（含车票种类、车票数量等）、加封车站、加封人和加封日期。

（3）钱袋加封时，应将钱袋口用封条缠绕扎紧加封。使用票务专用信封加封时，应采用“工”字加封（见图 4-8），放入车票后将信封口封住，再用封条将信封背面的接缝处封住，最后在信封背面封条骑缝处及封面上盖章；使用封条直接对车票加封时，采用“十”字加封法（见图 4-9），将车票整理整齐后用封条进行直接加封。

图 4-8　“工”字加封

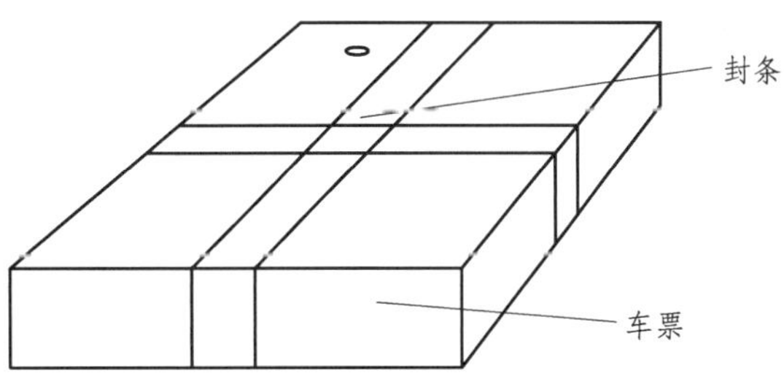

图 4-9　“十”字加封

6. 车票开封、清点原则

以某市地铁公司规定为例。

（1）车站所有车票的开封、清点须由当班客运值班员与车站人员两人共同完成。

（2）对开封后非即时配出的车票，开封人员需及时对清点过的车票按规定由两人加封。

（3）开封后，发现车票数量或信息有误，开封人员需及时报站长或当班值班站长到点钞室确认，并在相关台账或交接本上做好记录，车票封条封存，待站长或值班站长核查清楚后方可使用。

三、车票的交接规定

在实际运营中，配发车票、上交车票、车票站间调配等环节都存在车票交接的情况。交接车票必须进行封装。车站接收人员须依据相应的配票单据当面检查车票包装及封条是否完好，在确认封条与配发单据所写票种、数量一致后在单据上签名，将车票存放在相应的区域，并登记相关台账和进行系统数据录入。

以下为某市地铁公司车票交接规定。

1. 车票交接原则

（1）预赋值储值票。预赋值储值票必须当面清点车票数量，确认车票信息无误后办理签收交接手续。

（2）预赋值单程票。当班客运值班员与车站另一站务员工负责将预赋值单程票用专用点票机进行清点。

（3）编码车票。对已加封的编码车票交接时，接班人确认加封正确完好后凭加封数量交接。

（4）交接时若发现车票数量或信息有误，接班人员应及时报站长或当班值班站长到点钞室确认，并在相关台账或交接本上做好记录，车票按实际数量进行签收。站长或值班站长应及时调查原因，视情况进行处理，同时，将事情经过及时上报车务、票务、稽查等部门。

2. 客运值班员之间的车票交接

（1）接班客运值班员应依据“值班员交接班簿”上的记录与交班客运值班员当面清点点钞室内所有车票、当日的车票上交单、车票配给单，确认无误后进行签收。

（2）接班客运值班员应检查每一包车票封装盒的封口是否完好，若有破封的情况即报站长或值班站长，该包车票严禁使用，等站长或值班站长核查清楚后方可使用。车站需要用票时可另开一包封口完好的车票。

3. 客运值班员与售票员之间的交接

（1）开窗前的车票交接。客运值班员与售票员当面清点和交接车票，确认车票信息后，填写“售票员结算单”的“开窗张数”栏。

（2）结账时的结余车票交接。客运值班员与售票员当面清点和交接车票，确认车票信息后，填写“售票员结算单”的“关窗张数”栏。对于 BOM 不能正常发售的车票，售票员须及时加封，封条上注明 BOM 无法发售，车票的票种、数量、加封人、加封日期。结余车票交当班客运值班员。

（3）结账交接时，经售票员回收的其他种类车票（无效票及乘客事务处理有关的车票），由其本人分类扎好，根据加封的车票数量封票务专用信封或钱袋，注明车票类型、票种、数量、加封车站、加封人和加封日期，由客运值班员根据信封封面的张数与“无效/过期票处理记录表”所填写的张数进行核对，确认无误后随报表上交票务室。

4. 配　票

票务室配给车票，原则上票务室按规定时间为全线各站配票。如某地铁公司规定当班客运值班员负责接收票务室配发的车票。客运值班员在车站 AFC 室依据“车票配给单”当面交接各种车票，确认无误后签名，并在“车站售票/存票日报”和“值班员交接簿”上做好记录。

5. 车票上交

（1）在营业过程中产生的无效车票、与乘客事务处理有关的车票，用票务专用信封“工”字加封与报表同时上交。

（2）指定上交的车票。票务室车票管理组电话通知各车站，说明需回收车票的种类、数量；客运值班员按要求准备车票，并填写“车票上交单”；票务室车票管理组员工依据“车票上交单”清点各车票的数量，确认无误后签收，“车票上交单”第二联留存车站。

（3）其他种类的车票。经售票员回收的其他种类的车票，由本人将车票分类扎好，根据加封的车票数量封放入票务专用信封或钱袋，注明加封内容、加封车站、加封人和加封日期，由客运值班员进行核对，确认无误后，次日连同报表一起上交票务室。

6. 借票及归还

（1）车票仅限于 AFC 专业人员、票务稽查人员、票务审核人员借用，除此以外未经票务室许可，严禁向其他部门或人员借出车票。

（2）当班客运值班员根据借票人员提供的借票情况填写“车票/现金借出记录表”，与借票人员确认车票信息、数量无误后，双方在车票现金借出记录表上签名。

（3）借票人应在当天将车票交还车站（测试出闸机或测试有关设备且需经过出闸机的车票除外，但需在“车票/现金借出记录表”上注明原因）。

（4）借出车票归还时，车票封入票务专用信封，“工”字加封，连同“车票/现金借出记录表”随此报表上交票务室。

（5）AFC 专业人员测试完毕后，必须向票务室提交相关数据。

四、车票的发售规定

车票发售主要包括普通单程票、预制单程票和储值票的发售等。

1. 普通单程票的发售规定

车站正常运营时，普通单程票经自动售票机发售，乘客可自助购买单程票。

2. 预制单程票的发售规定

预制单程票是车票主管部门提前制作并配发到车站，以应对设备故障或大客流时乘客购票困难的问题。预制单程票是属于预售票，在车站售票问询处或临时票亭通过人工进行售卖，它的特点是已赋值，具有较长使用期限，可以在沿线各车站进站乘车。

预制单程票的发售，应具备以下条件：客流较大时，车站站厅等待购票的乘客持续增多，在自动售票机发售和票务处理机售票都无法缓解排队现象。一般情况下，预制单程票发售的原因有：①节假日期间客流较大，已经超出车站设备发售的最大能力；②车站周边组织某类活动，活动结束时导致车站短时间内客流大量增加；③部分或全部自动售票机故障，导致车站设备发售车票的能力下降。

预制单程票发售指令由车站管理人员视具体情况发出。

3. 储值票的发售规定

车站正常运营时，储值票在车站售票问询处发售。目前国内各个城市考虑到储值票成本问题，乘客购买储值票时需要交纳一定的押金。

任务4 城市轨道交通票务设备管理

一、城市轨道交通票务终端设备的日常管理

车站 AFC 设备在日常的使用过程中，车站工作人员应按照设备操作规范和票务运作规则，进行设备的日常巡视与管理。

1. 自动售票机日常巡视管理

自动售票机的正常运营工作需要通过日常巡视来保障。日常巡视工作是在正常运营时间内，通过观察自动售票机的表象来了解自动售票机的运行状态。车站工作人员通过各种指示灯、语音提示和显示器画面等所处的状态和表示的含义来判断自动售票机是否出现异常。出现异常的自动售票机要采取妥当的应急解决思路或方案，合理有效地进行应急处理，尽量减少故障影响范围。自动售票机日常巡视的主要内容包括：

（1）巡视设备是否工作正常及乘客使用情况。

（2）根据设备表象检查确认设备各内部模块之间的连接情况。

（3）跟踪检查设备各指示灯显示情况。

自动售检票机在日常巡视中，还需要特别注意以下内容：

（1）票卡发售模块和纸币模块是自动售票机中容易发生故障的部位，属于平时维护的重点。

（2）判断降级运行的自动售票机是由于人为设置还是由于某些模块故障导致的运行模式降级，如果是模块故障导致的应及时处理。

（3）在巡视过程中发现故障，应及时处理，如当下无法及时处理解决的应及时上报，有条件可以将现场情况照相记录，以便分析。

自动售票机的日常巡视检查工作是每日运营开始和结束必须开展的工作，通常由车站工作人员负责完成。而自动售票机的维修检修工作通常由专业的 AFC 维修检修工作人员来完成，由车站值班员及时上报维修检修工班组。

2. 半自动售票机日常巡视管理

半自动售票机的日常巡视是在正常运行时间内，通过半自动售票机的表象来观察半自动售票机的运行状态。工作人员需要通过各种指示灯、语音提示和显示器画面等所处的状态和表示的含义来判断半自动售票机是否出现异常。对于异常的半自动售票机，采取适当及时的应急解决思路或方案，合理有效地进行应急处理，尽量减少故障影响范围。半自动售票机日常巡视的主要内容包括：

（1）巡视设备是否工作正常及乘客事务处理情况。

（2）持续关注设备各内部模块之间的连接情况。

（3）检查设备各指示灯显示情况。

半自动售票机在日常巡视中，还需要特别注意以下内容：

（1）车票处理模块是半自动售票机中容易发生故障的部位，属于平时巡视的重点。

（2）巡视过程中发现故障，应及时处理；如无法当场处理解决的故障应及时上报，有条件应将现场情况照相记录，以便分析。

与自动售票机的情况类似，半自动售票机的日常巡视检查工作是每日运营开始前和结束后必须开展的工作，通常由客服中心岗站务员来完成。而半自动售票机的维修检修工作通常由专业的 AFC 维修检修工作人员来完成，由客服中心岗站务员上报值班员，再由值班员上报 AFC 设备维修检修工班组。

3. 自动检票机日常巡视管理

自动检票机的日常巡视工作是在正常运行时间内，通过机器表象来观察设备的运行状态。

工作人员可以通过各种指示灯、语音提示和显示器画面等呈现的状态和表示的含义来判断自动检票机是否异常。对于出现异常的自动检票机要采取妥当的应急解决思路或方案，合理有效地进行应急处理，尽量缩小故障影响范围。自动检票机日常巡视的主要内容包括：

（1）设备是否工作正常及乘客使用是否流畅；

（2）设备各模块之间连接有无松动；

（3）设备各个指示灯是否按照正常情况显示；

（4）设备语音提示是否正常；

（5）顶棚向导指示标志与自动检票机通道的实际方向是否一致。

自动检票机的单程票回收模块是自动检票机中非常容易发生故障的部位，因此，也是日常巡视检查的重点。

自动检票机的日常巡视检查工作是每日运营开始前和结束后必须进行的工作，所以通常由车站工作人员来完成。而自动检票机的维修检修工作通常由专业的 AFC 维修检修工作人员来完成，由车站值班员上报 AFC 维修检修工班组。

4. AFC 系统操作员账号管理

在 AFC 系统的设备中，自动售票机、自动检票机、半自动售票机以及自动充值机等都需要车站工作人员进行日常操作与维护。车站人员须经授权后才可操作 AFC 系统的设备。为了保证票卡、现金的安全性和票务作业的规范性，要赋予车站工作人员特定的设备操作权限，即操作员账号及密码。

操作员账号及密码是员工操作 AFC 系统终端设备的唯一身份认证。一般由线路各站区对员工账号实行统一管理、专人负责，建立操作员账号档案。员工账号或密码遗忘时，由具有相应管理权限的人员负责查询。因人员、岗位变动，需增加、撤销或变更员工账号时，站区负责人应向营销部提出书面申请。在接到营销部的调整通知后，及时将操作员账号档案进行更新。

操作员个人负责本人账号及密码的管理，特别要注意严防密码泄露。密码初始设置为统一的公用密码，操作员应根据公司相关规定及时进行密码修改。操作员在对设备进行操作时，必须输入自己的员工账号和密码进行登录，相应的操作结束或者完成作业之后，必须退出登录。一旦在自己的账号登录期间出现工作失误造成损失，将追究账号所属员工的责任。

二、票务工器具管理

车站票务工器具主要包括钱箱、票箱、配票箱、点钞机、验钞机、点币机、售票盒、手推车等。车站票务工器具在车站日常票务工作中使用频繁，保管不慎容易造成损坏或丢失，从而造成财产损失，并给车站正常票务工作带来不便。因此对车站票务工器具应加强管理，管理要求如下：

（1）车站票务工器具要逐级进行管理，明确责任人，各班进行交接。

（2）票务工器具要存放在 AFC 票务室或其他专门位置，以免无关人员接触。

（3）使用票务工器具应轻拿轻放，不可随意摆放，用后要及时放回。

（4）使用票务工器具要严格遵守操作规程，严禁违规操作。

三、票务钥匙管理

票务钥匙指的是票务工作中使用的钥匙，主要指 AFC 系统设备钥匙以及各票务相关部门在保管车票、现金、票据等工作中使用到的非 AFC 系统设备钥匙。

车站票务钥匙包括自动售票机和自动充值机维修门钥匙、闸机维修门钥匙、纸币钱箱钥匙、纸币钱箱到位钥匙、硬币补币箱钥匙、硬币回收箱钥匙、单程票回收箱钥匙、半自动售票机收银钱箱钥匙、车站 AFC 票务室门钥匙、保险柜钥匙及文件柜钥匙等。

AFC 设备钥匙应由车站站长指定人员进行逐级管理，设置专门的“设备钥匙借用/归还登记本”；所有借用钥匙的站务人员或检修人员必须做好相应的记录，详细填写借用时间、借用人员、借用原因和归还时间等内容；钥匙使用后，应立即归还。

任务 5　城市轨道交通票务现金管理

车站的现金主要由两部分组成：一部分是车站的票款，另一部分是用于车站日常票务运作的备用金。车站的现金管理要严格执行财务管理规定，严禁坐支票款、挪用备用金和弄虚作假；票款和备用金要分区管理，避免备用金发生误解行的情况；备用金交接必须双方当面清点和确认。

一、车站现金管理

1. 现金流程

现金流程如图 4-10 所示。

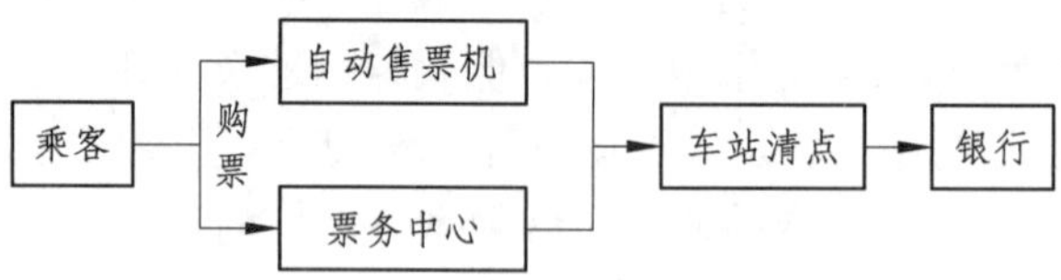

图 4-10　现金流程

2. 现金日常安全管理

车站现金通常要求存放在车站的安全区域，一般现金安全区域主要是指 AFC 票务室、售票问询中心、临时售票处、自动售票机和自动充值机的钱箱中。在现金安全区域内，严禁存放私人的钱和车票，任何无关人员未经车站当班负责人批准不得进入。在售票客服中心和临时售票处，售票员应将现金存放在现金抽屉和配币箱中，避免乘客接触。在有监控设备监控的条件下，涉及现金交接、清点应在监控区域内进行，现金处理完毕，应立即锁入保险柜中。

3. 车站现金的运作管理

（1）TVM 现金的处理。

TVM 的钱箱分纸币钱箱和硬币钱箱。一般由客运值班员负责安排更换 TVM 钱箱。若在运营时间更换钱箱时，须设置“暂停服务”牌。更换完毕，须确认自动售票机已恢复正常服务状态后，撤除“暂停服务”牌，并立即将钱箱送返点钞室。

1）更换钱箱的时机：①SC 提示 TVM 钱箱将满时；②各站结合本站具体情况制定的更换钱箱的固定时间；③本站最后一列载客列车开出后的规定时间内。

2）更换钱箱的注意事项：①更换钱箱的工作必须在车站计算机设置的系统运营结束时间之前全部完成；②每日运营结束后，必须更换所有投入服务的 TVM 的钱箱；③每日实际运营结束后更换钱箱，须将找零钱箱和副找零钱箱内的所有硬币回收至硬币钱箱内；④更换钱箱时需两人进行操作：一人负责具体操作，一人负责更换钱箱操作的监控和安全工作；⑤打开 TVM 维修门及取出钱箱时必须报车控室，车控室通过车站计算机上下达命令后，用员工号和个人密码登录。

3）钱箱的清点。钱箱清点是收益管理的重要环节，应严格把控。钱箱清点要在车站票务室进行；在有监控设备的条件下，所有清点工作都要在摄像头有效的范围内进行；钱箱清点工作至少确保两人在场，并互相监督；钱箱清点和数据录入、台账填写要规范，并按解行的要求进行封存。

由当班客运值班员及另一名车站站务员工两人进行钱箱的清点工作，站务员负责清点，客运值班员负责监督，并填写“钱箱清点报告”的相应部分，纸币钱箱和硬币钱箱需分开并逐清点。在清点过程中，若发现假币、机币等异常情况，需在“钱箱清点报告”的备注栏注明，假币、机币用票务专用信封加封后随报表上交票务室。

4）补充找零硬币。一般由当班客运值班员与值班站长负责找零钱箱的补币工作，由客运值班员负责具体操作，值班站长负责监督和安全工作。

一般补充找零硬币的时机：①每天运营开始前车站需进行找零钱箱的补币工作；②运营期间，当 SC 上显示 TVM 设备找零钱箱将空或厅巡报告 TVM 处于不找零模式时，需及时进行补币。

（2）收到的其他票款。

一般情况下，值班员在收到 AFC 维修人员或厅巡上交的现金（在 TVM 出币/出票口或其他地方拾获）后，必须要求拾获人员在“车站营收日报”上备注并签名。严禁售票员收取 AFC 维修人员或厅巡上交的现金。

（3）备用金。

车站票务运作的备用金主要用于自动售票机找零、乘客兑零、储值票和特殊情况下的退票款以及乘客异常事务退款。备用金的使用范围应严格控制，不得挪用，各站之间不得调拨和借用。车站备用金的保管要指定专人负责，每班进行交接。备用金的使用和借出要有登记备案。

一般地铁公司对备用金的操作如下：

1）备用金的配发：①备用金由财务部门统一配发车站；②车站备用金基本为固定数额，根据每个车站的客流和现金周转情况确定。遇大型节假日，可根据需要增配备用金，节假日结束后归还增配的部分；③备用金的配发和归还方式由财务部门规定。

2）备用金的使用：①配备给售票员，满足当班兑零或找零需要；②补充到 TVM，满足当班兑零需要；③预交给银行，作为与银行兑换硬币的现金。

3）备用金的清点：①与银行兑换的硬币，需两人（其中一人必须为当班值班站长）清点，在确认无误后共同签章加封，若发现异常情况，在相应账册、报表上做好记录；②开封时必须两人（其中一名为客运值班员）确认封条正确完好后，开封共同清点；③清点后若发现金额不符，应立即报站长或值班站长到点钞室。开封人及站长或值班站长在“值班员交接班簿”备注栏签名确认。若无法查明原因，由加封人负责差额；如未执行两人开封清点规定时，由开封人负责差错。

4）备用金的补还：①车站与银行兑零时发生差错由银行负责多退少补，可由财务部门与银行协商采取按次或按月（季）结算、补还；②原则上，车站在运作过程中不会造成备用金的差额，若特殊情况产生备用金差额时，通过报告形式申请财务补还。

（4）票款解行。

车站票款包括自动售票机售票收入、自动充值机储值票充值收入、票务处理机售票收入、临时售票处售票收入等。对于车站的票款收入，要求每日运营结束后进行清点、登记、系统录入、封装和解行。

票款收入一般要求每日按时解行，不得在车站过夜保管。解行方式由各个地铁视情况而定。

解行方式：打包返纳或直接送行。

解行时间；各站结合本站的特点及银行的服务时间，确定解行时间。

解行负责人：一般由车站客运值班员和另名车站员工负责，另一名车站员工负责运送途中的安全。

注意事项：各站所有的隔夜票款、早班 TVM 钱箱收入及 BOM 收入（隔夜票款可视各站情况，尽量在上午解行），必须在每日下午银行停止营业时间前全部解行（直接解行）。为确保安全，车站应将中班票款尽可能多地存入银行，尽量减少留存车站的隔夜票款。

（5）现金借用。原则上，车站的票款和备用金不得借做他用。如有特殊情况需要借用车站现金时，须经票务管理部门和财务部门批准方可借用。

借用现金从车站备用金中支付，借款时由当班客运值班员填写“车票/现金借出记录表”后，借款人签收。

借款人应在经票务管理部门和财务部门要求的期限内归还借用现金，并在“车票/现金借出记录表”做好记录。

当班客运值班员应在“值班员交接簿”上做相应的借还款记录。

“车票/现金借出记录表”随当天报表上交票务室。

二、车站现金交接规定

1. 纸币交接

纸币交接需双方当面清点后签认。交接时若发现数目有误，应及时上报上级主管部门，并调查处理此事。若差额原因无法查明，则所短款项由交班人当场补足。长款随当日票款上交。

2. 硬币交接

硬币交接需双方当面清点后签认。交接已加封的硬币时，接班人确认加封正确完好后可凭加封数目交接。

三、收益管理

1. 伪钞的识别原则与处理程序

车站工作人员应认真学习中国人民银行发布的各版本人民币真伪的识别方法。对乘客交付的现金，均需经过人工及设备的识别，发现伪钞应交还给乘客，请乘客另换一张。对于设备和人工都不能确认真伪的钞票，请乘客另换一张；车站相关人员要严格把关，以谁收取谁补为原则，杜绝伪钞流入。

若员工收取假钞时，原则上实行收取假钞等价赔偿。如有特殊情况，可经票务运作和票务管理部门（如车务、财务、票务和稽查等）专门会议决定。

2. 钱箱运送及回收规定

售检票终端设备中涉及现金交易的自助设备主要有自动充值机和自动售票机。在车站日常票务运作中或运营结束后需要回收设备内的钱箱，以便清点现金和票款解行。设备钱箱主要有自动充值机纸币钱箱、自动售票机纸币钱箱和硬币回收箱。为确保现金安全，操作员在钱箱回收和运输过程中需遵守如下规定：

（1）根据需要准备一定数量的空钱箱，以便回收售检票终端设备内钱箱时作替换用。

（2）回收设备钱箱需两人在场，同时要严格按照设备操作规程的要求进行操作。

（3）回收钱箱要详细填写记录表中的内容包括日期、时间、设备号、钱箱号和经办人签名等。

（4）钱箱从设备上取下要立即放入运营小车中并上锁（如有该功能），并按操作规程要求装上空钱箱。

（5）运营小车应紧跟操作员身边，并避免无关人员接近。

（6）钱箱回收完毕后，设备维修门要及时上锁。

（7）不要粗心大意，确保回收所有钱箱。

（8）将运营小车推回票务室途中要两人进行，并选择安全的路线且任何一人都不可擅自离开。

任务 6　城市轨道交通票务事务处理

城市轨道交通日常票务运作中，对票务违章和票务事故分类及处罚，不同运营单位会有不同的规定和管理办法。其目的是为规范车站的票务操作，减少不必要的差错，杜绝票务违章，确保收益安全。作为票务作业人员应熟知本企业票务事故处理规定，树立正确的票务作业观念，防范票务差错和票务事故发生。

轨道交通乘客票务事务泛指由于车票性能不佳、车票票面值与发售价值不符、车票使用保管过失或 AFC 设备原因等导致乘客的个别行为举措有悖于轨道交通管理条例，从而引发的乘客利益与轨道交通企业利益之间的矛盾和纠纷。

一、一般情况下的票务事务处理

（一）票卡异常的票务事务处理

乘客遇到票卡异常无法顺利进出站，可以到车站客服中心进行处理。由客服中心站务员将票卡放置在半自动售票机读卡器上进行票卡分析，根据票卡分析结果，按照轨道交通运营公司对票务事务处理的规定，对车票进行异常处理。

1. 车票无效

车票无效是指车票在使用过程中，因轨道交通设备原因或乘客自身原因造成车票异常（读卡器无法验出车票内的信息或车票状态信息不正常），无法正常通过进/出闸机，且无法通过半自动售票机进行更新处理的情况。若车票无效情况发生在非付费区，需判断造成车票无效的原因是轨道交通设备原因还是乘客自身的人为原因，若属于乘客自身的人为原因，则回收乘客手中的无效车票，请乘客重新购票乘车；若属于轨道交通设备原因，如自动售票机发售的无效车票，则回收无效车票，按规定办理乘客事务处理单，在半自动售票机上给乘客免费发售一张等值普通单程票（因为自动售票机发售无效票时已收取了相应的车费，所以通过人工在半自动售票机上发售一张等值普通单程票时必须在相应票务报表上做记录）。如果车票无效发生在付费区若属于乘客自身人为原因，则回收无效车票，并请乘客按规定补款后，按规定办理乘客事务处理单，在半自动售票机上发售一张付费出站票供乘客出闸；若属于轨道交通设备原因，则回收无效车票，按规定办理乘客事务处理单，在半自动售票机上给乘客发售一张免费出站票供乘客出闸。

2. 车票超程

车票超程是指按计程票价制计价时，付费区乘客所持车票余额不够支付按标准计算所得的起点站至终点站之间的单程车费，车票不能正常通过出闸机的情况。乘客所持单程票超程时，站务员向乘客收取所欠车费后，在半自动售票机上操作更新车票，乘客持票出站；乘客所持储值票超程时，站务员向乘客收取充值金额，在半自动售票机上对车票进行充值操作后，乘客持票刷卡出站。

3. 车票超时

车票超时是指乘客验票刷卡进入付费区后，因逗留时间过长，导致车票使用时间超过了系统规定的有效乘车时限（为避免乘客在列车上或车站付费区内长时间逗留，造成不必要的拥挤，轨道运营单位往往会对乘客购票入闸至出闸检票的时间进行限制），车票不能正常通过出闸机的情况。乘客所持单程票超时时，站务员向乘客收取超时补款（各地铁公司自行规定）后，在半自动售票机上操作更新车票，乘客持票出站。如某城市地铁公司规定，乘客每次从入闸至出闸的时限为 150 min，超过乘车时限要按最高单程票价 9 元补交超时款。乘客所持储值票超时时，若车票进站日期显示是当天进站，则向乘客收取超时补款后在半自动售票机上操作更新车票，乘客持票刷卡出站；若车票进站日期显示不是当天进站，扣除上次乘车费用（一般是最小车程费）后，输入进站码更新车票，乘客持票刷卡出站。

4. 车票进出次序错误

（1）乘客在非付费区，但车票显示已在进闸机验过票，显示为付费区模式，不能再次验票进站，这种情况一般是由于乘客持票在进闸机验票后未及时进闸所致。所持单程票为“已入站”状态时，站务员在半自动售票机上的非付费区模式下分析车票：若车票上次验票时间与当前时间之差在系统允许的更新时间范围内，则免费对车票进行标志信息更新，改为“未入站”，乘客持票进站；若车票上次验票时间与当前时间之差已超出系统允许的更新时间范围或上次进站不是本站，则按规定回收单程票，请乘客重新购票乘车。若车票上次验票时间与当前时间之差已超出系统允许的更新时间范围或上次进站不是本站，则按规定收取费用并对车票进行标志信息更新，改为“未入站”，乘客持票进站。

（2）乘客在付费区，但所持车票没有进闸记录，显示仍为非付费区模式，车票不能正常通过出闸机，这种情况一般是由于乘客进闸时没有成功验票，与其他乘客一起并闸进站或没有经进闸机验票直接从其他地方进入付费区所致。所持单程票为“已出站”状态时，站务员在半自动售票机上的付费区模式下分析车票：根据分析显示的单程票发售车站名，输入进站码，将标志信息更新为“未出站”，乘客持票出站。所持储值票为“已出站”状态时，站务员在半自动售票机上的付费区模式下分析车票：询问乘客进站的车站，输入进站码，进行标志信息更新，改为“未出站”，乘客持票出站。

（二）AFC 终端设备故障的票务事务处理

因自动售票机、自动检票机异常引起的乘客票务事务，需由客运值班员检查确认，再根据确认结果，由车站客服中心站务员通过半自动售票机进行相应处理。

1. 自动售票机卡币

卡币是指乘客在自动售票机上自助投币购票时，自动售票机会因为设备原因或乘客所投纸币/硬币陈旧、边缘变形、粘有胶带物等原因，导致纸币/硬币被卡在自动售票机的某个部位，自动售票机不再接收纸币/硬币的情况。

乘客到客服中心进行自动售票机卡币处理时，客服中心站务员要先汇报客运值班员。客运值班员首先检查自动售票机投币口是否有纸币/硬币堵塞或显示屏是否显示卡币故障的代码或是否有卡币故障小单，确认是否发生卡币的情况并做相应处理。

（1）如有，客服中心站务员按规定填写“乘客事务处理单”，根据乘客需要在半自动售票机上以多退少补的原则发售同等面值车票或退还相应款额给乘客，同时报专业维修人员进行处理。

（2）如没有，则询问乘客购票情况，如购票设备号、投币金额、购买车票种类、面额、数量和得到车票的数量等、由值班员和另一名车站员工共同打开自动售票机维修门或报维修调度查看自动售票机的最近交易记录，确认是否与乘客所反映的情况一致，并根据查询情况进行处理。

① 若情况与乘客反映一致，则按规定填写“乘客事务处理单”，根据乘客需要在半自动售票机上以多退少补的原则发售同等面值车票或退还相应款额给乘客，同时报专业维修人员进行处理。

② 若自动售票机显示正常且没有与乘客反映情况一致的交易记录，则表示没有发生卡币，向乘客解释，做好服务工作。

2. 自动售票机卡票

卡票是指乘客在自动售票机上自助投币购票时，因自动售票机设备原因或单程票变形、变厚等原因，导致单程票被卡在自动售票机的某个部位，自动售票机自动转入“暂停服务”模式的情况。

乘客到客服中心进行自动售票机卡票处理时，客服中心站务员要先汇报客运值班员。值班员首先检查自动售票机的投币口是否有纸币/硬币堵塞或显示屏是否显示卡票故障的代码或是否有卡票故障小单，确认是否发生卡票的情况并做相应处理。

（1）如有，客服中心站务员按规定填写“乘客事务处理单”，根据乘客需要在半自动售票机上以多退少补的原则发售同等面值车票或退还相应款额给乘客，同时报专业维修人员进行处理。

（2）如没有，则询问乘客购票情况，由值班员和另一名车站员工共同打开自动售票机维修门或报维修调度，查看自动售票机的最近交易记录，确认是否与乘客反映的情况一致，并根据查询情况进行处理。

① 若情况与乘客反映的一致，则按规定填写乘客事务处理单，根据乘客需要在半自动售票机上以多退少补的原则发售同等面值车票或退还相应款额给乘客，同时报专业维修人员进行处理。

② 若自动售票机显示正常且没有与乘客反映情况一致的交易记录，则表示没有发生卡票，向乘客解释，做好服务工作。

3. 自动售票机找零不足或不找零

找零不足或不找零是指乘客投入自动售票机的现金金额大于实际购票金额，因自动售票机自身原因或找零硬币边缘变形、粘有胶带物等原因，导致找零硬币被卡在自动售票机的某个部位，自动售票机停止找零，造成乘客找零金额不够的情况。

乘客到客服中心进行自动售票机找零不足或不找零处理时，客服中心站务员要先汇报客运值班员。值班员首先检查自动售票机显示屏是否显示找零不足故障的代码或是否有找零不足故障小单，确认是否发生找零不足的情况并做相应处理。

（1）如有，按规定填写“乘客事务处理单”，在半自动售票机上退还相应现金给乘客，同时报专业维修人员进行处理。

（2）如没有，则询问乘客购票情况，由值班员和另一名车站员工共同打开自动售票机维修门或报维修调度，查看自动售票机的最近交易记录，确认是否与乘客反映的情况一致，并根据查询情况进行处理。

① 若情况与乘客反映的一致，则按规定填写“乘客事务处理单”，在半自动售票机上退还相应现金给乘客，同时报专业维修人员进行处理。

② 若自动售票机显示正常且没有与乘客反映情况一致的交易记录，则表示没有发生找零不足，向乘客解释，做好服务工作。

4. 自动售票机充值不成功

充值不成功是指乘客在自动售票机上投币充值时，因自动售票机自身原因或其他原因，导致自动售票机收取乘客投入的充值金额后，并不能充进票卡余额（未将充值金额信息写入票卡）的情况。

乘客到客服中心进行自动售票机无法充值时，客服中心站务员要先汇报客运值班员。值班员与值班站长共同打开自动售票机维修门或报维修调度，查看最近交易记录，确认是否有与乘客反映一致的充值交易记录，并根据查询情况进行处理。

（1）如有，在半自动售票机上分析车票，根据情况核实是否确有发生自动售票机已收款但充值不成功的情况。

① 若确有发生，则按规定填报乘客事务处理单，根据乘客需要在半自动售票机上给乘客办理等额充值或退还乘客充值金额。

② 若没有发生，请乘客通过显示屏确认车票充值前后余额，做好解释，将票卡交还乘客。

（2）如没有，则通知专业维修人员到现场进行处理，值班员根据维修人员的判断结果进行事务处理。

5. 出站自动检票机被误用

（1）付费区持单程票的乘客反映闸机被误用时，按规定办理乘客事务处理单后给乘客发售免费出站票，并由值班员以上级别人员确认。

（2）付费区持储值票的乘客反映闸机被误用时，若半自动售票机分析显示车票刚从本站出站，则按规定办理“乘客事务处理单”后给乘客发售免费出站票出站，并由值班员以上级别人员确认。

6. 出站自动检票机吞票

乘客反映自动检票机吞票时由车站人员询问乘客出闸情况，确认乘客出闸闸机是否确实处于暂停服务状态或出闸机显示正常但投票口却有卡票现象。

（1）如有，则按规定填写“乘客事务处理单”，给乘客发售一张免费出站票出站，同时报专业维修人员进行处理。

（2）若闸机显示正常且能接收车票，则向乘客解释说明，给乘客发售付费出站票。

二、突发情况下的票务降级运营处理

自动售检票系统的票务管理模式会根据车站不同的运营状况、条件做出相应运营模式的选择和实施，包括正常运行模式、降级运行模式和紧急放行模式。

通常情况下，自动售检票系统在正常运营模式下自动运行。当轨道交通运营过程中出现列车故障、火灾、电力供应中断等意外故障时，自动售检票系统的中央计算机或车站计算机可以下达命令，将某车站或全部车站的终端设备调整为降级运营模式，配合车站降级运营下的票务组织和客流组织，提高轨道交通降级运营时的处理效率和管理水平。

常见的自动售检票系统降级运营模式一般包括列车故障模式、进出站免检模式、时间免检模式、日期免检模式、超程免检模式、紧急放行模式几类。

故障消除、车站恢复运营后，设备再自动向一级系统报告后进入正常运营模式。车站计算机系统保存相关故障和修复信息，并形成相关报表。根据设置时所采取的方式，可以选择：

① 通过线路中央计算机系统将车站设置为“正常模式”；

② 值班站长及以上人员下令，当班行车值班员在 SC 上设置“正常模式”，然后报告线路中央计算机系统。

（一）列车故障模式

列车运营中出现故障，使得部分车站暂停运营服务。暂停服务的车站根据相关运营规定设置列车故障模式。通过中央计算机系统、车站计算机系统将车站终端设备设置为“列车运营模式”。

“列车故障模式”下的车站进入暂停运营的状态，售票设备不再售票，TVM（AVM）显示“暂停服务”，BOM 自动退到登录界面；进站检票机关闭不再检票，显示“暂停服务”，闸门关闭；出站检票机处于开启状态并且出站不扣费，对单程票等回收类票卡不予回收，允许乘客在规定时间内再次乘车使用。

（1）对车票的处理。

① 本站进站的单程票及乘次票不扣除车费或乘次，单程票不回收，并写入此模式的标志信息。

② 本站进站的其他类型车票不扣除任何费用，并写入出站码和此模式的标志信息。

③ 其他车站进站的单程票及计次票不扣除车费或乘次，单程票不回收，并写入此模式的标志信息。

④ 其他车站进站的其他类型车票不扣除任何费用，并写入出站码和此模式的标志信息。

（2）模式结束后，所有车站的检票机对车票的处理。

① 若单程票或计次票显示列车故障模式信息，并在规定时间段内（系统设置），则允许在任何车站进站使用，出站时根据实际车费进行检查，车费不足应到客服中心进行超程更新处理。

② 储值票等其他车票正常使用和扣费。

（二）进出站免检模式

车站进站检票机出现故障达到一定程度或遇到集中大规模客流进站，进站检票能力严重不足，影响进站检票，形成进站拥挤现象，根据相关规定设置进站免检模式。车站的出站检票设备故障达到一定程度或遇到集中大规模客流出站，出站检票能力严重不足，危及乘客安全时需根据相关规定设置出站免检模式。

为了快速疏散车站聚集的客流，通过中央计算机系统、车站计算机系统将车站终端设备设置为“进出站免检模式”。

（1）对车票的处理。

① 设置此模式的车站，所有进站闸机开放，不检验任何车票。乘客可以直接进站。

② 其他车站或本站出站时，接收到无进站信息的车票，由出站检票机根据清分系统、线路中央计算机下载的设置信息，其进站地点为此次进站车站，并按该免检模式进出扣费，对

余额，不足的车票要到售票/问讯处进行超程更新处理。

③ 若有大于两个车站设置该模式，则出站闸机对所有无进站信息的车票不检查进出站次序，出站闸机按最低车费进行扣费。

④ 当对所有车站的车票实行免检时，对所有车票都不检查进出站次序，储值票将被扣除最短程车费，计次票被扣除一个乘次，单程票不检查车票直接由车站工作人员回收。

（2）车站工作人员客运组织。

车站值班站长安排车站员工打开边门，引导乘客凭票从边门进站，并上报控制中心行调，由行调通知其他车站做好对乘客出站车票更新的准备工作。其他车站安排员工引导持单程票、储值票、一卡通的乘客到客服中心更新车票（按相应情况扣费，若车票超程则按规定收取超程费用后更新车票）；乘客从出站检票机出站，持老人免费卡乘客从边门出站。

（三）时间免检模式

由于城市轨道交通运营企业自身原因，导致列车延误、时钟错误等故障引起持票乘客进站后在系统停留的时间超过系统设定的乘车时间，为了使这部分乘客能正常离开车站而不受影响，车站应通过中央计算机系统、车站计算机系统将终端设备设置为“时间免检模式”。

“时间免检模式”下的车站出站检票机对所有车票不检查车票的进站时间，但检查车票的票值、进站码、日期等，并按正常票价扣费。

（四）日期免检模式

由于轨道交通企业自身原因，导致乘客所持车票过期，车站应根据运营工作需要及相关规定的要求，可通过中央计算机系统、车站计算机系统将车站终端设备设置为“日期免检模式”。

“日期免检模式”模式下的车站出站检票机对所有车票不检查车票上的有效日期（过期的车票可以继续使用），但检查车票的票值、进站码等其他信息，所有车票按正常票价扣费。

（五）超程免检模式

车站因为事故或者故障而关闭，该车站无法停车，导致列车越过该站，从而有部分乘客所持车票可能会出现超程的现象，可根据相关规定的要求，通过中央计算机系统、车站计算机系统将车站终端设备设置为“超程免检模式”。

“超程免检模式”模式下的车站出站检票机不检查车票的余值，但检查车票的进站码、时间、日期等其他信息，对储值票按照最少车费扣费，对计次票扣除一个乘次，对单程票直接回收。

（六）紧急放行模式

当车站或设施发生危及乘客生命安全、需及时疏散乘客出站的紧急情况时，如火灾、爆炸等紧急情况，可通过中央计算机系统、车站计算机系统、车站控制室紧急按钮及检票机本机控制等多种方式将车站终端设备设置为“紧急放行模式”。

“紧急放行模式”下，车站的所有检票机不对车票进行处理，同时检票机扇门全部打开或所有转杆可自由转动、落杆，方便乘客紧急疏散，进站闸机方向显示器显示“不可通行”，出站闸机方向显示器显示“允许通行”，乘客不需要使用车票，可直接快速离开车站。系统将允许这些车票在一段时间内能正常使用。

复习思考题

一、单选题

1. 票卡初始化是由（　　）完成的。

A. TVM　　B. E/S　　C. AGM　　D. BOM

2. 纸票的（　　）部分是地铁车站内部进行收益核算时使用。

A. 存根　　B. 主券　　C. 副券　　D. 主券和副券

3. 目前城市轨道交通运营企业普遍使用的票卡媒介是（　　）。

A. 纸票　　B. 磁卡　　C. 接触式智能卡　　D. 非接触式智能卡

4. 自动检票机的车票处理装置通常需要配置（　　）。

A. 1 个票箱　　B. 2 个票箱和 1 个废票箱

C. 2 个票箱　　D. 1 个废票箱

5. 站务员和客值进行车票和现金交接时，需要填写（　　）。

A.《客值交接班本》　　B.《车站边门使用登记本》

C.《客服中心岗交接记录本》　　D.《客服中心岗结算单》

6. 储值票是指车票内预存有一定资金，在金额足够的情况下可多次使用的车票，每次使用时根据（　　）扣除乘车费用，出站不回收。

A. 进站车站　　B. 出站车站

C. 费率　　D. 票价

7. 应急票一般有两种表现方式：一种是预先对一定数量的普通单程票进行预赋值，由工作人员人工发售，此类应急票的使用方法和（　　）相同。

A. 预制票　　B. 普通单程票

C. 储值票　　D. 纸票

二、多选题

1. 普通单程票只能在以下哪些设备上购买？（　　）

A. BOM　　B. E / S　　C. TVM　　D. TAM

2. TVM 发售单程票过程中，写入哪些信息？（　　）

A. 发售日期、发售时间　　B. 发售站点

C. 目的站点　　D. 车票余值

3. 当自动检票机与 SC 网络断开时，以下说法正确的是（　　）。

A. 检票机不能与车站计算机交换数据

B. 车站计算机不能监控该检票机的工作状态

C. 无法查询自动检票机进站、出站交易记录

D. 不能通过车站计算机设置检票机为紧急状态

4. 进站检票机的读写器对储值卡写入的信息包括（　　）。

A. 本次扣费　　B. 进站站点

C. 出站站点　　D. 进站时间

5. 客值与站务员之间的现金交接包括（　　）。

A. TVM 补币的现金交换　　B. 备用金交换

C. 结账时的票款交接　　D. 预收票款交接

三、判断题

1. 付费区是指车站内各闸机与护栏合围形成的封闭区域。（　　）

2. 线路计算机系统可以实现线路系统数据的集中采集、统计及管理功能。（　　）

3. 车票采购回来后就可以配送到车站使用。（　　）

4. AFC 系统车票类型定义由车站计算机系统即可完成。（　　）

5. 非接触式智能卡与读写设备不需要直接接触就可以完成读写信息。（　　）

6. 乘客持一卡通乘坐地铁时，在进站闸机上刷卡时扣费进站，出站时在出站闸机上刷卡不再扣费。（　　）

7. 乘客在进站时未经检票，或在出站时未经检票，就会因进出站次序不匹配而造成车票的暂时性无效，这时需要用 BOM 处理。（　　）

8. 优惠单程票可以在 TVM 上购买。（　　）

9. 纸币钱箱和硬币钱箱须分开并逐一清点，严禁混点。（　　）

10. 备用金和票款都应按时解行。（　　）

四、简答题

1. 试说明分级集中式 AFC 系统层次结构？

2. 自动售票机主要实现的功能？

3. 半自动售票机的功能？

4. 自动检票机的功能？

项目四在线答题

项目五 城市轨道交通客流组织

【项目描述】

城市轨道交通是公共交通的重要组成部分，越来越多乘客选择轨道交通作为日常出行方式，与日俱增的客流量对车站管理提出了更高的要求。为了保证乘客的安全和正常的运营秩序，车站在客流组织方面应备有完善的组织方案和控制措施，在一定程度上补救固定的硬件设施的缺陷。本项目对城市轨道交通客流特点进行分析，介绍了客流组织设施及系统，并从日常情况、大客流、突发事件发生时对客流组织的措施进行介绍，能切实提升职业技能。

【学习目标】

（1）了解城市轨道交通客流的分类。
（2）理解城市轨道交通客流时间与空间特点。
（3）熟悉城市轨道交通换乘站、终端站客流特点。
（4）理解城市轨道交通客流组织原则及要求。
（5）掌握城市轨道交通客流组织设施及系统。
（6）熟悉乘客乘车流程，分析每个阶段乘客需求及客运设施设置。
（7）熟悉大客流的分类。
（8）熟悉三级客流控制方法。
（9）掌握突发性大客流监测预警的应急处置。

【能力目标】

（1）能够根据乘客乘车流程绘制流线图。
（2）能够熟练掌握日常客流组织措施，包括进站、出站、换乘组织。
（3）能够运用大客流组织的主要措施并能确定各岗位工作内容。
（4）能够运用突发事件客流组织的主要措施并能确定各岗位工作内容。

任务1　城市轨道交通客流特点分析

客流是指在单位时间内，轨道交通线路上乘客流动人数和流动方向的总和。客流的概念既表明了乘客在空间上的位移及其数量，又强调了这种位移具有方向性和起讫位置。客流特点与城市经济发展水平、城市各功能区域布局、交通道路网布局、城市道路交通服务水平、常规公共交通服务水平、人口、交通运输政策、客运服务的价格与质量、私人交通工具的拥有量等方面密切相关，在路网的方向上、断面上特点突出，具有明显的时空性。

一、城市轨道交通客流分类

1. 以出行目的分类

（1）工作客流：因工作和学习产生的客流，由上班流和学生流组成。其特点是时间集中、客流量大、规律性强、高峰期短、稳定性高，是高峰时客流的主要来源，是全日客流量的主要部分。

（2）日常客流：由人们的日常活动构成，如探亲、访友、购物、就医、娱乐、体育、出游等。这种客流在一天中持续的时间长，受气候变化和季节变化影响较大。

2. 以出行时间分类

（1）平时客流：主要是周一至周五的客流，比较稳定，每个时间段的客流情况容易掌握。

（2）特殊日客流：主要是指周末客流和节假日客流，流量变化大，发生时间突然，每周或者每年的情况都会有所差异。

3. 以乘距长短分类

（1）城市客流：起始点和目的地都在市内的客流，它们乘距短、流量大、时间性强，高峰低谷明显，起伏变化大，换乘交替频繁。

（2）市郊客流：流量相对较小，乘距长，早晚方向差异大，早晨主要从市郊流向市内，傍晚从市内流向市郊。

4. 按照客流真实性分类

（1）实际客流：通过城市轨道交通自动检票设备及人工检票计算得出的实际客流量。

（2）预测客流：通过一定的客流及影响客流因素调查后预测得出的未来一段时间的客流量，预测客流与真实客流存在一定误差。

5. 按照客流来源分类

（1）基本客流：轨道交通线路既有客流加上按照正常增长率增加的客流。

（2）转移客流：原来经由常规公交和自行车出行转移到经由轨道交通出行的这部分客流。

（3）诱增客流：轨道交通线路投入运营后，促进沿线土地开发、住宅区形成规模、商业活动繁荣所诱发的新增客流。

二、客流时间特点分析

1. 某站一天各小时客流特点

一天各小时客流量用于确定城市轨道交通出入口、通道等设备容量，是计算全日行车计划和车辆配备计划的参考基础。小时客流量随着人们的生活节奏和出行特点而变化，一般清晨与夜间的乘客较少，上班、上学时段客流达到最高峰，高峰过后逐渐进入低谷，傍晚下班和放学时段客流再次达到高峰，进入晚间客流逐渐减少。

轨道交通线路走向、轨道交通站点周边土地开发情况、城市轨道交通所处交通走廊特点、城市轨道交通运能、城市轨道交通服务水平是影响轨道交通客流时段分布的主要影响因素。总结不同运能轨道交通的不同类型车站，可归纳出以下 5 种客流小时分布类型。

（1）单向峰型。轨道交通线路所处的交通走廊具有明显的潮汐特征，或车站周边地区用地功能性质单一时，车站客流分布集中，有早晚错开的一个上车高峰和一个下车高峰，如图 5-1 所示。

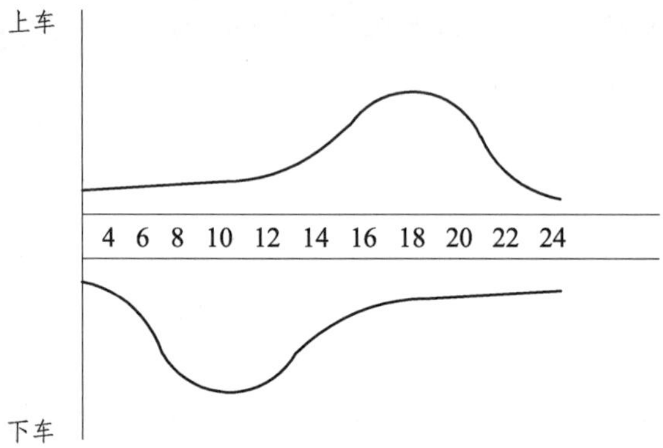

图 5-1　客流小时分布类型——单向峰型

（2）双向峰型。车站位于综合功能用地区位时，客流分布与其他交通方式的客流分布一致，有两个配对的早晚上下车高峰，如图 5-2 所示。

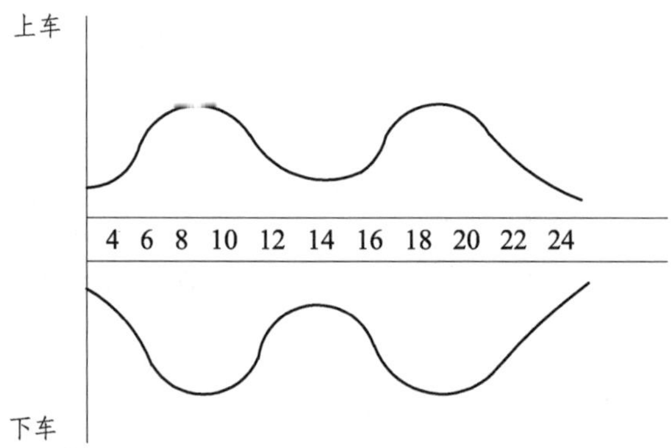

图 5-2　客流小时分布类型——双向峰型

（3）全峰型。轨道交通线路位于用地已高度开发的交通走廊，或车站位于公共建筑和公用设施高度集中的地区时，客流分布无明显的低谷，双向上下车客流全天都很大，此种客流分布较少，如图 5-3 所示。

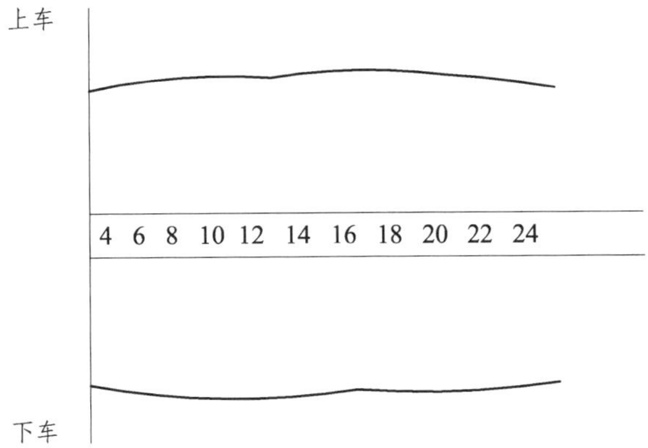

图 5-3　客流小时分布类型——全峰型

（4）突峰型。车站位于体育场、影剧院等大型公用设施附近，演出节目或体育比赛结束时有一个持续时间较短的突变的上车高峰；一段时间后，其他部分车站可能有一个突变的下车高峰，如图 5-4 所示。

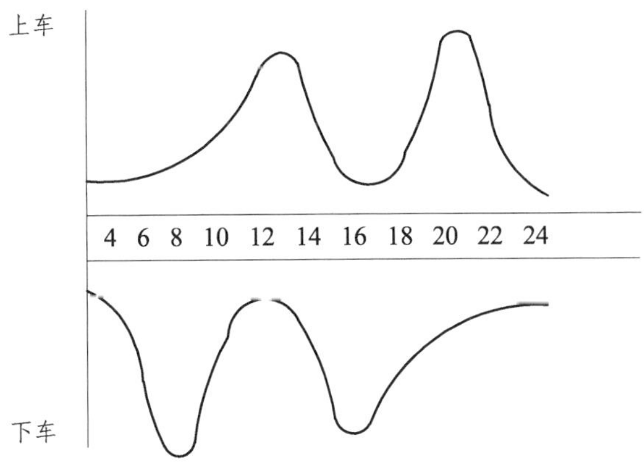

图 5-4　客流小时分布类型——突峰型

（5）无峰型。当轨道交通本身的运能比较小或车站位于用地还没有完全开发的地区时，客流无明显的上下车高峰，双向上下车客流全天都较小，如图 5-5 所示。

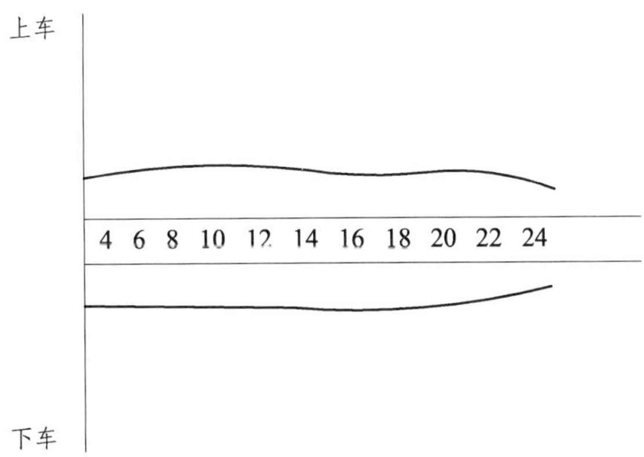

图 5-5　客流小时分布类型——无峰型

2. 一周每日客流特点分析

一周每日客流情况不同，周一至周五以上下班为主，周六、周日客流以休闲、娱乐、购物为主。由于人们的工作与休息是以周为周期循环进行的，这种活动规律性必然会反映到一周内各日客流的变化上来。在连接商业网点、旅游景点的轨道交通线路上，双休日的客流会有所增加；而在以通勤、上学客流为主的轨道交通线路上，双休日的客流会有所减少。

另外，周一与节假日后的早高峰小时客流和周五与节假日前的晚高峰小时客流，都会比其他工作日早、晚高峰小时客流要大。

根据全日客流在一周内分布的不均衡和有规律的变化，从运营经济性考虑，轨道交通系统常在一周内实行不同的全日行车计划和列车运行图。根据一周客流存在的不均衡性特点，周一至周五采用一个时刻表，周六、周日采用另一个时刻表，不同时刻表上线列车数量与列车间隔均不同，合理地分配了地铁的运能和资源，提高了乘客服务水平。

3. 季节性或短期性客流特点

在一年内，客流还存在季节性变化，如由于梅雨季节和学生复习迎考等原因，6 月份的客流通常是全年的低谷。另外，在旅游旺季，城市中流动人口的增加会使轨道交通线路的客流增加；举办重大活动或遇到天气骤然变化也会引发短期性客流激增。根据相关调查发现，季节性的轨道客流规律与节日特点密切相关，7 月至 9 月与学生暑假有关，10 月至 12 月与国庆节长假、元旦节日活动有关。

4. 节假日客流特点分析

国庆节期间大批游客的到来以及市民在节假日期间出行购物、休闲等会使地铁的客流大幅上升，特别是商业区或旅游景点附近的车站，客流的冲击会很大；春节前后大批外地劳务人员返乡，将对客运站附近的地铁车站造成较大冲击，但春节期间的客流会相对稳定，不会有太大影响；元旦、清明、端午、中秋、劳动节假期短，游客不会对地铁的客流变化产生较大影响，但市民出行、购物会给商业区附近的车站产生较大客流，同时其他车站的客流也会比平常有所上升。

三、客流空间特点分析

客流的空间不均衡性主要分为同一条线路上下行不均衡、各个断面客流不均衡、分时客流不均衡、各条线路不均衡及各车站乘降人数的不均衡。

1. 各条线路客流分布特点

城市轨道交通线网的各条线路因其所在的城市客流走廊带不同、沿线用地性质不同，使得其客流规模和分布规律各异，不同的环境会产生不同的流时、流量、流向、运距等，所以要对周边环境进行分析，更好地进行客流组织。以下是一些典型的车站客流分析。

（1）位于工业区的车站。

随着城市的经济发展，许多城市都新建了一批工业开发区。这些新兴的工业开发区主要进行科研、高附加值产品的生产，且企业间往往又形成了产品的上下游供应链。工业区区域占地面积大，科研和生产人员多，犹如一座大工厂。

在进行城市规划时，对工业区的交通需特别重视，其中往往有城市轨道交通贯穿。位于工业区周边车站的客流具有如下特点。

① 由于乘客有基本统一的上下班时间，形成了如潮水般准时的潮汐型客流特征，即有明显的早、晚客流高峰，且基本属于通勤客流，因此，乘客对列车的准时有较高的期望值。

② 在两个高峰时段，车站客流不同流向上的流量相差较大。例如，在早高峰时段主要是出站客流大、进站客流相对较小，晚高峰则反之。

③ 在早晚两个高峰时段以外的运营时间，车站客流较小，在流向和流量上也趋于平稳。

基于上述客流特点，车站站长可以采用活动隔离栏、双向进出站闸机的管理办法进行车站客流组织，此外，也可以采取大小交路的行车组织方式以提高列车效率。

（2）位于商业区的车站。

任何城市都有商业相对集中的区域，该区域往往就是整座城市的中心区域。在进行城市规划时，必然会设计多条轨道交通线路途经或穿越市中心区域。位于这些区域周边的车站客流往往有以下特点。

① 城市商店的开门营业时间一般不会早于企业上班和学校上学时间，因此车站出现高峰的客流时间往往晚于城市通勤客流的早高峰时间。

② 城市商店结束营业的时间往往晚于企业收工和学校放学时间，因此，与通勤的晚高峰时段基本不产生重叠。

③ 出站乘客携带的物品较少，进站客流往往携带了较多的新购物品。

④ 在商店的整个营业时间，客流相对较平稳。进站与出站两股客流在流量和流向上，相对也较平稳。

⑤ 车站客流容易受商业活动的影响。例如，周边大商场进行促销活动或在春节前、国庆节等节假日期间，客流量会发生意外的增长。

⑥ 车站客流以购物、休闲、度假、会友等出行目的为主，因此对列车准点要求相对低些，但是对舒适的要求会相对高些。

基于上述车站客流特征，车站在进站处一般应设置较宽通道的闸机，便于乘客携带新购物品进站。此外在列车相对较拥挤或早、晚高峰时段，可以耐心说服携带新购物品的乘客缓一缓上车，既有利于缓解车站客流与运能的矛盾，又有利于携带新购物品的乘客能确保物品完好。

（3）位于居民区的车站

城市轨道交通在应对大客流方面有其独到的优势。城市居民出行需求最集中的区域在城市的居民区。在进行城市轨道交通规划时，设计人员会将城市轨道交通引入居民区，以满足居民的出行需求。

位于城市居民区周边的城市轨道交通车站的客流一般有以下特点。

① 有基本统一的上班和上学时间，因此也容易形成较准时的早高峰客流。由于属于通勤客流，因此对列车的准时要求有较高的期望值。

② 由于企业或学校所处地理位置的不同，乘客路途所需时间也不同，同时学校下课时间一般都早于企业的下班时间，因此车站的晚高峰客流量往往小于早高峰的客流量。

③ 在早高峰时段，车站客流在流向和流量上相差较大。例如，早高峰时段主要是进站客流大，出站客流相对较小，且形成早高峰的时间往往要早于工业区车站和学校区车站的早高峰时间，两者的时间差基本上就是乘客的路途耗时时间。

④ 车站的晚高峰流量小于早高峰，晚高峰延续的时间则较早高峰长。

⑤ 相对于早高峰，晚高峰客流随身携带的物品要多些。

⑥ 在工作日和节假日，车站客流有明显的不同。

针对上述车站客流特点，站长要加强早高峰的车站客流组织，对于年老体弱乘客的进出，更要严加关注，必要时可以提供专人服务。

（4）位于学校区的车站。

早先的城市学校的分布基本上属于离散型分布，随着城市的发展和寄宿学校的发展，学校区已迅速崛起，并越来越远离市中心区域。城市建设的大学城就是其中的典型例子。在进行城市建设规划时，往往将城市轨道交通作为主要的通往市中心和新建学校区的公共交通工具。位于学校区的城市轨道交通车站具有如下客流特点。

① 以在校学生为主要客流。由于乘客年龄不大，因此当车站出现乘客群时，经常可以看到乘客间年轻人活泼的身影。

② 在进行车站管理，尤其在进行乘客行为规劝时，往往需要面对一群乘客而不是个别乘客。

③ 对大学城或寄宿学校周边的车站，周五下午和周日下午或周一的早晨往往是客流的高峰时段，往返学校的学生成为车站的主要客流。在其他时段，车站客流相对较小。

④ 随着学校寒暑假的到来，车站客流进入低谷期。

针对上述客流特点，车站在进行客流组织时要做到：热情处置礼貌接待，尊重乘客以理服人。在具体的事务处理中，车站站长一般要注意：不要当众批评，可以将乘客单独请进站长室交换意见，对于学生乘客的违章处理，可告知校方或老师配合处理。

（5）位于交通枢纽区的车站。

城市轨道交通在规划时会考虑与其他城市交通工具的换乘和匹配，比较常见的是城市轨道交通、城市机场与火车站的交通匹配。这些交通运输方式集中的区域所设立的城轨车站，其客流一般有以下特点。

① 客流高峰与车站周边的交通客流有密切关联。例如，当有火车抵达时，下了火车的乘客就会大批涌入轨道交通车站。

② 乘客随身携带的物品一般较多。

③ 进出站客流与节假日有较大的关联。以火车站为例，春运前期城市轨道交通车站的出站客流较大，而春运后期则反之。

④ 为了能及时换乘其他交通工具，城市轨道交通车站中出站乘客对便捷的要求往往高于进站乘客。

针对上述客流特点，站长在进行车站客流组织时要在进出站闸机处设置允许大件行李通过的通道。第一次乘坐城市轨道交通的乘客概率较大的车站，站长要组织人员和宣传品，及时提供问询服务。

（6）位于著名景观区的车站。

我国有不少具备独特自然风光或人文资源的旅游城市，这些以旅游产业为主体的城市除了本地的市民外，还要承担相当数量非本市的旅游客，这在客观上加剧了城市交通的矛盾，因此在进行城市规划时往往会用城市轨道交通来连接城市的中心区域和著名景区，设在景区周边的城市轨道交通车站的客流一般有以下特点。

① 客流量与节假日有较大关联，一般双休日的客流要大于工作日，节日长假期的前几天客流大于后几天，在春、秋季客流较大（尤其是非冬季、非夏季景点所在车站）。

② 乘客随身携带的物品一般不多，单程车票购买量较大。

③ 大多数乘客是首次来到车站，对车站布局了解不多，因此乘客的问询量较大。

④ 单身乘客较少，常见的是小群体或以家庭为单位的乘客群。

⑤ 车站周边环境的管理难度较大。

根据上述分析，对著名景观区的车站导向标志的布置有更高要求，导向标志布置得越规范，越能有效减少乘客问讯的数量。集中布置的自动购票设备前要有较大空间，以方便乘客排队，必要时可安排乘务员进行设备操作的现场指导。车站应当准备车站周边示意图，尤其要注明车站与著名景点的位置关系。协助驻车站的轨道公安和驻地公安、城管等单位共同整治车站周边环境，做到周边环境不影响车站内部的客流组织。

2. 上下行方向客流分布特点

在轨道交通线路上，由于客流的流向原因，同一线路上下行方向在同一时段内客流具有以下两种特征：双向型（上下行的运量数值接近相等，市区线路多为此种类型）、单向型（上下行的运量数值差异较大，特别是通向郊区或工业区的线路，多是属于单向型）。在放射状的轨道交通线路上，早、晚高峰小时的上下行方向客流不均衡尤为明显。

3. 各个断面的客流分布特点

在轨道交通线路上，由于线路行经区域的用地开发性质不同，所覆盖的客流集散点的规模和数量不同，因而线路各个车站乘降人数不同，单向各个断面的客流存在不均衡现象。

合理的列车交路计划既能改变这种状况，提高列车和车辆运用效率，又能给予乘客较大的方便。列车交路主要有长交路、短交路及混合交路等几种方式，可以根据实际情况进行选择。

4. 各个车站乘降人数分布特征

轨道交通线路各个车站的乘降人数是不均衡的。一些城市在不少线路上，全线各站总的乘降量主要集中在少数几个车站，新的居民住宅区形成规模和新的轨道交通线路投入运营，也会使车站乘降量发生较大的变化，例如带来新的不均衡。车站乘降人数的不均衡决定了各个车站的客运工作量、设备容量或能力的配置、客运作业人员的配备，以及日常运营管理的重点。总结不同类型城市轨道交通线路，各个车站乘降人数空间分布特征可归纳为以下五类。

（1）均等型。当城市轨道交通线路呈环线布置或沿线用地已高密度开发成熟时，各车站上下车客流接近相等，沿线客流基本一致，不存在客流明显突增路段。

（2）两端萎缩型。当城市轨道交通线路两端延伸至还没完全开发的城市边缘地区或郊区时，线路两端路段的客流小于中间路段的客流。

（3）中间突增型。当城市轨道交通线路途经大型的对外交通枢纽、高密度开发地区或者车站利用常规公交线路辐射范围广时，位于该区位车站的上下客流明显偏大，线路客流存在突增的路段。

（4）逐渐缩小型。当城市轨道交通线路首末车站位于大型对外交通枢纽附近或接近城市中央商务区时，随着线路向外延伸，线路客流逐渐减小。

（5）组合型。当城市轨道交通线路结合了以上多种特点时，城市轨道交通线路乘降人数无具体规律，主要受车站周边土地利用情况影响。

5. 车站内客流分布特点

车站内客流在空间分布上存在不均衡现象，包括经由不同出入口的客流不均衡、各个换乘方向的客流不均衡、通过不同收费区的客流不均衡、通过同一收费区不同检票机的客流不均衡、上下行方向的乘降客流不均衡等。

一般情况下，进站客流是陆续到达，乘客为争取时间通常会选择最近的进站闸机，所以通过各进站闸机的客流，按照距离自动售票机 TVM 及距离出入口的近远，呈现出明显的阶梯状递减分布。而出站客流是集中到达，乘客为避免排队通常会选择比较空闲或者就近的出站闸机检票出站，所以通过各台出站闸机客流相对均匀。掌握客流在车站内，尤其是客流在换乘站内的空间分布特征，对车站自动售检票设备的合理配置与优化布局、制定车站客运组织方案与客流组织措施具有重要意义。

四、轨道交通网络化客流特征分析

当轨道交通逐渐成网，客流分析不能仅局限于单条线路分析后的简单叠加。随着线路增多逐渐成网，各条线路相交于换乘站，客流互相作用，构成了网络效应，随着网络规模的增大，换乘更加便捷，居民出行乘坐轨道交通可达性提高，线网客流量会迅速增大，轨道交通分担率迅速上升，轨道交通的优势得以充分体现。

通过调研国内外大城市轨道交通线网建设历程和运营客流数据，可发现其轨道交通随着线网建设，客流变化趋势具有一定的规律，具体归纳如下。

（1）在城市轨道交通建设初期，运营轨道线路较少，在开通后 3 年左右是客流培育的阶段，必须经历乘客认知、适应、熟悉，直至形成合理的客流吸引区域的过程，客流的增长比较平缓。

（2）随着轨道交通线路逐步成网，轨道交通线网日均客流呈现总体上升趋势，在初期、近期日均客流上升幅度均较大。

（3）位于郊区的轨道交通线路，其客流的形成和培育时间较长。位于中心城内线路，客流强度与线路走向和主要客运走廊的重合度有关，一般在开通初期客流增长较快。

（4）市区线路客流总体保持增长，运营后初近期客流增长较快、中远期增长较慢、远期客流趋于平稳。

（5）郊区线轨道交通线路在开通运营之后相当长的时间内，客流呈现总体上升趋势，直至沿线区域开发相对成熟后趋于稳定。

五、换乘客流特点分析

轨道交通的换乘包括乘客在线网内同一线路上换乘、乘客在线网内不同线路间换乘、乘客在轨道交通与其他交通方式间换乘三种情形。下面介绍前两种情况。

线网内同一线路上换乘是指部分乘客在中间站换乘同线路、同方向或不同方向列车，这部分客流人数较少。例如，部分乘客因乘车坐错方向换乘至同一线路相反方向，或是等候他人一起前去目的地，或者进行同一线路上的不同交路的换乘等，这类换乘客流对车站客流组织影响不大。

乘客在线网内不同线路间换乘是指乘客在城市轨道交通线网内通过换乘车站实现不同线路之间的换乘。不同线路之间的换乘常采用的换乘形式可分为同站台换乘、结点换乘、站厅换乘、通道换乘等基本形式，这些方式在项目二已有具体介绍。

六、终端站客流特点分析

由于轨道交通终端站一般位于城市的外围区，土地开发利用比较单一，终端站的高峰时段与平峰时段存在较大的差异，主要有以下几种情况的客流时间分布特征。

（1）终端站位于以居住区为主的客流发生区，主要表现为早高峰上客流明显比较大，下客流明显比较小，晚高峰则相反。早高峰以进站客流为主，晚高峰以出站客流为主，在车站常出现早晚高峰乘降客流的潮汐现象。

（2）终端站位于以旅游区或就业区为主的客流吸引区，主要表现为上午下客流明显比较大，上客流明显比较小，晚上则相反。即上午以出站客流为主，晚上以进站客流为主。

（3）终端站位于对外交通枢纽区时，这种类型的终端站既是客流发生区，也是客流吸引区。客流时间分布表现为随机性，上下客流呈现出不规律性，与对外交通到发时间密切相关。如与火车站直接换乘的枢纽车站，城市轨道交通车站客流会表现出明显的波峰型，当某趟火车到站后，将有大量乘客涌入地铁站乘车，波峰客流持续到这趟火车的客流疏散完毕。

任务 2　车站客流组织概述

城市轨道交通以其安全、快速、舒适、环保的优势成为越来越多的市民出行首选交通工具。随着城市轨道交通网络化的形成，轨道交通承担城市出行客流量的比重逐步增大，车站的进出站客流量迅速增加。由于已建成车站的空间有限，与单位时间内因客流增加造成的车站可用空间不足形成矛盾，解决这一矛盾的有效手段就是合理的客流组织。

一、城市轨道交通客流组织的重要性

客流组织是为实现乘客运送任务，组织乘客按照预先设定的路线有序、安全地流动所采取的对应措施，即通过合理布置有关设备、设施以及对客流采取有效分流或引导措施来组织客流运送的过程，完成其大容量的客运任务，保证客流运送的安全，保持客流运送过程的畅通，减少拥挤及保证大客流发生时及时疏散。

二、城市轨道交通客流组织原则及要求

1. 城市轨道交通客流组织原则

城市轨道交通客运组织工作必须实行集中领导、统一指挥的原则。控制指挥中心（OCC）负责全线的客运组织工作，车站站长或值班站长负责车站的客运组织。

（1）在车站客流组织中，具体应贯彻执行以下客流组织原则。

① 防止客流对冲、减少客流交叉原则。

② 合理设置导向指引标志，优化导向系统。

③ 客流流线组织贯彻“右行原则”。

④ 考虑乘客“就近习惯”原则。

⑤ 拓宽消除客流“瓶颈”原则。

⑥ 贯彻“出站优先”原则。

⑦ 换乘衔接一体化原则。

另外，乘客心理及习惯对客流组织设计有着明显的影响，要设计出乘客乐意遵守的流动路径，就必须考虑乘客的乘车心理及习惯。经统计发现：在站台区域内，一般楼梯附近是客流量最大的区域，这就是受到乘客的就近心理和最小代价心理影响的结果。降低楼梯附近区域乘客的集中度，使整个站台区域的乘客分布均匀成为站长客流组织的重要内容。例如，上海地铁 1 号线某车站利用乘客不能吃亏的心理，将免费发送地铁报的摊位设在站台两端，乘客为了取报，都主动远离了楼梯口，从而达到了均匀站台乘客的目标。

不同乘客的生活习惯也影响着客流组织措施，如中外乘客在乘车习惯方面存在着差异：外国乘客习惯凡事自助，只要在乘客流动的路径上设置醒目、标有英文、意义明确、一目了然的导向标志，就会自觉地按照车站设计的乘客流动路径移动，一般不会再向车站服务员询问；国内乘客经常对车站导向标志熟视无睹，尤其是初到车站的乘客，可能是不够自信，这时设置临时导向牌和加强人员服务或进行语音提示都是有效的措施。

（2）在车站布置售检票设备时应当遵循以下原则。

① 售、检票位置与出入口、楼梯应保持一定距离。售检票位置一般不设置在出入口、通道内，并尽量保持与出入口、楼梯有一定的距离，从而保证出入口和楼梯的畅通。

② 保持售、检票位置前通道宽敞。售检票位置一般选择站厅内宽敞位置设置，以便于售检票位置前客流的疏导：售检票位置应适当保持一定距离，避免排队时拥挤。

③ 售、检票位置根据出入口数量相对集中布置。因轨道交通车站一般有多个出入口，为了减少乘客进入车站后的走行距离，一般设置多处售检票设备。但过多设置售检票设备容易造成设备使用的不平衡，降低设备使用效率，并且不利于管理，因而售检票位置应根据车站客流的大小相对集中布置。

④ 应尽量避免客流的对流及交叉。客流的对流减缓了乘客出行的速度，同时也不利于车站的管理，因此车站一般对进出客流须进行分流，使进出车站检票位置分开设置，保持乘客经过出入口和售检票位置的线路不至于发生对流。

2. 城市轨道交通车站客流组织工作的要求

（1）安全准时。

保证乘客进站、出站和乘车的安全，确保列车按列车运行图规定的时间运行。

（2）方便迅速。

导向标志清晰准确，售检票设备操作方便，确保乘客快捷到达目的地。

（3）热情周到。

耐心正确地解答乘客询问，主动热情地为乘客服务。

三、车站客运服务设施

轨道交通作为快速的大容量交通系统，在现代化的城市公共交通中起着相当重要的作用。轨道交通车站作为向乘客提供服务的场所，其服务于乘客的设备、设施主要有车站基本服务设施、票务设施、导乘设施、问询服务设施、照明设施和其他设施等。

1. 车站客运服务设施的基本要求

服务设施（service facilities）是指设置在城市轨道交通系统内，直接为乘客提供服务的设施。

（1）车站基本服务设施

① 车站出入口、步行梯、通道、站厅、站台等场所应通畅，地面应保证完好、平整、防滑。

② 自动扶梯、电梯、轮椅升降机等乘客输送设施应安全、可靠、运行平稳。

③ 屏蔽门应保证安全可靠、状态完好。

④ 无障碍服务设施应保证正常使用。

（2）票务设施。

① 票务设施应布局合理，满足通过能力和客流疏散要求。

② 售检票设施应安全可靠、状态完好。

③ 当票务设施发生故障无法使用时，应有明显的标志引导乘客使用其他可用设施或提供人工服务；必要时，可采用应急模式，将票务闸机处于全开通的状态。

（3）导乘设施。

① 导乘标志应醒目、明确、规范，引导乘客安全、便捷出行；标志的设置应符合《城市轨道交通客运服务标志》（GB/T 18574—2008）的要求。

② 车站的广播设施应具备对站台、站厅、换乘通道、出入口等处单独广播和集中广播的功能。广播设施应音质清晰、音量适中、不失真。自动广播发生故障时，应能够进行人工广播。

（4）问询设施。

① 车站应有人工问询或自动查询设备。

② 自动查询设备应性能可靠、操作简便、指示明确、状态完好。

（5）照明设施。

① 车站正常照明和应急照明设施应状态完好；正常照明应采取节能措施，并持续改进。

② 照明设施的设置、性能等应符合《地下铁道照明标准》（GB/T 16275—2008）的要求。

2. 导向标志

城市轨道交通作为城市公共交通系统的重要组成部分，组织好大量的客流，使之有序且顺畅地从车站周边至出入口，从出入口进入车站办理一切乘车手续，然后乘车至到达站出站，都需要导向标志的帮助。城市轨道交通客运服务导向标志由反映特定服务信息内容的图形符号、文字、数字、颜色、几何形状（或边框）等元素组成，是引导乘客安全、便捷地进站、购票、乘车、出站和换乘等行为而连贯设置于城轨站外、站内和列车上的一系列标识的总称。

（1）导向标志按照性能分类。

按性能不同，导向标志可以分为方向性、警告性及服务性三类。

① 方向性导向标志：明示往目的地的前进方向，一般又分为引导性导向标志和定位性导向标志。引导性导向标志是指引乘客进站、乘车、出站以及换乘最为主要的一种导向标志，其作用就是要清晰、准确地将乘客从起始点引导至目的地。定位性导向标志是对一些停顿点位置的说明和确认，以便使用者能准确、清楚地知晓当前所处的方向和位置。

② 警告性导向标志：包括乘客禁止停留标志、高电压危险标志、乘客不能进入的区域标志。

③ 服务性公共信息导向标志：包括地铁系统线路图、运行时刻表、早晚开行时刻表、车站周围公共服务设施导向标志。

（2）导向标志按照位置分类。

导向标志从车站外部沿出入口、站厅、站台一直到乘车、出站连续不断布置。

① 进站引导标志设置。

乘客从常规交通站点或地面至轨道交通出入口，迫切希望得到以下信息：附近轨道交通车站经由的线路通往方向或途经主要车站，车站的出入口位置，最便捷、有效地到达出入口的路径。所以标志的内容，主要告知乘客出入口的名称及行进方向的路径，并满足不同乘客群体的需求：在标志的间隔距离和高度上，让老人和儿童能方便地看到。进站标志的任务是将乘客从地面引导至车站出入口，需要设置站外路引（沿城轨方向 500 m 范围内连续设置）如图 5-6 所示，具体包括：站名牌、站位图、线路图、出入口导向图等。

图 5-6　站外导向标志

② 站内引导标志。

站内引导标志包括站内乘车导向（按 20～30 m 距离连续设置），售票导向及定位、检票口定位、乘车导向、行车方向导向等标志，具体包括售票、检票、补票方向指示、价格表、紧急出入门、车站各种用房标志、时刻表、线路图、车站周围示意图、出入口导向图等，如图 5-7 所示为站内导向标志图片。除了一般站内引导标志外，还有换乘导向标志和疏散导向标志等。

图 5-7　站内导向标志

换乘导向标志是引导乘客从某线路的站台，经由站台、楼扶梯、站厅付费区、楼扶梯至另一线路的站台的导向标识，主要包括楼扶梯导向、换乘方向、乘车导向等标志，具体包括方向标志、换乘标志、注意脚下标志和注意头部标志等。另外，换乘导向标志需要专用的颜色来进行乘客引导。

疏散导向标志如图 5-8 所示，一般设在站台设备区和公共区至车站出入口，在天花板或站房房顶下方或沿地面和墙壁连续设置（包括在隧道墙壁上连续设置引导往车站方向的疏散标识），引导乘客在紧急情况下迅速疏散，一般采用蓄能或蓄电发光导向标识。

图 5-8　疏散导向标志

③ 车辆标志。

在乘车过程中，车辆内、外部设置的标志有：车辆运行方向、区间标志（车头、车侧）、车号、车辆到站标志（车内、门上部）、禁止倚靠车门标志、防止夹手标志、禁止拉动标志、乘务员室禁止入内标志等。

④ 出站引导标志。

乘客在乘车后选择车站出入口时，迫切希望得到以下信息：附近的常规交通换乘站点，方便换乘某条公交线路的出入口，从其所出来的闸机到出入口的路线，从出入口至某个交通站点的路线。

为得到以上信息，可以在站内设置多处局部区域设计图和车站周边环境图，反映出入口的位置、路径以及可换乘的交通站点、公交车，便于乘客找到所需要的出入口。

四、乘客信息服务系统

乘客信息系统（Passenger Information System，PIS）采用数字电视技术和列车自动监控系统（Automatic Train Supervision，ATS）技术，利用先进的信息播出方式，实现信息服务功能。为方便乘客候车和乘车，轨道交通系统在各车站的站台、站厅层以及列车上设置 PIS 显示屏，使乘客及时了解列车的运行状态及注意事项，从容候车、上车和乘车。

PIS 乘客信息系统包括信息发布和信息查询的功能，针对不同乘客群体对信息的不同需求，地铁运营公司就需要有针对性地提供相应的信息服务内容和方式。在正常情况下，播放列车运行信息、政府公告、出行参考、股票财经信息、广告、其他交通工具运行信息、列车时间信息等实时多媒体信息；在紧急状态下，中断其他信息，发布各种救援和疏散指示。此外，乘客还可以通过触摸屏自行查询气象信息、换乘信息。

1. PIS 的终端设备

乘客信息系统终端设备包括 PDP 屏、LED 显示屏、LCD 显示屏、高清晰度电视、触摸式查询机等。

（1）PDP 屏是一种等离子显示器，是一种利用气体放电的显示装置，能够达到真正的纯平面，具有较好的环境适应性，体积小、重量轻、无 X 射线辐射。此外，PDP 屏还具有高亮度、大视角、全彩色、高对比度、便于安装等特点。

（2）LED 显示屏是采用单元模块化结构按阵列排列组成的显示屏幕，屏体大小可按 PIS 系统要求灵活拼制。LED 显示屏的特点是：采用全彩色、双基色等不同颜色模式，能够按照乘客的需求及视觉模式效果设置在不同地点，工作稳定，寿命长，功耗低，高清晰度，色彩鲜艳，视角大。

（3）LCD 显示器是一种液晶显示器，采用液晶控制透光度技术实现色彩。LCD 显示器的特点是画面稳定，无闪烁感，真正的完全平面，不会产生色彩偏差或损失，完全没有辐射。

2. PIS 的显示终端位置

PIS 显示终端一般设在比较醒目的地方，设置位置有：

（1）出入口外的户外双基色 LED 显示屏；

（2）出入口通道连接站厅处 LED 显示屏；

（3）下行自动扶梯上部 LED 双基色大屏幕；
（4）AFC 闸机群上方 LED 条屏；
（5）车站触摸屏（LCD）查询机；
（6）站台双面等离子屏；
（7）列车车厢内等其他地点。

3. PIS 显示的内容

PIS 显示的内容有：
（1）乘客引导信息、乘车须知等其他信息；
（2）即时显示列车到达和离开的时间；
（3）重要通知和突发事件的通知；
（4）各种广告信息和便民信息；
（5）转播电视节目；
（6）时钟信息；
（7）其他内容。

任务 3　城市轨道交通日常客流组织

一、乘客乘车流程及客流特征分析

1. 乘客乘车流程

乘客乘坐轨道交通基本的流程为：乘客从出入口进入车站后先到站厅层购票，然后在进站闸机处刷卡检票进入付费区，后到站台层候车，待列车到达后上车，到达目的车站下车，下车后从站台层到达站厅层，在站厅层出站闸机处检票出闸，通过导向标志指引选择正确的出入口出站。

2. 轨道交通车站客流特征

（1）进、出站流程是两个完全对称的逆向过程。

乘客的最基本流线为：进站上车的乘客进入车站后先到站厅层，后到站台层；下车出站的乘客流动方向相反。

（2）由于不同行人的性别、年龄、身体状况和行走目的不同，其车站流线不同。

① 正常的行人反应敏捷、思想集中、目的明确、紧随大众客流行走，既能恰当和适时地调整个人行走路线，也能做到主动停步而避让行人。

② 边走边聊的行人一般并排走路，当聊到有趣时便哈哈大笑手舞足蹈，导致车站行人流动速度趋缓。

③ 粗心大意的行人没有主动观察和注意其他行人的行走动线，往往与正面相向的行人形成行走干扰。

④ 通常儿童都会被家长带领，但其行走速度较慢，特别当儿童自行跑动时，家长的追逐及儿童的行为都会对其他人的行走动线产生干扰。

⑤ 对于枢纽换乘车站，经常有携带大件行李的行人，行走通常缓慢，且占道较多，从而影响通过能力。

（3）人在地铁车站中的流动是大量性、集合性的行为，“通过”行为为主，“滞留”行为为辅。

行人在车站中的特点，决定了地铁车站空间是简单流动、开敞、有通透要求的高效空间。地下空间引起的幽闭，会使人本能地产生迷路、不安等不良反应，在行为上往往有“随大流”的意识。为克服地下空间环境中的不利因素，使人们方便、快捷地到达目的地，必须做好空间的导向和易识别性设计。

（4）地下车站空间封闭，乘客容易出现找路行为。

地铁车站的布置都比较相似，车站内装饰也比较统一，同时多数车站处于地下，空间较封闭。乘客进入一个未去过的车站很容易失去方向感。

二、乘客需求及客运设施设置

城市轨道交通系统乘客，在乘车的不同阶段具有不同的需求特点，所以要根据乘客的实际需求设置相应的客运服务设施，并采取对应组织措施。

以下按照乘客乘坐地铁的流程，从乘客需求角度出发考虑对应的客流组织措施。

1. 进　站

乘客搭乘城市轨道交通，首先需确定其在车站周边的具体位置，然后通过最近的出入口进入。进站乘客分为购票乘客群和持卡乘客群，不同类型的乘客乘车习惯不同。

需要购票的乘客中有很大一部分乘客是第一次来乘坐地铁，问讯的人和问讯的次数一般较多，尤其是非本地乘客或年龄较大的乘客，常会反复询问同一个问题，站长要告诫车站服务人员：对待购票乘客的服务要耐心，要不厌其烦地做好解释。

持卡乘客大部分对本车站都较熟悉，其中本地乘客占比较大。正常情况下不需要车站服务人员提供额外的服务。一般的问讯大多出现在运营略有异常时，询问的内容主要是运营状况。正常情况下，站长可以不将持卡乘客群列为重点服务对象，但当有运营突发事件时，他们反应的激烈程度一般都远远大于购票乘客群，此时，站长必须将其列为重点服务对象。

（1）此阶段的乘客需求。

① 车站位置合理。

② 到城市轨道交通车站的距离短、方式方便。

③ 城市轨道交通出入口容易找到。

④ 城市轨道交通引导系统指示明确、清晰、易懂。

（2）设施设置及服务要求。

① 出入口位置设置合理，方便乘客到达，将出入口与周边物业、设施相结合，吸引客流。

② 出入口与其他交通方式换乘方便，换乘设施齐全、完善。

③ 城市轨道交通出入口标志醒目、设置合理、具有一定的高度（防水倒灌），在车站外200米范围内设置连续指引导向标志。

2. 问询处

购单程票的外地乘客、旅客及搭乘次数不多的本地乘客可能会经常提出问题，询问的大多是关于价格和路程的问题；在站台上的乘客主要问的是需要等多长时间以及列车开行方向等问题；持卡乘客一般对乘车流程比较熟悉，是问讯处的非重点服务对象。

（1）此阶段的乘客需求。

① 位置设置合理、醒目。

② 引导指示明确、不被其他建筑遮挡。

③ 服务人员规模结合乘客特点。

④ 询问乘客流不干扰其他客流。

（2）设施设置及服务要求。

① 询问处服务窗口的数量和面积符合需要。

② 需根据不同车站的乘客特点，设计不同询问处的形式。

③ 服务人员要热情周到、礼貌待客、服务规范。

3. 购　票

除了刷手机上的出行二维码进入车站外，乘客还可以通过购买单程票或刷储值卡（一卡通）的方式进入付费区乘车。单程票可以通过自动售票机或人工购买，储值卡可以通过自动售票机（TVM）或半自动售票机（BOM）充值。

（1）此阶段的乘客需求。

① 非付费区设有售票机、票务处理亭且数量合理。

② 位置合理，处于进站的流线上。

③ 引导指示明确，标志醒目。

④ 设有零钞兑换处。

⑤ 进入车站后能够较快买到单程票，购票等待时间短。

（2）设施设置及服务要求。

① 自动售票机和票务中心设置的位置和数量合理。

② 售票设备不被其他用途的设施遮挡。

③ 根据不同车站的乘客组成特点及乘客能忍受的购票时限合理设置。如火车站乘客随身行车较多，购票所需区域应大些。

4. 检　票

乘客购票后，将所持车票送闸机检票；经检票无误后，闸机开放，乘客通过闸机进入付费区。

（1）此阶段的乘客需求。

① 闸机位置明显且配有标识。

② 能快速通过闸机。

③ 闸机刷卡区域明确、清晰。

（2）设施设置及服务要求。

① 闸机位置醒目，指示明确。

② 闸机的通过能力与客流量相匹配。

③ 闸机数目、进出的配置需根据不同车站的乘客组成特点合理设置。

④ 将闸机设置在客流进站流线上，便于进站客流组织。

5. 候　车

乘客检票经过闸机后，进入付费区，到达站台候车。

（1）此阶段的乘客需求。

① 方便到达站台，舒适候车。

② 清楚明了现在所处的位置及需搭乘列车的方向和车次。

③ 明示所乘列车的进站时刻。

（2）设施设置及服务要求。

① 站台上有适量的座椅，让乘客耐心候车。站台应设有明显的候车，安全线广播提示乘客在列车未进站停稳、车门未完全打开之前，不要越过安全线，以防发生意外事件。

② 利用广播系统和 PIS 系统，为乘客预报进站列车的方向。当后续列车驶入接近区段时，广播系统自动工作，也可以在站台设置同位显示器，向乘客预告列车进站时刻。

③ 安装屏蔽门。屏蔽门可为乘客提供一个舒适的候车环境，又能保障乘客在站台的候车安全。

④ 舒适的候车环境，空间宽阔，灯光照明配置合理，减少噪声干扰，空调气流轻柔舒适；引导指示系统醒目清楚；广告位置合理，不干扰引导指示系统。

⑤ 在付费区设置楼梯、自动扶梯，方便乘客到达站台；站台上方设置明确、醒目的列车运行方向（上行、下行）导向标志。

6. 列车旅行

（1）此阶段的乘客需求。

① 列车运行平稳。

② 车内不拥挤，整洁舒适。

③ 能随时了解列车的运行情况以及到站等信息。

（2）设施设置及服务要求。

① 客车外部运行方向标示明显。

② 客车内展示列车运行路线图，并标示站名。

③ 司机驾驶技术娴熟，驾驶平稳、对标准确。

④ 客车上的管制标语（如：禁止吸烟等）也应该清楚标示。

⑤ 客车符合运行标准，车内灯光配置合理，座位舒适。

⑥ 客车广播信息及时、准确。

⑦ 对失明乘客有语言信息预告，对失聪乘客有文字信息预告。

7. 验　票

乘客乘坐轨道交通到站后，下车持票到闸机，验票出闸。

（1）此阶段的乘客需求。

① 出站闸机指示明确，容易找到。

② 不同出闸方向对应的出入口及周边信息清楚。

③ 出站验票手续简单。

④ 出站验票遇到票卡问题能够快速处理。

（2）设施设置及服务要求。

① 出站闸机的位置需结合出入口方向、乘客出站流线设置。

② 出站导向标志清晰，易判断出站方向。

③ 在出站闸机附近设置票务中心用于处理出站票卡问题，等候处理时间短。

④ 闸机上的出站验票刷卡、投卡标志需清晰、醒目。

8. 出　站

乘客验票出闸后，通过出入口离开车站。无论购票还是持卡出站乘客，都只有一个流动目的：出站。到达人群中若购票乘客越多，询问车站出入口周边情况的乘客比例也越大。提问较多的有：车站外的目的地、走哪个出入口，因此，要督促服务人员加强对车站周边环境的了解。

（1）此阶段的乘客需求。

① 出入口位置醒目，出入口指示明确。

② 出站后方便换乘其他交通方式到达目的地。

③ 出站后易到达大型办公、商业、娱乐场所。

（2）设施设置及服务要求。

① 车站在不同街区有出入口，允许出入口兼作过街隧道或天桥，但为保持系统的独立、完整，应设隔断将两区域分隔。

② 出入口靠近公交车站。

③ 出入口设在人流主要活动区。

④ 出入口导向标志醒目、站内有各出入口通向地面周边设施的导向说明。

9. 换　乘

乘客从城市轨道交通一条线路换乘至另一条线路或换乘至其他交通方式。

（1）此阶段的乘客需求。

① 换乘距离短、快捷。

② 换乘方向明确。

③ 通道照明适度、环境舒适。

④ 地下通道通风良好。

（2）设施设置及服务要求。

① 换乘通道短、换乘客流组织措施合适。

② 引导指示清晰、明了，换乘人流不产生较大对冲和交叉。

三、车站日常客流组织

客流组织是通过合理布置客运有关设备、设施以及对客流采取有效的分流或引导措施来组织客流运送的过程。轨道交通主要通过合理的客流组织使乘客能按预先设计的路径有序流动，来完成其大容量的客运任务。

为了科学地组织好地铁车站的客流，必须预先做好客流组织方案，以指导车站的客流组织工作。客流组织的主要内容包括在车站相应的位置设置合适数量的售、检票设备、导向标志、车站广播、自动扶梯、隔离围栏等设施，配备合适数量的工作人员，以及制定相应的应急预案等，从而保证客流运送的安全、畅通，尽量减少乘客出行的时间，避免或减少拥挤，便于大客流发生时的及时疏散。

车站日常客流组织主要由进站客流组织、出站客流组织、换乘客流组织三部分组成。

1. 进站客流组织

按照进站客流的路线流程进行组织，包括：组织引导客流经出入口、楼梯、自动扶梯（或垂直扶梯），通过通道进入车站厅层非付费区；组织引导部分乘客在自动售票机、客服中心或临时票厅购票后检票通过进站闸机进入付费区，引导持储值票或次票、周票等不用购票的乘客直接检票通过进站闸机进入付费区；乘客入闸检票或人工检票进入站厅付费区后，组织引导乘客再通过楼梯、自动扶梯（或垂直扶梯）进入站台层候车；乘客到达站台，应组织引导乘客站在黄线内候车，通过导向标识和乘客资讯系统选择乘车方向和了解列车到发时刻；列车到站停稳开门后，引导乘客按先下后上的顺序乘车，站台工作人员要注意做好组织工作，防止乘客因抢上抢下导致安全问题和纠纷的产生。进站客流连线具体流程如图 5-9 所示。

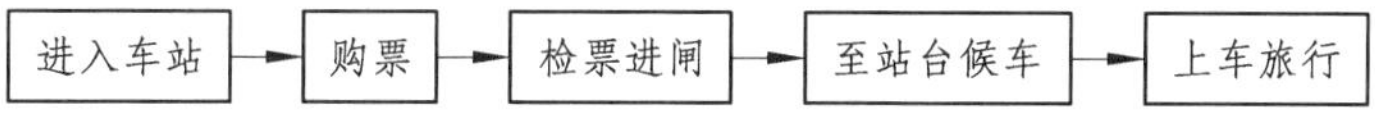

图 5-9　进站客流流程

（1）进入车站。

组织引导乘客经出入口、楼梯、自动扶梯（或垂直电梯），通过通道进入车站站厅层非付费区。该部分客流组织的关键环节是出入口客流组织。地下车站出入口一般均设置电扶梯和楼梯。电扶梯的方向可以根据需要进行调整，如果只有一部电扶梯时，一般将该部电扶梯调为向上方向，为出站乘客提供便利、避免出站乘客爬楼梯，并利于出站乘客快速疏散。

另外，出入口客流组织应结合实际的客流状况，当车站设施能够满足客流需求时，采用正常的客流组织方法，即各个出入口全部开放，进出站双向使用，楼梯可根据宽度设置相应的隔离栏杆。当出入口客流较大时，在出入口楼梯、通向站厅层的通道内设置分流隔离设施，确保进出站客流互不干扰，不发生客流冲突。

对于经过通道与站厅连接的出入口，当客流较大时，可在通道内进行组织排队。当客流过大时，需在出入口外进行限流组织，设置限流栏杆。通过限流栏杆可减缓乘客的进站速度，也能实施乘客的分批放行，或临时关闭出入口。

对于与商场、单位、物业连接的出入口，应考虑客流组成和出行特征。当客流较大时，应根据双方协议与相关单位共同制定的措施组织客流。与商场物业结合的出入口通道需与接入物业方商谈确定出入口开关时间，签订双方认可的协议，便于物业结合出入口的统一管理。

（2）购票。

组织引导部分需要购买单程票的乘客到自动售票机（TVM）、票亭半自动售票机（BOM）或临时票亭购票。购票客流组织的关键环节是通过合理设置导流设施进行排队组织，使乘客有序排队购票，并且购票队伍不影响正常进出站客流。

在自动售票机或票亭前组织乘客有序排队购票、充值。车站一般可利用导流带、铁马等隔离设施进行排队组织，排队方向以不影响其他正常乘客通行为宜。当排队乘客较多时，可在站厅非付费区加开临时票亭，用空闲的半自动售票机预制车票，安排人工售卖预制单程票，提高售票速度，减少排队长度，同时需做好广播宣传和引导，将购票乘客进行分散。

在组织自动售票机、临时票亭购票时，要尽可能充分利用各类售票点，将乘客分散购票，避免乘客大量集中于少量售票点处。当需要乘客排队购票时，可利用迂回隔离栏杆在站厅客流较少的空间组织乘客排队。

在单程票售票量较大的车站，可在低峰时段预处理车票，将自动售票机票箱加满。运营期间通过车站级票务计算机实时监控自动售票机内票箱票卡数量，在客流低峰时段，对车票较少的票箱进行填补。在票亭半自动售票机上预处理车票，高峰时就不用再更换票箱和预处理车票，减少对高峰期购票速度的影响。

（3）检票进闸。

进站组织时，应遵循出站优于进站的原则，组织乘客由进站闸机刷卡进站，指导其右手持票，站在闸机通道外，提示乘客注意进站闸机上方均显示表示设备正常的绿色箭头，按顺序刷卡进站。对于无票乘客，引导其至自动售票机或半自动售票机购票，再检票进站。

当大量乘客集中进站时，需宣传组织进闸乘客有序进闸，防止乘客聚集，避免在闸机前出现争抢现象，以及乘客因操作不正确或车票问题无法通过而造成的拥堵现象；在乘客排队进闸过程中，队伍不得影响出闸乘客，排队不能阻挡出站通道和路径，以确保出站乘客顺利出站。

对于持有大件行李或行动不便的乘客应引导走宽通道闸机或协助乘客将行李通过车站边门进入；对于携带儿童（不需购票）的乘客，提示其儿童先于成人进入闸机通道或引导大人将儿童抱起通过闸机，避免闸机开关伤到小孩。

车站根据进出站客流实际情况，可对双向闸机的方向进行调整，以便于更好的组织客流，调整时须保证优先满足出站客流的需求，同时尽量减少进出站客流的交叉，提高通行能力。

（4）至站台候车。

乘客进入付费区后，通过导向标志、告示、隔离栏杆等措施组织引导乘客通过楼梯、自动扶梯（垂直电梯）进入站台层候车。例如可在地铁车站站厅层设置伸缩导流栏杆，引导进入付费区的乘客快速到达站台候车，也可在自动扶梯下方设置铁马导流，可以减少乘客拥挤在电扶梯口，将乘客疏散引导至站台均匀候车，避免电扶梯处产生拥挤堵塞，也能防止乘客抢上抢下。

乘客到达站台，通过导向标志和乘客信息显示系统指引乘客选择乘车方向和了解列车到站时间，通过广播宣传组织乘客在安全区域候车。

站台候车区域需加强安全管理，站台岗站务员工作中要加强站台巡视，注意候车乘客动态，发现有可疑情况，或携带各种危险品危及乘客和行车安全的情况，必须及时处理和上报。对于楼梯边缘与站台边缘较近的区域，应尽量疏导乘客不要在此处滞留，保证足够的通行空间，防止此处拥挤发生意外事件。

站台无车时，站台岗要来回巡视站台，重点检查屏蔽门及端墙门状态、消防器材、电扶梯运转情况、轨行区（有无漏水、异物等），同时引导乘客到人数较少的地方候车。监控屏蔽门状态，发现屏蔽门异常动作等危及行车安全的情况时，站台工作人员立即按压紧急停车按钮并上报。

当有乘客物品掉入轨行区，要阻止乘客跳下站台捡拾物品，及时向乘客做好解释和安抚，并报告行调，经行调同意后使用专用工具（拾物钳），将物品从轨行区捡起后交予乘客。

（5）乘降组织。

当乘客到达站台后，应向乘客宣传根据车门标志线的位置排队候车；对于楼梯边缘与站台边缘较近的情况应尽量疏导乘客不要在此处滞留，保证足够的通行空间，防止此处拥挤，出现意外。

当列车进站时，站台工作人员在紧急停车按钮处立岗接车并时刻关注乘客安全，疏导聚集在一端的乘客到乘客较少的地方候车。有屏蔽门的车站，车站工作人员需提示乘客远离屏蔽门、不要越过安全区域，引导乘客在安全区域按箭头方向排队（若有屏蔽门故障，组织乘客到其他屏蔽门对应的安全区域处排队候车），要防止乘客倚靠或手扶屏蔽门，避免屏蔽门开启时乘客被夹伤或摔倒。没有屏蔽门的车站，要确保乘客均站在黄色安全线以内，并宣传“请站在黄色安全线以内候车，不要探身瞭望，以免发生危险”，加强对站台四角的巡视，避免有乘客跳下或跌下站台，发生危险。

列车停稳开门乘客乘降时，站台工作人员在扶梯口或楼梯口等人较多的地方，提醒乘客先下后上，注意脚下安全，对下车乘客迅速疏导出站，避免乘客拥堵，提高乘降效率；当关门提示铃响后，应阻止乘客抢上抢下，请其等待下次列车，防止车门夹伤乘客和影响列车正点发车；当车门关闭后，要观察车门关闭状况，当发现车门或屏蔽门未正常关闭时，应按相关作业程序进行处置；列车关门动车时，站台工作人员需在紧急停车按钮处立岗，目送列车出站；列车在出站过程中，发现异常危及行车安全时，站台工作人员立即按压紧急停车按钮、呼叫司机并报车控室。

2. 出站客流组织

按照出站客流的流动过程进行组织：乘客下车后到达站台，组织引导其经楼梯、自动扶梯（或垂直扶梯）进入站厅层付费区；通过出站闸机（单程票出闸时将被收回）或人工验票，进入站厅层非付费区后，组织引导乘客（通过导向标识）找到相应的出入口出站；组织引导车票车资不足（无效车票）或无票乘车的乘客到服务中心办理相关乘客事务处理后，方可出站。出站客流连线具体流程如图 5-10 所示。

图 5-10　进站客流流程图

（1）验票出闸。

乘客下车后到达站台，组织引导乘客通过楼梯、自动扶梯（或垂直电梯）进入站厅层付费区。

站厅付费区设有导向标志，付费区出站导向标志提示各出入口周边环境建筑设施、道路信息。乘客根据出站指引导向标志，选择正确的出闸方向通过出站闸机验票出闸。当乘客使用一卡通时，指导乘客右手持卡，在闸机通道外刷卡出闸；当乘客使用单程票时，指导乘客右手持票，将车票投入回收口，验票通过闸机。当大量乘客集中出闸时，要组织乘客有序出闸，必要时可采用限流措施减缓出站速度，避免多人争抢出闸造成卡票、误刷卡等情况。对进闸客流与出闸客流共用区域的车站，应减小进站客流对出站客流的负面影响，优先保证出站客流快速、顺畅出站。

当乘客不能正常出闸时，组织引导车票车资不足、无效车票或无票乘车的乘客到票亭办理相关乘客事务，待乘客办理完毕后方可组织出站。

（2）出站。

乘客出闸后进入站厅层非付费区，站厅非付费区设有导向标志（指示各个出入口周边道路、大型建筑设施、单位），通过导向标志或人工问询服务组织乘客找到所要到达目的地的出入口，经通道、出入口楼梯、自动扶梯（或垂直电梯）出站。出站客流组织应坚持尽快疏散乘客出站为原则，防止出站与进站客流产生明显对冲和交叉。为使乘客较快疏散和出站方便，出入口电扶梯一般调为向上方向。

为防止出站口及出站通道内人员滞留影响正常疏散，在出入口上方及通道避免摆摊、宣传等活动。车站工作人员需定期巡视检查，发现通道及出入口有摆摊、宣传、卖艺等人员时及时驱赶出车站，如有不听劝阻者，报告地铁执法部门或地铁公安。

3. 换乘客流流线

换乘站一般客流较大，客流流线类别多，客流组织相对于其他车站更为复杂。换乘站在客流组织管理上根据不同的换乘方式应注意采用不同的方法，总的原则在于缩短换乘路径，减少换乘客流的交叉、干扰。

（1）按照换乘的地点区分，客流换乘主要有 2 种。

① 付费区换乘。

乘客到达换乘站下车后，不需通过出站闸机，直接在付费区内根据换乘导向标识指引经楼梯、自动扶梯（或垂直扶梯）、换乘通道或平台等到达另一站台层换乘候车。付费区换乘一般包括同站台平面换乘、站台立体换乘及通道换乘。这种换乘组织要求有良好的引导标识和通道设计，在容易出错的地点安排工作人员引导，保证乘客尤其是初乘者安全顺利完成换乘，还应尽量避免换乘客流与进出站客流产生对冲和交叉。

② 非付费区换乘。

乘客到达换乘站下车后，根据换乘导向标志指引，经楼梯、自动扶梯（或垂直电梯）到达站厅层付费区，通过出站闸机进入非付费区或出站，到另一线路重新进入付费区或进站换乘。这种换乘组织需要最大限度缩短乘客的走行距离，需要设置良好的衔接引导标志，并且避免这部分客流与其他客流的交叉干扰。该种换乘形式需要出闸并再次购票进站，换乘手续烦琐、耗时较长，一般较少采用。因线网规划不合理或后期线网改造等情况需要采用此类换乘形式时，换乘沿线醒目、合理的导向标志至关重要。

（2）按照换乘方式区分，客流换乘主要有 5 种。

① 站台换乘客流组织。

站台换乘有 2 种方式：同站台换乘和上下层站台换乘。

同站台换乘是指两条不同线路的站线分设在同一站台的两侧，乘客可同站台换乘。这种换乘方式适用于两条平行交织的线路，为方便客流组织宜采用岛式站台设计，乘客无须换乘行走，换乘时间最短，但换乘方向受限，例如单岛式站台每一层只能实现 2 个方向的换乘客流，其余换乘方向的乘客仍然要通过站厅或自动扶梯、楼梯进行换乘，换乘时间相应增加。在所有换乘方式中，同站台换乘的换乘能力最大，适用于优势方向换乘客流较大的情形。这种换乘方式的主要制约因素是站台的宽度，要求站台能够满足换乘高峰客流量的要求，换乘空间应有足够的宽度，以免发生乘客堆积和拥挤。另外合理的列车行车间隔也是客流组织的重要因素。

上下层站台换乘是指乘客由一个站台通过楼梯或自动扶梯到另一站台直接换乘。根据地铁线路交叉的情况及两车站的位置，可形成站台与站台的十字换乘、T 形换乘、L 形换乘等。

② 站厅换乘客流组织。

站厅换乘是指乘客由一个站台通过楼梯或自动扶梯到达另一个车站的站厅或两站共用站厅，再通过站厅前往另一站台乘车的换乘方式。站厅换乘一般用于相交车站的换乘，换乘距离比站台直接换乘长。这种情况下应减少站台上人流的交织，提高乘客行进速度，若换乘过程中需要进出收费区，检票口的能力成为制约因素。

③ 通道换乘客流组织。

通道换乘是指在多个单独车站之间设置联络通道等换乘设施，方便乘客完成换乘的方式。通道换乘设计应注意上下行客流的组织，应避免双方向客流的交叉。当通道直接连接两个站台时，这种方式换乘距离较近，换乘时间较短；当通道连接两个站厅收费区，换乘距离相对较远，换乘时间较长。一般情况下，换乘通道长度不宜过长，换乘通道的宽度可根据客流状况加宽。

④ 站外换乘客流组织。

站外换乘是指乘客在车站付费区以外进行换乘，换乘至另一条线路时需要重新购票，此种换乘方式往往是客观条件不允许或设计不当造成的。乘客换乘路线可分割为出站行走、站外行走及进站行走。该换乘方式需要在站外换乘路线上设置连续的换乘导向标志，并在沿途道路上搭建遮风避雨的顶棚，为乘客尽可能提供方便。在所有换乘方式中，站外换乘所需的换乘时间和换乘距离最长，给乘客带来很大不便，应尽量避免。

⑤ 组合式换乘客流组织。

组合式换乘是指上述两种及以上换乘方式组合而成的换乘方式，使所有换乘方向的乘客均能实现换乘。

任务 4　城市轨道交通大客流组织

大客流是指在某一时段集中到达，客流量超过车站正常客运设施或客运组织措施所能承担的流量时的客流。大客流现象使城市轨道交通非常拥挤，乘客流动速度明显减缓，客流交叉干扰严重，对乘客正常的出行造成不利影响，对运营安全造成较大威胁，所以我们必须确定在大客流状态下的客流组织措施。

一、大客流的分类

1. 根据大客流产生的影响和后果分类

（1）一级大客流。

一级大客流的判定标准：各车站根据本站的正常乘客数量进行比较，站台聚集人数达到或大于站台有效区域的 80%，并且持续时间大于实际行车间隔时间。这种情况给乘客及轨道运营安全造成影响，存在明显的安全隐患。

（2）二级大客流。

二级大客流的判定标准：各车站根据本站的正常乘客数量进行比较，站台聚集人数达到站台有效区域的 70%，并有持续上升的趋势。这种情况下，乘客的正常出行和轨道交通所提供的服务水平受到一定程度的影响，车站比较拥挤，乘客感觉比较压抑，但尚未对乘客及轨道交通运营安全造成影响。

2. 根据车站大客流形成特点分类

一般情况下，通过搜集信息、总结历史客流数据，大部分车站的大客流是可以预见的，但也有少数突发性大客流是无法预见的。

（1）可预见性大客流。

可预见性大客流根据其产生的原因可具体分为以下 4 类。

① 节假日大客流。

节假日大客流主要指在国家法定的元旦、春节、国庆节等假期期间，市民出行及游客旅游等造成城市轨道交通车站客流普遍大幅上升，此类大客流可以提前通过历史数据及相关信息预测得到。不同的节假日、不同车站间客流具有不同特点，国家政策、票价政策及其他宏观政策也会对客流流量流向带来影响。例如：元旦假期短，游客群体不会对地铁的客流变化产生太大影响，但市民出行、购物会造成商业区附近的车站产生较大客流，同时其他车站的客流也会比平常有所上升，会造成列车相对拥挤。春节假期较长，节前大批外地劳务人员返乡，对火车站、长途汽车站附近的地铁车站造成较大冲击，节后又有大批人员返城务工，再次对相应地铁车站形成大的冲击，但春节期间的客流会相对稳定，不会有太大影响。劳动节、国庆节期间大批游客的到来以及市民出行购物、休闲等会使地铁的客流大幅上升，特别是位于商业区或旅游景点附近的车站，客流的冲击会很大。

② 大型活动大客流。

大型活动大客流主要指由于地铁沿线附近举行大型活动（包括节假日期间举行的大型活动），入场前和活动结束散场时大量的乘客在较短时间内涌入地铁车站乘车，造成车站客流迅速上升，给活动附近的地铁站造成很大压力。此类活动多在周末、节假日举行，可以通过活动举办方了解到相关信息，可以预见所产生的大客流的时间、规模等特点，通常只对该活动地点附近的车站影响较大。

③ 恶劣天气大客流。

恶劣天气大客流主要指由于大雨、雪等恶劣天气对地面交通造成影响，较多的市民乘坐地铁或进入地铁车站避雨、雪，造成地铁各个车站客流比平时有所上升，此类大客流可以通过天气预报提前了解到信息，其对某个车站的冲击不会太大，但列车会比较拥挤，乘客上下车比较困难。

④ 暑期大客流。

暑期大客流主要由购物休闲、旅游观光乘客和放暑假的学生等构成，每年 7、8 月地铁各站客流较平时有明显增加。大客流高峰时段一般集中在每日的 8:00 ~ 16:00。

（2）不可预见性大客流。

不可预见性大客流也称突发性大客流，是指无法提前预测，在某一时段客流激增，临时突然产生的大客流，使车站候车、滞留的乘客人数接近或超过车站正常客运设施或客运组织措施所能承担的设计容量，并有继续增加的趋势。由于突发性大客流的规模大小、时间长短等无法提前预测，无法进行充分的准备，所以需要根据客流规模启动相应级别的应急预案。

① 临时组织大型活动。

车站周边临时组织大型活动主要指地铁沿线附近临时组织大型活动，这些大型活动提前没有获得或无法获得相关信息，在短时间内有大量乘客涌入地铁车站乘车，造成车站客流迅速上升。

② 天气突变。

天气突变主要指天气发生突变，无法通过天气预报准确预报的天气，如正常天气在短时间内突然变为暴雨、冰雹、大风等恶劣天气。因地面交通受到恶劣天气的影响，在短时间内会有大量乘客转乘地铁，造成车站的客流突然急剧增大。

③ 恶性事件。

恶性事件主要指因某方面原因，车站发生乘客群体上访、闹事等恶性事件，导致某地铁车站的客流在短时间内突然上升。

④ 设备设施故障。

设备设施故障主要是指因列车故障、信号故障等地铁设备设施故障，导致列车运行间隔较大，使得地铁车站的乘客不能正常疏散，而引起的车站突发性大客流。

⑤ 紧急事故。

地铁发生紧急事故主要指地铁车站发生火灾、大面积停电等事故时，车站等待乘坐地铁的乘客和下车乘客均不能短时间内疏散，造成的地铁车站大客流。

二、客流控制原则

大客流往往是难以预测的，因此为了保证大客流发生时能安全疏散乘客，各车站应根据本站具体情况建立切实可行的大客流控制预案，合理安排各岗位和地点的具体工作，迅速缓解车站压力，避免意外发生。在进行客流控制时，要遵循以下原则。

（1）“由下至上、由内至外”的客流控制原则。在车站出入口、进站闸机、站厅与站台的楼梯、电扶梯处进行重点控制进站客流，组织乘客上车，保证客流均匀上下扶梯和尽快上下列车，保证站台候车的安全。

（2）明确客流控制组织机构分工原则。客流控制组织机构可分为点控和线控。控制指挥中心负责地铁全线的客流控制，车站站长或值班站长负责本站的客流控制。

（3）坚持集中领导、统一指挥的原则。车站在实施大客流控制之前，须向行调报告。

三、大客流组织的主要措施

为了保证乘客的安全和正常的运营秩序，车站在客流组织方面应备有完善的组织方案和控制措施，在一定程度上补救固定的硬件设施的缺陷。大客流组织的宗旨是在保证疏散客流安全的前提下尽快地疏散客流，突出“安全、顺畅”主线。

1. 增加售、检票能力

售、检票能力是大客流疏散的主要障碍，因此车站在设置售、检票位置时应考虑提供疏散大客流的通道。在大客流疏散时，可采取事先做好票务服务及相关服务设备设施的准备工作。

（1）售检票设备的准备。

在大客流发生前，设备维护人员应事先对车站全部售检票设备进行维护、检修，在安排好 AFC 日常检修基础上，部分客流集中站运营时间内要有 AFC 人员驻站，确保在大客流时售检票设备能正常使用。对于 AFC 设备特殊情况下可采取 2 种运营模式：① 进站免检模式，适用于进站乘客拥挤的情况，可以允许乘客不通过入闸机检票而快速进入轨道交通车站乘车。② 紧急放行模式，适用于紧急疏散出站乘客，在紧急放行模式的状态下车站内所有闸机将不对车票进行处理，同时闸机的扇门全部打开、转杆全部解锁，方便乘客紧急疏散，此时，乘客不需要使用车票，可自由离开车站。

（2）车票和零钞的准备。

车站应根据客流预测和以往大客流所消耗的车票及零钞数，在大客流发生前，向票务部门申领和储备充足的车票和零钞。当售票点、兑零点及 TVM 已无法满足乘客购票时，可采用在 BOM 上出售单程票，在可预见的大客流发生前需完成应急票的制作。中心的 AFC 系统提前根据需要在单程票内写入设定的金额和起始站名，由车站票务中心或临时票亭组织售出，以满足大客流时需要。

（3）临时售票亭的准备。

票亭排队人数过长时，立即请示值班站长增加人工售票。根据大客流的进出方向，选择在进站客流较集中的位置，设置临时售票亭，提高售票速度。站厅面积较小的车站，可考虑将临时售票亭设置在进站客流较多的通道内。

（4）售检票人工引导。

客运服务人员积极进行票亭、自动售票机、闸机前的分流引导工作，对站厅站台加强巡视，尽快疏导客流，确保乘客安全。在客流较大的情况下，通常会因设备故障或乘客不熟悉设备而造成进出站阻塞，车站工作人员应加强巡视各组出入闸机，指导进出站客流。

2. 采取临时疏导措施

当车站遇大客流时，临时合理的疏导、控制，对客流方向进行引导、逐步限制是很有效的组织措施，应遵循“由下至上、由内至外”的客流控制原则，采取站台客流控制、站厅付费区客流控制、出入口（站厅非付费区）客流控制三级客流控制方法。

（1）第一级控制站台客流。

站台客流控制点可设在站厅与站台的楼梯（或电扶梯）口处，可将站厅与站台之间的自动扶梯改为向上方向，避免客流交叉，保证客流均匀、安全地上下楼梯和扶梯。站务人员可分散在站台的各部维持候车、出站秩序，协助驾驶员开关车门，确保乘客尽快安全上下车，并均匀进入车厢。

（2）第二级控制付费区客流。

付费区客流控制点在进站闸机处，车站可根据实际情况适当关停部分自动售票机，关停进站闸机或将部分双向闸机设为只出不进，紧急情况下可以采用隔离带、铁马隔离进站闸机，以减缓乘客进入付费区的速度，防止付费区压力过大。

（3）第三级控制非付费区客流。

非付费区客流控制点在车站出入口处。车站组织人员人为地控制出入口的乘客进站速度，在站外设置迂回的限流隔离栏杆，延长进站时间，必要时可关闭部分出入口，在站厅的非付费区也设置可临时售、检票点，引导、限制客流流动的方向，保持通道的畅通。

车站工作人员应及时留意出入口外及进出站的客流变化，发现有突发客流前兆时，应及时报告值班站长，发现排长队情况及时采取有效措施进行疏导。为了延缓大客流对车站的冲击力，保证大客流发生时疏散客流的安全，一般在出入口有以下限流措施。

① 减缓进站速度。

采用减缓进站速度的限流方式时，站务员可将出入口或通道的使用宽度缩小，售票员可采取减缓售票速度等措施。

② 分批放入。

采用分批放入组织时，站务员在出入口等控制点关闭大门，短时间阻止乘客进站，并根据值班站长指示，分阶段将乘客放入。

③ 出入口单向使用。

采用出入口单向使用时，站务员在站厅或站台进行宣传组织引导出站乘客由指定出口出站；同时，在只出不进的出入口外，阻止乘客进站，引导到指定入口进站。

④ 封闭出入口。

采用封闭出入口时，站务员到各出入口关闭大门，阻止乘客进站，允许乘客出站，并向乘客解释车站状况，疏导乘客乘坐其他交通工具。

3. 全线网客流控制

当全线网中的某一车站发生故障，不能正常运营，按照车站现场组织方法进行组织。影响严重时，实行全线网相关车站措施。

（1）向行调申请各列车在本站不停车通过，减缓本站压力，因突发事件受到重大影响的各车站，必要时申请临时封站。

（2）接到通知后，立即采取限流措施，进行宣传解释，减缓或阻止乘客进站，在站外进行乘客组织，稳定乘客情绪，保证乘客安全。

（3）利用站内广播和其他宣传疏导方式，告知乘客列车运营情况，劝导乘客乘坐其他交通工具。

（4）继续运营的车站要充分考虑客流压力的波形传递性，加强客运组织力量，做好客流急增的准备。

4. 辅助设施、备品的准备

为做好客流组织的各项工作，提前做好组织大客流的准备工作，根据客流预测确保必要的客运设施充足、无故障，如：导流带、警戒带、围栏、临时票亭、临时导向牌、标志牌、告示牌、对讲机、手提广播、急救药品、担架等等，便于维持站台秩序、单向引导客流、临时控制进站人数等情况。

在大客流发生前，车站根据大客流的进出方向和客流组织的要求，选择适当的位置张贴和摆放临时导向标志、告示牌和隔离带、伸缩铁围栏、铁马。另外还要做好自动扶梯和垂直电梯的准备。车站应事先通知厂商对车站全部自动扶梯和垂直电梯进行维护、检修，重点检查自动扶梯的毛刷、梳齿板和扶手带，确保在大客流三级控制时，自动扶梯能正常开启转换。

5. 广播的充分运用

车站在发生大客流时如需关闭车站或关闭部分出入口进行限制客流时，可以使用 PIS 进行告示，并及时做好相应的广播宣传工作。

（1）广播的要求

① 若所需广播的内容无广播磁带，车控室可进行人工广播及时引导客流，要求人工广播时语调平稳、音量适中，反复播放广播，提醒乘客注意。

② 各车站应从组织车站客流，维持车站秩序出发，掌握好广播时机，对上、下行和站台、站厅等不同区域、分别采取有针对性的广播。

③ 为争取乘客的理解与配合，必须加强现场宣传广播工作。车站、列车广播要求内容一直，保持同步，为防止事态进一步扩大，广播应保证连续性、及时性、正确性。

（2）广播的内容。

大客流情况下广播播放的内容主要有：“乘客们请注意，为确保安全，本站部分出入口将关闭，请乘客听从轨道交通工作人员的安排，从其他出入口出站，候车时须听从工作人员的安排。敬请谅解，谢谢您的配合!”“乘客们请注意，现在车站过于拥挤，请乘客们改乘其他地面交通，谢谢您的配合!”“乘客们请注意，现在车站过于拥挤，车站已经停止售票，请乘客们不要进站乘车，改乘其他地面交通，谢谢您的配合!”“退票的乘客，请到指定的退票窗口办理退票手续，如需证明请在检票口向服务人员索取，谢谢您的配合!”等。

另外，在站内措施无法满足的情况下，也可以通过增加列车运能来应对大客流，列车运能的增加是大客流组织实现的关键。根据大客流的方向，在大客流发生时，利用就近的折返线、存车线组织列车运行方案，准备备用车并适时加开，增加列车运能，从而保证大客流的疏散。

四、突发性大客流监测预警的应急处置

1. 突发性大客流监测预警

城市轨道交通各车站对现场进行实时监测，发现有大客流发生的趋势要积极采取预防措施，并向控制中心（OCC）汇报；控制中心也可根据中央监控系统时刻关注现场客流动向，

接到或是通过监控系统发现有大客流发生趋势时，要及时上报公司领导。

按照地铁大客流发展趋势，将大客流预警级别分为一般、一级、二级、三级预警共四级。

（1）一般预警：主要体现为车站售票能力不足，每台自动售票机前排队购票人数较多，同时还不断有乘客涌进，准备进行购票，站台候车乘客可以保持顺畅流动，站台压力较小，有大客流发展趋势。

（2）一级预警：主要体现为地铁站台候车乘客拥挤，人员流动缓慢，同时同方向连续 2 列车进站时仅有少量乘客能够上车，站台乘客仍有增加的趋势，站台压力较大。

（3）二级预警：主要体现为站台乘客拥挤，同方向连续 2 列车进站后，仅有少量乘客能够上车，同时站厅乘客不断聚多，全部自动售票机前排队购票人数较多，人员流动缓慢，站台、站厅压力都很大。

（4）三级预警：主要体现为站台、站厅人员爆满，同方向连续 2 列车通过都无法缓解站台压力，出入口乘客越来越多，人员流动性较差。

2. 突发大客流应急处置

突发大客流应急处置根据预警级别分别采取先期处置、一级客流控制处置、二级客流控制处置和三级客流控制处置。

（1）先期处置。

① 当出现大客流迹象时，车站要及时掌握产生的原因、规模，预计可能持续的时间。

② 值班站长向站长、部门领导、控制中心进行信息报告。

③ 站务分部主任（副主任）在 5 min 内赶到控制中心，通过上报信息及控制中心 CCTV 了解现场客流情况，指导车站人员实施控制措施，必要时安排其他车站人员进行支援。

④ 车站利用广播系统认真做好宣传，值班站长及时组织当班员工疏导站厅客流，理顺购票队伍，增设兑零点和购票点，加大购票能力，必要时向站务分部主任申请站间调配车票。

⑤ 采取有效措施，均衡站厅内客流布局。

⑥ 站台岗时刻关注进入站台乘客动态，做好站台客流疏导，避免人流在楼梯或电扶梯口处过多聚集。

（2）一级客流控制处置。

① 控制时机：当车站站台乘客较拥挤，同方向连续 2 列车经过后站台还有大量乘客滞留上不了车，并且还有持续不断的乘客进入站台。

② 机构响应：当接到客流达到一级预警信息报告后，客运部分管副部长在 5 min 内赶到控制中心，通过上报信息及控制中心 CCTV 了解现场客流情况，指导车站人员实施控制措施，必要时安排其他车站人员进行支援。

③ 现场响应：撤除临时兑零点，减少售票点，减缓售票速度；在站厅与站台的楼梯（或电扶梯）口做好限流措施，将站厅与站台之间的扶梯改为向上方向；维护好上下站台乘客秩序，避免上下站台客流产生交叉、堵塞通道及发生踩踏事件；若还不能控制时，现场采用设置隔离围栏、警戒绳等措施在站厅通向站台楼梯口进行拦截乘客；分批向站台放行乘客。加强站台巡视，做好宣传，维护站台乘客的安全；加强广播宣传，稳定乘客情绪，必要时在站台摆放或张贴宣传告示。

（3）二级客流控制处置。

① 控制时机：当车站站台及站厅付费区都较为拥挤，采取一级客流控制措施后，还有持续不断的乘客通过闸机进入付费区，站厅付费区乘客滞留时间超过 5 min 不能下到站台，站厅付费区乘客严重影响到站台向上的出站乘客。

② 机构响应：当接到客流逐步从一级预警向二级预警过渡时，客运部部长（副部长）在 5 min 内赶到控制中心，通过上报信息及控制中心 CCTV 了解现场客流情况；站务分部主任（副主任）及时赶赴现场，指导车站人员实施控制措施，适时调派支援人员；控制中心值班主任与站务分部主任（副主任）保持联系，灵活组织备用列车上线或进行必要的运营调整。

③ 现场响应：及时组织车站人员维持秩序，撤除兑零点，关闭部分或全部 TVM，减缓售票速度；值班站长及时按照现场处置工作负责人的命令组织当班员工疏导站台、站厅付费区客流，增派人员到站台、站厅维持候车秩序，利用广播宣传，注意站台乘客的候车动态；向行调请求加开客车运送站台的乘客；在进站闸机处，关闭部分或全部进站闸机，将双向闸机设置为只出不进模式，通过现场情况可采用在闸机通道外设置栏杆的形式拦截乘客进入付费区，维护好上下站台及进出付费区乘客秩序，避免上下站台客流及进出付费区客流产生交叉、堵塞通道及发生踩踏事件；根据付费区内客流减缓情况分批放行非付费区客流进入付费区，并适时调整售票速度；根据站台客流减缓情况分批放行站厅付费区客流进入站台；站厅、站台客流控制时要注意留有足够的缓冲区；加强站台、站厅巡视，做好宣传，维护车站乘客的安全；加强广播宣传，稳定乘客情绪，在站台、站厅摆放或张贴宣传告示。

（4）三级客流控制处置。

① 控制时机：当车站站台及站厅都较为拥挤，采取二级客流控制措施后，还有持续不断的乘客通过出入口进入站厅，站厅非付费区乘客滞留时间超过 10 min 不能购票进闸，站厅非付费区、付费区乘客严重影响到出站客流。

② 机构响应：当接到客流逐步从第二阶段向第三阶段过渡时，运营分公司分管副总经理在 10 min 之内到达控制中心，通过上报信息及控制中心的视频监控系统（CCTV）了解现场客流情况，在调度指挥控制中心（OCC）进行指挥；客运部部长（副部长）立即赶赴现场，担任现场处置工作负责人；驻站民警协助客流疏导；控制中心值班主任与现场负责人保持联系，适时进行运营调整，根据客流发展趋势，及时向地铁公安分局请求支援，要求增派警力。技术安全部相关人员赶赴现场，与支援民警进行现场安全防护，若出现踩踏事件及时处置；控制中心值班主任灵活组织行车调度，及时进行运营调整，及时向地铁公安分局、交通局联系，请求增派警力或是地面交通支援。

③ 现场响应：车站维护好上下站台进出付费区及出入口的乘客秩序，避免进站客流与出站客流产生严重交叉、堵塞通道及踩踏事件；加强站台、站厅及出入口巡视，做好宣传，维护车站乘客的安全；加强广播宣传，稳定乘客情绪，在站台站厅及出入口摆放或张贴宣传告示；控制进入车站乘客人数，在站外设置限流隔离栏杆，延长进站时间，或组织乘客排队分批进站；采取出入口分流，一部分只出不进，一部分只进不出，必要时可选择关闭部分出入口，最大程度缓解站厅及站台客流压力；入口根据站厅客流减缓情况，分批放行出入口外客流进入站厅非付费区，适时开关 TVM、闸机，施行或取消票务中心售卖预制票，调整售票速度；根据站台客流减缓情况分批放行站厅付费区客流进入站台。

五、雨天车站的大客流组织

突如其来的降雨通常会引发大客流现象，如果降雨造成出入口乘客避雨拥堵时，可及时向滞留乘客发放一次性雨衣，增加人员进行客流疏导，加强疏散力量，快速将滞留乘客疏导出站，并请求地铁公安在出入口处协助组织，同时密切关注各车站现场情况，将影响运营的事件随时向行调报告。一般可采取以下措施进行疏导客流：

（1）要经常巡视出入口的地面，观察天气状况。

（2）当出入口聚集人多时，为防止乘客拥堵在电扶梯口影响到乘客正常乘坐电扶梯，可视情况关闭车站出入口电扶梯。

（3）保洁人员在出入口铺设防滑垫，并及时清理站内湿滑地面，避免乘客摔伤。

（4）车站工作人员到出入口发放免费雨衣及雨伞。

（5）加强出站口的宣传疏导，提高乘客出站速度，播放提醒乘客防滑广播，防止乘客滑倒摔伤，摆放提醒告示。

（6）雨情较大时将因避雨拥堵在出入口和通道内的乘客引导至人少的通道内，并提示有雨具的乘客尽快离开车站。

（7）如因出入口积水导致乘客滞留或出站速度缓慢，应及时引导乘客至其他路况较好的出入口出站。

（8）地面线及高架线车站要密切关注车站建筑设施漏雨情况，采取有效的措施进行控制，向乘客做好宣传解释工作，保证乘客乘降安全。

（9）因车站滞留乘客量大导致站内秩序得不到有效控制时，车站向上级领导和相关部门申请采取临时封站措施。

六、大客流组织时车站各岗位工作分配

在可预测性的大客流发生前，车站应根据预测的客流量，有计划、系统地做好大客流期间的排班，分析本站高中低峰期的变化，合理调整人员，在人员有限的情况下，尽量在高峰期安排充足的人员，在低峰期安排较少的人员上岗。必要时可以请求其他部门人员的协助，例如可以及时与警务站联系，由公安分局调配足够的警力到车站，主要协助出入口、站台客流组织，以防安全事件发生。

1. 值班站长

（1）受大客流冲击的车站，当班值班站长要及时了解进出站客流情况（每 15 min 或更短时间间隔的客流情况），及时采取措施合理调整岗位和安排人员，各岗位间要保持密切联系。

（2）当站台候车乘客过多，仍有乘客不断入站时，值班站长应及时向行调报告，并向 OCC 申请加开列车。

（3）组织人员做好客运组织调整工作，例如安排各应急票点增减时机，统计应急票的数量，指挥票务人员更换钱箱，完成 TVM 的补币、补票，做好退票、发放致歉信及赠票的准备，放慢售票速度，减少售票窗口，关闭出入口等。

（4）根据车站具体情况，安排车站其他人员（包括保洁员、协警等）到各岗位做好车站内乘客疏导及解释工作，必要时申请站外工作人员的支援。

2. 行车值班员

（1）及时向总调汇报情况。

（2）不间断地进行广播宣传，引导乘客疏散。

（3）通过监视器密切注意车站情况，与有关部门保持联络，负责各部门与车站有关人员间的信息传递。

（4）根据总调指令，调整运营秩序和客运组织方案。

（5）接到值班站长的停止售票的指令后，关闭 TVM 进站闸机，指挥售票窗口停止售票，指挥检票口“只出不进”。

（6）及时与警务站联系，请求公安协助。

3. 站台岗站务员

（1）服从值班站长安排，参与组织、疏导已进站的站台客流。

（2）利用手提广播做好宣传解释工作。

（3）维持好站台秩序，加强巡视，加强对站台乘客候车动态及站台屏蔽门工作状态的监控，防止上下车乘客拥挤，保证乘客安全。

（4）及时将站台客流情况反馈给行车值班员。

4. 厅巡与售票员

（1）及时向站长及行车值班员汇报客流情况。

（2）根据当班站长指令，立即停止售票或放缓售票速度，做好退票准备及致歉信、赠票的发放工作。

（3）做好票款保护工作。

（4）做好乘客的解释、疏导工作，分别在出入口、票亭及进闸机前摆放立柱告示，告知购票进闸的乘客列车有关信息，同时做好退票和公交接驳的工作准备。

任务 5　突发事件客流组织

突发事件是指在没有任何征兆的情况下，在城市轨道交通车站内、列车上或其他设备设施内突然发生的危及人身安全的事件，如自然灾害地震、火灾、恐怖袭击、爆炸、疫情、大面积停电等。突发事件发生时在车站内或列车上的客流均称为突发事件客流。发生突发事件时，城市轨道交通工作人员须按照应急预案要求，合理安排各岗位和地点的具体工作，将乘客快速疏散至安全位置，防止人员伤亡等意外事件发生、扩大和蔓延。

当车站发生突发事件时，车站可根据实际情况采用不同的客流组织办法对乘客进行疏导。客流组织的方法主要有乘客疏散、清客和隔离三种。

一、疏　散

疏散是指在发生紧急情况时，利用一切通道和出口迅速将乘客从危险区域全部转移到安全区域，包括车站疏散和隧道疏散。

1. 车站疏散组织办法

火灾、大面积停电等突发事件可能导致乘客伤害时，车站工作人员必须第一时间组织疏散乘客，各个岗位密切高效配合，争取在最短的时间内将乘客疏散至安全位置。城市轨道交通单位需编制各类突发事件的应急预案，并定期组织演练和培训，让每个岗位工作人员充分锻炼才能有效保证真正的突发事件来临时井然有序、妥善处理。在车站疏散过程中各岗位的客运组织应急处理程序如下。

（1）值班站长。

① 接到紧急情况信息报告后，迅速赶往现场确认实际情况。

② 宣布车站执行相关应急处理程序，在上级领导未到达前担任现场临时指挥。

③ 调集车站所有资源快速组织疏散乘客，督促各岗位应急处理关键环节是否执行。

④ 乘客疏散完毕后，检查车站内是否有滞留乘客并关闭出入口，报告中央控制中心。

⑤ 当事件危及车站员工安全时，应及时组织员工到紧急出入口或后备紧急出入口集中，通过消防疏散通道或出入口到达安全区域。

⑥ 如乘客被困在站台，应要求行调安排一列空车前往车站疏散乘客，安排人员安抚和维持站台秩序，组织全部乘客上车后，指示站台保安向驾驶员显示“好了”信号后，登乘驾驶室离开。

⑦ 需要“119”“120”等外部力量支援时，安排保安或站务员到紧急出入口引导支援人员进入车站。

（2）行车值班员。

① 及时将现场情况向中央调度中心报告，与行调保持联系，报告疏散原因、是否影响列车运行、是否需要支援等。

② 视车站突发事件情况，通知地铁公安到场维持秩序，也可向“119”“120”请求支援。

③ 需要疏散公共区乘客时，按压 AFC 紧急按钮，使闸机处于常开状态，并将 TVM 和 AVM 设置为暂停服务状态并开启相应环控模式。

④ 通过乘客咨询显示系统发布疏散信息，播放疏散广播通知乘客疏散。

⑤ 根据事件蔓延情况，带好手持台等相关通信工具视情况撤离车控室至安全区域。

（3）客运值班员。

① 收好钱款，锁闭票务管理室，到车控室协助行车值班员操作相关环控设备，如果环控设备中央级执行不成功，负责操作车站级环控设备。

② 到站厅、站台、设备区组织疏散乘客和其他维修巡检人员。

③ 协助伤者离开危险区域或指引乘客疏散。

④ 根据值班站长安排在出入口拦截乘客进站、关闭部分出入口。

（4）厅巡岗。

① 打开边门和员工通道，协助客运值班员工作，将乘客疏散出站。

② 根据电扶梯的运行方向，将向下的电扶梯关闭，将向上的电扶梯视情况关闭。

③ 根据客运值班员或值班站长安排出入口拦截乘客进站，迎接外部支援力量。

（5）站台岗。

① 按照值班站长命令，执行应急处理程序，疏散站台层乘客，完毕后协助疏散站厅乘客。

② 乘客疏散完后，到现场协助处理应急事件，救助受伤乘客；

③ 如安排列车接载站台乘客疏散时，乘客及车站其他在站台疏散人员上车完毕后向驾驶员显示“好了”信号。

（6）票亭岗。

① 收好票款锁闭票亭，到楼梯、扶梯口维持秩序。

② 疏散乘客出站，根据客运值班员或值班站长安排张贴告示，拦截乘客进站，引导外部支援人员进站。

2. 隧道疏散组织办法

当地铁设备故障、发生自然灾害等情况造成列车停在区间，无法行驶至前方车站时，需要将乘客尽快从列车疏散到车站等安全地方，执行区间乘客疏散办法。对于隧道发生火灾、爆炸等紧急事件及设备发生故障，区间疏散乘客具有不同的要求，以下分别进行阐述。

隧道发生火灾或列车在隧道发生火灾无法运行至前方车站时，需要尽快疏散列车上的乘客，根据列车着火位置及火势大小选择正确的乘客疏散方向，确保乘客人身安全。在接到行调需要区间疏散的命令后，车站各个岗位必须密切高效配合，各岗位的客运组织应急处理程序如下。

（1）司机。

① 确认列车及其火灾位置向车站和控制中心报告。

② 发布列车广播，向乘客解释停车原因，安抚乘客。

③ 引导乘客使用车厢内的灭火器进行灭火自救。

④ 待车站工作人员到达现场后，开启安全疏散门，进行乘客疏散。

⑤ 疏散完毕后汇报行车调度员。

（2）行车调度员。

① 接到报告后，立即执行列车火灾应急程序，命令车站禁止向该区间发车，停止续行列车的运行，并停止相邻线路的行车。

② 保持与司机和车站的联系，并视火灾情况拨打“119”“110”和“120”。

③ 彻底灭火后，组织开行救援列车，将着火列车拉到附近的停车场、车辆段，由维修部门检查、修复损坏的线路及其他设备后，清理轨道，及时开通线路。

（3）环调。

① 向行车调度员了解确定列车停靠位置及上、下行线。

② 环控工程师审核处置方案，经总调批准同意后由环控调度员开启相应的火灾工况模式。

③ 若发生中央级控制无法操作时，及时向下放“站控”，确认火灾模式正确运行。

④ 随时与事故车站保持联系，及时掌握现场情况。

⑤ 检查、监视通风情况并随时报告环控工程师和线路值班主任。

（4）值班站长。

① 接到区间疏散通知后，立即通知厅巡岗、保安带齐应急物品到站台做好灭火区间疏散乘客准备工作。

② 确认列车在区间不能运行时，宣布执行列车在区间火灾应急处理程序，担任“事故处理主任”，指挥厅巡岗、保安等做好防护，得到行调的同意后进入列车所在区间引导乘客疏散、灭火。

③ 组织乘客疏散，确认隧道没有遗留乘客，报车站控制室。

④ 消防队员到达后，将灭火工作交给消防队员，确认乘客疏散完毕后，回到车控室。

⑤ 确认火灾扑灭、公安取证完毕、设备抢修结束、人员出清线路后报告行调，向行调请求恢复运营。

（5）行车值班员。

① 接到行调或列车司机通报火警后，立即报告值班站长。

② 与行调值班站长保持联系，并向地铁公安、“119”“110”请求支援。

③ 播放紧急疏散广播，按压 AFC 紧急按钮，关闭广告灯箱电源。

④ 严格控制救援人员进入区间时机，进入区间前要得到行调的同意。

⑤ 向行调报告消防队员到达及灭火情况。

⑥ 所有人员出清区间后向行调汇报。

⑦ 准备恢复运营服务，并向行调报告。

（6）客运值班员。

① 得知发生火灾后，锁好票务管理室门，到车控室协助行值工作，中央级控制不能实现时，按控制中心指令操作车站级环控系统 BAS。

② 执行列车在区间火灾应急处理程序，关闭所有 TVM，到站厅组织工作人员疏散乘客。

③ 组织站厅乘客疏散，确认站厅乘客全部疏散出站后报告车控室，救助受伤乘客。

（7）厅巡岗。

① 接到通知后立即带备品到站台待命。

② 听从值班站长指挥做好防护，到区间疏散乘客，协助灭火，组织乘客向站台疏散。

③ 消防人员到后，将灭火工作交给消防人员。

（8）票亭岗。

① 收好票款、执行应急处理程序，关停站台层向下运行的扶梯。

② 组织疏散乘客。

（9）站台岗。

① 列车在区间疏散乘客时，打开端墙门，组织疏散乘客并清点人数。

② 站台乘客疏散完毕后向车控室报告。

③ 根据车控室指示严格控制进入区间救援的时机。

④ 接到恢复运营的通知后，检查站台客运设施情况，为恢复运营服务做准备。

（10）保安、保洁。

① 执行紧急疏散命令，视情况关停站厅层出入口的扶梯。

② 拦截乘客进站，根据车站工作人员安排张贴暂停服务告示。

③ 接应外部支援力量。

④ 救助、安抚受伤乘客等候 120 救护人员到来。

设备发生故障列车被迫停在区间，需要区间疏散乘客时，车站根据行调命令组织乘客有序疏散出区间，尽量避免乘客在区间受伤。车站各岗位的客运组织应急处理程序如下。

（1）司机。

① 列车在区间被迫停车后，立即报告行调具体停车位置，并做好防溜措施。

② 按行调的指示启动隧道疏散程序。

③ 广播安抚乘客。

④ 车站员工到场后，打开应急疏散门并播放“列车清客广播”，通知乘客有序进入隧道。

⑤ 疏散完毕后，在做好自身安全保护情况下检查是否还有乘客滞留，确认无滞留，检查列车状态，报告行调，等候行调的指示。

⑥ 在确保自身安全的前提下，对灾害采取必要的扑救措施，如危及自身安全时，应迅速撤离现场。

（2）行调。

① 根据司机停车位置，通知环调做好隧道通风，报告主任调度员，接到主任调度员的通知后，通知驾驶员执行疏散程序。

② 扣停相关列车，确保线路安全，通知两端车站安排员工到现场协助疏散。

③ 通知线上驾驶员和其他相关车站停止服务，做好乘客广播解释工作。

④ 视情况致电“119”“110”“120”，请求支援，并通知车站派人接应。

⑤ 清客完毕后，确认区间出清，尽快恢复正常运营服务。

（3）主任调度员。

① 决定是否需要执行隧道疏散程序，并确定疏散线路。

② 制定列车调整方案并布置实施。

③ 按照故障原因决定是否通知相关救援队出动救援。

④ 需要时请求外部支援，如执行公交接驳预案。

⑤ 将情况向有关人员通报。

（4）电调。

按照行调的供电安排，尽可能维持接触网供电。

（5）环调。

① 将环控系统授权站控方式，如有需要开启隧道通风。

② 检查、监视通风情况。

（6）值班站长。

① 车站值班站长担任临时应急负责人。

② 接到行车调度员或列车驾驶员需要隧道疏散的通知后，通知各岗位员工执行《车站疏散程序》，指定客运值班员负责组织指挥疏散车站乘客。

③ 确定列车停车位置，开启隧道灯，需要时开动隧道风机进行排烟（或由环控调度员开启），经得行调同意后，带领站务员、保安，穿好荧光衣，携带手提广播、照明灯（应急灯）、对讲机等，做好安全防护后，到疏散现场负责引导乘客往车站疏散。

④ 确认列车乘客疏散完毕，沿途检查线路是否有滞留乘客或遗留物品，在确认乘客疏散完毕和线路出清后，报告行车调度员。

⑤ 疏散完毕后按原路返回，负责确保乘客及工作人员全部安全到达站台。

⑥ 如有需要，安排站务员/站厅保安到紧急出入口等候和引导救援人员进站，救援人员到车站后告知有关情况，带领员工参加应急处理救援工作。

⑦ 如需要停止车站服务，安排客运值班员组织车站员工执行《车站清客程序》。

（7）行车值班员。

① 接到行调列车区间疏散的命令后，立即报告值班站长，并打开隧道照明灯。

② 通过乘客咨询显示系统发布疏散信息，做好广播工作，安抚乘客。

③ 按动紧急停车按钮，防护有关区域。

④ 按动 AFC 紧急按钮，使闸机为常开，将 TVM 和 AVM 设为暂停服务。

⑤ 需要时，开启相应环控通风模式。

⑥ 通知地铁公安到场维持秩序。

⑦ 根据行调的指示，安排外部支援人员进入隧道救援。

⑧ 区间乘客全部疏散完毕后及时向行调报告。

（8）疏散现场的车站员工。

① 引导乘客疏散，并协助有困难乘客。

② 确认列车乘客清客完毕，沿途检查线路是否有滞留乘客或遗留物品。

（9）客运值班员。

① 收好钱款，锁闭票务管理室。

② 组织车站员工执行车站疏散程序。

③ 安排员工在端门处接应疏散的乘客。

（10）厅巡岗。

① 接到通知后立即带备品到站台待命。

② 听从值班站长指挥做好防护，到区间疏散乘客、灭火组织乘客向站台疏散。

（11）票亭岗。

① 收好票款、执行应急处理程序，关停站台层向下运行的扶梯。

② 组织疏散乘客。

（12）站台岗。

在车站端墙处接应从区间里疏散来的乘客，对乘客做好安抚解释工作。

（13）保安。

① 与值班站长下线路疏散乘客。

② 对乘客做好解释安抚工作。

二、清　客

清客是指当车站或列车出现异常时，例如运营设备故障、列车暂时中止服务或行车组织发生变更调整时，需要将乘客从某一区域转移到另一区域，包括车站清客和列车在站台时清客。

清客与乘客疏散的区别在于疏散是在紧急状况下的客运组织方式，是为了保证乘客安全，尽快将乘客转移到安全位置，而清客是暂停行车服务的客运组织方式。以下分别介绍车站清客和列车在站台时清客的各岗位应急客流组织流程。

1. 车站清客组织流程

（1）值班站长。

① 宣布执行车站清客处理程序，组织车站员工对车站乘客进行清客，引导乘客退票。

② 待乘客全部出站后，检查车站的站厅站台是否有滞留乘客，关闭出入口，派人在出入口张贴告示。

③ 安排车站人员到紧急出入口值勤。

④ 召集车站其他工作人员，协助设备故障处理，等待恢复运营。

⑤ 将情况向站长汇报，并做好详细记录。

（2）行车值班员。

① 接到上级暂停服务清客的命令后通知各岗位员工车站停止服务，执行清客程序。

② 通知地铁公安到现场维持秩序。

③ 播放清客广播和票务政策广播。

④ 按动 AFC 紧急按钮，使闸机为常开，将 TVM 和 AVM 设为暂停服务。

⑤ 通过乘客咨询显示系统发布车站停止服务信息。

⑥ 关站后，执行节电照明模式。

（3）客运值班员。

① 引导乘客办理退票、一卡通更新及出站，向乘客做好解释。

② 根据需要为售票员配备零钞。

③ 统计退票数量，并将回收单程票封好后上交票务室。

（4）其他工作人员。

① 厅巡打开车站边门，引导乘客退票或出站。

② 售票员负责办理退票。

③ 站台岗及保安引导乘客出站，根据客运值班员或值班站长安排张贴告示。

2. 列车在站台时清客组织流程

（1）值班站长。

① 组织站务员在规定时间内引导乘客安全撤离列车，并做好乘客解释工作。

② 检查车厢有没有滞留乘客，清客完毕后及时通知车控室，指示站台保安显示“好了”信号发车。

③ 引导部分乘客退票，组织和引导部分乘客在同站台或另一站台等候下一趟列车，做好候车乘客的解释和安抚工作。

④ 将情况向站长汇报，并做好详细记录。

（2）行车值班员。

① 接到行调列车在站台清客的命令后及时通知值班站长。

② 通知地铁公安到现场维持秩序。

③ 做好乘客广播工作。

④ 通过乘客咨询显示系统发布相关服务信息。

⑤ 及清客完毕后，及时向行调报告。

（3）其他工作人员。

① 厅巡和站台保安在规定时间内完成对列车上乘客的清客工作，引导乘客退票或在同站台或另一站台等候下一趟列车。

② 客运值班员协助值站清客，对不主动配合的乘客进行劝导和解释，引导乘客离开列车。

③ 票务岗工作人员负责办理退票。

（4）司机

① 接到行调列车在站台清客的命令后打开车门、屏蔽门，同时播放列车清客广播。

② 确认车厢没有乘客滞留，关门并报行调，按照行调指令执行。

三、隔　离

隔离是指采用某种方式或设备人为地隔开人群或封闭某个区域。根据造成隔离的原因，隔离的组织方法分为以下 4 种。

1. 非接触纠纷隔离

乘客发生口头纠纷时，离现场最近的工作人员要立即上前调解，必要时要把纠纷双方分别带到人少的地方（或带到车站会议室），进行劝说和调解。如有其他乘客围观，应及时劝离现场，维持好车站正常秩序。

2. 接触式纠纷隔离

乘客发生打架时，离现场最近的工作人员要立即赶到现场，与车站保安人员一起把打架双方隔开，并通知地铁公安到场。车站控制室通知值班站长赶到现场处理，将肇事双方移交地铁公安处理。车站要及时疏散围观的其他乘客，并寻找目击证人填写事件记录。

3. 客流流线隔离

当车站某端排队购票队伍与进、出客流发生交叉干扰时，车站工作人员可以利用伸缩栏杆、隔离带、铁马等设备将不同方向的客流分隔开，保持进出站、换乘客流畅通，并利用手提广播引导乘客到人少的一端购票进站，避免乘客排长队的现象。

4. 疫情隔离

城市发生疫情传播，车站发现有人晕倒或疑似传染疫情时，必须及时采取隔离措施，报告公司防疫指挥中心及市防疫指挥中心，根据上级要求进行清客，关闭出入口，列车不停站通过，对与疑似人员接触过的物品、人员进行消毒、隔离观察，未经防疫部门的许可不能离开车站。

复习思考题

一、单选题

1. 当轨道交通本身的运能比较小或在用地没有完全开发的地区，该车站的客流小时分布类型为（　　）

A. 双向峰型　　B. 单向峰型　　C. 突峰型　　D. 无峰型

2. 各种换乘方式的换乘时间从短到长的排序正确的为：

A. 站台换乘、通道换乘、站厅换乘、站外换乘

B. 站台换乘、站厅换乘、通道换乘、站外换乘

C. 站外换乘、站厅换乘、通道换乘、站台换乘

D. 站外换乘、通道换乘、站厅换乘、站台换乘

3. 当各车站根据本站的正常乘客数量进行比较，站台聚集人数达到或超过站台有效区域的（　　），并有持续不断上升的趋势时，称为二级大客流。

A. 60%　　B. 70%　　C. 80%　　D. 90%

4. 大客流的控制应遵循“由（　　）至（　　），由（　　）至（　　）”的客流控制原则。

A. 下上外内　　B. 下上内外　　C. 上下外内　　D. 上下内外

5. 第一级客流控制是指在（　　）采取措施控制进入站台乘客数量的客流组织行为，控制点在站厅与站台的楼梯（或电扶梯）口。

A. 付费区　　B. 非付费区　　C. 站台　　D. 整个站厅

6. 以下属于可预见性大客流的是（　　）

A. 临时组织大型活动　　B. 暑期大客流

C. 天气突变　　D. 设备设施故障

二、判断题

1. 原来经由常规公交和自行车出行转移到经由轨道交通出行的这部分客流称为诱增客流。（　　）

2. 位于工业区的车站，在两个高峰时段，车站客流不同流向上的流量相差较大。（　　）

3. 售、检票位置根据出入口数量相对集中布置，并需贴近出入口、楼梯的位置。（　　）

4. 进站时，乘客需左手持车票，站在闸机黄色线外刷卡进站。（　　）

5. 列车停稳开门乘客乘降时，站台工作人员在扶梯口或楼梯口等人较多的地方，提醒乘客先上后下，注意脚下安全。（　　）

6. 当车站站台乘客较拥挤，同方向连续 2 列车经过后站台还有大量乘客滞留上不了车，并且还有持续不断的乘客进入站台时，启动二级客流控制。（　　）

7. 乘客发生打架时，离现场最近的工作人员要立即赶到现场，与车站保安人员一起把打架双方隔开，并通知地铁公安到场，这种操作叫作接触式纠纷隔离。（　　）

三、简答题

1. 城市轨道交通车站日常客流组织的乘降组织包括哪些内容？

2. 简述大客流的分类。

项目五在线答题

项目六 城市轨道交通客运服务

【项目描述】

城市轨道交通属于交通服务行业，为乘客提供出行服务，客运服务工作水平的高低直接决定了乘客的满意程度，也代表着该城市的文明水平，所以提高轨道交通系统的运营管理水平，做好乘客服务工作至关重要。本项目从乘客的心理及需求出发，从仪容仪表、仪态举止和语言、环境、态度提出轨道交通工作人员的客运服务规范，分析了各岗位的服务流程，介绍了乘客的投诉处理、失物认领、特殊乘客、乘客物品掉落轨道事件的基本业务流程，切实提升服务水平和实操能力。

【学习目标】

（1）了解乘客的心理及需求。
（2）了解城市轨道交通客运服务术语。
（3）熟悉各岗位的服务要求、服务技巧。
（4）了解广播服务。
（5）熟悉乘客投诉分类及受理礼仪。
（6）了解特殊乘客服务原则。
（7）熟悉客运作业考核指标。

【能力目标】

（1）能够从面部、发型、口腔、手部、身体卫生、着装、饰品等方面掌握仪容仪表规范。
（2）能够从站、坐、走、蹲、指引、行礼、接待等方面掌握仪态举止规范。
（3）能够从文明用语、环境卫生、肢体与表情、态度管理等方面达到服务规范。
（4）能够运用各岗位的标准服务用语进行乘客服务。
（5）能够对乘客反馈意见和投诉进行有效处理。
（6）能够对遗失物品及失物认领进行处理。
（7）学会乘客物品掉落轨道突发事件的应急处理程序。

任务 1　城市轨道交通客运服务概述

城市轨道交通作为一种现代化的交通工具，它拥有一个庞大而复杂的系统。而轨道交通与乘客密切相关的就是客运服务工作，即轨道交通为广大乘客提供出行服务。客运服务工作作为一个窗口，直接反映了轨道交通系统的运营管理水平，也反映出城市的文明程度。

城市轨道交通的功能是为乘客提供位移，同时为乘客提供优质服务，从而获得良好的社会效益。若想提高乘客满意度，首先必须研究并了解乘客心理及需求。

一、乘客的心理及需求分析

1. 乘客心理

为了提高客运服务质量，客运职工除了要加强自身心理品质修养，还应认真研究乘客的心理需求及规律，全心全意、文明礼貌、热情周到地为乘客服务。

（1）乘客的一般心理需求。

不同乘客的心理需求是有差异的，但按照人类需要发展的规律性和层次性，可以把乘客的需要分成三大类：天然性需要、社会性需要和精神性需要。

① 天然性需要。作为普通自然人，必须保证机体的生存和健康，有基本的衣食住行的需要，才能顺利进行各种活动以达到预定目的。

② 社会性需要。自然人生存在一定的社会环境中，社会性需要主要表现在需要进行社会交往，需要得到别人的尊重和理解。人人都有进行社会交往的需要，乘客希望感受到对他们的尊重，得到热情而有礼貌的服务，满足自己的意愿和要求。

③ 精神性需求。乘客的精神性需要主要有追求猎奇的需要、对艺术的需要及对美好事物的追求。这些个性化的需求都会使他们产生美的感受。

（2）乘客的出行心理需求。

① 安全需求。这是乘客乘车最根本的需要，包括人身安全和财产安全。每一位乘客都希望车站有良好的治安秩序，不发生任何危及人身安全和财物安全的意外事故，也就是不会发生人身碰伤、挤伤、摔伤、烫伤等情况，旅行中所携带的财物、文件资料保持完整，不会发生丢失或损坏的情况。

② 顺畅心理。“诸事顺利”也是出门旅行者的一个共性心理要求。从乘客运输服务管理角度，应尽最大的努力满足乘客的需要，同时，还要做好宣传工作，对乘客要有良好的服务态度。

③ 快捷心理。“快捷”是乘客的一个主要要求。缩短旅行时间，迅速到达目的地，可以节约时间，同时减少旅行疲劳。

④ 方便心理。“方便”要求减少旅行中的各种中间环节，达到“快捷”的目的，在地铁站内表现在购票、进出站、上下车以及中转换乘等方面。满足乘客的方便快捷心理要求，其要点是使乘客感到处处、事事、时时方便，节省时间，能够使事情顺利办成。

⑤ 经济心理。经济心理表现在旅行需要的满足程度与所付出的费用和时间相比较，希望在一定的需要满足程度之下，所付出的费用和时间最少。

⑥ 安静心理。乘客出门旅行，来到车站与其他乘客一起共同旅行，处于动荡状态中。在嘈杂的环境中，尽量保持安宁，减少喧哗，动中求静，是大多数乘客的共同心理需求，尤其是在人较多的候车室和车厢内，要求更为迫切。

⑦ 尊重的心理。每一位旅客都希望自己的人格、习俗、信仰、愿望受到客运服务人员的尊重，能看到热情的笑脸，听到友善的话语，体验到温暖。

2. 乘客的需求特点

（1）乘客需求是多方面的。

乘客选择城市轨道交通出行，其主要的需求为安全准时到达目的地，同时要求购票方便、候车舒适、出行安全、乘车便捷、服务良好等等。显然，安全与便捷是乘客出行最主要考虑的需求。在市场经济条件下，乘客总是首选最安全便捷、服务质量最好、价格相对便宜的交通工具。当便捷程度、价格水平都接近时，服务质量就成为乘客的主要需求。

（2）乘客需求是分层次的。

马斯洛关于人类需求层次的理论告诉我们：不同的乘客可能由于性别、年龄、职业、乘车目的等因素，有着不同的需求期望；即使同一乘客在不同场合、环境下，其需求也是有所不同的。城市轨道交通企业首先要研究自身客运服务定位，研究乘客的需求层次、出行中服务需要，以求满足最广大乘客的需求。

（3）乘客需求是不断发展的。

随着时代的进步，生产力水平的发展，乘客需求在不断变化和提高。在市场经济条件下，乘客的出行消费，也促进了城轨交通企业的生产和发展。需要企业既要重视乘客当前主要层次的显在需求，更要着眼于即将到来的潜在需求，及时调整现有的服务内容，关注新兴的服务需求，从中总结出过去现在和将来的需求发展规律。乘客的需求是不断发展的，让乘客满意也是永无止境的。

二、服务意识规范

规范的乘客服务形象不仅能向乘客展示城市轨道交通员工的风采，更是一面展示城市轨道交通行业良好形象的窗口。客运服务人员要从行为规范、形体标准等方面一点一滴的细节做起，以维护提升地铁服务形象为己任，全心全意为乘客服务，树立、提升地铁服务品牌形象。

地铁员工在乘客服务区应保持良好的服务意识，言行举止要做到文明礼貌，主动热情地向有需要的乘客提供帮助，树立文明、和谐、周到的服务形象。

1. 树立服务意识

服务态度决定了服务质量和服务效果。作为轨道交通企业员工，勇于承担企业、个人的责任和树立积极主动的服务态度，是从事客运服务工作的前提和基础。城市轨道交通客运服务要求客运工作者注意服务细节、认识到服务乘客无小事，也要求服务人员树立不说“不”的服务态度和不说“他们”只说“我们”的责任承担理念。这是作为客运服务人员必须承担的个人责任，只有牢固树立“乘客至上，服务为本”的观念，以优质的服务树立良好的信誉，才能保证自身的生存和发展。

2. 树立窗口意识

城市轨道交通作为城市的文明窗口，服务人员是这个窗口的重要代表。服务人员优良的言行举止是透过这座窗口所展示的优美画卷。服务人员要以“窗口无小事”的意识规范自己的岗位行为，展示城市轨道交通的文明风范。

3. 树立乘客意识

客运服务人员的服务对象是乘客，在乘车过程中，乘客的各种需求是受心理支配的，而各种外界的条件变化又直接影响着乘客的心理。服务人员只有掌握乘客的心理活动规律，及时了解乘客的要求，知道乘客喜好什么、厌恶什么，才能提高服务水平。一切从维护乘客的利益出发，时刻尊重乘客，以乘客需求为出发点，最大限度地为乘客提供优质、满意的服务是我们工作的出发点和落脚点。

任务 2　城市轨道交通客运服务规范

城市轨道交通车站是一个城市的明信片，车站工作人员代表着地铁车站，还代表着整个城市，所以严格遵守客运服务规范非常重要，本节从仪容仪表、仪态举止、语言、环境和态度等多方面进行规范阐述。

一、仪容仪表

礼仪是构建和谐社会的基础，也是衡量全社会文明程度的尺度。礼仪是人们生活和社会交往中约定俗成的，人们可以根据各类礼仪规范，正确把握与外界的人际交往尺度，合理地处理好人与人的关系。

从应用领域来看，礼仪可分为政务礼仪、商务礼仪、服务礼仪、社交礼仪、涉外礼仪等五大类，其中，服务礼仪就是服务人员在工作岗位上，通过言谈、举止、行为等对客户表示尊重和友好的行为规范和惯例。简单地说，服务礼仪就是服务人员在工作场合适用的礼仪规范和工作艺术，体现了服务的具体过程和手段，使无形的服务有形化、规范化、系统化。

城市轨道交通车站客运服务是轨道交通企业为乘客提供的一项基本活动，同时，服务礼仪是塑造形象的重要手段。在工作过程中，保持良好的仪表仪容不仅是站务工作者良好素质的外在表现，也是对乘客、同事及领导的尊重。注重自身的仪容仪表，对塑造企业公共形象有着重大意义。

仪容规范、仪表规范是轨道交通客运服务礼仪中非常重要的组成部分。一个人的仪容仪表往往与其生活情调、思想修养、道德品质和文明程度相关，服务人员的仪容仪表会直接影响到服务的质量。

1. 仪容规范

仪容一般指人的容貌或人的自然形象。虽然每个人的容貌是先天不同的，但清洁、自然、大方，则是仪容的基本要求，不会因人而异。车站服务工作人员在岗位上，必须按照礼仪要求，对自己的仪容进行必要的修饰和维护，给乘客留下美的印象。

（1）站务员的面部修饰。

女员工需化素雅的淡妆，保持良好的精神状态，不要浓妆艳抹，也不要使用颜色怪异和气味浓烈的化妆品；男员工必须将胡须剃净，常修剪鼻毛，保持面容清洁。车站服务员一律不得戴墨镜上岗。佩戴近视眼镜应保持镜片的清洁，经常擦拭镜片，使之无污迹。

（2）站务员的发部修饰。

站务员的发型整齐利落，头发干净，避免有异味头屑，不留怪异的发型，不染成本色以外的发色。

女士发型要求如图 6-1 所示。短发前不遮眉侧不遮耳，以及肩为界；低头时，保证头发不遮脸（遮住脸时要用发夹），头饰（发夹、发带）以黑色或深色（朴素色）为主；留长发着工作制服时，应佩戴有发网的头饰，长发梳理后束起，放入发网内，发网外形应呈饱满的鹅蛋形，用发卡固定。

图 6-1　女士发型

男士发型要求如图 6-2 所示，不准留长发、大包头、大鬓角、前额蓄发不得露出帽外；不可剃光头，不烫发、不可染成本色以外的颜色，前不遮眉、侧不遮耳、后不触领。

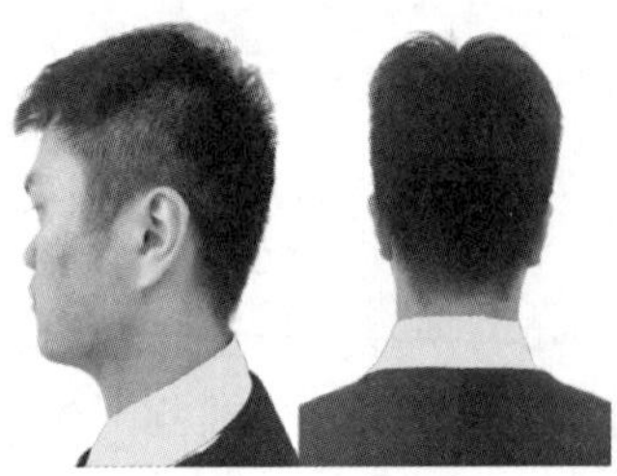

图 6-2　男士发型

（3）注意口腔、手部、身体卫生。

① 口腔卫生：必须保持口腔清洁，养成每日早、晚饭后刷牙的良好习惯，消除残留物，保持口腔清新，班前忌饮酒，忌吃蒜葱、韭菜等气味浓烈的食物，以免产生异味，影响对乘客的服务。另外，禁止在工作时嚼口香糖。

② 手部卫生：平时勤洗手，保持双手清洁，养成经常修剪指甲的良好习惯，不留长指甲，以免藏污垢，指甲长度以从手心向外看不超过 1 mm 为宜，只可涂肉色或透明色的指甲油，并保持指甲干净，不得使用指甲装饰品。

③ 身体卫生：为保持身体卫生，须勤洗澡、勤换衣服，班前忌剧烈运动。另外，客运员工在工作时不宜使用气味浓烈的香水。

2. 仪表规范

仪表是在个人自然体型基础上的外在包装，主要表现在衣着穿戴上，要求整洁、干净。车站服务人员的仪表可特指服饰，包括衣服、裤子裙子、袜子手套、随身佩戴的饰品及随身携带的用品（对讲机、哨子等）。具体来说，仪表规范主要包括制服穿着和饰品佩戴的要求。

（1）制服穿着的要求。

穿着制服时，应衣着整洁，扣上全部纽扣（装饰扣除外），不可随意解扣，不立领，不卷袖挽裤。衣着要保持干净无皱折（注意毛发灰尘），裤子干净，裤线整齐，干净无皱纹，衬衫领口和袖口应保持洁净，衬衣下沿应束进裤内，衬衣扣不得漏扣或缺扣，不可卷起，系好领带。

原则上只能在工作地点、工作时间穿着工作制服。在公司或车站范围内，当班时间必须按规定穿齐工作制服，佩戴标志；参加地铁公司组织的活动时须按活动要求着装；已下班、但仍穿着工作制服的员工，其行为举止一律按上岗时的规定执行。

图 6-3　着装规范

（2）饰品佩戴的要求。

① 工号牌戴在左胸前口袋上沿中部，工号牌下沿与左胸前口袋上沿平行，并保持 1 ~ 2 cm 距离，如图 6-3 所示；佩戴工号牌应端正、不能歪斜、反戴；佩戴党（团）徽时，应将党（团）徽佩戴于工号牌中上方；彩（绶）带佩挂于左肩上。

② 穿着制服时应按规定穿黑色或深色的皮鞋，鞋面保持干净，不能穿旅游鞋、轻便鞋、凉鞋或雨鞋。

③ 袜子避免艳丽刺眼的颜色，以黑或深色的朴素颜色为主。女员工着裙时，长袜颜色应选择与肌肤相贴近的自然色或浅色丝袜等。

④ 着制服时，应系好皮带。皮带以黑色或深色为主，不得佩戴怪异饰物或与着装不协调的皮带。

⑤ 工作时间不准戴墨镜等有色眼镜、不允许戴与本人瞳色反差较大的美瞳。

⑥ 女员工穿着制服时，所有饰品应自然大方，不可过度或明显夸张。不适合戴宝石类的装饰品，如手镯、悬垂物、胸针、踝饰等；按照规定不能戴 2 个以上戒指；只允许戴耳钉，不允许戴下垂型的耳环。

二、仪态举止

仪态在礼仪中也是相当重要的，它是指人们的身体所呈现出来的各种姿势，即身体的具体造型，可称为姿态、仪姿，是一种体态语言。车站服务人员应用标准规范的语言动作、神态，为乘客服务，用体态语言向乘客传达良好工作状态、用符合自身角色的标准仪态，更能为乘客接受。

1. 基本仪态规范

（1）站姿。

站姿基本要求：挺胸收腹，双肩下沉，颈部正直，收下颚，身体自然挺直，面带微笑，如图 6-4 所示。

① 头部微微抬起，面部朝向正前方，双目平视，下颌微微内收。

② 颈部挺直，双肩平正，微微放松，呼吸自然，腰部直立，上体自然挺拔。

③ 张开双手虎口交叉叠握（男士左上右下，女士右上左下），双臂自然下垂，放于身前，手指自然弯曲。

④ 女士一脚向前，另一脚斜向呈 15°，需要换脚时，应先收拢再出脚；男士两脚平行分开，约与肩同宽。

⑤ 注意提起髋部，身体重量应平均分布在两条腿上。

（2）坐姿。

坐姿是仪态之一，是车站服务员的常见姿态，如图 6-5 所示。

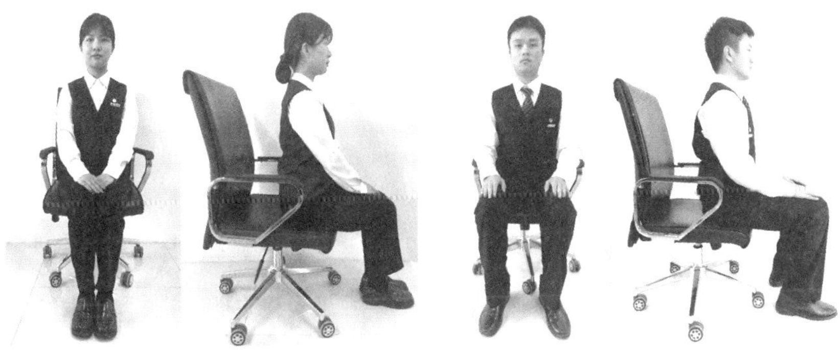

图 6-5　标准坐姿

① 落座前，女士应用双手由上而下（自腰部下方向膝后部），稍稍拢一下裤或裙、避免裤或裙在落座后变形起皱。落座位置只能在椅面（凳面、沙发面）的 1/2 或 2/3 处（臀部后

面距座椅背约 2 cm），有扶手的可搭一个手臂或不搭。

② 落座后，上身要保持与站姿一样挺拔，不要过分前倾，不能倚靠椅子靠背保持头正肩平，下颌微收，挺胸收腹。两腿自然落地，男性可以分开双腿，距离与肩同宽，小腿自然垂下，全脚掌着地，双手握空拳，自然放于同侧大腿面上；女性须并拢双腿，小腿自然垂下，也可向左或右侧自然倾斜，全脚掌着地，掌心向下，双手搭握，自然放于腿上。

③ 需架腿时，应保持两小腿间密贴无缝，可以向左或右侧自然倾斜，但不能摇晃架起的腿。女性在穿着裙装时，在换腿或架腿前，应双腿并拢直伸，叠架腿后回收双腿，自然形成架腿，架起的腿可向左或右侧斜向着地。避免双腿叉开过大，将腿搁在桌、椅上，双腿过分前伸，腿部抖动摇晃，手部放在隐私处等不良坐姿。

（3）走姿。

协调稳健、轻松敏捷的走姿都会给人以美感，可以表现出一个人朝气蓬勃、积极向上的精神状态，如图 6-6 所示。

① 体态优美：昂首挺胸、双目平视前方、表情自然。

② 重心放准：双肩平齐，上身挺直，伸直腿部，重心稍前倾。

③ 身体协调：两臂自然摆动，前摆时稍向里折（手臂与身体的夹角大约在 10 ~ 15 角之间）。

④ 走成直线：做到两脚尖略开，脚后跟先着地，两脚内侧落地，走成一条直线，行走中不要突然转向，更忌突然大转身。

⑤ 步幅适当：两脚落地的距离大约为一个脚长，即前脚的脚跟距后脚脚尖一个脚的长度为宜，男性约为 40 cm、女性约为 36 cm。

⑥ 速度均匀：行走速度应保持均匀、平稳，不要忽快忽慢，一般每分钟在 60 ~ 100 步。避免晃动肩膀、步伐过大或过小、落脚过重、冲直撞等不良走姿。

（4）蹲姿。

半蹲式蹲姿标准：站在所需拾起的物件旁，一脚在前、另一脚在后（左脚在前或右脚在前均可依个人习惯而定），相距约一脚之距（前脚跟与后脚尖持平），前脚小腿垂直于地面、全脚掌着地，大腿靠紧（男性可不靠紧，有一定距离），后腿脚跟提起，后腿前脚掌着地，前膝高于后膝，臀部向下靠坐在后脚跟上，以前脚为身体的主要支撑点，前脚一侧的手可以撑在大腿前端，后腿侧的手自然垂于地面拾起物件。拾物时注意抬头挺胸，把腰低下，始终保持上身挺拔，臀部向下，如图 6-7 所示。

图 6-6　标准走姿

图 6-7　标准蹲姿

（5）指引。

指引是用手臂向乘客指引方向或对附近的人员进行介绍时的动作姿势，标准姿势如图 6-8 所示。

图 6-8　指引手势

① 保持站姿，五指并拢，掌心朝上，手掌面微向内倾斜与地成 45°，大拇指侧向上，向需要指引的方向，由下而上运动，并根据目的地的远近控制手臂的伸曲度。目的地越远，下臂与上臂间的夹角越大。

② 指引时应面带微笑，宜配以亲切的提示语。

③ 指引的起动和收回动作要大方自然，在动作前，应注意周围环境，切忌碰到其他乘客。

④ 指引动作的过程中，目光应随手指、手臂到位后，收回目光注视乘客。

⑤ 指引动作只有左右两个方向，需要表示后面的方位时，左脚或右脚向后退半步，在上身向左或右转身的同时，做出指引动作。

（6）行礼。

① 握手礼：握手时，表情自然、热情，目视对方，面带微笑距对方 1 m 远，上身稍向前倾，两足立正，伸出右手，四指并拢，虎口相交，握着对方的手掌，稍微用力，并适当晃动，保持 3 s 左右适宜。

② 鞠躬礼：行礼时，双方距离 2 ~ 3 m，挺胸、站直、持姿态端正，面带微笑向乘客表示尊敬，标准姿势如图 6-9 所示；行鞠躬礼时，宜配以相应的敬语，如“谢谢”“您走好”等；一般与乘客打招呼时行欠身礼，在正式场合下行 15°鞠躬礼，在特别隆重的场合行 30°鞠躬礼。

③ 军礼：上体挺直，右手取捷径由下而上迅速抬起，五指并拢并自然伸直，中指微接帽檐右角约 2 cm 处（特殊情况下无制服帽但需行军礼时，五指与眉同高，微接太阳穴），手心向下，微向外张（约 20°），手腕不得弯曲，右手大臂略平，与两肩略成一线，同时注视受礼者。

④ 注目礼：面向受礼者成立正姿势，注视受礼者，并目迎目送；注目礼用于不便行鞠躬礼和点头礼的场合；受礼者接受鞠躬礼、点头礼和注目礼之后应当还礼。

图 6-9　鞠躬礼仪

⑤ 点头礼：面带微笑，面向受礼者，头部微向下点，而后抬起，点头礼与问候语同时用于非正式场合。

（7）注意事项。

① 当班时要精神饱满，避免显露疲态，举止大方、行为端正；工作中应避免挖耳鼻、剪指甲、打哈欠、伸懒腰等不雅行为；巡视过程中，身体应保持挺直，精神奕奕，步履稳健，时刻保持笑容和亲切友善的态度。

② 立岗时，应站姿挺拔，双手自然下垂，两脚并立。不准背手、抱臂、抱握拳、玩手指及其他物品，不得把手插进口袋或将手搭在其他物品上、斜靠墙柱、墙壁等。

③ 接待乘客时应站立。解答乘客询问时，要耐心有礼，面带微笑，认真听取乘客的意见，耐心回答讲解，不得边走边回答，更不得不理不睬，也不得以摇头、点头等方式回答乘客，应站稳或停下手中的工作面对乘客认真回答。

④ 员工穿着制服在乘车、候车中，原则上不得坐在椅子上，要主动维持乘客候车、乘车秩序，帮助乘客；当与乘客相遇时，应主动点头致意侧身避让，避免碰撞乘客；与乘客视线接触时，应点头微笑表示尊敬。对已下班但仍穿着制服的员工，其行为举止一律按在岗时的标准执行。

2. 接待礼仪规范

（1）车控室、办公室有非本车站、办公室人员进入时，车控室值班人员必须起立并礼貌询问来人进入事由。

（2）有上级领导到岗位检查工作时，当班员工必须起立迎接领导（正在对乘客服务时除外），主动、礼貌向领导打招呼（如不清楚领导姓名、职务，则要点头微笑）若正在工作中有领导来时，要以点头微笑代以问候，不能假装没看见或避开。

（3）遇领导、宾客来访，接待要周到，车站站长负责领导接待过程的陪同与协调（如站长不在则由当班值班站长负责）；对领导交代的工作要认真听、记；领导了解情况，要如实回答；如领导是来慰问，要表示诚挚的谢意。

（4）公司领导在与员工讲话时，员工须起立回答。

（5）对领导的指示做好记录，尽快布置落实完毕，并向上一级负责人汇报领导的检查情况和指示内容。

（6）与领导、宾客并排行走时，陪同人员要居于领导、宾客左侧，如需在前方引导时，要居于领导、宾客左前方 1 m 左右的位置。

（7）与领导、宾客同行时，行走的速度要和对方相协调，不可走太快或太慢；每当经过拐角、楼梯或道路坎坷、照明欠佳的地方，都要提醒对方留意。

（8）与领导、宾客同行至门前时，必须主动开门让他们先行，并说“请”字，不能抢先而行。

（9）与领导、宾客上下电梯时要主动开门，自己要先上后下，并按控制键，告知前往楼层。

（10）上楼时领导、宾客在前，下楼时领导、宾客在后。

（11）领导、宾客离开时，必须起立道别，车站站长与当班值班站长将领导、宾客送到梯口或出入口，重要的客人必须送到出入口或汽车旁，并握手告别。

3. 客服热线人员礼仪

（1）电话礼仪。

① 微笑是电话礼仪的基础，要让乘客能听到微笑。

② 在通话中尊称“您”，表示对乘客的尊重和关注。

③ 让乘客等候需经其同意并表示感谢。

④ 当再次拿起电话时，应向乘客致歉：“很抱歉，让您久等了”。

⑤ 话务结束后应让乘客先挂断电话。

⑥ 问候语和结束语要清晰、真诚、热情。

⑦ 话务过程中要语气平和、语调适中、亲切自然、话语真诚、不厌其烦。

（2）倾听的技巧。

倾听是客服热线人员的必修课，是说服的开始，做一个好的倾听者首先必须做到真诚、耐心。

① 全神贯注、洗耳恭听，成功接听对方传达的信息。

② 开动脑筋，务必了解乘客要表达的真正意愿。

③ 给对方回馈，让对方知道你在聚精会神地听，从而鼓励对方，使对方说得更好。

④ 倾听要适时发出应答的词语，经常用“是”“好”告诉乘客你在认真听，不能让乘客感觉到你在敷衍他；同时总结乘客提供的信息，并将细节内容重复给乘客进行确认。

⑤ 有礼貌地倾听。倾听时要原谅对方说话中表现出的性格弱点，决不挑剔。有时乘客不能明确表达的意思，客服热线人员要引导帮助乘客明确自己所反映的问题。

⑥ 向乘客提一些问题，以确认乘客提供的信息，防止自己误解其意思。

（3）电话回访礼仪。

① 提起话机，拨打乘客电话号码。

② 接通后，向受访人问候并自我介绍：“您好！不好意思打扰您！我是地铁服务热线，做一下工作回访。”

③ 确定乘客：“请问您是××先生/女士吗?”

④ 向乘客说明来电事项并交换意见、处理办法及结果。

⑤ 要做到清晰、简明、确切、礼貌。

⑥ 对无法立即解决的问题，向乘客解释清楚与其他部门联系协商的程序，并取得乘客理解。

⑦ 做好通话内容相关的回访记录。

⑧ 礼貌结束谈话：“感谢您接受我们的回访”。

⑨ 确认乘客挂断电话后方可挂机。

（4）电话服务禁忌。

① 乘客讲话时轻易打断客户、插话或转移话题。

② 乘客挂机前抢先挂机，乘客尚未挂机便与同事交谈。

③ 精神萎靡，态度懒散。

④ 责问、反问或训斥乘客。

⑤ 与乘客闲聊或开玩笑。

⑥ 与乘客交谈时态度傲慢。

⑦ 不懂装懂，搪塞、推诿乘客。

三、语言、环境、态度

1. 服务语言标准

语言是人类交流的重要工具，更是客运服务人员与乘客交流的第一工具。标准用语是服务岗位的基本要求，它对做好服务工作有十分突出的作用。

（1）日常礼貌规范用语。

① 见面语："早上好""下午好""晚上好""您好""很高兴认识您""请多指教"等。

② 感谢语："谢谢""劳驾了""让您费心了""拜托了""麻烦您""感谢您的帮助""谢谢您的理解或协助"等。

③ 致歉语：请求对方原谅时，如"对不起""请原谅""很抱歉""请稍等""请多包涵"等；接受对方致谢致歉时，如"别客气""不用谢""没关系"等。

④ 告别语："再见""欢迎再次光临""祝您一路顺风"等。

（2）文明服务规范用语。

① 车站服务人员必须统一讲普通话，尽量避免使用方言，并使用十字文明用语"您好、请、谢谢、对不起、再见"。

② 在为乘客服务时，应根据不同乘客的语言习惯使用相应的语言，如普通话、本地语言、英语等。

③ 回答乘客问题或使用人工广播时，应语调沉稳、圆润，语速适中，音量适宜，避免声音刺耳或使乘客不适。

④ 在工作中与乘客交谈时，应根据乘客的不同身份使用恰当的称呼用语，如先生、女士、小朋友、阿姨、同志等，不得使用"嘿""喂""那位"等不礼貌或带有侮辱性的语言称呼乘客。

⑤ 当遇众多乘客询问时，要从容不迫一一作答，不能只顾一位而冷落其他人，对暂时不能回应的应示意请乘客稍等，并表示适当的歉意。在没有听清乘客意见、建议或问话时，应礼貌地请求乘客复述，并适时表示歉意。

⑥ 在听取乘客意见或建议时，应态度热诚、用心倾听，适时做出相应的回应，并对乘客表示感谢。

⑦ 在按规定对违章乘客进行处罚时，应态度和蔼、得理让人，不得使用斗气、噎人、训斥、顶撞、过头及不礼貌的语言。

（3）与乘客谈话、服务的基本要求。

① 与乘客交谈时，要面对对方，保持适当距离（45 ~ 100 cm）。

② 站姿端正，可采取稍弯腰或下蹲等动作来调节身体的姿态和高度。

③ 口齿清楚、语气温和、用词文雅、简捷适中、态度诚恳，给对方以体贴信赖感。

④ 如果不得已需要打断乘客说话时，应等对方讲完一句话后，先说"对不起"，再进行说明。

⑤ 无意碰撞或影响了乘客，应表示歉意，取得对方谅解。

⑥ 遇到经常乘坐地铁的乘客，应主动打招呼问候，表示欢迎。

⑦ 对乘客提出的合理要求，应尽量满足，不能做到时，应耐心解释。

⑧ 应允乘客的事情，一定要落实，要言而有信。

⑨ 不打听乘客的隐私，特别是外国乘客的年龄（多为女宾）、薪金收入、衣饰价格等。

2. 环境卫生服务标准

（1）整体要求窗明地净、清洁舒适、协调美观。

（2）站厅/站台的地面、台阶无痰迹、无垃圾、无尘土、无水渍、无污渍，保持干爽，有光泽；站台墙、柱、门、窗无痰迹、无印迹、无泥点、无黑灰；边、角、棱、沿无黑灰、无塌灰、无蜘蛛网。

（3）垃圾箱外表清洁、无虫蚁，无特别气味，周围不得有污迹杂物，箱内杂物不得超过箱口。挂式垃圾桶如有损坏，应立即维修或搬走，不得摆放于地上使用；圆形垃圾桶必须上锁。

（4）消防设备的表面应干净、整齐、无污痕，有光泽，表面膜保持完好状态。

（5）空调系统的出风口无明显灰尘，无油渍、污渍，保持洁净。通风系统定期清洗，保持空气新鲜。

（6）票务处、监控亭内物品摆放整齐，台面无杂物、积尘，亭壁、玻璃干净无污迹，没有不标准张贴物。

（7）站控室、AFC 点钞室内环境整洁，备品清洁整齐，台面无杂物、积尘，墙壁、天花板无污迹或蜘蛛网，各种设备、文件柜面及工作台面干净无积尘。

（8）站长室、休息室室内环境整洁、摆放统一，桌面无杂物、积尘，墙壁、天花无污迹或蜘蛛网，工作台、文件柜面干净无积尘。

（9）其他设备、管理用房内环境整洁、摆放统一，桌面无杂物、积尘，墙壁、天花板无污迹或蜘蛛网。

（10）各出入口必须保持整洁、畅通，无卖艺者、乞丐等流浪人员滞留，出口及通道墙壁和玻璃无乱张贴、涂写，通道无杂物堵塞。

（11）出入口及公共区扶梯表面干净整洁，扶手带、挡板无灰尘，梯级上无垃圾杂物。

（12）地铁列车必须做到玻璃洁净、清洁舒适、协调美观。车厢无污垢、杂物、沙尘、水渍，保持干爽洁净；车身无污垢、水渍、明显灰尘，洁净明亮；车顶无明显油垢、灰尘，保持洁净。

（13）环境布置标准。各种导向标志要统一设置、悬挂端正，保持清洁明亮；临时标志要求内容清晰，放置正确，不得丢字、少字及使用不规范文字。横幅、标语在固定位置悬挂，必须平整、干净，不得有撕角或破损。各种临时标志、宣传画须经客运部批准后方可在规定位置和时间内张贴、摆放，到期及时拆除（紧急情况除外）。各工作室、房间内物品摆放有序，各种备品、工器具应按规定位置摆放，保持整洁完好。

3. 肢体与表情管理

服务人员除了掌握听说言语的技巧外，还要明确与基本语言相辅相成的肢体语言、表情。

（1）眼神礼仪。

与乘客交流时，目光应放在对方额上的三角地区（以双眼为底线，上顶点在前额），这样既可以打破僵局，还可以使双方神经放松，沟通畅顺。

（2）面部礼仪。

笑是人体语言的一种，有效的社会交往需要真诚的笑容。微笑地面对乘客，让目光同嘴一齐笑，这样乘客既能感到微笑服务，也会感受到温暖、诚恳的态度。

4. 服务态度与技巧

在工作岗位上不仅需要规范用语，还必须秉承良好的服务态度，运用技巧性的语言满足乘客的服务需求。

（1）客运服务人员的服务要亲切、热情，主动关心乘客，并乐于协助老、弱、病、残、孕妇及其他有困难的乘客。

（2）遵循服务首问制度。当乘客询问工作人员时，第一个被询问的工作人员必须负责到底，第一时间解决乘客的问题，不允许将问题推诿给其他工作人员解决，也不允许给乘客提供错误信息。

（3）与乘客交流的过程中，应言辞委婉，不能用命令式口气，要用商量的口气希望乘客配合自己的工作。

（4）客运服务人员在处理乘务矛盾时，说话办事要恰到好处，要给乘客或自己留有余地，不能说绝对和过头的话、办不留余地的事。

另外，还要注意服务语言的语调变化，在与乘客的交流时语调是表达情绪的关键，同样一句话，不同的语调能反映出说话者不同的心情。例如，交流过程中，要做到语速适中，声音柔和，语言简单明了，语速快慢适当，注意音量适中，并在谈话中做必要的停顿。

任务 3　城市轨道交通客运服务岗位服务流程组织

一、城市轨道交通客运服务术语

根据城市轨道交通客运服务标准（GB/T 22486—2008）对城市轨道交通客运服务中一些术语作以下界定：

（1）城市轨道交通客运服务（urban rail passenger transport service）：为使用城市轨道交通出行的乘客提供服务。

（2）服务质量（service quality）：服务组织为乘客提供服务的程度，其中服务组织指提供客运服务的组织。

（3）服务人员（service personnel）：在服务组织中，为乘客提供客运服务的人员

（4）服务用语（service language）：在客运服务中，服务人员所使用的规范语言。

（5）服务行为（service behavior）：在客运服务中，服务人员表现出来的行为。

（6）服务设施（service facilities）：在城市轨道交通系统内设置的，直接为乘客提供服务的设施。

二、城市轨道交通客运岗位服务标准

车站工作人员是地铁服务形象的主要载体。岗位服务标准对员工的言行举止、作业规范、服务技巧做出详细规定，以标准化、规范化为乘客提供服务。

在每个地铁站内的工作人员一般岗位设置有：站长、值班站长、行车值班员、客运值班员、站务员，部分车站会配置乘务员。每个工作岗位都有其特定的服务标准与流程，下面主要介绍与乘客服务接触较多的站务员、值班员、乘务员岗位服务流程。

（一）站务员

站务员是车站中与乘客直接接触的工作人员，其岗位表现直接决定了乘客对该车站的印象，其服务水平也是影响乘客满意度的重要因素。站务员因其服务位置的不同，分为：站务员主要安排在客服中心岗、巡视岗（站厅巡视岗、站台巡视岗）。

1. 站厅巡视岗

（1）站厅巡视岗服务要求。

① 不断巡视站厅设备、扶梯的运行情况和乘客进出站情况等，及时主动向有需要的乘客提供服务。

② 处理乘客事务，根据需要配合客运值班员补币、更换票箱，并及时引导有需要的乘客到票务中心处理。

③ 负责站厅员工通道门的管理，对由通道门进出的人员进行严格登记和如实汇报。

④ 积极疏导乘客，要特别注意突发暴风雨等特殊情况时，乘客拥向出入口、堵塞通道，应及时向值班站长、值班员报告车站异常情况和问题。

⑤ 制止并处理乘客违反相关法律法规的行为，阻止乘客携带三品超长物品进站。

⑥ 见有特殊乘客进站要及时通知有关岗位，对老年乘客、小孩等行动不便者要指引其走楼梯，必要时提供帮助以避免客伤事件发生。

⑦ 票务中心、临时票务中心和 TVM 前，乘客排队人数以 8～10 人为临界点，超过 8～10 人时厅巡岗应及时向值班站长汇报，以便值班站长决策。

⑧ 积极引导进/出站乘客到乘客较少的票务中心、TVM、闸机等处购票进/出站。

⑨ 负责监督工作区域内的卫生情况，发现问题，立即整改。

⑩ 遇 TVM、闸机、扶梯故障的情况，要及时摆放暂停牌，并向车控室报告。

（2）厅巡岗标准服务用语。

① 要求乘客排队购票（高峰期）："各位乘客，请按秩序排队购票，谢谢合作。"

② 需要更换票筒钱箱或故障维修时："××，对不起，这台设备暂停使用，请您稍等，或请使用其他设备，谢谢。"

③ 指引乘客购票："请持有×元、××元纸币的乘客直接到 TVM 上购票，需兑换硬币的乘客请直接到售票中心。"

④ 请乘客到站厅人少的一端购票："各位乘客，本站另一端站厅乘客较少，为了节省您的时间，请到另一端站厅购票。"

⑤ 某一方向列车服务终止："各位乘客请注意，×号线开往×方向的列车服务已经终止，请乘客停止购票进站，不便之处，敬请原谅"。

⑥ 有乘客走近时，主动询问："××，您好，请问有什么需要帮助吗？"或"××，您好，请问我能为您做点什么？"

⑦ 对于准备乘坐扶梯的小孩和老人："××，您好，为了您的安全，请走楼梯到站台出入口。"

⑧ 当有乘客在站内吸烟时："××，您好，为了您和他人的健康，请不要在地铁站内吸烟。"

⑨ 当发现乘客携带易燃、易爆、危险品进站时："××，对不起，根据规定，您不能携带××乘坐地铁，谢谢您的合作。"

（3）厅巡岗服务技巧。

① 多看、多听、多巡、多引导。

多看：有无异常情况，看有无需要帮助的情况和需要处理的设备故障。

多听：多听乘客对服务的意见和建议。

多巡：多走动巡视了解站厅客流情况，留意乘客动态。

多引导：引导乘客到临时票务中心及乘客较少的一端购票乘车。

② 多名乘客同时求助时，根据实际情况分轻重缓急依次处理，必要时报告车控室，请求支援，不得对乘客不理不睬。

③ 高峰期厅巡岗巡视站厅时应统一配备广播上岗，在客流引导时声音不宜过大，吐词清晰，积极主动，不得将广播对着乘客喊话。

④ 厅巡岗要及时提醒车控室查看 AFC 设备中的钱箱、票箱情况，以便在乘客较少时及时更换。

⑤ 厅巡岗能解决的问题要及时，果断处理，避免处理时间过长，不能处理的问题及时通知值班站长。

⑥ 在票务中心出现故障或封窗查账时，及时引导乘客到其他票务中心办理车票业务。

2. 站台巡视岗

（1）站台巡视岗服务要求。

① 监视列车运行状态、候车乘客动态，监视是否有乘客跳下轨道进入隧道、倚靠屏蔽门、抢上抢下或乘客物件掉落轨道，防止列车、屏蔽门夹人夹物或夹人夹物动车，根据情况及时采取正确的办法处理。

② 宣传乘客在黄色安全线以内候车，不要依靠屏蔽门，不要抢上抢下，维护站台秩序，组织乘客有序候/乘车。

③ 若发现异常情况及时采取措施或与车控室联系。

④ 回答乘客询问，在力所能及的范围内，尽量帮助乘客解决问题，特别注意帮助老弱、病、残、孕等需要提供帮助的乘客。

⑤ 当客车车门或屏蔽门故障时，按相关程序协助司机处理车门/屏蔽门。

⑥ 及时制止乘客违反相关法律法规的行为。

（2）站台岗标准服务用语。

① 列车进站前："各位乘客，为了您和他人的安全，请站在黄色安全线内排队候车，多谢合作!""各位乘客，为了您的安全请勿手扶屏蔽门排队候车，多谢合作!""各位乘客，由于现在站台乘客较多，请到站台××部候车，多谢合作!"

② 当站台乘客上下车时："各位乘客请注意，请小心列车与站台的空隙，先下后上，多谢合作!"

③ 列车将要关车门时："各位乘客，车门即将关闭，没有上车的乘客请您耐心等候下一趟车，多谢合作!"

④ 乘客越出黄色安全线时："各位乘客，为了您和他人的安全，请站在黄色安全线内排队候车!"

⑤ 乘客带气球进站乘车时："××，您好，为了您和他人的安全，请不要携带气球乘车，多谢合作!"

⑥ 小孩在站台上追逐、奔跑、打闹时："××，您好由于地面很滑，容易摔倒，请家长（您）带好您的孩子，不要在站台追逐、奔跑、打闹。"

⑦ 有乘客走近时，主动询问："××，您好，请问有什么需要我帮助吗?"或"××，您好，请问我能为您做点什么?"

⑧ 对于准备乘坐扶梯的小孩和老人："××，您好，为了您的安全请走楼梯到站台/入口。"

⑨ 列车服务终止时："各位乘客，今天的列车服务已经终止，请您尽快出站。"

⑩ 乘客有物品掉下轨道时："××，您好，请勿私自跳下轨道，我们的工作人员将会尽快为您拾回物品，多谢合作!"

（3）站台岗服务技巧。

① 四到。

心到：精神高度集中，随时应变异常。

话到：提醒乘客按地面箭头指示候车，注意候车安全，及时进行安全广播。

眼到：注意乘客动态、屏蔽门工作状况。

手到：主动处理问题，如发现地面有水，及时设置“小心地滑”牌，设备故障放“暂停服务牌”，地面有脏物时及时通知保洁人员清除。

② 四多。

多监控：密切监督站台乘客情况、屏蔽门工作状况，必要时采取控制措施。

多广播：通过广播提醒乘客看管物品、看好小孩，不得跑闹追逐，不得推挤屏蔽门，到人少的一端候车，等等。

多联系：发现异常情况及时与司机、车控室及其他岗位联系。

多巡视：在每次列车到达间隙巡视站台一遍，巡视时执行“三步一回头”的技巧。

③ 三及时。

站台发现乘客伤亡事件或其他异常情况时，及时寻找目击证人并记录；遇蛮横不讲理的乘客及时与保安或公安联系，不与乘客发生正面冲突；站台客流不均匀时，及时引导控制，防止乘客拥挤。

3. 客服中心岗

（1）客服中心岗服务要求。

① 客服中心工作人员出售车票时应按“一收、二唱、三操作、四找零”的程序。

② 当乘客要求分析车票时，应快速准确地用半自动售票机分析，并将分析情况耐心告诉乘客，再采取相应的处理车票的方法。为乘客充值前后要主动请乘客确认余值无误后，再做下一步操作。

③ 同时有两位乘客等候服务时，按照“先付费区后非付费区”的原则为乘客服务。

④ 当客服中心前出现较大客流（10 人以上或排队超过 8 人并维持 3 min 以上）应电话通知值班站长或巡视岗，加派人手或使用人工广播引导。

⑤ 售票员主动领够车票、报表和硬币，在客流较小时把现金及硬币整理好，或开启另一袋硬币，做好准备工作。

⑥ 交接班时，接班售票员须提前做好售票、兑零准备工作，接班售票员到岗后，交班售票员才可以终止售票、兑零工作，交接时间不超过 5 分钟为宜，并尽可能减少对乘客服务的影响。

（2）客服中心岗标准服务用语。

① 乘客需要兑换硬币时，要清晰唱票：“收您 × 元、找您 × 元。”硬币应垒成柱状交给乘客，不得散放，不得有丢、抛等动作；

② 当找不开零钱时：“× ×，请问您有零钱吗?”，或“对不起，我这里的零钱刚好不够，请您稍等，好吗?”

③ 收到残币或假币时，应说：“× ×，对不起，请您换一张钞票，好吗?”

④ 出售储值票时：“× ×，请确认面值。”乘客确认无误后：“找回您 × 元及一张 × 元的车票。”

⑤ 乘客想购买双程票：“× ×，对不起，地铁车站没有双程票出售，仅出售单程票，单程票只能在购票的车站当日使用。”

⑥ 乘客询问储值票能否多人同时使用：“× ×，对不起，储值票只能 1 个人使用，不能多人同时使用。”

⑦ 乘客出站时发现出不了站（超程及超时）：“××，您好，您的车票已超程（超时），请您按规定补交超程（超时）车费×元。”

⑧ 当客服中心付费区、非付费区均有人时，对非付费区乘客解释：“××，对不起，请您稍等。”

⑨ 当乘客询问小孩是否有半票：“××，您好，按照地铁规定，一位成年人可以免费携带一名身高不超过 1.3 m 的小孩乘坐地铁；身高超过 1.3 m 的小孩需按规定购票。”

⑩ 乘客问在哪儿购票：“如果您需要买单程票，请准备零钱或在此兑换零钱，然后到自动售票机处购买。”

⑪ 乘客询问地铁×站的票价：“××，您好，您从本站到××站的票价为××元。”

⑫ 收到乘客一张过期单程票：“××，单程票只能当天并在购票站乘坐地铁使用；您的车票已经过期，按规定这张车票需回收，如果您需要搭乘地铁，请您重新购买一张票。”

（3）客服中心岗位服务技巧。

① 排队超过 10 人以上或达到 8 人并维持 3 min 以上，请示值班站长加人实施双人售票和兑零。

② 在兑零空余时间尽可能把硬币盘摆满硬币。

③ 所兑硬币不散放在票务凹斗，而是垒成柱形使乘客取币方便，快捷，不得有丢、抛的动作。

④ 减少票务中心交接班时对乘客服务的影响，如：交接班时间安排在车站非高峰期；交班前做好有关准备；接班售票员先准备好一盘硬币；售票员应优先服务付费区内乘客，并礼貌地让非付费区内乘客稍等；售票员应预备充足的零钱和车票，掌握存量，及时通知客运值班员追加，保证售票和兑零工作顺畅。

（二）行车值班员

1. 行车值班员岗位服务要求

（1）应公平、公正、合理、及时处理有关乘客问题。

（2）在岗时，应站在公司的立场，遵循公司的方针、政策处理乘客事务。

（3）车站出现大客流，乘客排长队现象时应积极采取措施，播放广播疏导客流，让乘客顺利购票和进出车站；

2. 行车值班员标准服务用语

当站台有乘客越过安全区域依靠屏蔽门或站台乘客较多时，使用人工广播：“各位乘客，为了您和他人的安全，请站在黄色安全线内排队候车，多谢合作!”“各位乘客，为了您的安全，请勿手扶屏蔽门排队候车，多谢合作!”“各位乘客，由于现在站台乘客较多，请到站台××候车，多谢合作!”。

遇到乘客在车站控制室外需要咨询、帮助时，行车值班员要根据车站控制室的实际情况，起立或端坐原位解答问询；看到乘客后应面向乘客，微笑、点头，并以单手斜抬起，指向对讲处，示意乘客靠近对讲处对话；对话以“您好”开始，与乘客对话时，上身应尽量前倾靠近对讲机，以表示对乘客的尊重；处理完乘客事务后，以“请慢走”结束，并以单手斜抬起作为送别的礼仪。

（三）客运值班员

客运值班员岗位服务要求：

（1）监控设备状况和票务中心情况，确保设备正常和售票处零钱、车票发票充足。

（2）应公平、公正、合理、及时处理有关乘客问题。

（3）在岗时，应站在公司的立场，遵循公司的方针、政策处理乘客事务。

（4）大客流时及时积极采取措施，加开兑零窗口，安排员工疏导乘客。

（5）在大客流前做好准备工作，如提前配票，准备好充足钱、票，确保设备状态良好等。

（6）处理乘客事务时要 3 min 内到达现场。

乘客反映自动售票机出现少找零、少出票、吞币等情况时，值班员应礼貌回复："请您稍候，我立即查看设备记录。"查询记录的同时摆放 "暂停服务"牌；如查询记录与乘客反映情况一致，则按规定办理；如查询记录与乘客反映情况不一致，则礼貌地向乘客解释，避免与乘客发生争执，如乘客不接受，应通知上级人员到场处理。

（四）乘务人员

除了以上的工作人员外，乘务人员也可能与乘客进行直接接触，其岗位服务要求为：

（1）在岗时精力集中，确保安全、准点地完成乘客运输工作。

（2）列车运行中尽量保证车体平稳，列车进站停车时务必保证车位对准。

（3）列车到站后，乘务人员要在站台端墙内立岗确认车门屏蔽门开关正常且没有夹人夹物后，方可驶入下一区间。

（4）特殊情况下，乘务人员需按规定播放列车自动应急广播；如需人工广播，乘务人员需按所要求的内容、时机等进行播放，人工广播时，用普通话，语调平稳圆润音量适中读音准确、声音清亮。在有自动广播内容的情形下，严禁用人工广播。

三、广播服务

在各岗位日常工作中，遇到特殊事件时，会时常用到广播，站务员需要正确、及时地进行站台广播。

1. 语音广播

站务员应尽量使用语音广播，并注意以下事项。

（1）广播是否清晰、准确。

（2）音量大小是否合适。

（3）广播是否适时地重复。

（4）广播是否在适当的地点播放。

2. 人工广播

人工广播一般在应急或特殊情况下 × × 采用，应注意以下事项。

（1）先提醒乘客注意："乘客请注意……"。

（2）用简洁的语言告知乘客发生的具体事件。

（3）对给乘客带来的不便表示歉意。

（4）对乘客的配合表示感谢。

（5）语速适中，口齿清楚，语调清晰。

四、城市轨道交通服务常见案例

1. 案例一

乘客持单程票（SJT）出站，车票要回收，其不肯出站，希望保留 SJT 作纪念。站务员对乘客解释："此车票需要回收，如果要纪念可以买纪念票"。但乘客坚持要这种票作纪念，其他的不要，并坚持不肯出站，导致客流阻塞，站务员要拉该乘客离开出闸机，并在出闸机处发生争执。

（1）产生后果。

造成出闸机客流阻塞，乘客投诉公司，说站务员企图打人，影响地铁公司服务形象。

（2）分析。

① 乘客提出无理要求。

② 站务员在顾客服务上缺乏技巧，导致乘客投诉。在此情况下应叫值班员处理，避免出闸机乘客围观。

③ 站务员拉乘客离开出闸机这一行动会使乘客借题发挥。

（3）可采取措施。

① 站务员应礼貌地解释："您所付的车费不包括车票的成本，车票是地铁公司的财产。"

② 解释无效时，应请值班员出来帮助，请乘客到少人的地方或车控室与乘客解释。

③ 站务员在任何情况下，不可以对乘客有不礼貌的动作。

2. 案例二

某日，关女士等四人持 4 张储值票在 A 站乘车到 B 站，进站时发现 1 张车票进不了闸，到售票处询问，经 BOM 分析为"未出闸的出站票"，在乘客同意扣 2 元后，将车票更新。关女士等四位乘客到达广州东站后，前面 2 人顺利出闸，第 3 个人车票出不了闸，经 BOM 分析显示"车票超时"，要求补交 6 元，乘客对此不理解，后来值班员到票亭处理此事，关女士向值班员说明四人坐车不可能只有 1 张车票超时，但车站没有对乘客做出详细解释，而是要求关女士交 6 元车费。在关女士很不情愿地交了 6 元后，值班员没有向乘客详细解释清楚就在 BOM 上将正常的 2 张车票更新为"进站票"然后将 4 张车票还给乘客。关女士接到车票后问："哪张票没有过闸，出闸时是否还扣钱?"值 班员回答："当然要扣钱，扣 5 元。"关女士又问："那刚才交的 6 元是什么?"值班员生硬地回答："是你在地铁下面逗留超时的罚款"。

（1）产生后果。

乘客非常气愤，离站后写了一封长达 4 页的投诉信，投诉 B 站服务水平和服务态度差，耽误乘客宝贵时间。

（2）分析。

① 值班员、售票员对有问题的车票分析不全面，未认真看清楚上次使用时间，只简单解释车票超过 60 min 罚款 6 元，令乘客很不满。

② 值班员在解释车票超时补款及处理此事时态度生硬，单向判断是乘客的错误。

③ 值班员未向乘客了解清楚，就武断地将原本正常的 2 张车票更新为“进站票”，使乘客认为工作人员在做手脚而极为不满。

（3）可采取措施。

① 当乘客对分析车票的结果有疑问时，工作人员应本着服务至上的宗旨，主动认真地再将车票进行分析，查找原因并重视乘客提出的有关问题：是设备原因造成车票信息不准，还是其他原因。查清原因再按票务有关规定认真处理，给乘客一个满意的答复。

② 值班员在接到站务员反映情况后，应主动安慰乘客，认真分析车票，给乘客一个正确满意答复。

③ 当值班员与乘客无法沟通的情况下，值班员应主动要求值班站长和站长出面处理，让乘客满意而归。

3. 案例三

某站晚上 22:03 时，车站出入口有一群乘客进站准备乘车，车站工作人员向乘客解释，尾班车已开车。在 22:09 时，乘客听到尾班车开出的声音，责问车站工作人员，并一定要向车站投诉。当时，值班站长正在接听电话，没有留意到站厅乘客投诉的严重性，只吩咐值班员出来处理。乘客更加不满，认为在这里等了 5 min，只出来一位值班员接待，于是将该名值班员堵了回去，要求见站长。

（1）产生后果。

①室乘客要求投诉时，值班站长没有本着服务至上的宗旨，只派了值班员处理，导致乘客不满，要求见站长。

② 值班站长对待工作，主次不分，没有重视顾客服务工作。

（2）分析。

① 站务员给乘客提供信息时简单应付，没有耐心解释公司有关规定。

② 值班站长没有将重要的事情放在首位，将事态进一步扩大。

（3）可采取措施。

① 值班站长接到报告后，应到站厅向乘客道歉，并告诉乘客为了安全，地铁公司规定尾班车到达前 5 min 停止客运服务，不便之处敬请原谅。

② 当着乘客的面批评该名站务员，不应该将错误信息传达给乘客，另外耐心地向乘客解释，离尾班车到站时间只有 5 ~ 6 min，匆匆赶下去，不安全，等买好票也许已赶不上，劝阻乘客不要下站。

任务 4　城市轨道交通乘客事务处理

一、投　诉

城市轨道交通车站是一个对外开放的公共场所，乘客在乘坐轨道交通的过程中，对出行本身和企业的服务抱有良好的愿望和期盼。实际感受到的服务质量低于期望值时，乘客就会对服务不满意，失去心理平衡，由此产生抱怨和不满的行为，这时就产生了乘客投诉。乘客投诉是指乘客在乘车过程中，对轨道交通运营服务质量感到不满而提出的诉愿，涉及规范服务、乘车环境、票款差错和列车运行等方面。

1. 乘客投诉分类

（1）按投诉的影响范围和程度分。

① 投诉按其影响范围和程度可分为一般投诉和重大投诉。

② 一般投诉是指乘客对轨道交通运营服务质量、服务设施、服务环境进行的投诉，经查实为运营方人为责任的事件。

重大投诉是指乘客对轨道交通运营服务质量、服务设施、服务环境进行的投诉，经查实为运营方人为责任，造成严重后果的事件；或被媒体曝光，造成较大社会影响，经了解情况属实的事件。

（2）按投诉的内容分。

投诉按其内容可分为以下几类。

① 服务规范投诉：由于车站工作人员违反工作标准、使用服务忌语、服务态度生硬、未按操作规程处理引起乘客不满而造成的投诉。

② 列车运行投诉：因车辆、设施设备故障或其他突发事件造成列车不能正常运行，影响服务质量或相应善后处理欠缺造成乘客不满的投诉；由于司机在列车运行过程中违反工作标准、操作规程，工作失误引起乘客不满而造成的投诉。

③ 乘车环境投诉：包括站、车卫生投诉，站、车设施设备投诉两方面内容。站、车卫生投诉是指由于车站管辖范围及车厢卫生状况差引起的乘客投诉；站、车设施设备投诉是指由于站、车设备故障，服务设施故障，给乘客带来不便而造成的投诉。

④ 票款差错投诉：由于工作人员工作失误，违反操作规定和程序，造成票款差错引起的投诉。

⑤ 其他投诉：除以上内容以外的事件，如站内商业网点产品质量、服务质量问题、乘客伤亡等引起的投诉。

（3）按乘客投诉方式分。

按乘客投诉方式可分为来信投诉、电话投诉、口头投诉、媒体上投诉。对于电话投诉，运营部应设立 24 h 录音电话，对投诉信息外公布，专线专用。对于现场口头投诉，运营部、车站及其他相关部门按职责分工，分别受理工作范围内的现场投诉。对于书面来信、上级部门批转的投诉信、函，及新闻媒体曝光和其他部门转来的投诉，由运营部负责。

（4）按投诉责任分。

投诉按责任是否属于城市轨道交通单位，一般可分为无责乘客投诉和有责乘客投诉两大类。

① 有责投诉。

在地铁运营服务工作中，由于员工服务、设备设施、环境卫生、治安、地铁政策等方面的不足或其他原因引起乘客投诉，经调查属实，造成一定程度负面影响或乘客利益损害，相关部门或人员负有责任的，称为有责乘客投诉。

有责投诉按乘客投诉的影响范围、程度分类可分为：一般有责投诉和严重有责投诉。严重有责投诉是指乘客通过各种途径对轨道交通运营服务质量进行投诉，经查实确为轨道交通方责任，并且事件的情节与后果严重、给社会造成较大的不良影响。轨道交通应制订乘客投诉处理规定，对乘客投诉应认真受理。车站在接到投诉（通知）后应及时进行调查，并将调查核实情况报告主管部门。对一般投诉，原则上应在 3 日内处理完毕。处理投诉时应做到态度诚恳、用语文明、依章解释，并且追访乘客对投诉处理是否满意。

有责乘客投诉按事件的性质及产生后果的轻重，又可以分为一类有责乘客投诉、二类有责乘客投诉和三类有责乘客投诉。各轨道交通企业分类方式及内容有所不同，以下以广州地下铁道总公司的分类方式为例进行介绍。

由下述情况引起的乘客投诉列为一类有责乘客投诉：服务工作中未能运用服务知识与技巧；不及时放置警示牌，误导乘客；不主动维持乘客购票和候车秩序；没能礼貌、耐心解答乘客的问题及帮助有困难的乘客；出售储值票时未请乘客确认显示屏上的金额；客车门故障暂停使用，没有张贴停用标志；不按规定播放广播或播放不及时；接到乘客投诉 3 min 内未能赶赴现场；运营时间出入口关闭没有张贴“安民告示”；车站公告栏的内容与实际营运不符。

由于下述情况引起的乘客投诉被列为二类有责乘客投诉：对乘客投诉的调查弄虚作假或隐瞒不报；与乘客发生争执、拉扯的行为；列车清客时未做好广播及解释工作；末班车未提前做好广播；对乘客违反规定的行为不给予制止；在岗位时干私事；提前关站或延误开站时间在 10 min 以内；对乘客讲斗气、嘻人、训斥、顶撞的话；列车清客时，工作人员用东西敲打车厢，扒拉乘客；票务中心找零不足造成乘客投诉；员工找错钱、卖错票，金额在 10 元以下（作弊行为不在此列）；同一部门相同内容的投诉在 3 个月内达到 3 次以上（时间以第一次投诉计起）；由于治安问题引起的投诉；列车行驶不平稳，造成乘客受伤；由于员工失误，错误引导乘客或造成经济损失在 10 元以下；无理拒绝乘客的合理要求；未及时更换票箱、钱箱，导致 AFC 设备中断服务；不及时疏导乘客，造成拥挤。

由于下述情况引起的乘客投诉列为三类有责乘客投诉：对乘客有推、拉、打、踢等粗暴行为；讥笑、谩骂乘客，讲有辱乘客自尊心和人格的话；捉弄、欺骗乘客的行为；由于员工工作失误，造成乘客经济损失达 10 元以上；提前关站或延迟开站时间达 10 min 及以上；利用乘客资料采取不同形式骚扰、恐吓他人的行为；关站中有舞弊行为，使乘客利益受损；其他因轨道交通服务设施设备故障，造成乘客利益严重受损或给乘客带来较大不便。

② 无责投诉。

指除以上因素之外，因客观原因导致车站设施缺陷无法立即整改的问题而引发的投诉为无责投诉。

2. 乘客投诉处理原则

（1）乘客投诉处理工作应及时、客观、公正、公平、公开。

（2）乘客投诉处理工作须遵循国家法律、法规、标准、制度、办法及行业规定。

（3）乘客投诉处理工作须保护和承认乘客的投诉权力、获得赔偿权力、监督服务效果的权力。

（4）坚持处理彻底的原则，即原因分析要彻底、责任分析要彻底、整改态度和措施落实要彻底。

（5）对乘客电话投诉，接电话的工作人员要认真登记、填写“乘客意见表”，问清乘客投诉的原因，记录相关资料内容和联系方式等，说明回复时间后，在规定时间报告相关负责人。

（6）对乘客来信，除负责人外，其他人员不得随意拆看，来信要认真登记、填写“乘客意见表”，检查落实，并将处理结果上报有关部门。

（7）相关负责人应认真对投诉进行调查，及时将投诉处理结果回复乘客，并表示感谢，力求使其满意；如果员工有过错，则应向乘客道歉及维护乘客合法权益。

3. 乘客投诉受理礼仪

（1）在受理乘客投诉时，不应表现出抗拒的姿态，即使明知是乘客的不对，也不要急于辩解和反驳，更不能与乘客发生争辩，应耐心听乘客讲完，弄清事实，恰当处理。

（2）在受理乘客投诉时，即使不满意乘客的投诉，也应以诚恳的态度向乘客道歉，让乘客感觉到他的投诉受到重视，满足他们的自尊心，也便于工作人员更好地与乘客交流沟通。

（3）在受理乘客投诉时，区别不同情况，在征得乘客同意后做出迅速而恰当的处理，不应敷衍相互推卸责任。采取措施后，询问乘客是否需要进一步帮助。

（4）在受理乘客投诉时，不与乘客斤斤计较，得理让人，让乘客得到满意的答复。

（5）在受理乘客投诉时，要礼貌热情，耐心听取乘客意见，不卑不亢，对比较复杂有争议的问题，应查明真相，有理有节地做出处理。处理完毕后，要向乘客致谢，感谢乘客投诉及提出意见，促使公司不断改进服务。

4. 对乘客反馈意见和投诉的管理

城市轨道交通企业作为一个服务性行业以及公共交通设施的特点，决定了它无法避免乘客的投诉。正确认识、妥善接待和圆满处理投诉是良好的企业形象和一流企业管理水平的体现。为了不断改进运营服务工作，提高运营服务质量切实维护轨道交通的声誉，服务部门必须加强对投诉工作的管理。

（1）有效处理投诉的意义。

对城市轨道交通服务来讲，投诉的处理是一项非常具有挑战性的工作，如何有效地处理乘客投诉也是一个亟待解决的问题。有效地处理投诉对轨道交通企业有以下意义：

① 有效地维护轨道交通企业形象：有效地处理投诉可以将投诉所带来的不良影响降至最低，从而有效地维护轨道交通企业的自身形象。

② 挽回乘客对轨道交通企业的信任：有效地处理投诉可以挽回乘客对轨道交通企业的信任，使企业的良好口碑得到维护和巩固。

③ 及时发现问题并留住乘客：有一些乘客投诉，要么是在抱怨服务的缺点，要么是在讲其对服务的一种期望，或者是他真正需要的服务类型，这样的投诉能给轨道交通企业提供一个发展的参考意见。如果能很好地处理这类投诉，就能获得这类乘客的好评。

（2）乘客投诉的受理。

《城市轨道交通运营管理办法》十四条规定：城市人民政府城市轨道交通主管部门和城市轨道交通运营单位应当建立投诉受理制度，接受乘客对违反运营规定和服务规则的行为的投诉。城市轨道交通运营单位应当自受理投诉之日起十个工作日内做出答复。乘客对答复有异议的，可以向城市人民政府城市轨道交通主管部门投诉，城市人民政府城市轨道交通主管部门应当自受理乘客投诉之日起，十个工作日内做出答复。

做好投诉受理，是一个准确识别乘客和准确识别需求的过程。处理投诉应尽量避免在乘客聚集的场所，因为城轨客运服务人员每天面对的是成千上万的流动乘客，其中的大部分乘客是当地常住人群，所以企业一般应在公共场所公布投诉或举报电话，设立热线处理顾客投诉。需要时，城轨公司应设专门的投诉处理中心为乘客提供适时服务。

接收乘客投诉的受理一般首先需要企业构建一个平台，建立乘客联络中心；二是要有顺畅的渠道，如投诉电话、电子邮箱、乘客回访、服务渠道等；三是要有规范处理流程，记录、受理、调查、处理、反馈都流程化。所有过程的核心工作就是将乘客的信息完整地收集，然后通过标准化、人性化的管理将不同乘客的不同需求进行分流、处理。这样可以使得乘客问题在最有资源和最有能力处理好的部门快速地处理好，以提高乘客满意度。

（3）乘客投诉的处理。

① 态度真诚地接待乘客。

为了解乘客所提出的问题，接待者必须认真听取乘客的叙述，使乘客感到管理者十分重视他的问题。接待者要注视乘客，与乘客交流，首先要认真倾听对方的谈话，不要打断乘客，并且听取乘客意见时可多次复核，以表明对意见的重视，才更可能得到乘客满意的解决方案。

为了使乘客能逐渐消气息怒，接待者要有同理心，站在乘客的角度考虑问题，将心比心地感受乘客的心情。例如可以先适当重复对方的话，深入了解并且开始用自己的话来掌握对方的感受，使其感觉到被了解、被认同。

② 对乘客表示同情和歉意。

首先要让乘客了解，接待者非常关心他的情况以及十分在意对提供的服务是否令乘客满意。乘客在谈问题时，接待者应不时地对乘客的表示同情。如：“我们非常遗憾，非常抱歉地听到此事，我们理解你现在的心情。”

假若车站对乘客提出的抱怨或投诉事宜确定有责任，并将予一定赔偿，这时车站就要向乘客表示歉意并说：“我们非常抱歉，我们将对此事负责，感谢你对我们车站提出的宝贵意见。”

③ 根据乘客要求决定采取措施。

接待者要完全理解和明白乘客抱怨和投诉的原因；当决定要采取纠错行动时，接待者一定要让乘客知道已经采纳了他的意见，并告之车站打算采取的处理决定及具体措施，以证明纠错的诚意。

如果乘客不知道或仍不满意这一处理决定，不要盲目采取行动，而是再次十分有礼貌地听取乘客对将要采取的措施的看法，并尽可能让乘客理解，这样才有可能使乘客的抱怨变为满意，并使乘客产生感激的心情。例如，可以按下列的方式征求乘客对所采取改正措施的同意：“××先生，我将这样去做，您看是否合适?”“××小姐，我将这样去安排，您是否满意?”

④ 感激乘客的批评指教。

接待者应感谢那些对城市轨道交通服务水平或服务水准提出批评、建议和指导意见的乘客，因为这些批评、建议和指导意见或投诉会协助企业提高管理水平和服务质量。假若乘客遇到不满意的服务，不向车站反映，也不做任何投诉，将经历讲给其他乘客或朋友听，这样就会极大地影响城市轨道交通的声誉和形象。所以当车站遇到乘客的批评抱怨甚至投诉的时候，不仅要欢迎，而且要感谢。

⑤ 快速采取行为，补偿乘客投诉损失。

当乘客完全同意接待者所采取的改进措施时，就要抓紧予以实施，一定不要拖延时间。耽误时间只能进一步引起乘客不满，此时此刻，高效率就是对乘客的最大尊重，否则就是对乘客的漠视。

⑥ 落实、监督、检查补偿乘客投诉的具体措施。

处理乘客投诉并获得良好效果，其中最重要的一环便是落实、监督、检查已经采取的纠正措施。首先，要确保改进措施进展落到实处；再者，要使服务水准及服务设施均处在最佳状态；最后，再用电话问明乘客的满意程度。对待投诉乘客的最好办法，莫过于对他的关心。许多对城市轨道交通怀有感激之情的乘客，往往是那些因投诉问题得到妥善处理而感到满意的乘客。

投诉乘客的最终满意程度，主要是取决于服务人员对他公开抱怨后所采取的特殊关怀和关心的程度。车站所有管理人员和站务员也必须确信，乘客（包括那些投诉的乘客），都是有感情的，也是通情达理的，是希望有一个舒适温馨的乘车环境的。城市轨道交通的广泛赞誉及其社会名气来自城市轨道交通服务人员本身的诚实、准确、细腻的感情及勤奋服务和广大乘客的公认。

5. 乘客投诉类常见案例

（1）案例：服务态度差顶撞乘客。

① 事情经过。

某日，一乘客在地铁站询问售票员是否可办理交通卡充值，该员工头不抬且不予理睬。当乘客第四次询问时，其服务态度十分恶劣并大声对乘客说："等一下可不可以，我不怕你投诉"，并冲出票亭与乘客争执。

② 分析。

a. 售票员服务意识淡薄，回答乘客问询没有按要求使用文明礼貌用语；欠缺服务技巧，在乘客不满后没有耐心向乘客解释，而是视而不见、避而不答；售票员在乘客面前争辩事情对错，情绪激动，给解释工作增加了难度，对此事负主要责任。

b. 当班值班站长没做好各岗位巡查监控，负直接管理责任。

c. 站长没做好车站服务管理工作，对此事负管理责任。

③ 定性：一类有责投诉。

④ 技巧指引。

a. 组织召开部级分析会，深刻剖析该投诉事件发生的原因，并举一反三，查找不足。相关当事人和各级管理人员作出深刻反省和检讨。

b. 各站通过交班会等多种形式对此投诉进行分析讨论，教育员工要牢固树立"乘客为先"

的服务意识，坚持“乘客永远是对的”的服务理念；保持积极的服务心态；以乘客满意为最终目标，主动做好乘客解释工作；以此为戒，杜绝类似事件发生。

c. 各站加强对员工日常服务技巧的培训，切实有效地开展服务情景对话演练，真正使员工将服务工作技巧融合到日常工作中，融会贯通，学以致用。

d. 各站要进一步落实层级管理、责任制度，提高班组长的管理水平和岗位责任心。站长、值班站长要增强服务工作预见性，班前、班中针对各岗位的服务关键点对员工做出提醒，班后对员工的服务工作做出客观的点评，出现乘客事务时要及时赶到现场做出妥善处理。

⑤ 处理原则。

落实“乘客服务工作标准”的有关要求；回答乘客问询要热情、主动、文明有礼，乘客误解时要耐心解释，最终使乘客满意。

（2）案例：员工欠缺服务技巧。

① 事情经过。

某日，一位身材比较高大、70 岁左右的老人拿着老年卡一路小跑到 A 端票亭前，要求售票员激活老年卡。售票员看到票亭前已有六七个乘客在排队，其中也有老人，于是对该老年乘客说：“麻烦你到后面去排队。”售票员当时说话比较大声，这位老人认为他态度不好，就很大声说：“老人不是有优先权的吗?”售票员让这位老人看后面也有几位老人正在排队，说：“其他老人也很守秩序，个个都在排队，也请你到后面排队。”这位老人一边骂他一边走到后面排队，售票员没有说话。排到这位老人时，售票员按规定激活了这位老人的老年卡后，老人对售票员说要投诉他，售票员就将服务总台的电话告诉了老人。由于售票员没有认识到此次事件的重要性，事后没有向上级导汇报。

② 分析。

a. 售票员向乘客解释不到位，乘客在没有平息怒气的情况下离开并进行了投诉，是事件发生的主要原因，售票员负主要责任。

b. 在售票员对乘客的解释未令乘客满意，且乘客表示要投诉时，售票员未及时通知值班站长到现场处理，化解矛盾，是事件发生的次要原因。

c. 值班站长对本班员工的工作监督检查不到位是事件发生的次要原因。

③ 定性：一类有责投诉。

④ 技巧指引。

a. 各站在员工大会和交班会上认真学习此事件，并对原因进行分析，提高员工的服务意所有员工引以为戒，认真从此事件中吸取教训，防止类似事件的发生。

b. 各站组织员工学习有责投诉的分类。

⑤ 处理原则。

加强与乘客之间的沟通，及时做好乘客解释工作。站务员、值班员的解释不能让乘客满意时，必须及时通知值班站长到现场处理。乘客问题尽量在本站内处理，防止事态扩大。

二、失物处理

保护乘客的财物安全是城市轨道运营公司的职责，公司应建立健全乘客遗失物品的管理办法。

1. 乘客失物处理办法

（1）公司建立完整的登记台账和监督机制，如办理交接的办法等。车站或公司对失物实行专人管理，指定人员负责遗失物品的登记、保管、认领、移交。

（2）遗失物品的清点、检查、登记、认领应由两人（负责人岗位以上人员）同时进行。

（3）失主认领遗失物品时，应描述失物特征，出示有效证件；负责人或负责人上级值岗人核对无误并办理有关手续后，方可将失物交还给失主。

（4）如遗失物品为违禁品、危险品、机要文件、大额现金或有价票据及贵重物品时，应立即转交公司公安机关，车站或公司保存移交记录备查。

（5）遗失物品未交还失主前，车站或公司应妥善保管，任何单位和个人不得侵占和挪用。

（6）遗失物品在规定期限无人领取时，可按无法移交物品办法进行处理。

2. 遗失物品处理程序

（1）一般失物处理程序。

遗失物品见证人和工作人员当面清点失物并登记在相关登记本上，若箱包加锁需在登记时注明“加锁”，注明失物数量及特征，双方签名确认。

如失物里有失主联系资料，应立即通知失主到车站认领失物。如无失主联系资料，车站应妥善保管，将失物放置在规定位置，标上与登记本上相对应的标记便于查找。

（2）特殊失物处理程序。

信（文）件、现金、危险品、违禁品和易腐物品等属于特殊失物，按以下程序处理：

① 信（文）件。

有“特快专递”“挂号”“机密”“绝密”等字样或未付邮资的信（文）件，填写失物登记后立即交站内公司公安签收处理；已付邮资的一般信件由车站代为投寄；其他信（文）件按一般失物处理。

② 现金及其他有价票据。

小额现金由相关工作人员两人核实，填写失物登记本后装入信封密封，并加盖个人私章后妥善保管；大额现金及有价票据总额较大的，车站应要求公司公安介入协助，在填写失物登记本后移交公司公安签收处理。

③ 危险品及违禁品。

发现枪支、弹药、汽油、硫酸等易燃、易爆、腐蚀、剧毒物品时，车站人员在填写失物登记本后立即移交公司公安签收处理。

④ 食品与易腐物品。

食品与易腐物品可由车站自行处理；有包装的食品在公司规定的保管期限内无人认领时，由车站自行处理；无包装的食品及易腐物品（如肉类、蔬菜等），保管到当天关站时由车站自行处理。

3. 失物认领

（1）一般失物认领程序。

① 由认领人提供失物名称、遗失地点、遗失时间。

② 请认领人提供两项以上最能表现失物特征的证明，如特征相符，则由当时负责人及以

上人员至少两位工作人员共同确认并办理认领手续。

③ 认领人须凭本人身份证或其他有效身份证明办理领取手续。认领时要求认领人如实填写相关资料，并由双方在失物登记本上签名确认。

（2）现金的认领程序及要求。

① 车站拾得现金后，能及时找到失主的，按上述规定办理认领手续。

② 乘客认领现金时，确认认领人身份后方可办理认领手续，双方在失物登记本上做好登记签收后，即时与失主办理交接。

③ 认领现金时，失物登记本认领事项中的证明人必须是公司定义的负责人及以上人员，至少两人签名方为有效。

4. 失物存放及保管

（1）失物的存放应设置专用的设备，并指定专人负责，做到有地点、有登记、有交接。

（2）贵重物品，如钱包、手机、首饰、有价票据、现金存款单等，必须存放于保险柜内；其他物品，如雨伞、文件、证件等，可存放于储物架或文件柜内。

（3）定期对失物进行清点整理。

5. 无人认领失物的处理

对超过规定期限无人认领的遗失物品，公司可进行清点处理。清点处理时，应该有公司规定的相关负责人及有关证明人在场监督妥善处理，并做好签字确认登记工作，并交由上级管理部门处理。

三、乘客物品掉落轨道应急处理

1. 乘客物品掉落轨道处置流程

若乘客掉落物品影响行车安全，司机是第一发现人时，处理流程如下。

（1）司机在列车进站前第一时间发现，站内区间有物品侵入限界影响行车，则司机应立即采取有效措施停车，并向行车调度员报告。

（2）行车调度员通知车站行车值班员，有物品侵入限界影响行车，需尽快拾取，保证行车安全。

（3）行车值班员向行车调度员申请下轨道处理得到允许处理后，按压紧急停车按钮设置防护，安排站台岗下轨道拾回物品。

（4）站台岗处理完毕后，确认线路出清，并报告行车值班员。

（5）行车值班员接报后向行车调度员报告，得到行车调度员允许后，恢复紧急停车按钮，取消紧停。

（6）接到行车调度员命令后，司机可启动列车进站。

若车站工作人员是第一发现人时，处理流程如下。

（1）车站工作人员得知乘客物品掉落轨道时，第一时间明确告诉并安抚乘客：请勿擅自跳下轨道，车站工作人员会帮您处理，并报车控室。

（2）如果掉落轨道物品影响行车安全时，应立即按压紧急停车按钮，并向车控室报告；如果未影响行车安全，行车值班员接报后向行调报告，得到允许处理的许可后，行车值班员按下紧急停车按钮，设置防护。

（3）行车调度员通知列车司机有物品侵入限界，注意瞭望，减速行驶，有必要时，需紧急停车。

（4）站台岗用专用工具（如夹物钩、拾物钳）夹起物品，若物品无法被夹起，得到行车调度员允许后，用下轨梯进入轨道拾回物品；最后站台岗向行车值班员报告，物品已拾回，线路已出清。

（5）接到站台岗出清线路的报告后，行车值班员向行调报告，得到允许后恢复紧急停车按钮，取消紧停。

（6）乘客掉落物品若不影响列车正常运行，且行车调度员未允许在运营中拾取时，车站工作人员要向乘客做好解释工作，并做好乘客信息登记，待运营结束拾回物品后，尽快与乘客联系将物品归还。

（7）如果列车已开过来，物品不影响行车安全时等该列车开走后，再行处理。

（8）若列车已在站外停车时，车站确认物品不影响行车安全，可用对讲机呼叫列车司机，告知列车司机可进站停车；待列车出清后再按上述程序处理。

2. 有关岗位的作业

（1）站台岗站务员。

① 接到乘客通知后马上将情况报告车控室，并安抚乘客。

② 立即到现场查明情况，向车控室汇报情况。如影响行车，则按压紧急停车按钮。

③ 到监控亭拿夹物钳、隔离带到现场，隔离该处屏蔽门。

④ 得到值班站长指示后，用钥匙打开该屏蔽门，将物品夹起。

⑤ 得到值班站长指示后，恢复屏蔽门的使用，撤回隔离。

（2）行车值班员。

① 接到站台通知立即向值班站长汇报情况，通知厅巡到现场协助处理，并向行调汇报有关情况。

② 经站台保安确认后，向行调汇报物品是否影响行车。

③ 接到值班站长的通知，向行调汇报有关情况，并请点处理。

④ 经行调批准后，按动紧急停车按钮，做好防护并通知值班站长可以实施处理。

⑤ 线路出清后，报告行调销点，在 MCP 盘上按压取消紧急停车按钮，恢复正常运营。

（3）值班站长。

① 接行车值班员报告后，立即到现场查看有关情况。

② 确认物品是否可以用夹物钳夹起，并预计所需时间。

③ 将情况通报车控室，要求行车值班员向行调请点处理；通知站台保安去监控亭拿夹物钳、隔离带到现场隔离该处屏蔽门，准备拾物：通知厅巡去监控亭拿信号灯到站台尾端墙做好防护准备。

④ 行调同意后，通知厅巡做好防护。

⑤ 如行调不同意运营时间处理，则登记乘客详细资料，待物品取出后通知乘客领取。

⑥ 做好防护后通知站台保安将物品夹起，并疏散围观乘客。

⑦ 物品夹起后通知站台保安撤回隔离，恢复屏蔽门的使用，通知厅巡收回防护信号。

⑧ 确认线路出清向车控室报告。

⑨ 做好相关记录，将物品归还乘客。

（4）厅巡。

① 接到行车值班员通知后，立即到现场协助处理。

② 接值班站长通知后去监控亭拿信号灯到站台尾端墙做好防护准备。

③ 得到值班站长指示后在尾端墙手持信号灯做好防护。

④ 得到值班站长指示后收回防护信号。

（5）行车调度员。

① 接到通知后，如物品影响行车，则扣停后续列车，安排车站取出物品。

② 如物品不影响行车，根据行车间隔和车站请点要求，做出适当安排。

四、城市轨道交通客运特殊乘客服务

随着城市老龄化进程发展的加快和运营网络的不断完善，老年市民在城市轨道交通乘客中的比例也在不断增长，成为车站客运服务中必须重点关注的特殊群体。此外，体弱多病、残疾和怀孕的乘客也是车站服务过程中应当重点关注的乘客群体。

在车站服务中，特殊乘客意外情况的发生往往是没有前兆的，也是突然发生的。服务员在处理过程中要掌握以下一些服务原则。

（1）有家属陪同出行的特殊乘客，在发生意外时，车站服务员切忌自作主张采取自以为必要的措施，应当首先征求陪同家属的意见。如果陪同家属也束手无策，服务人员也不能自作主张，仍应将各项准备采取的措施征求家属意见，经同意后方可提供帮助，否则可能会“后患无穷”，好心办了坏事。

（2）无家属陪同的特殊乘客，在发生意外时，车站服务员可大声询问周边乘客中有没有医生，并搀扶乘客坐下或躺下。如果患病乘客神志尚清楚，可以问患者本人需要什么帮助，告诉患者车站可以提供哪些帮助；更重要的是要问清如何与患者家人取得联系，然后尽快与患者家属联络。如果患者已经口齿不清或不能说话，甚至神志不清，车站服务员更不能凭经验擅自处理，应该及时拨打“120”，必要时也可以向车站民警求助。

（3）车站服务员在处理特殊乘客的意外情况时，还要注意证据的收集。车站建设时，在关键和重点部位都装置了监控摄像头，而且车站的监控摄像头是全天候工作并录像的，因此站长应该要求全体车站服务员掌握本车站各摄像头的位置，在需要保留证据时，可以有意识地在摄像头下操作。车站服务员在摄像头下操作应当是“不动声色”的，否则容易引起乘客的反感。

任务 5　城市轨道交通客运服务质量水平评价

一、客运作业考核指标

根据运营统计数据,可采用下面 6 个指标对车站客运作业效率和客运服务水平进行考核。

1. 车站客运量

车站客运量指报告期内车站运送（包括换乘）的乘客人数。

2. 人均客运量

人均客运量指报告期内客运人员人均完成的客运量，计算公式为

人均客运量 = 车站客运量/车站客运人员

3. 售票差错率

售票差错率指报告期内票款差错额与票款总额之比，计算公式为

售票差错率 = 票款差错额/票款总额 · 100%

4. 乘客投诉表扬率

乘客投诉表扬率指报告期内乘客表扬件数与有责乘客投诉件数之比，计算公式为

乘客投诉表扬率 = 乘客表扬件数/有责乘客投诉件数 · 100%

5. 乘客投诉处理率

乘客投诉处理率指报告期内已处理的有责乘客投诉件数与有责乘客投诉件数之比，计算公式为

乘客投诉处理率 = 已处理有责乘客投诉件数/有责乘客投诉件数 · 100%

6. 自动扶梯停用率

自动扶梯停用率指报告期内自动扶梯停用时间与营业时间总和之比，计算公式为

自动扶梯停用率 = 自动扶梯停用时间/营业时间总和 · 100%

二、客运服务质量评价

1. 服务质量的概念

1994 年，国际标准化组织下属的质量管理和质量保证技术委员会将服务质量定义为：满足规定要求和隐含需要的特性总和。早期服务质量是以提供的服务是否符合设定标准为衡量依据。随着社会的发展，市场服务更应以顾客为中心，顾客对服务的期望和体验成为评价服务质量的基本依据。

2. 服务质量评价指标

进行车站客运服务质量评价，首先应构建一组评价指标。构建评价指标应符合全面性、针对性、独立性和可操作性等原则。

全面性是指评价指标应能系统地评价客运服务质量；针对性是指评价指标应能反映客运服务质量的主要方面；独立性是指各个评价指标的内涵不能相互替代；可操作性是指评价指标不宜太多，乘客评价意见易于采集与处理。

在构建评价指标时，应在分析车站客运服务内容的同时，重点分析乘客从进站到上车（或从下车到出站）过程中对车站客运服务的期望。根据分析，乘客对车站客运服务的期望主要是便捷、舒适与安全，而车站客运服务的内容主要是乘客导向、售检票、乘降组织、车站环境、对老弱病残孕乘客的特殊服务等。因此，车站客运服务质量可用便捷性、舒适性和安全性等方面指标来评价。

（1）便捷性。

便捷性主要反映乘客在车站内所需时间和方便程度。对便捷性的评价可以考虑采用导向标志设置、售检票作业、列车信息提供、正点率、换乘及等候时间等指标。例如正点率是以列车在起点站的发车时间或以列车在终点站的到达时间为计算依据，较高的正点率往往是决定乘客满意度的非常重要的指标之一。平均候车时间取决于行车间隔，在正常情况下，由于乘客的到达（进站）是完全随机的，所以，对于一个乘客而言，平均候车时间是行车间隔的一半。城轨线路如何依据客流量的大小设置行车间隔时间也是热议的问题。

（2）舒适性。

舒适性主要反映乘客对车站及候车环境的总体感知。对舒适性的评价可以考虑采用卫生、温度、湿度、新风量、照明、自动扶梯使用、高峰小时列车满载率、无障碍化、服务态度、有责投诉及其处理等指标。例如，列车满载率（车上拥挤程度）是车上实际乘客数量和列车标称载客量之比。由于车上的实际乘客数量随着乘客的上下而改变，所以通常计算在高峰时段、高峰地段若干趟列车的满载率的平均值。

（3）安全性。

安全性主要反映乘客在车站内免除危险的程度。对安全性的评价，是乘客乘坐轨道交通工具最基本的要求，可以考虑采用候车秩序、站台安全、乘客疏导、应急救援措施等指标。

3. 服务质量评价方法

车站客运服务质量涉及多方面属性，因此评价指标体系是多层次结构。例如，在评价指标体系中，第一层次是综合指标，即乘客满意度；第二层次是要素指标，即便捷性、舒适性和安全性；第三层次是各个特征指标。

因此，车站客运服务质量评价是典型的多因素、多指标综合评价问题，各类评价意见是定性与定量相结合的，每个指标比率通过定量方法计算得出，但部分指标也需要定性评价，具有一定的模糊性。可以采用模糊综合评价方法来对服务质量进行评价，该评价方法具有数学模型简单、综合评价效果较好等特点。

复习思考题

一、不定项选择题

1. 乘客乘车的共性心理中，乘客乘车最根本的需求是（　　）。

A. 安全心理　　B. 快捷心理　　C. 舒适心理　　D. 经济心理

2. 站台岗站务员在没有设置屏蔽门的站台应提示乘客站在（　　）安全线以内候车，及时提醒特殊乘客注意安全。

A. 红色　　B. 黄色　　C. 橙色　　D. 绿色

3. 当票务中心前出现较大客流（10 人以上或排队超过（　　）人并维持 3 分钟以上）应电话通知值班站长或巡视岗，加派人手或使用人工广播引导。

A. 3　　B. 5　　C. 8　　D. 10

4. PIS 的中文全称为（　　）。

A. 广播系统　　B. 屏蔽门系统控制器

C. 门禁系统　　D. 乘客信息系统

5. 以下乘客投诉属于二类有责乘客投诉的是（　　）。

A. 对乘客投诉的调查弄虚作假或隐瞒不报

B. 与乘客发生争执、拉扯的行为

C. 列车清客时未做好广播及解释工作

D. 末班车未提前做好广播

6. 乘客投诉的途径一般包括（　　）。

A. 电话投诉　　B. 来信投诉　　C. 口头投诉　　D. 以上均错

7.（　　）指报告期内票款差错额与票款总额之比。

A. 车站客运量　　B. 售票差错率

C. 乘客投诉处理率　　D. 以上都不对

二、判断题

1. 当地乘客对乘车环境和当地情况比较熟悉，心理上没有顾虑，出行的问题少。（　　）

2. 工号牌戴在右胸前口袋上沿中部，工号牌下沿与右胸前口袋上沿平行，并保持 1 ~ 2 cm 距离。（　　）

3. 失主认领遗失物品时，应描述失物特征，出示有效证件，负责人或负责人上级值岗人核对无误并办理有关手续后，方可将失物交还给失主。（　　）

4. 男士发型前不遮眉、侧不遮耳、后不触领，女士一律剪短发。（　　）

5. 为乘客指引时，要保持站姿，掌心朝上，手掌面微向内倾斜与地成 45°，大拇指侧向上，向需要指引的方向。（　　）

三、简答题

1. 简述乘客的出行心理需求。

2. 简述站台岗服务要求。

项目六在线答题

项目七　城市轨道交通突发事件应急处理

【项目描述】

城市轨道交通车站客流量大，空间相对封闭，一旦发生重大事故、灾害等突发事件，人员疏散和救援困难，处置不当将产生巨大的人身和财产损失，以及较严重的社会影响，所以及时有效地处理突发事件，将乘客快速疏散至安全位置，防止人员伤亡等意外事件发生、扩大和蔓延，是城市轨道交通客运安全管理的首要任务。本项目对城市轨道交通突发公共事件进行分析，介绍了城市轨道交通应急相关设备，并分别对火灾、大面积停电、设备故障、行车事故、自然灾害、公共安全事件、客伤等突发事件的应急处理进行介绍，提高安全防范意识及应急处置能力。

【学习目标】

（1）了解突发公共事件的定义、分类。

（2）熟悉城市轨道交通火灾事件特点及防火灭火基本知识。

（3）熟悉城市轨道交通大面积停电的原因。

（4）掌握行车事故的分类及其产生原因。

（5）熟悉行车事故的报告与调查。

（6）熟悉自然灾害应急预案的启动、解除的原则与程序。

（7）了解车站公共安全事件类型与特点。

（8）熟悉客伤事件的分类及处理原则。

（9）熟悉常见急救病症及处理流程。

【能力目标】

（1）学会对城市轨道交通事故进行等级划分。

（2）能够对突发事件的相关信息进行通报。

（3）学会车站、列车、区间发生火灾各岗位的应急处理程序。

（4）学会城市轨道交通车站、列车大面积停电的应急处理程序。

（5）学会客车脱轨事故的应急处理程序。

（6）学会暴雨、地震等自然灾害突发事件的应急处理程序。

（7）学会发现可疑物品、抢劫、斗殴、劫持人质、反恐等社会公共安全事件的应急处理程序。

（8）学会客伤事故的应急处理程序。

任务 1　城市轨道交通突发事件概述

由于轨道交通具备运量大、速度快、准时性好等优点，使得城市轨道交通成为 21 世纪全球各大城市的交通命脉。但是城市轨道交通车站及列车为人流密集的公众聚集场所，且处于地下的空间，形成封闭的环境，聚集密集的人员，通风和疏散都受到极大的限制，一旦发生重大事故、灾害等突发事件，人员疏散和救援困难，处置不当将产生巨大的人身和财产损失，以及较严重的政治影响，因此，加强对城市轨道交通的安全管理至关重要。客运安全是运营安全的重中之重，提高客运安全管理水平，确保人员安全、财产安全不受损失是城市轨道交通客运安全管理的首要任务。

轨道交通突发事件是指没有任何征兆的情况下，在城市轨道交通车站内、列车上或其他设备设施内突然发生的，造成或者可能造成重大人员伤亡、财产损失、生态环境破坏和严重社会危害，危及公共安全的紧急事件。突发事件发生时，城市轨道交通工作人员须按照应急预案要求，冷静迅速处理，将乘客快速疏散至安全位置，防止人员伤亡等意外事件发生、扩大和蔓延。

一、突发公共事件的分类

城市轨道交通一旦突发非运营故障类的事件，则必然属于突发的城市公共事件，在《中华人民共和国突发事件应对法》中对突发公共事件分为以下四类：

（1）自然灾害：主要包括水旱灾害、气象灾害、地震灾害、地质灾害、海洋灾害、生物灾害和森林草原火灾等。

（2）事故灾难：主要包括工矿商贸等企业的各类安全事故、交通运输事故、公共设施和设备事故、环境污染和生态破坏事件等。

（3）公共卫生事件：主要包括传染病疫情、群体性不明原因疾病、食品安全和职业危害、动物疫情以及其他严重影响公众健康和生命安全的事件。

（4）社会安全事件：主要包括恐怖袭击事件、经济安全事件、涉外突发事件等。

站长遇到上述不可抗力的突发事件，应当在确保车站乘客安全的前提下，尽快组织车站内乘客疏散、执行预案、关闭车站。

二、影响城市轨道交通安全的因素

在城市轨道交通安全的研究中，运营安全涉及多种系统因素。近年来国内外城市轨道交通事故统计数据分析表明影响城市轨道交通运营安全的因素可归结为“人、机、环境”三个方面。

“人”是指作为工作主体的人，包括操作人员和决策人员，在城市轨道交通运营系统中可分为从事地铁相关工作或使用城市轨道交通工具出行的人员。从城市轨道交通发生事故的统计表明，人员因素是导致事故的主要原因。在各类事故中，很多是由于乘客没有遵守乘车规则而造成的，例如拥挤、不慎和故意跳入轨道等。由于城市轨道交通工作人员疏忽引发的事故比例也较大，而且后果严重。几乎每一起重大事故都与工作人员的失职有关，发生事故后，工作人员的处理是否及时、正确是影响事故后果的重要因素。因此对乘客加强安全宣传教育以及对工作人员进行法制教育、技术教育、安全教育和职业教育是十分必要的。

“机”是指人所控制的一切对象的总称，主要是指和运营有关的一切设备和设施。城市轨道交通因设备故障而导致运营事故占了很大比例。技术设备的日常管理和维护直接影响着系统的运营安全和可靠性。城市轨道交通设备主要包含：行车设备、车辆设备、车站设施设备、环控系统、防灾报警系统等。只有各项技术设备协同可靠地工作，才能保证列车安全高效地完成运输任务。

“环境”是指人、机共处的特定的工作条件（温度湿度、噪声震动有害气体等），包括工作环境和自然环境。工作环境是针对工作人员岗位的工作舒适状态而言受噪声、温度、湿度等因素影响。工作人员在恶劣的工作环境下容易产生生理、心理的变异，从而引起操作失误，给安全运输埋下隐患。自然环境指外部环境，主要是指雨、雪、雾、地震等气候条件。恶劣的外部环境对列车运行安全也会产生很大影响，因此，必须加强自然灾害的预警和发生后的应急处置，最大限度地降低人员伤亡和财产损失。

人和机器都被处于一定的环境中，一方面人的操作可能引起机器的事故和损失，从而对环境产生有害的影响；另一方面，环境中的许多灾害，如地震和灾难性的暴风雨、洪水等，以及火灾和爆炸等，也都会对机器产生危害。所以在故障和事故中环境因素也是不容小视的。城市轨道交通车站及列车是人流密集的公众聚集场所，一旦发生爆炸、毒气、火灾等突发事件，就会造成群死群伤或重大损失，严重地影响了社会秩序的稳定。

三、城市轨道交通事故等级标准的确定

目前，我国尚未在全国范围内制定城市轨道交通事故等级分类标准。但各拥有轨道交通系统的城市都结合自身的特点，制定了相关的规则和标准。以 A 市为例，在其城市轨道交通行车事故处理规则中对城市轨道交通运营突发事件进行了等级方面的相关规定。

依据城市轨道交通运营突发事件可能造成的危害程度、波及范围、影响力大小、人员伤亡及财产损失等情况，由高到低划分为特别重大事故、重大事故、大事故、险性事故、一般事故和事故苗头。

1. 特别重大事故

列车、工程车辆等发生冲突、脱轨、火灾、爆炸等事故，造成下列后果之一的为特别重大事故。

（1）死亡 30 人及以上。

（2）事故直接经济损失在 500 万元及以上。

2. 重大事故

列车、工程车辆等发生冲突、脱轨、火灾、爆炸或由于城市轨道交通设备状态不良等其他原因造成下列后果之一的为重大事故。

（1）人员死亡 3 人或死亡、重伤 5 人及以上。

（2）中断正线（上下行正线之一）行车或耽误本列列车 180 min 及以上。

（3）事故直接经济损失在 300 万元及以上。

（4）列车中破一辆。

（5）工程车辆大破一台。

3. 大事故

列车、工程车辆等发生冲突、脱轨、火灾、爆炸或由于城市轨道交通设备状态不良等其

他原因造成下列后果之一的为大事故。

（1）人员死亡 1 人或重伤 2 人及以上。

（2）中断正线（上下行正线之一）行车或耽误本列列车 120 min 及以上。

（3）事故直接经济损失在 100 万元及以上。

（4）列车小破一辆。

4. 险性事故

凡事故性质严重，但未造成严重损害后果或损害后果不够大事故及以上事故，造成下列后果之一的为险性事故。

（1）列车冲突。

（2）列车脱轨。

（3）列车分离。

（4）未经批准，向占用区间接入或发出列车。

（5）未准备好进路或错排进路接入或发出列车。

（6）列车运行中擅自切除车载安全装置。

（7）列车错开车门、运行途中开门或车未停稳开门产生紧急制动。

（8）列车冒进信号或越过警冲标。

（9）列车夹人或夹物开车，导致乘客受伤或城市轨道交通设备损坏。

（10）列车、工程车溜入区间或站内。

（11）未拿或错拿行车凭证发车。

（12）列车运行中，因车辆部件脱落或货物装载不良刮坏城市轨道交通设备。

（13）变电、动力供电、接触网系统操作中发生错送电、漏停电，造成严重后果。

（14）接触网塌网、坠落或其他设备部件脱落刮坏列车。

（15）运营线路走行轨由轨头到轨底贯通断裂。

（16）正线各类设施、设备、物资等侵入车辆限界，刮坏列车。

（17）运营线路几何尺寸四级超限。

（18）其他（性质严重的列车事故，经运营分公司安委会决定列入本项的）。

5. 一般事故

凡事故性质及损害后果不够大事故及险性事故的，造成下列后果之一的为一般事故。

（1）调车冲突。

（2）调车脱轨。

（3）挤道岔。

（4）列车分离。

（5）未经批准，应停列车在站通过。

（6）调车作业碰轧脱轨器或防护信号。

（7）错误办理行车凭证发车或耽误列车。

（8）在运营时间内，因设备故障或其他原因造成正线（上下行正线之一）中断行车或耽误本列列车 30 min 及以上。

（9）在非运营时间内，因施工、设备故障或其他原因影响首班车晚开 30 min 及以上。

（10）漏发、漏传、错发、错传调度命令耽误列车。

（11）因错发操作命令或人员误操作造成断路器跳闸，或接触网误停电造成后果。

（12）接地线错挂、漏挂、错撤、忘撤。

（13）其他（经运营分公司安委会决定列入本项的）。

6. 事故苗头

凡在城市轨道交通运营工作中，因违反规章制度，违反劳动纪律或其他原因造成设备损坏，影响正常行车或危及行车安全，但事故性质或损害后果达不到事故的，为事故苗头。此外，还包括因违章行为性质严重，虽未造成损失，但经安全部门定性为事故苗头的。

（1）在运营时间内，因设备故障或其他原因造成正线中断（上下行正线之一）行车或耽误本列列车 20 min 及以上。

（2）列车车门因故障无法关闭，且无安全措施行车。

（3）列车夹人、夹物开车。

（4）未经批准，通过列车在站停车。

（5）因错办进路造成变更交路或列车错进股道。

（6）在运营期间，列车内灯管、广告牌、镜框等脱落。

（7）车站未按规定时间开、关站，造成不良影响。

（8）在运营期间，设备、设施、广告、备品脱落或掉下站台、隧道，造成停车。

（9）正线作业进入隧道施工未登记或作业结束后未注销。

（10）运营中，车站正常照明全部停电。

（11）在运营线上，委外施工无安全协议，现场无甲方（或甲方指定的）安全负责人。

（12）设备故障情况下，单个道岔的手摇道岔作业时间超过 20 min。

（13）调度电话无录音或未到规定时间录音丢失；中央处理系统未到规定时间数据丢失。

（14）各类机柜门、检查孔盖未按规定锁闭或一段施工固定不牢，造成后果。

（15）列车主风管破裂；工程车辆撞止挡或溜逸。

（16）无证操作或违章操作相关命令，影响行车安全。

（17）空调季节，车站环控系统停止运行连续时间超长。

（18）人为失误造成自动消防设施误喷。

（19）在灾难、险情时，FAS 系统未能正常报警。

（20）行车指挥无线通信系统故障，造成全线无线中断 20 min 及以上、局部无线中断 30 min 及以上。

（21）运营线路几何尺寸三级超限。

（22）其他。

四、突发事件应急处理程序

1. 突发事件的处理原则

（1）参与应急事件处理的各岗位工作人员都应紧急行动起来，及早汇报，及时抢救，迅速开展工作。

（2）坚持“先救人，后救物；先全面，后局部”的原则，优先组织人员疏散、伤员抢救，同时兼顾重点设备和环境的防护，力争将损失降至最低。

（3）兼顾现场的保护工作，以利于公安、消防和事件调查部门的现场取证。

（4）在应急事件处理时应沉着冷静，反应迅速，做到早发现、早报告、早控制。

（5）严格执行规定的标准和程序，做好乘客疏导和安抚工作，维持乘客秩序和减少乘客恐慌。

（6）通知车站员工执行紧急疏散程序时，应使用统一代号，以免引起恐慌。

（7）在应急事件处理时，坚持对外宣传归口管理的原则，不得擅自发布相关信息。

（8）坚持就近处理的原则：突发公共事件发生时，在上一级应急处理负责人到达现场前，员工按规定担任现场临时应急处理负责人；在上一级应急处理负责人到达现场后，则由上一级应急处理负责人担任现场指挥。

2. 信息通报的原则、内容及流程

事故处理直接关系到事故发生后的处置，以及事故发生后能否及时、迅速地恢复运营线路正常行车秩序。良好畅通的信息传递能够使事故损失减少到最低程度；反之，如果由于信息传输程序复杂、混乱，将会引起事故后果与损失扩大、不良印象扩大，延误事故的处理。所以，突发公共事件信息通报应遵循迅速、准确、完整的原则，任何员工发现或接到突发公共事件信息，均应立即迅速报告，执行规定的通报流程，不得延误、中断或缺漏，确保能有效控制事件的发展态势，将损失降到最低限度。

在进行突发公共事件信息通报时，一般应包括如下内容：

（1）报告人姓名、职务、单位；

（2）事件发生类别、时间、地点；

（3）事件发生概况、原因（若能初步判断）及影响运营程度；

（4）人员伤亡情况、设施设备损坏情况；

（5）已采取的措施；

（6）任何需要的援助（包括救援、救护、支援）；

（7）其他必须说明的内容及要求。

因此，地铁公司内部必须建立起一套行之有效的信息通报流程。一般来说，地铁的信息通报遵循流程为：突发公共事件现场→控制中心→应急处理专业机构和外部支援。

在进行信息通报时，发生立即需要外部支援的突发事件，应坚持就近迅速通报的原则。

（1）如突发事件发生在车站或车厂，现场人员有条件时应立即致电 110 报警中心或 120 急救中心；车厂调度或车站值班站长/行车值班员接报后，应问清现场报告人员是否已经致电 110 报警中心或 120 急救中心；若无，应立即致电报告；若有，亦应致电复核。

（2）如突发事件发生在区间，行车调度员接现场人员报告或设备监控报警后，由行车调度员或主任调度员致电 110 报警中心或 120 急救中心。

（3）如突发事件发生在区间的列车上，驾驶员立即报告行车调度员，由行车调度员或主任调度员致电 110 报警中心或 120 急救中心。

（4）控制中心所通知的外部支援是指地铁公安分局、公交公司、交通局、本市应急指挥中心、本市民防委员会办公室等，以及本市有关防灾抗震和紧急事务的政府组织机构等，具体由主任调度员决定通知范围。

（5）各专业救援队接到突发事件通报后，应按照本专业部门制定的通报流程分别向本部门相关人员进行通报。

3. 城市轨道交通事故调查分析

事故的分析、调查、处理是事故发生后的重要环节，目的是及时恢复正常，找出事故发生的原因和形成机制，并制定相应的措施、方法与手段，减少和杜绝事故再次发生。各处理职责单位应按照职责要求，开展事故的调查取证工作。

（1）调查分析依据。

① 根据相关法律法规，分析火灾事故和因工伤亡事故的主要原因，分别以《火灾原因认定书》《企业职工伤亡事故报告和处理规定》和市、区安全生产监督局制定的与法律文书有关的规定为准。

② 分析轨道列车事故、设施设备事故、客伤事故发生的原因，以城市轨道交通企业颁发的各类规章制度为准。

（2）调查分析要求。

① 查清事故原因。

调查事故的原因应从主观原因和客观原因、直接原因和间接原因、管理原因和技术原因等多层次、全方位分析查找，对一时难以查清的，要采用挂牌制度，定时间、排节点，落实负责人，落实有效的安全防范措施，以确保安全。

② 组织安全再教育。

各单位必须针对随时暴露的安全隐患，通过召开事故分析会、班组学习等形式，有针对性地开展员工安全教育。要从安全法规、安全意识、安全技能、事故教训、预防措施等方面着手，让每个员工都能吸取教训，举一反三，增强防范意识。安全教育必须做到有内容、有记录、实行备案制。

③ 实施预防措施。

在查清事故原因的基础上，应及时制定并落实安全预防整改措施。预防措施的落实，必须建立安全责任制，落实到责任部门和责任人，做到明确期限，并从人力、物力、财力上给予必要的保证，确保措施真正落到实处。

④ 调查分析时间要求。

调查工作中注意原始操作资料的收集、分析工作，并要求在规定的时间内完成事故（件）的调查取证工作，提出相应的处理意见报告。

五、城市轨道交通安全管理办法与措施

1. 建立健全城市轨道交通的安全生产法律法规

2005 年 6 月 28 日我国住建部发布了《城市轨道交通运营管理办法》，明确规定依法承担运营安全责任的主体是城市轨道交通运营单位，并从运营管理、安全管理、应急管理等方面做出具体规定，为城市轨道交通运营单位强化安全管理指明了方向。为尽量保证地铁运行安全，我国各地也曾相继出台了一些有关运营安全的规范。但相对于我国城市轨道交通突飞猛进的发展，城市轨道交通的规范管理和法制建设则明显滞后，建立健全城市轨道交通的安全生产法律法规显得十分必要。

2. 提高轨道交通系统的技术装备水平

设备的可靠性与先进性是保障行车安全的前提，配备先进的设备和可靠的监控系统，抓好设备管理和设备维修保养工作，及时发现设备故障，可以有效地避免相关事故的发生。为了保证城市轨道交通系统中各种设备的正常运行，减少故障、事故和突发事件的发生，应尽可能地利用最先进的技术装备水平和高科技手段。

3. 加强工作人员培训

从业人员的安全教育与培训是做好城市轨道交通安全工作的根本性措施，也是运营前期必须做好的安全性工作。

（1）专业技术人员的安全培训。

专业技术人员是在各个专业技术岗位从事系统技术操作和管理的人员，是设备的直接操作者、系统的直接运作者、系统和设备安全运行的直接管理者。国家和地方的轨道交通运营管理法规明确规定，运营单位的轨道交通车辆驾驶员、行车调度员、电力调度员、环控调度员和行车值班员必须经考核合格后，持证上岗。

（2）运营单位管理人员的安全培训。

运营单位管理人员应该了解基本的安全生产知识，熟悉并监督自己岗位管辖范围内各个工作岗位的安全职责，熟悉并检查自己岗位工作范围的安全设施。同时，应通过组织安全事故的处置、抢险、救援演练培训，提高从业人员安全意识，提高防范和应对各类突发事故的能力。

（3）加强人员的安全宣传教育。

安全宣传教育是安全管理的重要手段之一。轨道交通的运营安全直接关系到乘客的人身安全和财产安全，与广大人民群众的切身利益息息相关。各级领导都必须重视安全宣传工作，要将安全意识深入员工心中，提高安全认识和责任感，做到人人讲安全、时时讲安全。同时必须对广大乘客进行宣传教育，提高全民的安全防范意识，使乘客认识城市轨道交通安全的相关知识，了解逃生、救援等基本常识。

4. 应急预案的制订和演练

在城市轨道交通体系中，可能会发生或存在多种潜在的事故类型，因此，从降低和控制风险、减轻事故或事件的严重程度出发，需要建立城市轨道交通应急救援管理体系，合理编制各类预案，从而在面对各类事故或事件时，能及时采取应急救援措施，尽可能地消除、减少事故造成的人员伤亡和财产损失，尽快恢复交通。

《中华人民共和国安全生产法》第五章“生产安全事故的应急救援与调查处理”中，第八十条要求：县级以上地方各级人民政府应当组织有关部门制定本行政区域内生产安全事故应急救援预案，建立应急救援体系。

《城市轨道交通运营管理办法》第四章“应急管理”也有相应的要求，其中第二十四条明确规定：城市人民政府城市轨道交通主管部门应当会同有关部门制定处理突发事件的应急预案；城市轨道交通运营单位应当根据实际运营情况制定地震、火灾、浸水、停电、反恐、防爆等分专题的应急预案，建立应急救援组织，配备救援器材设备，并定期组织演练。当发生地震、火灾或者其他突发事件时，城市轨道交通运营单位和工作人员应当立即报警和疏散人员，并采取相应的紧急救援措施。

2006 年国务院发布并实施《国家突发公共事件总体应急预案》，明确了各类突发公共事件的分级分类和预案框架体系，是指导预防和处置各类突发公共事件的规范性文件。随后，国务院又相继公布《国家安全生产事故灾难应急预案》《国家处置城市地铁事故灾难应急预案》等 9 个事故灾难类公共事件专项应急预案。

针对各种不同的紧急情况制定有效的应急预案，不仅可以指导各类人员的日常培训和演习，保证各种应急资源处于良好的准备状态，而且还可以指导应急救援行动按计划有序地进行，防止因行动组织不力或现场救援工作混乱而延误事故救援，降低人员伤亡和财产损失。在应急预案演练时，可以与公安、消防、医院等系统的相关部门实行联合演习，增加演练的实战性。

任务2 城市轨道交通火灾突发事件应急处理

城市轨道交通系统发生火灾是该公共交通工具危害最大的灾难性事件，也是城市轨道交通发生较多的安全事故。我国城市轨道交通建设刚刚起步，消防安全设施和措施还不完善，城市轨道交通消防是一项重要艰巨的任务。世界各个有轨道交通的国家，都有发生火灾的沉痛教训。运营单位要认真吸取其他国家城市轨道交通火灾的经验教训，努力完善我国城市轨道交通的消防设施，加强消防安全教育，从而做好城市轨道交通消防的安全防范工作。

一、城市轨道交通火灾事件概述

在线路或停车场等人流、设备集中的区段和部位，一旦发生火灾，将造成巨大的破坏和损失。近年来，随着工业生产的飞速发展和易燃、易爆物品越来越广泛应用于生产建设和人民生活，火灾呈现高发趋势，造成的财产损失和人员伤亡居各类事故之首，给国家和人民造成了严重损失。

1. 城市轨道交通火灾事件特点

与地面或其他地下建筑相比，城市轨道交通大部分运行于由车站和隧道构成的相对封闭的空间内，人和设备高度密集。在这种特殊的环境中，一旦发生火灾事故，就会给城市轨道交通的人员和设备带来重大的损失。城市轨道交通火灾事故具有以下特点。

（1）地下空间狭窄，能见度低，火灾蔓延快，温度上升快，大大增加了救援的困难。

（2）火灾产生的烟气在相对封闭的空间内弥漫，浓烟积聚不散，容易造成人员窒息死亡。

（3）城市轨道交通地下空间逃生条件差，人员疏散困难，乘客在紧急情况下容易惊慌，相互拥挤而造成踩踏伤亡。

因此，城市轨道交通消防工作是一项艰巨的任务。

2. 城市轨道交通火灾事件原因

（1）电气线路、电气设备故障引发火灾。

城市轨道交通车站（含城市轨道交通列车）内电气线路、电气设备高度密集。这些电气线路和设备在运行中发生短路、过负荷、过热等故障是引发城市轨道交通火灾事故的重要因素。

（2）人为因素引发火灾。

工作人员违章操作、用火不慎、乘客携带易燃易爆危险品乘车、在车站内吸烟、人为纵火等均可能引发城市轨道交通火灾事故。

（3）环境因素引发火灾。

环境因素引发的火灾主要是因为城市轨道交通内部潮湿、高温、粉尘大、鼠害等因素，城市轨道交通内部通风不畅、隧道散热不良等原因导致温度过高；隧道内漏水情况比较普遍，地下湿气不易排出，导致地下空间湿度大；老鼠等小动物啃咬电缆电线。上述环境因素可能造成电气设备、线路绝缘性能下降，造成电气设备短路引起火灾。

（4）与城市轨道交通车站合建的外来建筑物带来的危害因素。

与城市轨道交通车站合建的外来建筑物带来的危害因素，特别是处于中心市区的城市轨道交通车站，常常与地面商业建筑合建。由于商场、车库、写字楼等商业场所具有较高的火灾风险，同时此类场所的风险管理和控制工作通常不由城市轨道交通企业负责，一旦发生火灾、爆炸及其他灾害，不仅可能对城市轨道交通的正常运营带来影响，严重时甚至可能造成城市轨道交通财产和人身方面的重大损失。对于存在此类商业经营场所的城市轨道交通车站，除城市轨道交通本身风险以外的各种风险（包括火灾和爆炸的风险）不容忽视。

3. 城市轨道交通消防安全管理

《中华人民共和国消防法》贯彻“预防为主、防消结合”的方针，坚持专门部门与群众相结合的原则，施行防火安全责任制。城市轨道交通运营管理部门应结合运营特点制定完善的消防安全管理制度，定期对员工消防安全教育和培训、消防应急预案及演练，配备齐全、有效的消防器材和设施并定期检查，普及城市轨道交通安全知识，加强地铁车站的安全检查，严禁乘客携带危险品上车。

二、防火灭火基础知识

1. 防火基本知识

一切防火措施都是以防止燃烧的 3 个条件（可燃物、助燃物和着火源）同时结合在一起为目的，所以防火的基本手段为：控制可燃物，隔绝助燃物，消除着火源。

（1）控制可燃物。

如以难燃或不燃材料代替易燃材料，对性质相互抵触的化学危险物品采用分仓、分堆存放等。

（2）隔绝助燃物。

如对密闭容器抽真空以排出容器内的氧气，在容器内充入惰性气体等。

（3）消除着火源。

如在易燃易爆场所严禁烟火，在有火灾危险的场所严格控制电焊、气割等动火作业。

2. 灭火基本知识

火灾通常都有一个从小到大、逐步发展、直到熄灭的过程。火灾过程一般可分为初起、发展、猛烈、下降和熄灭五个阶段。在火灾初期阶段（一般为着火后 5 ~ 7 min），燃烧面积不大，火焰不高，辐射热不强，是扑救的最好时机，只要发现及时，用较少的人力和应急消防器材就能将火控制或扑灭。

灭火的基本方法是根据起火物质的燃烧状态，为破坏燃烧必须具备的基本条件而采取的一些措施。灭火的基本方法有以下几种。

（1）冷却灭火法。

冷却灭火法是将灭火剂直接喷洒在可燃物上，使可燃物的温度降低到燃点以下，从而使燃烧停止。用水扑救火灾的主要作用就是冷却灭火。

（2）窒息灭火法。

窒息灭火法是采取措施，阻止空气进入燃烧区，或用惰性气体降低空气中的含氧量，使燃烧物质因缺乏氧气而熄灭，如用湿棉被、湿麻袋覆盖在燃烧着的液化石油气瓶上。

（3）隔离灭火法。

隔离灭火法是将附近的可燃物质与正在燃烧的物品隔离或者疏散开，从而使燃烧停止，如拆除与火源相毗邻的易燃建筑物结构，建立阻止火势蔓延的空间地带。

（4）化学抑制灭火法。

化学抑制灭火法是将化学灭火剂喷入燃烧区参与燃烧反应，中止链反应而使燃烧反应停止。最常见的就是用灭火器向着火点喷射灭火。

三、火灾事故防灾、疏散原则

城市轨道交通防灾、疏散应遵循以下原则：

（1）火灾发生后，应当快速做出反应，贯彻“救人第一，救人与灭火同步进行”的原则，积极疏散乘客，进行施救。

（2）把握好起火初期，采取正确的应急措施，有效扑灭火灾，最大限度地减少人员伤亡和设备损失。

（3）列车运行中发生火灾，只要动力系统未受到破坏，不得在区间停车，列车应驾驶到车站，从站台疏散乘客。

（4）列车在区间发生故障，应由另一列车（清客后）救援，推送（牵引）至就近车站疏散，随后送入就近车站的待避线停放。

（5）故障列车被迫区间停车，可采用就近疏散方案，车辆或隧道内应备有下车设施，并按应急预案规定，有序地组织乘客从列车下车，向轨道区疏散。

四、乘客火灾自救与逃生方法

除突发性爆炸、爆燃等火灾事故外，在绝大多数火灾现场中，被困人员是可以逃生自救的。因此，掌握一定的消防知识，增强自救意识，提高逃生技能，对每一个人来说都是非常必要的。

（1）乘客在车站遇到火灾时，应服从工作人员指挥，听从事故广播指引，沿疏散标志指示方向出站逃生。

（2）车站发生火灾时，不要使用垂直升降电梯。

（3）列车发生火灾时，按压车厢内的紧急情况按钮或紧急通话器，通知司机车厢内发生的情况。

（4）在可能的情况下，使用车载灭火器灭火，千万不要惊慌失措，不要乱动车厢内的其他设备。

（5）列车发生火灾并停靠车站站台时，必要时可拉下列车车门紧急解锁手柄，向两侧用力推开车门，向站外方向疏散。

（6）在列车无法到达前方车站而又需要紧急疏散的情况下，车厢内乘客应该听从列车广播的指挥，按照本线路的隧道内疏散方式疏散。

（7）逃生时，尽量捂住口鼻，低头弯腰贴地快速跑出烟雾区，减少烟气吸入，避免中毒。

五、火灾事件应急处理

火灾发生后，应当快速做出反应，把握好起火初期，采取正确的应急措施，有效扑灭火灾，最大限度地减少人员伤亡和设备损失。

1. 火灾事故报告

确认发生火灾后，应当立即报告控制中心，并立即报告 119 火警、110 报警中心，视情况需要还应报告 120 急救中心及公安部门。报告的主要内容如下：

（1）火灾的确切地点；

（2）火灾原因的初步判断；

（3）火灾蔓延趋势及方向；

（4）现场扑救力量；

（5）人员伤亡及救助情况；

（6）设备损失及对地铁行车的影响。

根据火灾发生的地点不同，地铁火灾可以分为车站火灾和列车火灾。

2. 车站火灾的应急处理

车站发生火灾，各岗位工作人员按照火灾应急处理程序处理如下：

（1）值班站长。

① 接行车值班员的报告，宣布执行火灾应急处理程序，立即通知厅巡岗、保安带备品（防烟面具、荧光衣、灭火器等）到现场灭火；

② 组织灭火，控制火势，组织站台乘客向未受火灾影响的区域疏散；

③ 确认列车及站台乘客全部疏散到站厅后报告车控室，安排员工对受伤乘客用担架抬至出入口，进行救助并等待 120 救护人员；

④ 消防队员到火场后，将灭火工作交给消防队员，令参加灭火员工疏散到站厅，确认站厅乘客疏散完毕后，回到车控室；

⑤ 根据行调命令下令关闭部分出入口，确定站内火灾完全扑灭、烟雾消散后，组织车站员工进入车站清理现场，维修部门对线路、通信信号、供电等设备进行检查、修复，随后向行调请求恢复运营。

（2）行车值班员。

① 接到行调或列车司机通报火警后，将情况报告值班站长；

② 报告行调，并视情况报地铁公安和 119 火警中心、120 急救中心；

③ 通过广播通知乘客发生火灾情况，暂停列车服务，需要疏散的原因及线路；

④ 在车控室开启环控系统火灾模式，关闭各类电扶梯，按压 AFC 紧急按钮，进出闸机设置为紧急疏散模式；

⑤ 向行调报告消防队员到达及灭火情况；

⑥ 准备恢复运营服务并向行调报告。

（3）客运值班员。

① 得知发生火灾后，锁好票务管理室门，到车控室协助行值工作，中央级控制不能实现时，按控制中心指令操作 BAS；

② 执行火灾应急处理程序，在 SC 上关闭所有 TVM，到站厅组织疏散乘客；

③ 组织站厅乘客的疏散，确认站厅乘客全部疏散出站后报告车控室，救助受伤乘客；

④ 根据值站安排关闭部分出入口；

⑤ 火灾扑灭后在值站指挥下清理现场；

⑥ 接到恢复运营的通知后，组织员工准备恢复运营服务；
⑦ 根据值站通知开启出入口，恢复运营。

（4）厅巡岗。

① 接到通知后立即带备品（防烟面具、荧光衣、灭火器等）到站台协助灭火；
② 消防人员到火场后，将灭火工作交给消防人员，疏散乘客到站厅；
③ 火灾扑灭后在值站指挥下清理现场；
④ 接到恢复运营的通知后，检查站厅客运设施情况，为恢复运营服务做准备。

（5）票亭岗。

① 接到疏散指示后，票务岗站务员立刻停止服务，关闭售票机和充值机，安全处理票款；
② 组织乘客疏散，引导乘客按预定线路紧急从各个出口出站；
③ 接到恢复运营的通知后，准备恢复售票工作。

（6）站台岗。

① 组织列车或站台乘客疏散，司机无法操作屏蔽门时，站台岗负责打开屏蔽门；
② 检查确认站台没有乘客遗留；
③ 接到通知后，到站台清理现场，为恢复运营做准备。

（7）保安保洁。

① 执行火灾应急处理程序，关停站厅层出口的扶梯（原则上无人员在电梯上）；
② 拦截乘客进站，等候消防队员的到来，张贴暂停服务告示；
③ 协助疏散乘客，做好解释工作；
④ 指引消防队员进站灭火；
⑤ 安抚受伤乘客等候 120 救护人员；
⑥ 协助清理现场。

（8）列车司机。

司机接到车站火灾的通知后，听从行车调度指挥，如行车调度命令通过该站时，应利用列车广播，说明不停车通过前方站的原因，安抚车内乘客。

3. 列车在站台发生火灾的应急处理

（1）司机开启列车全部车门（屏蔽门），并通过列车广播安抚乘客情绪，引导乘客疏散，使用列车的灭火器进行灭火自救，确认火灾位置后向车站和控制中心汇报。

（2）车站接到报告后，立即广播通知站内候车乘客列车发生火灾情况，暂停列车服务，组织站内候车乘客迅速向站外疏散。同时，组织人员进行灭火、开启环控系统火灾模式和引导列车上的乘客有序进行疏散，并视火灾情况报 119 火警中心和 120 急救中心。

（3）控制中心接报后，行车调度员及时报告 119 火警、110 报警中心，并根据情况报告 120 急救中心、公安部门，同时立即执行列车火灾应急程序，控制好列车间的距离，保持与司机和车站的联系。彻底灭火后，组织开行救援列车，将着火列车拉到附近的停车场、车辆段，由维修部门检查、修复损坏的线路及其他设备后，清理轨道，及时开通线路。

4. 列车在区间（隧道）发生火灾的应急处理

（1）如车内火势不大，司机应降低速度尽量将列车驶入前方车站，途中通过列车广播安抚乘客，防止乘客因惊慌而发生拥挤、踩踏事件。引导乘客使用车厢内的灭火器进行灭火自救，并确认火灾位置向车站和控制中心报告。

（2）如列车在区间（隧道）不能运行或车内火势很大，司机应立即通过列车广播安抚乘客，提醒乘客保持镇定，并将列车位置及现场情况报告控制中心及就近车站，确认疏散方向，打开列车的逃生装置，引导乘客有序地向就近的车站疏散。

（3）车站接到报告后，立即开启环控系统隧道火灾模式，广播通知站内乘客列车发生火灾情况，引导站内候车乘客进行紧急疏散。同时派人携带无线通信设备及防护用品，前往区间协助列车清客，引导乘客回到车站。

（4）行车调度员接到报告后，立即执行列车火灾应急程序，命令车站禁止向该区间发车，停止续行列车的运行，并停止相邻线路的行车。通知后续列车司机发生火灾地点，控制好列车间隔距离，保持与司机和车站的联系，并视火灾情况报 119 火警中心、110 报警中心和 120 急救中心。彻底灭火后，组织开行救援列车，将着火列车拉到附近的停车场、车辆段，由维修部门检查、修复损坏的线路及其他设备后，清理轨道，及时开通线路。

【拓展案例】

韩国大邱地铁纵火案

2003 年 2 月 18 日，韩国大邱市发生了一起震惊世界的惨剧，1079 号地铁和 1080 号地铁在上午 10 点左右被大火吞噬，造成至少 198 人死亡，147 人受伤，火灾现场如图 7-1 所示。如果说纵火者金大汉打开了死亡之门，那么将乘客们推进去的就是地铁司机……

图 7-1　韩国大邱市地铁特大火灾现场

金大汉曾经是一名出租车司机，2001 年的时候中风导致他的身体部分瘫痪，他也曾就医，但是治疗效果让他很不满意。这之后金大汉出现暴力倾向并患有抑郁症，他曾和朋友提过自己有自杀的想法，不过要死在热闹一点的地方。

2003 年 2 月 18 日，金大汉拎着一个行李袋上了 1079 号地铁，行李袋中有两个牛奶盒，里面装满了汽油。地铁刚停在中央路站，金大汉就从行李袋中把牛奶盒拿出来，把里面的汽油洒在座位上，并掏出一个打火机。

地铁上的乘客好像明白要发生什么事，纷纷上来阻拦，但是金大汉手中的打火机已经点燃了座位，转身逃出了车站。

车中很多装备都是易燃材料做的。不到两分钟时间，大火伴着滚滚的黑烟就覆盖了全部6节车厢，人们争先恐后地逃出地铁，生怕被大火吞噬。崔金焕作为1079号地铁的司机在发生火灾的时候应该尽快联络车站，但是他选择逃跑，这让火灾愈发不可收拾。

车站的工作人员在监视器里看到1079号车发生火灾后立马通知1080号地铁司机崔尚烈，让他进站的时候小心一点。四分钟后1080号地铁进站，停在了正在燃烧的1079号地铁旁边，火势很快蔓延到1080号地铁上，自动火焰探测器感受到了火灾的存在，立刻切断了1080号地铁的电源，防止地铁出站。

崔尚烈一直试图与站台联系，但是一直联络不上，最后他拔出主密钥，手动打开了一些车门，这一开可坏了事儿了，有剧毒的黑烟立刻涌入车厢，不少人瞬间被熏倒，车厢里大多数乘客很快失去了逃跑的能力。大量黑色浓烟从地铁通风管和楼梯间源源不断涌向地面，如图7-2所示。事后调查证明，1080号车死的人更多。

图7-2 大量黑色浓烟从地铁通风管和楼梯间源源不断涌向地面

如果说站台的消防设施可以更完善一点的话，事情也不至于那么严重，当时大邱的地铁站很少配置灭火器，更别提高压水枪和应急探照灯，所以当黑烟笼罩整个车厢的时候，乘客们完全看不见，只能在黑暗中等待死亡的降临。

低效的通风设施也让救援变得十分艰难，虽然明火在下午的时候已经没有了，但是站台里的黑烟一直排不出去，消防队员不得不延后三个半小时入场救援，这期间又有不少乘客被烟活活呛死。

火灾从早上10点开始，一直到下午5点结束，事后现场如图7-3所示。等到消防队员进入地铁内部的时候很多尸体都已经被烧得只剩白骨，只能靠DNA技术辨别死者的身份。最终有191具可以辨别身份的尸体，另有6具尸体因为被烧得太严重没法辨别身份，还有一个人确定遇难但是没找到尸体，被烧死的大多是准备上学的学生和在附近服装店工作的年轻女人。

1080 号地铁的司机崔尚烈在逃出地铁后失踪了 11 个小时，但是调查人员检测到他和地铁公司有过通话，1080 号地铁的主密钥被发现藏在一个火车站的办公室里，当时的监控录像也被销毁，调查人员认为地铁公司想要掩盖崔尚烈失职的真相。

2003 年 2 月 26 日，警方逮捕了正在医院就医的金大汉、两辆地铁的司机以及大邱地铁公司的 6 名高官，也是在同一天大邱地铁公司的社长辞职。最终崔金焕和崔尚烈因为失职分别被判 4 年和 5 年监禁，金大汉因为纵火罪和杀人罪两条重罪被判终身监禁。

图 7-3　韩国大邱地铁纵火案事后现场

任务 3　城市轨道交通大面积停电应急处理

电力是保障城市轨道交通正常运营以及供设备不间断工作的能源，一般采用集中供电的方式，经过多级降压到 400 V 给车站设备、照明等供电。城市轨道交通大面积停电通常是指城市轨道交通系统整体或较大范围电力供应中断，严重影响列车运行及乘客的正常出行是威胁城市轨道交通安全运营的一个重要因素。

一、城市轨道交通大面积停电原因分析

造成城市轨道交通大面积停电的构成因素主要有以下几个方面。

（1）电力设备故障。城市轨道交通电力设备故障包括变电所的变压器发生故障、整流机组故障、断路器故障、传输电缆故障、接触网（轨）故障及电力监控系统故障。

（2）外界电网故障。当城市轨道交通所在市域的电力网发生故障时，很有可能造成城市轨道大面积停电。

（3）其他因素。自然气象灾害可能会对电网造成影响，进而引起停电；人为的刻意破坏，如恐怖袭击、爆炸、火灾都有可能引起大面积停电；相关的地面施工和其他行为也有可能对电力系统造成破坏。

二、城市轨道交通大面积停电的应急处理

轨道交通大面积停电，会造成轨道交通局部或全线运营中断，影响乘客正常出行。在现代城市中，城市轨道交通作为一种快速、大容量的交通工具，一旦运营中断，就会给城市地面交通带来极大压力。同时，在人员疏散过程中产生瞬间客流，容易引起乘客恐慌，可能会造成踩踏、挤压等客伤事件，而且城市轨道交通大面积停电涉众广、影响大，会使城市轨道交通企业的形象受到严重的负面影响，并在短期内无法消除。所以，作为城市轨道交通车站工作人员，必须尽最大努力在最短时间内进行应急处理，把损失降到最低。

轨道交通发生大面积停电事故时，工作人员应沉着镇静，稳定乘客情绪，维持秩序，尽力保证乘客安全。控制中心根据停电影响情况，组织抢修抢险，发布列车停运、急救和车站关闭命令，并及时将灾情向上级报告。按照停电所发生的地点，可以分为地铁车站停电、列车停电等。

1. 乘客在车站遭遇停电

遇站台停电一片漆黑时，乘客不必惊慌，不要随意走动，停在站台上原地等候，注意收听站内广播或车站工作人员的指示。在一般情况下，车站会启动事故应急照明灯，根据《地铁设计防火标准》（GB 51298—2018），地下车站及区间应急照明的持续供电时间不应小于 60 min，由正常照明转换为应急照明的切换时间应不大于 5 s。如果不能立即供电，也会暂停列车运行，利用驶入车站的列车内灯光提供站台照明。得到一时不能恢复供电的通知后，听从工作人员的指挥，就近沿疏散向导标志，迅速离开车站，回到地面。

（1）一般处理流程。

① 车站停电后，立即报告行调和相关部门、站长。报告内容包括：失电时间、地点；车

站情况（正常照明、事故照明影响情况、行车设备、售检票设备、广播、监视器）；报告人职务、姓名。

② 如有列车停靠车站，广播注意事项，并派人拿应急灯到站台引导乘客上下车。

③ 接到行调疏散命令后，通知车站员工停止车站服务，打开全部闸机和员工通道，执行车站疏散程序。

（2）相关岗位作业。

① 车站站长或值班站长：指示票务岗停止售票；及时切换到应急电源，保证重要设备数据不致丢失和乘客的应急疏散照明；根据现场的实际情况，在得到行车调度员的同意后关闭车站；接到疏散的命令后，立即使用广播疏散站厅的乘客；组织人员安排分工，维持车站秩序。

② 行车值班员：发现停电后，立即报告行车调度员、电力调度员、警务站和站务中心；根据行车调度员的命令做好行车组织工作，必要时联系行调，要求列车进行限速或不停靠失电车站；加强广播，引导疏散乘客；接到行调命令后，车站退出运营；通过监视器加强对站台监视，注意站台安全。

③ 客运值班员：按值班站长的指示，拿应急灯下站台维持秩序；与站台的站务员、安保人员一起安抚、照顾列车上、站台、站厅的乘客；协助站务员疏散站厅的乘客。

④ 站台岗站务员：打开员工通道门，拿手电筒或应急灯、手提广播到站台协助乘客上下车，确保安全；加强站台巡视，维护站台秩序，防止乘客跌入股道或因惊慌造成伤害。

⑤ 站厅站务员：拿手提广播到站台维持秩序；用广播提醒乘客上下车注意列车与站台的空隙；听从值班站长的指挥，关闭车站出入口。

⑥ 售检票岗站务员：听从车站站长的指挥，坚守岗位，停止售检票后，保护好票款安全；在站厅负责相关区域做好解释疏导工作，维护好车站秩序；乘客疏散完毕后，关闭相应出入口。

2. 乘客在列车内遭遇停电

（1）处理措施。

轨道交通车辆一般有两路供电，不会轻易停电，一旦停电，列车内的蓄电池足以维护一定时间内的照明及应急通风。所以停电时，在没有其他意外发生的情况下，乘客不必拉动报警装置。设计站台的容量足够保证乘客安全撤离，没有必要盲目乱跑，企图抢先离开，容易造成拥挤混乱。

司机遇到线路停电应迅速报告行车调度员，报告内容包括停电时间、地点、列车情况（正常照明与事故照明）、影响情况、报告人的职务和姓名。信息报告后，按行车调度员指示执行，应尽量利用惯性，将列车驶往前方车站，尽可能进站对标停车，待停车后疏散乘客。乘客应听从车站工作人员的指挥，从指定的车门下车，按照轻轨站内的疏散标志去往安全地带。如果列车不得不在区间内停车，乘客不要擅自打砸车门、车窗，按照列车工作人员的指挥下车后，沿着指明的方向行走，注意脚下有无障碍物及邻线有无行驶的列车，避免发生人身伤亡事故。由于隧道内照明不足且地面情况复杂，行走时要小心，随时注意脚下障碍物及管道下凹处，避免摔伤或碰伤。一旦受伤，尽快联系抢险队员，以便得到及时救治。

（2）地铁列车停电的认识误区。

① 担心车门打不开。

地铁停电后，车厢内一片漆黑，乘客情绪焦躁，担心车门打不开，打砸车门及车窗，希望破门逃命。其实这种担心是多余的，即使在停电的情况下，列车驾驶员仍可以打开车门，乘客应按照广播指示从指定的车门有序撤离。

② 担心密闭车厢内空气不足，呼吸不通畅。

地铁列车停电后，乘客被关在黑暗密闭的车厢内，人多拥挤，情绪恐慌，很容易联想到空气不足、呼吸困难的问题。其实乘客大可放心，虽然隧道内通风条件较差，但列车上的应急通风设备完全能维持一定的时间，而且行车调度员也会及时指示车站开启隧道通风系统，保持空气流通。

③ 从列车上直接跳到隧道，赶紧逃生。

列车距离地面较高，足有 1 m 多，地铁隧道地面上铺有轨道，不够平坦，在黑暗中直接跳下，容易受伤，并影响其他乘客情绪。遇列车停电，不必惊慌，待列车驾驶员打开疏散车门，并安放好应急梯后，仔细听清楚应急梯的位置及使用方法，顺应急梯有序下到隧道，再随车站工作人员返回车站。

三、地铁大面积停电事故防范措施

（1）完善国家及地方电网，保障轨道交通的正常供电，同时轨道交通应有备用电源。

（2）加强电力的线路、设备、设施等检修与维护，及时排除故障，以最短时间恢复用电。

（3）车站的应急备品：应急灯、手电筒、信号灯、喇叭，应急备品应存放于指定地点。

任务 4 城市轨道交通行车事故应急处理

行车安全，即是城市轨道交通车辆的运行安全。行车事故是指在行车工作中，因违反规章制度、违反劳动纪律或因技术设备不良及其他原因造成人员伤亡、设备损坏，影响正常行车或危及行车安全。

一、行车事故分类

按照事故损失及影响，行车事故分为：重大事故、大事故、险性事故、一般事故。

1. 重大事故

凡列车因冲突、脱轨、火灾、爆炸等造成 3 人死亡或死重伤 5 人及以上，或车辆中破 1 辆，或中断正线行车 180 min 及以上的属于重大事故。

2. 大事故

凡列车因冲突、脱轨、火灾、爆炸等造成人员死亡 1 人或重伤 2 人及以上；或车辆小破 1 辆，或中断正线行车 120 min 及以上的属于大事故。

3. 险性事故

凡事故性质比较严重，但造成的损失够不上重大、大事故的，人员重伤 1 人或轻伤 3 人及以上，属于险性事故。例如：列车脱轨、列车冲突、列车分离、列车开车夹带人、未办或错办手续发车、机车溜入区间或站内、未拿或错拿行车凭证等。

4. 一般事故

凡事故性质及事故造成的损失够不上险性事故的则为一般事故。例如：调车脱轨、调车冲突、列车在应停车站通过等。

二、行车事故产生的原因

通过对以往所发生的行车事故进行分析发现，造成列车运行事故的主要原因有以下几个。

1. 司机人为因素

司机行车纪律松弛，出乘标准化作业不落实，责任制贯彻不力，安全意识不强，这是造成行车事故的重要原因。例如，部分司机业务能力不足，存在技术问题及缺乏经验，行车人员业务水平不高，不能及时处理运行中的突发事件和故障。

2. 行车设备因素

行车设备老化（如列车控制系统陈旧、无超速防护系统等），故障频出，轨道上方可能存有异物或者轨道弯道段无护轨装置等，不能适应实际行车的需要。

3. 外界自然因素

具体地说是风、雪、雷、电等恶劣气候及环境的影响，这些恶劣天气对安全运行的影响是不可低估的。列车司机对气候环境变化及突发事件能否正确处理直接影响城市轨道交通运输的安全。

4. 制度、管理因素

安全管理及制度、规章的适用性存在缺陷。安全管理归根结底是对人的管理，而各项制度的健全和完善是行车安全的基础，是行车安全的依据，没有完整、有效的制度与规定是制约安全行车的重要因素。

三、行车事故责任的划分

1. 事故责任处理的原则

（1）处理事故要以事实为依据，以国家法律、法规和公司规章制度为准绳，坚持“四不放过”的原则，即事故原因没有查清不放过、事故责任者没有严肃处理不放过、职工没有受到教育不放过、防范措施没有落实不放过。认真调查分析，查明原因，分清责任，吸取教训，制定对策。

（2）对事故定性要准确，对事故责任者，应根据事故性质和情节分别予以批评教育、经济处罚、行政处分直至追究法律责任。事故性质、情节严重的，要按规定追究相关领导的责任，构成违法犯罪的，移交公安机关依法追究其法律责任。

（3）对事故分析处理拖延、推脱责任、姑息纵容、隐瞒不报或不如实反映事故情况者，应予以严肃批评教育或纪律处分。

2. 事故责任划分

（1）事故全部由一方原因造成则承担全部责任；当事故由两方原因造成，但双方互相推脱，造成责任难以分清时，运营公司可裁定双方均承担责任；对擅自清理、改变、破坏事故现场的单位或个人，由运营公司裁定其承担事故全部责任。

（2）事故由两方原因造成，主要原因一方承担主要责任，非主要原因一方则承担次要责任。

（3）事故由两方或多方原因造成，当各方责任同等时，则各方分担同等责任。

（4）当事故由三方以上原因造成，则视各方责任而依次承担主要责任、次要责任、 定责任，或具有非造成事故的直接原因，但与事故发生有着一定的关系时，则负有一定责任。

（5）因材质（含零配件）原因，致使车辆、设备质量不良而造成的运营事故或运营秩序紊乱不良影响，由设备订货方承担责任。

（6）因施工、维修、设备安装问题造成运营事故，由工程主管单位承担责任。

（7）车辆经过大修、更新、改造后上线载客正式运营时，因车辆技术质量问题所发生事故的责任，按车辆检修规程规定内容并超过质量保障期（以双方书面技术保障合同为依据）时，由车辆运用单位承担全部事故责任。对质保期内发生的事故，根据相关车辆技术、供货合同、协议规定的内容判定车辆厂及车辆运用单位应负的责任。

（8）运营线上的设备、设施（包括未正式交接）运行时，所造成的事故由设备设施的管理单位承担全部责任（事故涉及供货厂家责任时，根据相关技术、供货合同由设备管理单位与其交涉）。

（9）在运营线上进行施工中发生影响运营的工程施工事故，由工程的主体单位承担全部责任。

（10）事故发生后，事故原因清楚，但由于车辆、设备、设施使用管理分工不明确时，负责确定分工的部门承担管理责任。

（11）新增、改造的车辆、设备、设施在运营中发生事故，缺乏必要的安全操作规定和相关培训时，负责专业技术的职能部门承担管理责任。

（12）提供车辆、设备的单位或部门，必须向使用单位和使用主管部门提供设备功能规格书和安全操作使用说明书（含设备正确操作办法和故障应急处理办法及安全注意事项）。凡因车辆、设备相关技术操作资料提供不到位而造成现场操作事故时，由直接提供车辆、设备的单位或部门承担全部责任。有关车辆、设备主管督办部门负有一定责任。

（13）由不可抗拒的外因造成的事故，按地铁公司其他事故做记录，不计事故指标。若因处理不当造成次生事故，将依据上述条款追究有关单位和个人的责任。

（14）当一起事故具有多种定性条件时，按事故性质等级高的定性。

四、行车事故处理原则

（1）各部门处理行车事故必须执行“高度集中、统一指挥”的原则。参与行车事故处理的各岗位员工都应紧急行动起来，迅速开展工作，员工在行车事故过程中应兼顾现场的保护工作，以利于公安、消防和事件调查部门的现场取证。

（2）坚持“先救人，后救物；先全面，后局部；先正线，后其他”的原则。发生事故时，首要确保乘客及有关人员的安全，优先组织人员疏散、伤员抢救，同时兼顾重点设备和环境的防护，将损失降至最低限度。

（3）应坚持“就近处理”的原则。行车事故发生时，在上一级行车事故处理负责人到达现场前，在列车上由司机担任现场临时行车事故处理负责人，对应车站由当班值班站长临时负责；在上一级行车事故处理负责人到达现场后，则由上一级行车事故处理负责人担任现场指挥。

（4）控制中心必须按照“先通后复”的原则指挥事故处理，积极采取措施，尽快恢复运营，再对故障设备进行维修维护。

五、行车事故的报告与调查

城市轨道交通作为大容量的公共交通工具，直接关系到广大乘客的生命安全。安全运营是运营组织的基本原则和首要目标，为此必须严格按照有关规定行车，不得违规操作，防止事故的发生。一旦不可避免地发生了事故，应及时准确地做好事故通报工作及现场应急处置工作，减少事故带来的损失。

不同的城市轨道交通系统可根据各自的运营实践和线路等设备情况，制定不同的事故处理程序，但都包含以下几个部分。

1. 事故报告

（1）事故（事件）汇报的原则

① 迅速、准确、真实；

② 逐级报告；

③ 内部、上级领导及协作单位并举；

④ 行车控制中心是城市轨道交通运营单位的信息收发中心和通信联络中心，负责对信息的收集、整理、分析和处理。

（2）事故报告的内容。

① 事故发生单位的概况；

② 事故发生的时间、地点以及事故现场情况；

③ 事故的简要经过；

④ 事故已经造成或者可能造成的伤亡人数（包括下落不明的人数）和初步估计的直接经济损失；

⑤ 已经采取的措施；

⑥ 其他应当报告的情况。

自事故发生之日起7日内，事故造成的伤亡人数发生变化的，应当及时补报。

2. 事故的应急救援及现场保护

事故发生单位负责人接到事故报告后，应当立即启动事故相应应急预案，或者采取有效措施，组织抢救，防止事态扩大，减少人员伤亡和财产损失。事故发生地有关地方人民政府、安全生产监督管理部门和负有安全生产监督管理职责的有关部门接到事故报告后，其负责人应当立即赶赴事故现场，组织事故救援。

事故发生后，有关单位和人员应当妥善保护事故现场以及相关证据，任何单位和个人不得破坏事故现场、毁灭相关证据。因抢救人员、防止事故扩大以及疏通交通等原因，需要移动事故现场物件的，应当做出标志，绘制现场简图并做出书面记录，妥善保存现场重要痕迹和物证。城市轨道交通运营单位安全管理机构应立即组织调查小组，重点做好以下工作：

（1）保护、勘查现场，详细检查车辆、线路及其他设备，做好调查记录。绘制现场示意图、摄影录像，如技术设备破损故障时，应保存其实物。

（2）若事发地点的线路破坏严重，无法检查线路质量，则应对地点前后线路进行测量，以作为衡量事故（事件）地点线路质量的参考依据。

（3）对事故（事件）关系人员分别调查，由本人写出书面材料。

（4）检查有关技术文件的编制、填写情况，必要时将抄件附在调查记录内。

（5）提高警惕，注意是否有人为破坏的迹象

（6）必要时召开调查会。

（7）根据调查结果，初步判定原因及责任，及时向上级部门汇报。

3. 事故调查

处理事故（事件）要以事实为依据，以规章为准绳，按照“四不放过”原则处理事故，认真调查分析，查明原因，分清责任，吸取教训，制定对策，防止同类事故（事件）再次发生。

（1）事故调查的组织。

特别重大事故由国务院或者国务院授权有关部门组织事故调查组进行调查；重大事故、较大事故、一般事故分别由事故发生地省级人民政府、设区的市级人民政府、县级人民政府负责调查；险性事故由城市轨道交通运营单位安全管理部门负责组织调查处理；一般事件、事件苗头由事故（事件）发生部门负责调查处理，并将处理情况报城市轨道交通运营单位安全管理部门备案。

（2）事故调查组的职责。

① 查明事故发生的经过、原因、人员伤亡情况及直接经济损失。

② 认定事故的性质和事故责任。

③ 提出对事故责任者的处理建议。

④ 总结事故教训，提出防范和整改措施。

⑤ 提交事故调查报告。

六、客车脱轨应急处理程序

客车脱轨是发生概率较大的行车事故，也是较为严重的、导致人员伤亡、财产损毁的行车安全事件。

（1）客车脱轨后，司机应立刻报告行车调度和控制中心。

（2）控制中心接报后应立即扣停开往受影响区域的列车，命令已进入该区间的列车立即停车，有条件时可组织其退回车站。

（3）电力调度做好关闭脱轨区段的牵引电流和挂接地线的准备。

（4）车辆检修调度接行调通知后，立即命令车辆起复救援队赶赴事故地点进行客车救援起复。控制中心立即启动应急公交接驳预案。

（5）车站接命令后，值班站长担任事故处理主任，组织脱轨客车乘客疏散；暂停受影响方向的乘客服务，加强广播宣传。事故客车清客完毕后向行车调度汇报。确认具备停电条件后，控制中心组织停电。

（6）控制中心根据受影响区域情况组织好抢修期间的客车降级运营工作（小交路运营）。

（7）车辆起复救援队到达车站后向车站报到，根据车站指示开始下轨道进行客车起复；起复后检查车辆状况，确认线路出清后向车站提出动车方案。

（8）起复后，必须执行以下的工作：

① 事故处理主任确认接地线拆除和线路出清后，报告控制中心通知电力调度送电，做好恢复运营的准备工作；

② 控制中心应组织一列空客车或工程车前往救援，连挂脱轨列车限速 25 km/h 运行进入就近的存车线，待运营结束后再安排事故列车回厂检修；

③ 确认恢复运营条件后，发布调度命令，全线列车恢复正常运营，必要时组织备用客车上线服务。

七、行车事故防范措施

（1）坚持“安全第一，预防为主”的方针，各级领导要把安全工作作为首要任务去抓，加强安全管理和安全思想教育。

（2）提高从业人员的安全意识，加强对司机的意识教育，严肃劳动纪律和作业纪律，做好技术培训，加强从业人员的日常技能演练和考核工作。

（3）加强安全检查，及时消除隐患，搞好设备的维修保养，提高设备质量。

（4）采用先进的控制系统、设备等，保持机车车辆良好的技术状况，保障列车运行安全。

（5）遇到列车故障进行判断和排除、及时上报和处理，避免延误故障处理的时间，尽快恢复正常的运营秩序。

任务 5　城市轨道交通自然灾害突发事件应急处理

一、自然灾害概述

因自然因素造成的事故与灾害属于不可抗拒自然灾害，例如：暴风、暴雨、冰雪、地震等自然因素对行车造成的影响都属于自然灾害。

几乎所有的自然灾害都是不可抗拒的，所以自然灾害造成的影响是无法避免的。在自然灾害到来之前，城市轨道交通运营单位应随时掌握天气变化情况，提高对自然灾害的预测能力，并制定相应的应急预案，提前做好防范的准备；在自然灾害到来之后，应按命令统一指挥，积极采取有力措施，组织救援，疏导乘客进入安全区域，尽量减少自然灾害造成的损失。

破坏性的自然灾害对轨道交通的危害很大，一般有可能出现以下现象：电客车脱轨；洞下结构局部受损，个别隧道错位，出现地下冒水漏水现象；钢轨及以下部建筑扭曲，供电支架损坏、接触网线脱落；电缆、上下水管道受损，供电、供水中断等。因此，轨道交通在建设初期就要做好防范设计，按《地铁设计规范》（GB 50157—2013）规定：

（1）地铁车站及沿线的各排水泵站、排雨泵站、排污水泵站应设危险水位报警装置。

（2）地铁应具备接收当地气象部门气象预报的功能，预防各种气象灾害，并根据车辆性能要求，做出减速或停运决定。

（3）地铁应具备接收本地区地震预报部门的电话报警或网络通信报警功能。

二、自然灾害应急预案的启动与解除

应急预案的制定是非常必要的。2006 年国务院出台《国家处置城市地铁事故灾难应急预案》，从国家层面出台法规保障，具体授权住建部负责。《预案》明确了地震等自然灾害的应急相应的原则和措施。根据特殊气象对城市轨道交通运营的影响，应急预案分为以下 6 个类别：台风、雷雨大风（含龙卷风）应急预案；暴雨应急预案；高温应急预案；大雾、灰霾应急预案；冰雹、道路结冰应急预案；寒冷应急预案。

1. 特殊气象应急预案启动原则及程序

（1）启动原则。

特殊气象以当地气象台发布的上述 6 种气象预警信号为准，当某地区气象台发布相应的特殊气象预警信号后，由城市轨道交通控制中心下达命令，在受影响的线路范围内启动相应的特殊气象应急预案。

（2）启动程序。

当需要停止某段线路运营时，控制中心向城市轨道交通运营单位负责人汇报，由负责人下令启动。因特殊情况联系不上时，分别依次由分管安全、行车组织的副职下令启动。

2. 特殊气象应急预案解除原则及程序

（1）解除原则。

只有在满足以下两个条件后，城市轨道交通控制中心才可以解除相应的突发气象灾害应急预案，并向下令有关领导汇报：当地气象台解除相应的台风和雷雨大风、暴雨、高温、大雾和灰霾、冰雹和道路结冰及寒冷气象预警信号；控制中心确认受相应的特殊气象影响的设备已全部恢复正常。

（2）解除程序。

当达到恢复某段线路运营条件时，控制中心向城市轨道交通运营单位负责人汇报，由负责人下令恢复。因特殊情况联系不上时，分别依次由分管安全、行车组织的副职下令。

3. 恢复因台风、雷雨、大风停运高架或地面路段行车的程序

接到气象台取消橙色信号及在过去 1 h 内监测到的最高风速低于 8 级，组织检查线路设备，恢复高架路段行车前，组织空客车或工程车限速 25 km/h 进行线路检查，同时安排专业维修人员跟车检查相关设备设施。确认具备开通条件后，方可恢复正常运营服务。

三、暴雨天气的应急处理

1. 暴雨天气概述

中国气象上规定，24 小时内降水量为 50 mm 及以上的雨称为“暴雨”。按降水强度大小可分为三个等级：24 小时降水量为 50 ~ 99.9 mm 称“暴雨”；100 ~ 250 mm 称为“大暴雨”；250 mm 以上称“特大暴雨”。

地方气象部门会提前发出暴雨预警信号，按照强度不同分为四个等级，分别以蓝色、黄色、橙色、红色表示。

（1）暴雨蓝色预警。

标准：12 小时内降雨量将达 50 mm 以上，或者已达 50 mm 以上，且降雨可能持续。

（2）暴雨黄色预警。

标准：6 小时内降雨量将达 50 mm 以上，或者已达 50 mm 以上，且降雨可能持续。

（3）暴雨橙色预警。

标准：3 小时内降雨量将达 50 mm 以上，或者已达 50 mm 以上，且降雨可能持续。

（4）暴雨红色预警。

标准：3 小时内降雨量将达 100 mm 以上，或者已达 100 mm 以上，且降雨可能持续。

2. 危　害

暴雨天气对城市轨道交通运营的影响主要有以下几方面：

（1）影响行车视距；

（2）影响信号设备，导致设备故障；

（3）引发洪水或山体滑坡，损害线路，影响行车；

（4）水流灌入车站，带来乘客伤亡。

所以，在暴雨天气影响下，城市轨道交通要做好以下工作：各部门维修人员应提前巡视，检查线路、设备运作情况；乘务和控制中心要共同保证列车安全运行；车站要保证好乘客安全乘降，避免因地滑导致乘客伤亡事件，出入口出现险情时及时关闭出入口，做好乘客引导。

3. 一般处理流程

（1）司机发现暴雨险情报告行车调度员，限速行驶，注意瞭望。

（2）行车调度员根据行车速度调整列车运行图。

（3）维护保障公司提前巡查线路等情况，防止暴雨导致山体滑坡、洪水等灾害，发现险情报告行调并采取紧急处理措施。

（4）通信信号公司提前检查信号设备运行状况，发现险情报告行调并采用紧急处理措施；

（5）车站做好乘客安全乘降工作，加强安全巡视与广播。

（6）车站根据情况及时关闭出现险情的出入口。

4. 有关岗位作业

（1）司机。

司机立即报告行调，行车途中注意瞭望，控制速度，并开启列车前照灯，车在高架站进站前应鸣笛。

（2）行车调度员。

行车调度员接到暴雨天气、能见度较低等报告后立即下令司机注意瞭望，控制速度，随时与司机保持联系，并同时报告线路值班主任，并通知相关专业部生产调度室，加强对列车运行情况的监视，时刻关注在线列车的运行状况，通知各车站做好站台乘客的安全组织工作，根据暴雨对列车运行速度的影响，及时调整列车运行图。

（3）维保抢险人员。

维保抢险人员在暴雨来临前出发，进行雨前巡视，做好防治暴雨可能引起的洪涝、山体滑坡、树木倒塌等灾害的准备工作，提前检查供电设备的运行状况，发现异常情况立即报告行调，并采取措施紧急处理，应急抢险队做好应急抢险准备（如人员、防水电筒、雨衣、工兵锹等）。

（4）通号抢险人员。

通号抢险人员在暴雨发生前出发，检查信号、通信、AFC 设备的运行状况，应急抢险队做好应急抢险准备，发现异常情况立即报告行调，并采取措施紧急处理。

（5）值班站长。

车站值班站长发现暴雨天气后，通知各岗位人员做好乘降组织工作，维持好站台秩序，加强站厅、站台、扶梯口、出入口的巡查，通知保洁及时清除站内积水，摆放“小心地滑”提示牌，车站人手不够时，向中心站请求支援。

如果出入口发现险情，值班站长接到出入口险情报告后，立即前往确认，险情达到可以关闭出入口的条件后，命令值班员将现场情况依次上报相关部门（行调、生产调度及中心站站长），相关部门同意后，值班站长组织指挥关闭出入口工作。出入口关闭后做好现场隔离措施，对关闭的出入口进行全面检查，确保封闭区域无乘客滞留，安排守职人员做好解释工作，同时引导乘客从其他出入口进入车站。

（6）行车值班员。

行车值班员打开车站所有照明，加强车站广播，提醒乘客注意安全，加强 CCTV 监视，并密切关注车站情况。

（7）站台岗站务员。

站台岗站务员做好乘降工作组织，提醒乘客注意安全，加强站台及站台通往站厅扶梯口的巡视，发现积水及时通知保洁清除，摆放“小心地滑”提示牌，高架站站台安全门受雨水影响容易发生故障，站台岗应做好门故障应急处理。当处理不过来人手不够时，报告值班站长请求增加支援。

（8）厅巡岗站务员。

厅巡岗站务员加强站厅、出入口的巡视，发现积水时通知保洁清除，并放置“小心地滑”提示牌，加强扶梯口处的安全提示广播，若出入口处出现险情，立即报告值班站长。

（9）客运值班员及其他机动站务员。

客运值班员及其他机动站务员按值班站长指示到车控室领取服务告示粘贴于出入口，领取需要关闭的出入口卷帘门钥匙，关闭卷帘门，恢复运营后，撤除告示，归还钥匙。车站关闭某出入口后，值班员间歇性重复地对站内乘客做好广播引导。

（10）安保人员。

安保人员根据值班站长指示到关闭的出入口引导乘客从其他出入口进出车站，并做好解释工作。

5. 恢复处理

（1）险情排除后，车站人员清理现场，车站值班员向行调报告：车站险情排除，现场清理好，具备恢复运营条件，请求恢复运营。

（2）工建部、机电部抢险救援人员检查线路、设备，确认具备恢复运营条件后报告行调；

（3）行调确认具备恢复运营条件后，下令恢复运营。

（4）各岗位人员回到岗位中，恢复正常工作。

6. 水漫出入口（地铁）的应急处理

暴雨期间，各岗位应加强巡视，发现车站出入口水浸，应及时设置防洪设施，防止雨水涌入站内，及时向上级汇报。

（1）一般处理流程。

① 加强车站出入口巡视，发现出入口外严重积水（一般当水漫至出入口外三级台阶时视为严重积水），立即报告行调及有关部门。

② 设置相关警示牌，组织保洁员工进行积水清扫，组织人员搬运沙袋，必要时设置防洪设施。

③ 视情况关闭相应出入口，设置多级防洪设施。

④ 当出入口水浸得到彻底消除后，组织员工恢复正常工作。

（2）有关岗位作业。

在值班站长或值班员的安排下：

① 按要求到该出入口查看，设置“小心地滑”警示牌或隔离带、防护栏等，提醒乘客注意安全，将情况报告车控室或值班站长；

② 如有需要，根据安排协助搬运沙包等防洪物品，设置防洪设施，防止雨水涌入站内；

③ 视情况停止该出入口自动扶梯运行；如有需要，协助关闭相应出入口；

④ 加强巡视，如水将涌入车站，报告值班站长，并做好防淹排水工作；

⑤ 该出入口关闭后，引导乘客由别的出入口出站；

⑥ 配合维修部门的排水工作；

⑦ 水退后，协助撤除防淹设施，开启相应出入口。

四、地震的应急处理

地震发生后，实行“高度集中、统一指挥”的原则，各单位、各部门要听从事发地省、直辖市人民政府指挥，各司其职，各负其责，抓住主要矛盾，先救人后救物，先抢救通信、供电等要害部位，后抢救一般设施。

市级地铁事故灾难应急机构及地铁企业负责制定地震应急预案，做好应急物资的储备及管理工作。

气象部门发布破坏性地震预报后，即进入临震应急状态，省级人民政府建设主管部门采取相应措施：根据震情发展和工程设施情况，发布避震通知，必要时停止运营和施工，组织避震疏散；对有关工程和设备采取紧急抗震加固等保护措施；检查抢险救灾的准备工作；及时准确通报地震信息，保护正常工作秩序。

地震发生时，地铁企业事故灾难应急机构及市级地铁事故灾难应急机构，接到地震报告后，应立即组织启动相应应急预案。单个地铁车站在分公司抗震救灾应急指挥部领导下，视震情、灾情组织抢险救援，具体落实抗震救援工作和措施，并及时报告有关情况。

1. 一般处理流程

（1）区间列车根据行调命令限速运行到车站疏散乘客。

（2）车站提前打开站台屏蔽门或安全门，列车到达后迅速疏散。

（3）车站立即封站，组织乘客疏散。

2. 相关岗位作业

（1）行车调度员。

行调接到市地震台发布地震通报时，立即向全线列车发布限速运行至前方站停车清客的命令，并立即报告线路值班主任。如果地震强度在 5 级以下时，以 15 km/h 以下的速度对全线线路进行空车压道试运行，确认对列车运行安全没有影响，报经集团公司分管领导批准后，才能恢复列车载客运行。如果地震强度在 5 级及以上时，必须经各设备部门对全线线路、信号、供电设备、建筑物进行检查，确认对列车运行没有影响，报经集团公司分管领导批准后，才能恢复列车载客运行。

（2）司机。

列车司机接到行车调度员发生地震的通知时，应根据行车调度员命令减速运行到前方车站停车疏散乘客，期间可以使用车内广播安抚乘客，到站后组织乘客迅速疏散。如不能继续运行时，应选择安全的地方停车，并向行车调度员报告停车地点、状况等，并接收下一步指示。期间如出现人员伤亡时，应组织乘客进行自救、互救工作。

（3）环控设备调度员。

环调要密切监视环控系统运作情况，发现异常及时报告环控工程师和线路值班主任，通知客运公司机电部生产调度室安排人员对所管辖设备进行巡视、检查，并报告设备损坏情况，并及时组织未受影响的设备保持运行工况，确保车站及区间通风良好。

（4）值班站长及车站相关人员。

车站值班站长启动地震应急预案，安排车站工作人员封站、疏散乘客。站台岗站务员迅速将站台乘客向站厅疏散，列车到站后协助疏散列车上的乘客；票亭岗站务员立即停止售票，迅速锁好车票及票款，关好门窗，在站厅疏散乘客；厅巡岗站务员听从值班站长安排，在站厅疏散乘客或救援受伤乘客；安保人员到各出口阻止乘客进站；客运值班员按压 AFC 紧急按钮，打开所有进、出站闸机；行车值班员利用站内广播组织乘客迅速撤离车站，并留守岗位，通过 CCTV 观察车站情况，与值班站长、行调、环调保持联系。

（5）维保抢修人员。

工建部立即对全线线路设施、建筑物进行巡查，发现隧道、桥梁、线路受损或建筑物侵限等问题，立即报告行车调度员并组织抢修；电气部立即对全线供电设备进行巡查，发现损坏立即报告行车调度员并组织抢修。

（6）通、信号抢修人员。

通、信号抢修人员立即对全线信号、联锁和闭塞设备进行巡查，发现损坏立即报告行车调度员并组织抢修。

3. 恢复处理

（1）得到市地震台地震平息的通报后，行调通知各部门做好恢复运营的准备工作。

（2）各维修部门对线路、设备、信号、通信系统等做全面检查，确认具备恢复运营条件后报告行调。

（3）车站人员清理现场，具备运营条件后报告行调。

（4）行调下令恢复运营，各部门各岗位工作人员回到自己岗位，恢复日常工作。

事故处理完后，车站做好人员伤亡统计，维修部门做好线路、设备的损坏统计，各部门对应急救援工作做总结分析，总结成功经验或是存在的不足，不断完善工作，提高应急处理效率和能力。

任务 6　城市轨道交通公共安全事件应急处理

一、车站公共安全事件类型

公共安全事件是指突然发生，造成或者可能造成重大人员伤亡、财产损失、生态环境破坏和严重社会危害，危及公共安全的紧急事件。常见的车站公共安全事件有：车站发现可疑物品；车站列车发生抢劫斗殴等严重治安事件或刑事案件；车站发生炸弹、不明气体、物品恐吓（袭击）事件。

二、车站公共安全事件特点

1. 发生的突然性

导致公共安全危机出现的突发事件，涉及自然、社会、经济、环境等诸多因素，形成复杂，演变迅速。在事前有效的时限内，人们仅可以感知或预测到部分非对称信息，不可能完整了解到全部因素及其内在关联和相互作用。因此，危机总是不期而至，突然发生。

2. 现实的危害性

公共安全危机一旦形成，实际上已经构成了对社会的现实危害。这类案例很多，给当地民众的生命、财产安全造成重大危害。

3. 危害的扩散性

在经济社会高度发达的信息化环境中，车站公共安全危机发生后，会随着突发事件在社会上的连锁反应以及信息传播，从两个方面扩散其现实危害：一个是区域扩散，由危机发生地向其他地区辐射蔓延；另一个是形式扩散，由最初的单一灾害、事故或破坏事件衍生新的危害形式，如车站危险物危机可能衍生出对城市轨道交通系统的信任危机，高度密集人群可能演变成大规模的群死群伤事件等。

三、发现可疑物品的应急处理

城市轨道交通中人流拥挤，部分乘客携带过多行李，大多是手机、银行卡、手拎包、钱包等贵重物品；但还有部分物品难以分清物品种类，甚至属于危险物品。因此，为提高城市轨道交通服务质量，保护乘客和自身安全，车站人员应当提高警惕，学会处理此类物品的一般方法。

1. 可疑物品判定方法

一般将下列物品视为可疑物品：

（1）无法从表面确认具体品名的物品；

（2）呈块状、粉末状、膏状的不明性质物品；

（3）有刺激性气味、特殊异味、泄漏出气体的物品；

（4）与钟表、定时器、手机等电子设备有导线连接的不明物品；

（5）其他不确定的物品。

2. 可疑物品简要辨别方法

（1）观察有危险标识或通过常识判断有危险的（如：有三品标识的）；

（2）通过听觉，发现有异常响声的（如：计时器响声）；

（3）通过嗅觉，发现有异常气味的（如：刺激性气味）。

3. 发现可疑物品的应急处理流程

（1）行车值班员。

行车值班员接人员报告发现可疑物品后，报值班站长；根据值班站长命令报 OCC、驻站民警，并通过 CCTV 监视现场情况，做好与 OCC、车站各岗位、民警之间的信息传递，及时将民警处理情况向 OCC 汇报；根据值班站长命令向 OCC 申请关站，接到 OCC 同意关站命令后报值班站长，播放关站广播；应急终止时向 OCC 汇报应急解除，申请开站。

（2）值班站长。

值班站长接到报告后，立即到现场了解情况，当判断为可疑物品时，安排行车值班员做好信息汇报，隔离可疑物品，做好安全防护，疏散围观乘客；视情况，封闭局部车站，做好乘客引导；驻站民警到达后，与驻站民警做好交接，配合做好车站安全防护；根据民警关站要求，通知行车值班员向 OCC 申请关站；根据 OCC 关站命令，通知各岗位关站；应急终止后接民警应急解除后，通知各岗位终止本方案，做好开站准备；开站准备工作完成后，通知行车值班员值班，根据 OCC 开站命令，开放出入口，恢复运营。

（3）客运值班员。

客运值班员到现场，协助值班站长，使用警戒绳设置隔离区，疏散围观乘客，配合做好车站安全防护。应急终止后清理现场，撤除防护，开启车站各出入口。

（4）站务员。

站务员根据值班站长及客运值班员指令，做好关站准备，执行关站程序。应急终止后清理现场，撤除防护，开启车站各出入口。

四、发生抢劫、斗殴等严重治安事件或刑事案件时应急处理

1. 应急处理原则

（1）立即报 110 报警中心，通知驻站警察；

（2）警察需调用车站录像资料时，积极配合，立即协助其按分公司有关规定办理手续；

（3）如有人员受伤时，立即拨打 120 急救电话；

（4）如乘客受伤时，可自行组织送往医院，但原则上不垫付医疗费用；

（5）车站票、款被劫时，需通知票务室；

（6）隔离现场物证区域。

2. 一般处理流程

（1）发生在车站内。

发生抢劫事件时，在保证自身安全的前提下，组织堵截作案人员，疏散围观群众。若作案人员已逃逸，则积极寻找证人、协助当事人报案。

发生斗殴事件时，如事件涉及人数较多或持有刀具、枪械、爆炸物等，立即执行车站疏散程序，列车不停站通过。

（2）发生在列车上。

司机得知事件信息后，立即通知乘客远离事发车厢；车站得知事件信息后，立即通知驻

站警察，组织保安人员到站台值守；列车到站后，如发现人群骚动、情况异常时，立即查明原因。

3. 发生在车站（含列车停站）的治安事件应急处理程序

（1）行车值班员。

① 接报发现抢劫、斗殴事件时，立即报 110 报警中心，安排人员通知驻站警察；

② 报值班站长，视情况通知车站各岗位人员；

③ 发生群体或持械斗殴及有人员受伤的其他治安事件、刑事案件时，立即报行车调度员；

④ 车站票、款被劫时，报行车调度员、票务室；

⑤ 接到本站已动车的列车内发生斗殴事件报告时，立即向行车调度员报告，并通知前方站；

⑥ 执行车站疏散程序时，立即使用车站广播通知乘客疏散，远离事发区域；

⑦ 获取现场录像资料，调整 CCTV、安防系统设备，尽可能获取现场录像资料。

（2）值班站长。

1）现场应急处理：

① 发生抢劫事件时，在保证自身安全的前提下，值班站长应组织堵截作案人员，疏散围观群众；

② 发生斗殴事件时，如事件涉及人数较多或持有刀具、枪械、爆炸物等，立即执行车站疏散程序；

③ 通知车站各岗位注意自身安全；

④ 通知售票员注意保管票、款；

⑤ 确认是否有乘客受伤，如有就应转移至安全地点，等待 120 急救人员或组织自行送往医院。

2）后续工作：

① 警察到场后，根据其要求，配合相关工作，遇超越本职权限事宜时，立即报告；

② 警察需调用车站录像资料时，积极配合，立即协助其按分公司有关规定办理手续；

③ 组织隔离物证区域；

④ 配合 120 急救人员工作，为其提供方便；

⑤ 车站票、款被劫时，组织客运值班员与票务室清点损失并做好记录。

（3）行车调度员。

① 行车调度员接到报告后，立即向值班主任报告。

② 列车调整：确认车站现场混乱时，立即组织后续列车不停站通过，并通知前方车站做好解释工作；如发生在站停列车，立即扣停后续列车。

（4）司机。

司机接行车调度员“不停站通过”命令时，做好乘客广播通知工作；进站时，如发现站台秩序混乱时，立即转换驾驶不停站通过，并向行车调度员报告，做好乘客广播通知工作；停站列车发生斗殴事件时，凭车站显示的“好了”信号动车。

（5）票务管理部门。

票务管理部门接到车站票、款被劫时，立即安排人员与车站清查。

4. 发生在区间列车上治安事件应急处理程序

（1）司机。

司机接到乘客报告后，立即向行车调度员报告，并进行应急处理：发生斗殴事件时，广播通知乘客远离事发车厢，并维持列车到站。

（2）行车调度员。

行车调度员接到通知后，立即向值班主任报告，并进行应急处理：立即通知前方车站组织人员视情况处理，并要求通知驻站警察，组织增援保安人员到站台值守；同时根据车站处理情况，调整后续列车运行。

（3）行车值班员。

行车值班员接到行车调度员通知后，立即向值班站长报告，立即安排人员通知驻站警察，电台通知站台岗人员。如有人员受伤时，立即报 120 急救中心；车站票、款被劫时，报行车调度员、票务室。

执行车站疏散程序时，立即使用车站广播通知乘客疏散，远离事发区域；并及时调整 CCTV 和安防系统监控头位置，尽可能获取现场录像资料。

（4）值班站长。

值班站长接到行车调度员通知时，立即组织增援保安人员到站台处理，如确认发生涉及人数较多或持有刀具、枪械、爆炸物等事件时，须提前执行车站疏散程序；并通知车站各岗位注意自身安全，售票员注意保管票、款。

发生抢劫事件时，在保证自身安全的前提下，应组织堵截作案人员，疏散围观人员，如作案人员已逃逸，应积极寻找证人、协助当事人报案。发生斗殴事件时，若事件涉及人数较多或持有刀具、枪械、爆炸物等，则应立即执行车站疏散程序；确认是否有乘客受伤，若有则应转移至安全地点，等待 120 急救人员或自行组织送往医院。

后续警察到场后，根据其要求，组织隔离物证区域，如需调用车站录像资料时，应积极配合，并立即向部门请示。配合 120 急救人员工作，为其提供方便。车站票、款被劫时，组织客运值班员与票务室清点损失并做好记录。

五、发生劫持人质的应急处理

当车站员工或乘客在站厅、站台被劫持时，应贯彻“救人第一，保证人质安全和保护公司财产同步进行”的原则，积极采取营救措施。及时疏散人员，避免人员伤亡，减小对运营的影响。

一般可按以下程序进行。

（1）车站车控室接到员工或乘客被劫持的报告后，确认站内无停留列车时，车站行车值班员应立即按压上、下行紧急停车按钮。

（2）行车值班员立即报告行车调度车站发生员工或乘客被歹徒劫持事件，请求暂时封锁车站，通知车站值班站长，并报告公安部门。

（3）行车值班员将站台（或站厅）发生员工或乘客被劫持事件，广播通知站厅、站台和设备房区域车站所有员工，并宣布执行紧急疏散计划。

（4）值班站长担任事件处理主任，组织车站工作人员引导乘客从劫持现场的另一端疏散出站，尽可能地稳定歹徒情绪，并安抚被劫持员工或乘客冷静，不要刺激歹徒的情绪，以免歹徒采取进一步的过激行动。

（5）公安人员到达现场后，车站所有工作人员应配合公安人员进行处理。

（6）在区间运行中的列车司机，接到行车调度“××车站发生员工或乘客被劫持”事件的通知后，按行车调度命令行车，如行车调度命令通过前方站时，应向乘客广播告知前方站通过的原因，做好安抚工作。

（7）相邻车站接到邻站发生员工或乘客被劫持事件的通知后，对到达列车或即将到达列车按行车调度命令做好行车组织工作，按其指令准备好本站的支援人员，严密注视隧道内的动态。

六、轨道交通反恐怖事件防范措施

近年来，在英国伦敦、俄罗斯莫斯科等城市的地铁相继遭到恐怖袭击，造成严重的人员伤亡和经济损失。恐怖主义集团、组织和恐怖分子的恐怖袭击，无论使用什么手段，其目标都是伤害无辜群众。由于城市轨道交通作为公共交通的重要工具，有高度密集的人群，自然成为恐怖分子的袭击目标。

由于地铁是一个地下密闭轨道空间，通风管道系统比较脆弱，存在着各种安全隐患，很容易给恐怖分子以可乘之机。此外地铁还是大城市中陌生人聚集最多的场所，司乘人员很难对每一个进入地铁的人进行全面检查，不法分子可以比较容易地混入。到目前为止，已出现的安全威胁主要有爆炸、毒气等。从世界范围来看，恐怖袭击造成的公共安全问题日益凸现。轨道交通防范恐怖袭击，也引起各国政府、轨道交通运营单位的高度重视。

一般的防范措施有：

（1）制定预防方案。轨道交通反恐怖事件关键在于预防，需要国家安全部门健全相关法规、政策和方案。各国地铁管理部门已制定了防范生化恐怖袭击的实施方案，如法国政府宣布了加强反生化武器方案，特别是防范生物毒气、天花、炭疽病毒的攻击，以保障民众安全的方案。

（2）加强安全检查，完善监测及信息系统，严禁乘客携带危险品进站、上车。

（3）完善城市轨道交通通风系统，改善轨道交通车站的通风条件，增加防化设施。

（4）公安、消防、轨道交通运营单位等部门制定和完善应急方案并加强模拟演练，完善防范和处理突发事件的能力。

任务 7　城市轨道交通客伤事件应急处理

在车站管辖范围内，不论何种原因发生的乘客受伤和意外死亡事故，都会引起车站正常运营管理秩序的混乱，一旦处理不当，可能造成事故影响的扩大，必须引起车站管理人员的高度重视。

客伤事故是指乘客购票后，在轨道交通运营管理的范围内发生的受伤、死亡等意外事故，广义上看，在地铁范围内发生的地铁外部人员及非在岗作业的地铁员工发生的人身伤害及伤亡都称为客伤。

一、客伤的分类

据某轨道交通运营公司统计在各类客伤中，轨道交通客伤主要有列车车门夹人、跌落站台、站台缝隙踏空、地面滑倒、电梯滑倒等等，其中列车车门夹人、电扶梯摔伤所致的客伤占到了所有客伤的80%以上。按照客伤责任归属的分类，可以分为以下三个方面。

（1）乘客自验票进入闸机时起至出闸机时止，对运输期间发生的乘客人身伤害，地铁承担运输责任，具体包括（但不限于）以下情况。

① 地铁设备设施损坏未及时修复且未设置警示、防护造成的；

② 地铁施工作业造成的；

③ 列车紧急制动造成的；

④ 地铁范围内的垂直电梯、自动扶梯突然停止运行或启动造成的；

⑤ 屏蔽门、车门夹人造成的（属乘客强行上下列车的情况除外）；

⑥ 地铁设备设施（垂直电梯、自动扶梯、屏蔽门、车门、闸机等）发生故障造成的；

⑦ 车站或列车内湿滑未及时清理或未设置防护警示造成的（因不可抗力造成的除外）；

⑧ 闸机夹人造成的（乘客强行出闸、无票尾随出闸等情况除外）。

（2）其他非乘客自身责任在付费区内造成的，具体责任划分如下。

① 无票人员在地铁付费区内发生的人身伤亡，比照乘客办理；

② 无票人员（包括已购票但未验票入闸的人员）在地铁非付费区内发生的人身伤亡，因地铁设备设施或管理所致的，比照乘客办理；因其自身原因所致的，原则上不予承担责任。

（3）有下列情形之一造成的乘客人身伤害，地铁不承担运输责任。

① 违反“地铁运营管理办法”而造成的乘客本人或他人伤害；

② 不可抗力造成的乘客人身伤害；

③ 自身健康原因造成的乘客本人或他人伤害；

④ 能证明是故意、重大过失造成的乘客本人或他人伤害；

⑤ 因第三者责任（包括斗殴或制止斗殴）造成乘客人身伤害时，受害者直接向施害的第三者索赔，地铁公司原则上不予承担责任；

⑥ 利用地铁站通道穿行或在车站逗留、休息等无票人员因自身原因造成的伤亡，地铁车站只提供基本援助（如拨打120急救电话等），原则上不予承担责任。

二、客伤事件处理原则

车站发生客伤事件时，按照以下原则进行处理。

（1）贯彻“预防为主、防救结合”的原则。

（2）发生客伤事件要及时抢救、及时汇报，并及时将（前期）处理结果报告相关部门，以备后续处理。

（3）“优先抢救伤者”原则：现场处理应当本着“以人为本”的原则，首先对患者的伤情进行紧急处置，并及时向120急救中心求救，努力避免伤情扩大。

（4）避免二次伤害原则，现场处理应当确保伤者、工作人员等相关人员的人身安全，避免发生二次伤害。

（5）尽快恢复运营原则：最大限度减少损失、消除负面影响，现场处理应当尽快出清线路，尽快恢复行车尽快恢复运营。

（6）第一时间进行取证原则，尽量收集和保存事故证据，客观记录，并得到旁证及当事人签字确认，留下充分的原始资料；同时第一时间与公安部门取得联系，寻求公安部门对现场客运秩序的维持、取证等方面的支持。

（7）妥善做好善后处理工作。

三、客伤事故的应急处理

1. 信息报告程序及报告内容

（1）发生客伤事故（事件），由以下人员负责立即按程序报告：

① 在线路区间内，由司机立即报告行调，由行调通知相关车站及相关部门领导，车站接到通知后立即通知地铁公安及保险公司；

② 在车站内，由值班站长或行车值班员报告行调、地铁公安（驻站民警）以及保险公司。

（2）事故发生后，必须按规定逐级报告，报告应包括以下内容：

① 事故发生的地点、时间；

② 列车的车次、报告人的姓名；

③ 事故概况（伤亡者的性别、大概年龄、事发位置、事发概况、伤亡程度、已采取的措施及运营影响情况等）；

④ 报告人姓名、所在部门、职务（工种）。

2. 应急处理程序

（1）一般处理流程。

① 车站接报或发现乘客发生客伤后，应第一时间派人赶到现场，了解情况，掌握乘客发生客伤的原因，并及时做好记录。

② 视伤（病）者的情况，询问伤（病）者是否需车站协助致电120急救中心，征得同意后帮助伤（病）者致电120急救中心。如伤（病）者伤（病）势很严重，不及时救护可能会有生命危险，车站应及时致电120急救中心，同时车站需致电行调、车站站长及运营单位客伤主管部门。

③ 寻找目击证人，并设法留下其联系资料，对现场进行拍照，必要时对有关区域进行隔离。

④ 寻问伤（病）者家人联系电话，设法联系其家人尽快来车站。

⑤ 伤（病）者家人到站后，由其家人将其接走，如车站已致电 120 急救中心，救护人员到达后，车站协助将伤（病）者送至救护车上。

⑥ 如乘客认为是车站原因导致其受伤，要求车站派人陪同其去医院时，车站人员应请示站长及运营单位客伤主管部门，获允许后方可派人陪同前去医院。

（2）在车站发生客伤的处置。

事发车站的站长或者值班站长是事故的前期处置负责人，主要职责包括：

① 值班站长负责先期的处理工作，做好受伤乘客的安抚及事发现场的调查取证工作；

② 值班站长告知乘客可去医院就诊，伤势较重时，在征得乘客的同意后，拨打 120 进行救治；

③ 如乘客无人陪同，车站应设法联系受伤乘客家属，待家属到达后进行移交；

④ 如乘客提出要求车站垫付医疗费时，值班站长在报请上级有关负责人后，在不超过规定金额的范围内，可以先期垫付，但必须留下医药费凭证。

站务员或客运值班员主要职责包括：

① 现场发现乘客受伤后立即报告车控室，或接值班站长通知后赶赴现场，了解伤（病）者情况及初步原因；

② 如因地铁设备造成事故，应停止该设备运作（影响列车运行的设备除外），报告车控室；

③ 疏散围观乘客，并寻找目击证人，收集有关资料，记录证人有关资料，以便协助调查；

④ 需要时，协助对乘客外伤进行简单包扎处理；

⑤ 如调查需要，应保护好现场，协助设置隔离带，并用照相机记录现场有关情况；

⑥ 必要时，根据值班站长安排，到紧急出入口引导急救中心人员进站；

⑦ 必要时协助进行事故调查。

（3）在轨行区发生客伤的处置。

① 列车司机立即采取紧急停车措施，报告行调能够用对讲机联系到车站的，同时报告车站；若无法与车站联系，则要求行调转达给车站，并保持联系；对列车内乘客进行广播安抚，稳定乘客情绪；按行调或事故处理主任的指挥，停车待令；待车站事故处理主任到达后，听从事故处理主任指挥；确保安全情况下，接受事故处理主任小范围动车指令，及时将信息报告至行调；得到事故处理主任线路出清的确认后向行调报告，并按行调的指令执行；运行到前方车站后，按行调通知清客退出服务。

② 由站长（或值班站长）担任事故处理主任，负责事故（事件）现场的指挥与处理。值班站长携带应急物品，落实好安全防护措施，进入线路寻找伤者；保护事故（事件）现场，用粉笔标记事发伤者、列车等位置，并拍照取证，及时寻找目击证人，收集现场证据，至少挽留两名目击证人，并安排专人接洽证人并做好相关记录；若伤者被压在车轮下，事故处理主任指挥司机向前或向后小范围动车（需要及时告知行调）；将伤者移出线路，对伤者进行必要的现场急救，等待 120 急救中心到来将伤者送往医院；事故处理主任确认线路出清后，立即报告行调。

③ 行车值班员在车控室进行应急广播，按规定程序报告（含报 120 急救中心、公安和保险公司），与事故现场保持沟通，密切注意运营情况，确保行车安全，加强各类人工广播，做好恢复运营的准备工作。

④ 站台岗人员及时封锁现场，疏散围观群众，维护现场秩序，做好乘客引导解释工作；配合司机疏散列车上的乘客。

⑤ 客运值班员、票亭岗人员服从安排，对影响正常行车的情况，按照上级通知要求，做好相应的停止售票或退票服务，坚守岗位，做好乘客解释工作。

（4）轻微客伤的处理流程。

轻微客伤是指在地铁范围内发生的地铁外部人员及非在岗作业的地铁员工发生的不需送往医院抢救、检查和治疗，可在现场简单包扎处理的轻微伤害。

① 车站现场工作人员发现或接到受伤乘客求救时，须立即汇报当班值班站长（或站长），并疏散围观群众，安抚和救助受伤乘客，保护事故现场，寻找目击证人，劝留证人或留下证人联系方式。当班值班站长（或站长）担任临时应急处理负责人，应立即安排其他员工携带急救医药箱赶赴现场。

② 值班站长（或站长）在对伤者进行必要的现场急救的同时，应尽量对现场进行取证，询问当事人、证人了解事情经过，填写有关调查表，并由当事人、证人签字确认。如有必要，可采取录音、拍照、录像等方式进行记录。

③ 若伤者伤势较轻可以行走，可陪护伤者到车站会议室休息安抚或包扎上药。若伤者需要，可协助拨打 120 急救电话。

④ 若初步判断乘客受伤属于地铁责任时，车站应立即向有关部门、单位报告。伤者提出要求去医院检查时，车站可安排车站员工，陪同伤者前往医院，伤者在医院所花费用，经请示同意后，由车站在相关处理经费中垫付（费用较小时车站可自行支付）。伤者提出索赔时，车站应配合相关部门人员与当事人协商处理。

3. 客伤事件经费处理办法

（1）为保证乘客出现伤亡时的及时抢救和快速处理，地铁公司应设置乘客伤亡紧急处理经费。

（2）各站所配经费由车站站长负责处置，值班站长保管，在与乘客协商无异议的，且费用在一定金额内可与乘客办理有关手续（签订事故处理协议书及收款凭证）予以解决。

（3）客伤处理时，值班站长如与乘客协商有异议的，且乘客提出无凭据费用的，值班站长应向上级管理部门汇报请求协助处理。

（4）对超出车站处理范围或不能与乘客协商解决的客伤事件，应向线路管理部门运营安全部汇报后，将相关材料移交线路管理部门运营安全部处理。

（5）客伤处理完毕，须办理以下手续：与乘客签订的事故处理协议书、收款凭证（收条）、乘客原始缴费凭证、病例、出院证明和乘客身份证复印件，填好客伤处理单，连同车站及乘客事情经过记录一并交上级管理部门。

（6）在双方协议不成的情况，经由人民法院介入处理，法院裁定作为最终解决手段。

四、城市轨道交通客运基本救护技能

城市轨道交通车站是人群聚集的公共场所，随时可能发生客伤事件，如不及时救护，可能危及生命。车站工作人员面对客伤事件需要积极应对、妥善处理。车站内一旦发生人身事故应立即拨打“120”呼叫救护车，迅速把伤病者送往医院抢救。但等候救护车和救护人员需要时间，对病患者来说时间就是生命！如果车站工作者具有一些简单实用的救护知识和技能，就有可能挽救生命或减轻乘客的伤害。

1. 呼叫救护车

城市轨道交通车站一旦发生意外人身事故，站务员及相关人员必须在第一时间安排人员呼叫 120 救护车。因 120 救护车的电话具有自动记录功能，车站的急救呼叫电话在时间上可以作为车站已经及时开展急救的客观证据。

呼叫救护车必须说明以下相关内容：线路编号数、轨道交通车站名、事故简要情况、需要急救的乘客数量、乘客性别、伤病乘客目前状况、呼叫者身份、姓名、职务、离车站位置最近的交叉路口两条道路的路名、要求救护车到达车站的哪个出入口及出入口位置等。

紧急情况下站长应派人在相应的车站出口接应救护车，并引导随车医护人员尽快到达车站伤病乘客所在地点。救护车离开车站时，站长应指派车站服务人员携带备用金随车前往医院，这样不但可以了解乘客送往哪座医院，也可避免因缺少挂号费而耽误对伤病乘客的抢救。一般在伤病乘客家属抵达医院后，车站服务人员才可撤回车站。

2. 车站急救包

城市轨道交通车站一般都应配备医疗急救包。城市轨道交通车站可根据当地情况，在征求当地红十字会的意见后，适当调整急救包的具体配置内容，供乘客出现意外时急救之用。

按照国标 M281745，急救药箱配置如表 7-1，可供车站配置时参考。

表 7-1 急救药箱配置

序号	名称	规格	数量	单位
1	纯棉弹性绷带	台湾材质 10 cm×100 cm	1	盒
2	网状弹力绷带	台湾材质 3#（1 m）	1	盒
3	不粘伤口无菌敷料	9 cm×10 cm	2	盒
4	防水创可贴	8 片	1	袋
5	压缩脱脂棉	10 克×1 包	2	包
6	三角巾	96 cm×96 cm×136 cm	1	包
7	酒精棉片	1×10 片	10	片
8	强力典伤口消毒棉签	10 只×2 包	2	盒
9	医用剪刀	不锈钢	1	把
10	医用塑胶手套	塑胶	1	副
11	记事本	A5	1	本
12	多功能固定铅笔	Hb	1	支
13	人工呼吸隔离面罩	Cpr	1	个
14	速效救心丸		1	盒

3. 常见急救病症及处理

城市轨道交通车站常见的乘客伤病主要有：跌跤、擦伤、昏迷、心搏骤停等。对只有初步医疗知识的站长来说只能从伤病乘客的外观情况判断是否有外伤出血、是否骨折、神智是否清醒、是否昏迷。至于伤病的具体原因有待专职医护人员来判断。

（1）外伤出血。

人体外伤出血可以分为动脉出血、静脉出血和毛细血管出血三类。其出血表现的症状是不同的：动脉出血表现为出血速度快，呈间歇性喷射状，血液为鲜红色；静脉出血表现为血液持续涌出，血液为暗红色；毛细血管出血表现为有少量鲜红色血液流出或有少量液体渗出。

对外伤出血的乘客应当迅速根据出血症状做出及时判断，迅速进行止血和包扎。

① 止血。

正常成人的血液总量约占其体重的 8%，如一个体重为 60 kg 的成人，血液总量为 4 800 mL。1 次出血量在 400 mL 以下一般不会引起全身症状；出血量超过 400 mL 可出现头晕、心悸、乏力等症状；出血量超过 1 000 mL 即出现脉搏增快、血压下降、出冷汗、皮肤苍白、尿量减少等急性周围循环障碍的症状，严重者甚至休克。在各种突发创伤中，出血往往是首发表现，实施迅速、准确、有效的止血是现场救护中的首要步骤。一般情况下，采用指压法进行止血，用手指、手掌或拳头压迫伤口近心端动脉血管，阻断血液流通达到暂时止血的目的，压迫时注意抬高患肢。因动脉有侧支循环，故效果有限，需及时改用其他方法止血，例如：止血带止血法、加压包扎止血法、加垫屈肢止血法、填塞止血法等。

② 包扎。

包扎在创伤伤员的急救中应用广泛，目的是保护伤口、减少感染、压迫止血、固定敷料等，有利于伤口的早期愈合。目前常用的包扎的方法有：三角巾包扎法（见图 7-4）、绷带包扎法（见图 7-5）等。三角巾的用途较多，可折叠成带状包扎较小伤口或作悬吊带，可展开或折成燕尾状包扎较大伤口，也可将两块三角巾接在一起包扎更大的创面。绷带包括弹性绷带和纱布绷带，弹性绷带自身有弹力，能与包扎部位贴实，易操作。缠绕绷带时应一手拿绷带的头端将其展平，另一手握住绷带卷，由伤员肢体远心端向近心端包扎，用力均匀。

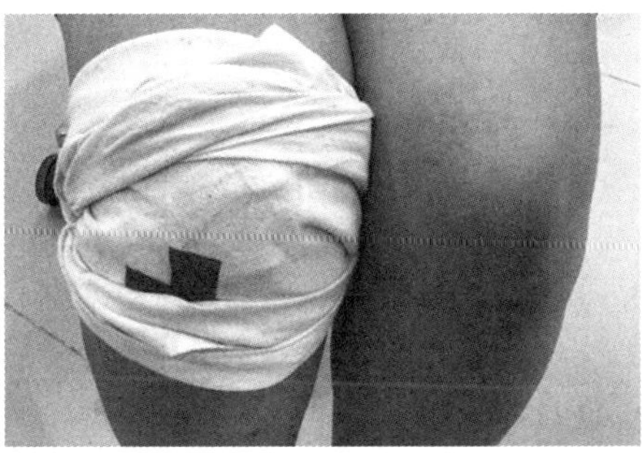

图 7-4 三角巾包扎

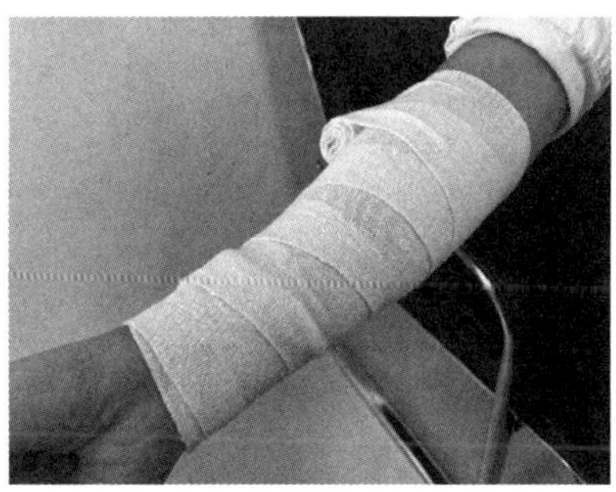

图 7-5 绷带包扎

（2）骨折。

在专业医护人员到达前，仅靠车站服务人员是难以判断乘客是否骨折的。骨折的局部临床表现是疼痛、肿胀和功能障碍，特有体征是畸形、反常活动、骨擦音和骨擦感。

① 固定。

发生疑似骨折病例时，首先应让乘客保持平静，不要勉强走动，坐下或平躺以防伤口二次受伤；其次可用水、冰等冷却患部，千万不要按摩；然后利用包括木制夹板、金属夹板、充气式塑料夹板及现场的木板、木棍、树枝、杂志、毛巾、床单、衣物、布带等，还可直接用伤员的健侧肢体或躯干进行临时固定，如图 7-6 所示；最后注意抬高患部，超过心脏。凡疑为骨折的乘客，均应按骨折病人进行救护。骨折后如有断骨穿破皮肤的现象，应尽量避免受伤肢体移动，然后用夹板固定，防止断骨损伤血管和神经。

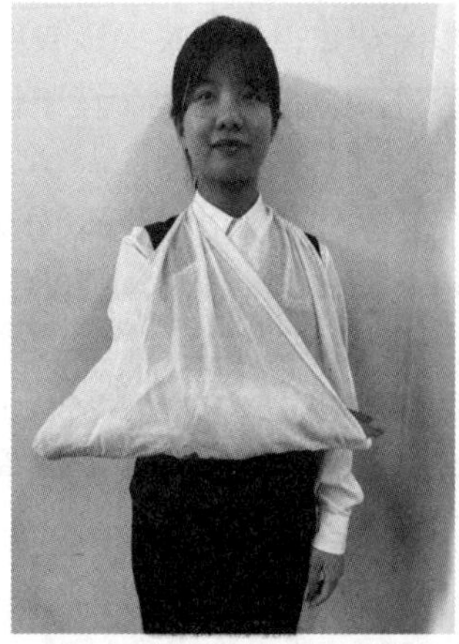

图 7-6　骨折固定

② 搬运。

在对创伤伤员进行止血、包扎、固定后，需迅速将其从危险地带安全搬运，防止再次损伤。可使用的搬运器材包括折叠担架、轮椅、急救毯、车辆等，如果现场没有，可就地取材或使用徒手搬运法。

在搬运过程中，动作应轻柔、敏捷、步调一致、避免震动。对于脊椎受伤的乘客，一定要放在平坦而坚固的担架上固定后送往医院，搬运过程中不能弯曲身体，否则可能会造成脊髓损伤导致瘫痪。同时搬运途中需随时观察伤员的伤势和病情变化。

（3）晕倒。

晕倒是指乘客因头晕而站立不稳，倒在地上的一种晕厥现象。在医学上，晕厥是一种阵发性、突发性的，一过性的全身性血压下降导致脑细胞一过性血液供应不足的病症。晕厥者可产生不同程度、短暂的意识丧失，经过适当处理后可以自行恢复。车站常见的乘客晕倒原因有低血糖或缺氧。

① 低血糖。

低血糖是指人体血糖水平低过 4.0 mmol/L 的现象。发现因低血糖晕倒的乘客，首先协助其坐下或躺下休息，如可以吞咽，可给予含糖饮品或糖块以提高血糖水平，使症状缓解；若患者不能吞咽，可以在患者口腔黏膜、牙龈上涂抹蜂蜜等。一般 15 min 内症状缓解，不缓解应立即拨打“120”医疗急救电话，启动救援医疗服务系统。

② 缺氧。

缺氧是指人体组织的氧气供应不足或用氧障碍，导致组织的代谢、功能和形态结构发生异常变化的病理过程。脑、心脏等生命重要器官缺氧是导致机体死亡的重要原因。车站人群过多，一旦车站的通风不良，往往会造成乘客呼出的二氧化碳来不及排出，空气中氧气含量降低，造成乘客的缺氧症状。发现缺氧晕倒的乘客应尽快将其移至通风口，解开衣领，使其呼吸通道保持畅通，这是急救晕倒乘客的有效手段，如果能给缺氧乘客吸氧则效果更好。

（4）心搏骤停。

心搏骤停后，心泵的功能完全丧失，血液因失去推动循环的动力而停止流动，血氧浓度显著降低，全身组织器官均处于缺血、缺氧状态，造成组织器官损伤。停搏 20 ~ 30 s 内，由于脑中尚存的少量含氧血液可短暂刺激呼吸中枢呼吸可呈叹息样或短促痉挛性呼吸，随后呼吸停止。停搏 60 s 左右可出现肺孔散大，停搏 4 ~ 6 min，脑组织即可发生不可逆的损害，10 min 就会发生脑死亡。所以车站内一旦发现有乘客因为心脏病或其他原因发生心跳和呼吸停止，站长应立即组织人员展开急救。城市轨道交通客运工作者要学会基本的心肺复苏术。心肺复苏是针对心搏、呼吸停止所采取的抢救措施，即应用胸外按压形成暂时的人工循环并恢复心脏自主搏动和血液循环，用人工呼吸代替自主呼吸并恢复自主呼吸，达到恢复苏醒和挽救生命的目的。

① 胸外按压。

胸外心脏按压是指在患者胸骨适当位置按压使其下陷，压迫心脏使心脏收缩产生血液流动，从而为全身重要器官提供血液灌注。

抢救者位于患者一侧，根据患者所处位置的高低采用跪式或站式等不同体位进行按压。一手掌根部置于患者按压部位，另一手掌叠加在其上，双手手指交叉相扣，下面的手指尽量上翘，避免触及胸壁。按压时双肘关节伸直，利用身体重量，垂直向下按压，如图 7-7 所示。

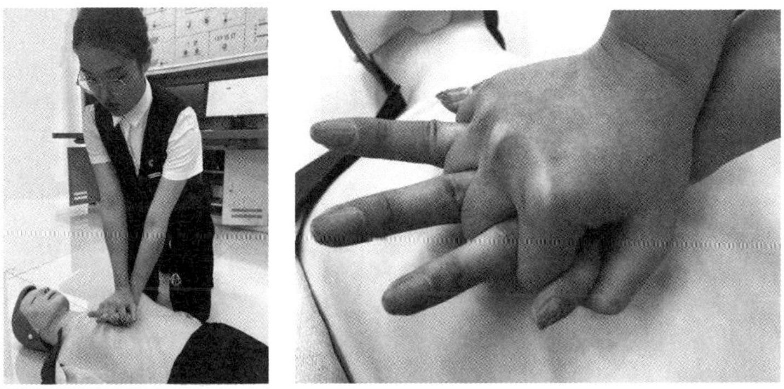

图 7-7　胸外按压

② 人工通气。

人工通气是指用人工的方法使空气有节律性地进入肺内，然后利用胸廓和肺组织的弹性回缩力使进入肺内的气体呼出，如此周而复始以代替自主呼吸。口对口人工通气是现场急救时比较常用的一种人工通气方法，即在开放气道的前提下，用按于前额一手的拇指和食指，捏闭患者的鼻孔，将纱布盖于患者口鼻处；通常呼吸时，双唇包住患者口部（不留空隙），进行缓慢人工通气，至胸廓上抬 1 s 后，立即停止吹气，与患者口部脱离，同时放松捏鼻的手，以便患者从鼻孔呼气。如图 7-8 所示，通常与胸外按压配合使用，30 次有效的胸外按压后安排 2 次人工呼吸，之后再循环。

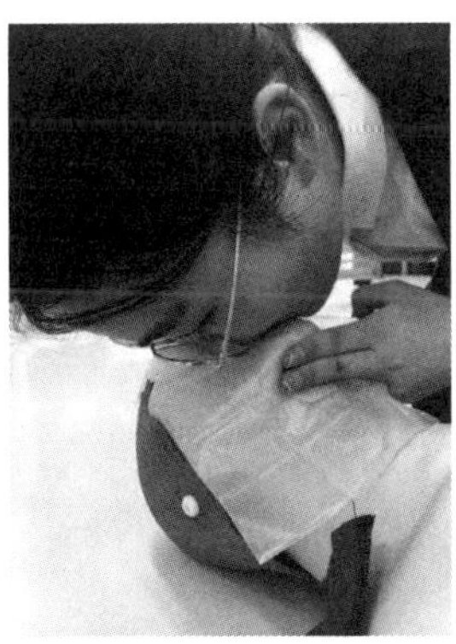

图 7-8　人工通气

复习思考题

一、不定项选择

1. 以下不属于城市轨道交通火灾特征的是（　　）。

A. 能见度低　　B. 火灾扩散蔓延慢

C. 逃生条件差　　D. 灭火救援疏散困难

2. 依据城市轨道交通事故等级分类标准，中断正线行车或耽误本列列车 120 min 及以上，为（　　）。

A. 特别重大事故　　B. 重大事故　　C. 大事故　　D. 一般事故

3. 在紧急情况下，列车停车位置和活动门不对应时，可通过（　　）疏散乘客。

A. 应急门　　B. 活动门　　C. 端门　　D. 固定门

4. 行车值班员和站台岗须确认司机正常开门上下客，防止列车未开门动车，如遇特殊情况危及行车安全时及时按压（　　），视情况显示紧急停车手信号。

A. 紧急停梯按钮　　B. 扣车按钮

C. 救援按钮　　D. 紧急停车按钮

5. 紧急情况时，常驻人员和运营分公司内其他员工必须服从（　　）指挥，参与抢险救援。

A. 行车调度员　　B. 驻站公安　　C. 值班站长　　D. 行车值班员

6. 灭火的基本方法包括（　　）。

A. 冷却灭火法　　B. 窒息灭火法

C. 隔离灭火法　　D. 化学抑制灭火法

7. 在《中华人民共和国突发事件应对法》中，将突发事件分为（　　）。

A. 自然灾害　　B. 事故灾难

C. 公共卫生事件　　D. 社会安全事件

二、判　断

1. 发生地震事件时，行车值班员启动地震应急预案，安排车站工作人员封站、疏散乘客。（　　）

2. 突发事件的处理应遵循“先救人，后救物；先全面，后局部；先正线，后其他”的原则。（　　）

3. 列车在区间（隧道）发生火灾时，如车内火势不大，司机应降低速度尽量将列车驶入前方车站。（　　）

4. 司机在列车进站前第一时间发现，站内区间有物品侵入限界影响行车，则司机应立即采取有效措施停车，并向行车值班员报告。（　　）

5. 胸外按压与人工通气的比例是 10∶1。（　　）

三、简　答

1. 简述突发公共事件信息通报的内容。

2. 简述客伤事件处理原则。

3. 简述外伤出血的应急救护处理。

项目七在线答题

实训部分

实训一　城市轨道交通车站各岗位职责及作业流程

【实训任务】

（1）熟悉并掌握各岗位职责及作业流程。

（2）在模拟场景里能按照各岗位作业流程标准作业。

（3）能安全使用相关设备备品。

【实施完成】

（1）学生能熟悉并掌握各岗位职责及作业流程。

实施：在理论休息的基础上背记相关内容，可以由老师或学习小组组织检查。

（2）在模拟场景里执行各岗位作业流程标准作业。

实施：模拟现场，分组实施。设计各种场景，进行分组，如乘客组、工作人员（值班站长、客运值班员、售票员、站务安全员等）组、检查组等，模拟各工种岗位执行标准作业。

（3）学生能安全使用相关设备备品。

实施：提供各种备品模型，按照模拟场景练习使用。

（4）说明。

模拟场景由授课教师自己设计，原则为以帮助消化理论知识、加强学生动手解决问题的能力为目标。

实训二　城市轨道交通客运服务

【实训任务】

（1）掌握关于乘客心理学及服务礼仪知识，达到熟练运用。

（2）掌握服务规范。

（3）熟练运用民俗民风及禁忌知识。

（4）掌握细微服务的内容并笑话理解透彻。

【实施完成】

（1）学生分组及任务分配。

① 乘客组。

按照所学知识，分别扮演各类乘客，在公共场所出现各种各样情况，力求多样全面，同时锻炼学生换位思考能力。

② 工作人员组。

针对以上乘客提出或出现的问题，提出或做出解决问题的办法，直到乘客组同学满意为止。

③ 评判组。

负责以上两组同学演练时出现的难以解决的问题进行调解处理，同时对以上双方的演练效果进行评价，锻炼学生分析问题、处理问题的能力。

（2）演练模式。

① 按照学生人数确定分组规模及场地。

② 工作人员按照实际现场岗位分工安排。

③ 各组学员按照时间顺序进行岗位轮换，尽量让每位学员能够通过扮演各种角色切实掌握运用本项目内容。

实训三　城市轨道交通车站客运工作组织

【实训任务】

（1）能正确组织日常客流工作。

（2）能正确组织特殊情况下的客流工作。

（3）能熟知客流组织工作相关设备的简单操作。

（4）能熟知乘客特殊事件的处理。

【实施完成】

（1）正确组织日常客流工作。

实施：如果有模型，可以利用模型为背景，让学生自己设计模型摆放位置，对不同方案的优缺点进行分析，提高对理论知识的消化理解程度。

（2）正确组织特殊情况下的客流工作。

实施：熟悉特殊客流的种类和特征，能够对特殊客流进行良好的组织。

（3）熟知客流组织工作相关设备的简单操作。

实施：利用课余时间去地铁车站现场进行实物观察操作，掌握相关设备的操作流程。

（4）熟知乘客特殊事件的处理。

实施：可以运用角色扮演法来组织学生理解、记忆相关内容。

实训四　自动售票机（TVM）开站作业操作

【实训任务】

（1）认知城市轨道交通自动售票机的部件结构。

（2）掌握自动售票机开站作业操作步骤。

【实施完成】

（1）安排现场参观或使用设备模型，通过现场参观或模型观摩使学生对城市轨道交通自动售票机各部件进行认知，例如硬币模块、纸币模块、单程票模块等。

（2）引导学生进行开站作业操作，步骤如下：

① 使用 TVM 维护门钥匙打开 TVM 维护门；

② 在维护面板上输入操作员号及密码；

③ 在维护面板“主菜单”中选择补充单程票菜单，输入补票数；

④ 将正确的单程票数量装入相应的单程票模块；

⑤ 在维护面板“主菜单”中选择补充硬币菜单，输入补币数；

⑥ 钥匙打开硬币模块补币口，将正确的硬币数量装入相应的硬币模块；

⑦ 在维护面板“主菜单”中选择补充纸币菜单，输补币数；

⑧ 装入 5 元找零钱箱、10 元找零钱箱；

⑨ 装入纸币回收钱箱；

⑩ 确认硬币回收箱状态是否可以装入；

⑪ 装入硬币回收钱箱；

⑫ 在操作完成后，返回主菜单，注销退出；

⑬ 关门并锁闭 TVM 维护门；

⑭ 查看 TVM 运营状态显示器显示“服务中”，乘客显示器（触摸屏）处于正常服务模式。

实训五　自动售票机（TVM）关站作业操作

【实训任务】

（1）认知城市轨道交通自动售票机的部件结构。

（2）掌握自动售票机关站作业操作步骤。

【实施完成】

（1）安排现场参观或使用设备模型，通过现场参观或模型观摩使学生对城市轨道交通自动售票机各部件进行认知，例如硬币模块、纸币模块、单程票模块等。

（2）引导学生进行关站作业操作，步骤如下：

① 使用 TVM 维护门钥匙打开 TVM 维护门；

② 在维护面板上输入操作员号及密码；

③ 在维护面板“主菜单”中选择相应命令，执行下班盘点或结账打印操作；

④ 确认硬币找零钱箱清空状态或取出找零钱箱；

⑤ 取出硬币回收箱；

⑥ 取出 5 元、10 元找零钱箱；

⑦ 取出纸币回收钱箱；

⑧ 取出单程票回收箱；

⑨ 检查废票箱；

⑩ 确认运营统计清单，单程票、硬币、纸币数量清零；

⑪ 在操作完成后，返回主菜单，注销退出；

⑫ 关门并锁闭 TVM 维护门。

实训六　自动检票机（闸机）操作

【实训任务】

（1）认知城市轨道交通自动检票机（闸机）的部件结构。

（2）掌握自动售票机关站作业操作步骤。

【实施完成】

（1）安排现场参观或使用设备模型，通过现场参观或模型观摩使学生对城市轨道交通自动检票机各部件进行认知，例如扇门、非接触型智能卡/单程票读写器、乘客显示器、警示灯、方向指示灯、退票杯和传感器等。

（2）通过方向指示灯判断闸机通行方向，且能够判断闸机状态是否能正常通行。

（3）引导学生进行自动检票机作业操作，步骤如下：

① 使用专用钥匙正确开启闸机维修门；

② 登陆闸机维护界面，并选择相应菜单；

③ 打开闸机单程票回收箱模块，更换票箱或清空车票，并选择相应菜单，执行闸机票箱数据清空；

④ 在操作完成后，返回主菜单，注销退出；

⑤ 关门并锁闭闸机维护门；

⑥ 查看闸机乘客显示器，确认闸机状态恢复正常。

实训七　单个屏蔽门不能关门故障处理

【实训任务】

（1）认知城市轨道交通屏蔽门的部件结构。

（2）掌握单个屏蔽门不能关门故障处理操作步骤。

【实施完成】

（1）安排现场参观或使用设备模型，通过现场参观或模型观摩使学生对城市轨道交通屏蔽门各部件进行认知，例如滑动门、应急门、固定门、端墙门、LCB 就地控制盒、应急推杆、门头灯等。

（2）引导学生进行单个屏蔽门不能关门故障处理操作，步骤如下。

① 发现故障门，手指：*方向*号站台门门头灯，用对讲机汇报：*方向*号站台门门头灯亮，关门故障。

② 检查站台门是否有异物，如有，清除异物。

③ 用 LCB 钥匙将故障站台门的 LCB 转至“关门”位置。

④ 确认故障站台门关闭，手指：*方向*号站台门门头灯，汇报：*方向*号站台门头灯熄灭，关门成功。

⑤ 确认站台安全后，给司机显示好了信号。

⑥ 给故障滑动门张贴故障纸。

⑦ 待专业人员修复故障门后，列车出清站台后，用 LCB 钥匙、将故障门的 LCB 转至“自动”位置。

⑧ 取出钥匙，撤除车门故障纸。

⑨ 用对讲机汇报车控室：*方向*号站台门故障已处理完毕。

实训八　单个屏蔽门不能开门故障处理

【实训任务】

（1）认知城市轨道交通屏蔽门的部件结构。

（2）掌握单个屏蔽门不能开门故障处理操作步骤。

【实施完成】

（1）安排现场参观或使用设备模型，通过现场参观或模型观摩使学生对城市轨道交通屏蔽门各部件进行认知，例如滑动门、应急门、固定门、端墙门、LCB 就地控制盒、应急推杆、门头灯等。

（2）引导学生进行单个屏蔽门不能开门故障处理操作，步骤如下。

① 发现故障门，手指：*方向*号站台门门头灯，用对讲机汇报：*方向*号站台门门头灯不亮，开门故障。

② 用 LCB 钥匙将故障站台门的 LCB 转至“开门”位置。

③ 引导乘客上下车后，将 LCB 转至“关门”位置。

④ 确认故障站台门关闭，手指：*方向*号站台门门头灯，汇报：*方向*号站台门头灯熄灭，关门成功。

⑤ 确认站台安全后，给司机显示好了信号。

⑥ 给故障滑动门张贴故障纸。

⑦ 待专业人员修复故障门后，列车出清站台后，用 LCB 钥匙、将故障门的 LCB 转至“自动”位置。

⑧ 取出钥匙，撤除车门故障纸。

⑨ 用对讲机汇报车控室：*方向*号站台门故障已处理完毕。

实训九　半自动售票机（BOM）操作

【实训任务】

（1）认知城市轨道交通半自动售票机的部件结构。

（2）掌握半自动售票机操作步骤。

【实施完成】

（1）安排现场参观或使用设备模型，通过现场参观或模型观摩使学生对城市轨道交通半自动售票机各部件进行认知，例如主机、显示器、读卡器、打印机、付费区和非付费区乘客显示屏、键盘、鼠标等。

（2）引导学生进行半自动售票机操作，步骤如下。

① 发售单程票操作：根据站点或票价要求发售一张单程票。

② 发售储值票：发售一张储值票。

③ 异常处理 1：乘客付费区持票不能出站。

a. 乘客在付费区咨询票务事务，操作界面选择“付费区”分析车票；

b. 确认车票信息，并能向乘客说明车票不能出站的原因；

c. 在 BOM 上处理车票；

d. 车票处理过程及车票处理后，请乘客确认处理结果。

④ 异常处理 2：乘客非付费区持票不能进站

a. 乘客在非付费区咨询票务事务，操作界面选择“非付费区”分析车票；

b. 确认车票信息，并能向乘客说明车票不能进站的原因；

c. 在 BOM 上处理车票；

d. 车票处理过程及车票处理后，请乘客确认处理结果。

⑤ 操作结束后，注销登陆，并确认注销成功。

附　录

附录一　轨道交通相关英文缩写说明

附录二　城市轨道交通运营管理办法

附录三　福州市轨道交通运营管理办法

附录四　广东省城市轨道交通运营安全管理办法

参考文献

[1] 刘莉娜. 城市轨道交通客运组织（第2版）[M]. 北京：人民交通出版社，2020.

[2] 冶海英，李飞燕. 城市轨道交通客运组织[M]. 北京：人民交通出版社，2020.

[3] 于福权. 城市轨道交通运营安全与应急处理[M]. 北京：北京理工大学出版社，2015.

[4] 朱海燕. 城市轨道交通客运组织[M]. 北京：中国铁道出版社，2009.

[5] 裴瑞江. 城市轨道交通客运组织（第3版）[M]. 北京：机械工业出版社，2019.

[6] 吴海军，柴小春. 城市轨道交通客运组织[M]. 重庆：重庆大学出版社，2017.